Beat Hächler · Das Klappern der Zoccoli

Beat Hächler (Hrsg.)

Das Klappern der Zoccoli

Literarische Wanderungen
im Tessin

Rotpunktverlag

Herausgeber und Verlag danken folgenden Institutionen für die großzügige
Unterstützung:
Vontobel-Stiftung, Zürich
Stiftung der Schweizerischen Landesausstellung 1939, Zürich
Aargauer Kuratorium
Oertli-Stiftung, Zürich
Banca del Gottardo, Lugano
Otto Gamma-Stiftung, Zürich
Verein Begegnung 2001, Lenzburg
Schweizerische Landestopografie, Wabern
Kanton Bern, Erziehungsdirektion
Stadt Bern, Abteilung Kulturelles
MIGROS Kulturprozent
Ernst Göhner Stiftung

Die Deutsche Bibliothek – CIP-Einheitsaufnahme

Hächler, Beat:
Das Klappern der Zoccoli : Literarische Wanderungen im Tessin /
Beat Hächler. – Zürich : Rotpunktverl., 2000
ISBN 3-85869-196-8

© 2000 Rotpunktverlag, Zürich

Alle Rechte vorbehalten.
Nachdruck in jeder Form, Speichern auf Datenträger sowie die
Wiedergabe durch Fernsehen, Rundfunk, Film, Bild- und Tonträger
oder Benützung für Vorträge, auch auszugsweise, nur mit
Genehmigung des Verlags.
Umschlagabbildung: Hermann Hesse im April 1937 bei Montagnola
(Foto: Martin Hesse, Deutsches Literaturarchiv, Marbach).
Druck und Bindung: Freiburger Graphische Betriebe, Freiburg i. Br.

ISBN 3-85869-196-8

1. Auflage

Inhalt

Vorwort
Lust auf Lektüre und Landschaft 12
Literarische Wanderungen im Tessin

LiteraTour 1: Zu Fuß durch die Piottinoschlucht
Ferienland in Sicht 18
Mit Carl Spittelers »Gotthard« am Dazio Grande

LiteraTour 2: Dalpe–Fusio
La Sonnenstube non esiste 30
Der Einstieg in die Tessinliteratur
mit Guido Calgaris Erzählung »Karge Erde«

LiteraTour 3: Broglio–Fontana
Wo Milch und Mythen fließen 46
Auf den Spuren des Sonntagsberglers Giuseppe Zoppi

LiteraTour 4: Rundwanderung Foroglio
Den Rucksack leeren, bis auf den Grund 60
Aufbruch zur Alpe Sológna
mit Plinio Martinis Roman »Il fondo del sacco«

LiteraTour 5: Bosco Gurin
Die Lawine donnert, die Liebe lodert. 76
Mit Gustav Renkers »Schicksal am Piz Orsalia«
auf großer Berg- und Skitour

LiteraTour 6: Càmedo–Comologno
La Barca – Refugium für Literaten und Liebende 94
Über den Berg zu Aline Valangins »Dorf an der Grenze«

LiteraTour 7: Berzona–Verscio
Wo Herr Geiser über Sein und Stein stolperte 108
Eine Gratwanderung auf den Salmone mit
Max Frischs »Der Mensch erscheint im Holozän«

LiteraTour 8: Ascona–Intragna
Von Rohkostlern und Kostverächtern........................ 122
Ein literarischer Waldgang über den Monte Verità,
mit Erich Mühsam und Hermann Hesse

LiteraTour 9: Ascona
Wo die Bohème herzte und scherzte 140
»Neun in Ascona« – eine Liebesgeschichte
von Ursula von Wiese aus den dreißiger Jahren

LiteraTour 10: Maggia–Brione Verzasca
Dadas Flucht auf die Alpe Deva............................ 154
Spurensicherung mit Hugo Ball,
Emmy Hennings und Friedrich Glauser

LiteraTour 11: Rasa–Ronco sopra Ascona
Spurensicherung im verkohlten Bergwald 166
»Waldbrand«, ein Kurzkrimi von Kurt Hutterli
zu einem brennenden Problem

LiteraTour 12: Gruppaldo–Ronco sopra Ascona
Im Paradies zuhaus 178
Ein Villenbummel durch Gruppaldo mit Piero Bianconi,
Manfredo Patocchi und Richard Seewald

LiteraTour 13: Brissago
Wo Frauen den Herren die Zigarre rollen 192
Mit Giuseppe Cavagnaris »La sigaraia«
in der Fabbrica Tabacchi Brissago

LiteraTour 14: Sonogno–Ponte di Corippo
»Die Augen brennen, die Luft bleibt mir weg« 206
Mit Lisa Tetzner und Kurt Kläber
ins Tal der »Schwarzen Brüder«

LiteraTour 15: Locarno–Mergoscia
Vom aufgestauten Leiden an der Moderne. 222
Mit Piero Bianconis »Stammbaum« und Walther Kauers
»Spätholz« zum Staudamm im Verzascatal

LiteraTour 16: Locarno–Tenero
Beim Barte des Anarchisten 238
Eine imaginäre Besichtigung von Bakunins »Baronata«
mit Riccardo Bacchelli und Ricarda Huch

LiteraTour 17: San Nazzaro–Indemini
Kennst Du das Land, wo die Kamelien blühen? 250
Von literarischen und anderen Blüten
des Wahltessiners Hermann Aellen

LiteraTour 18: Locarno–Bellinzona
Die Panne als poetisches Erfordernis. 262
Eine Fahrradtour zu Giorgio Orellis »Reifenpanne in Giubiasco«

LiteraTour 19: Olivone–Acquarossa
Todsicher ein verschwiegenes Tal 274
»Guntens stolzer Fall« – Werner Schmidlis
Krimiabstecher ins Bleniotal

LiteraTour 20: Lottigna–Malvaglia
Heidenrespekt vor den Höhlen in den Felsen 288
Auf den Spuren der Cröisch im Bleniotal,
mit Mosè Bertoni und Walter Keller

LiteraTour 21: Bellinzona–Lugano
Vom emotionalen Ernstfall an der Südgrenze 302
Mit Hermann Weilenmanns »Befreier«
entlang der Befestigungslinie

LiteraTour 22: Arbedo–Rivera
Weg über dem Riss 316
Begegnungen mit Felice Filippini
und seinem Roman »Herr Gott der armen Seelen«

LiteraTour 23: Monte Ceneri–Breno
Kanoniere, Konsumenten, Kirchgänger 330
Über den Freizeitberg Tamaro in den Malcantone,
inspiriert von Fabio Pusterla

LiteraTour 24: Lugano
Piazza und Finanzplatz 344
Mit Giovanni Orellis »Monopoly« durch die City von Lugano

LiteraTour 25: Rundfahrt auf dem Luganersee
Als den Fischen die Luft wegblieb 360
Orlando Sprengs düstere Vision »Il lago«
vom Schiff aus betrachtet

LiteraTour 26: Oria–Bré
Schwarz über die grüne Grenze 374
Ein Abstecher in Antonio Fogazzaros
»Piccolo mondo antico« der Valsolda

LiteraTour 27: Rundwanderung Collina d'Oro
Totentanz an bester Aussichtslage **384**
In Sven Stolpes »Wartezimmer des Todes«
dem Zerfall auf der Spur

LiteraTour 28: Montagnola–Morcote
Und voll tönt's aus dem Orchestergraben **398**
Mit Hermann Hesse und »Klingsors letzter Sommer«
auf Späh-und Hörtour

LiteraTour 29: Brusino–Arzo
Was vom Künstlerdorf übrig blieb **412**
Eine Grottowanderung mit Walter M. Diggelmanns
»Ich und das Dorf«

LiteraTour 30: Rovio–Monte Generoso
Stock, Gehrock und Zylinder. **424**
Ketzerisches zu Gerhart Hauptmanns
»Ketzer von Soana« am Monte GenEROSo

LiteraTour 31: Monte Generoso–Mendrisio
Innenansichten und Panoramaaausblicke **442**
Mit Gertrud Leutenegger in die Stille des Muggiotales

LiteraTour 32: Sagno–Monte Bisbino
Die Dinge von oben sehen. **454**
Eine Wallfahrt mit Francesco Chiesa
zur Madonna des Monte Bisbino

LiteraTour 33: Ligornetto–Chiasso
Einst klapperten die Zoccoli, jetzt drückt der Schuh **468**
Jürg Schubigers »Haus der Nonna«
und die Schuhspur durchs Mendrisiotto

LiteraTour 34: Chiasso
Ausnahmsweise aussteigen **482**
Mit Alberto Nessis »Abendzug« in die Stadt an der Grenze

LiteraTour 35: Bellinzona–Zurigo
Marmor, Stein und Eisen bricht **494**
Emilio Geilers Tunnelromanze für Heimkehrer:
»Gotthard-Express 41 verschüttet«

Weiterlesen **508**
Noch mehr Tessin-Literatur – eine Auswahlbibliografie

Bildnachweis **524**

Typisch Tessin Klappernde Zoccoli, Kamelienblüten und sprühende »allegria«. Die Jury des 11. Kamelienfestes von Locarno belohnte den Blumen-»Zoccolo« 1937 mit dem ersten Preis.

Vorwort

Lust auf Lektüre und Landschaft
Literarische Wanderungen im Tessin

Hielt der Zug an, so stiegen braune, bäuerliche, südländische, ringelhaarige, feiertägliche Leute in den Waggon, in bauchigen Korbflaschen Wein mit sich führend, in bunten Säckchen Brot und Schafkäse. Was Louis Fürnberg in seiner Tessiner Novelle »Der Urlaub« (1943) beschreibt, gehört zur deutschsprachigen Tessinliteratur wie das Boccalino zum Vino rosso: Glutäugige Tessinerinnen klappern lustig mit ihren Zoccoli durch die Gassen. Feigen und Trauben fallen den Ringelhaarigen in den Schoß. Und über allem schwebt der verführerische Duft von Kamelien- und Mimosenblüten. Guido Calgari, Schriftsteller und Literaturprofessor an der ETH Zürich, spottet in den 30er Jahren zu Recht, für viele Deutschschweizer beginne der Orient bereits im Mendrisiotto.

»Das Klappern der Zoccoli« geht diesen und anderen Tessinbildern in der Literatur des ausgehenden 19. und 20. Jahrhunderts ausgiebig nach. Die Reise beginnt im Bücherschrank, führt aber in die Landschaft. Und zwar direttissima.

Leselust   Der Bücherberg ist groß. Alle waren sie da: Carl Spitteler, Emmy Hennings, Hermann Hesse, Max Frisch, Gerhart Hauptmann, Lisa Tetzner, Friedrich Glauser, Franziska zu Reventlow, Erich Kästner, Patricia Highsmith, Ernest Hemingway, Ignazio Silone, Kurt Tucholsky, Werner Schmidli, Kurt Hutterli, um nur einige der Prominentesten zu nennen. In deren Schatten steht die Zweite Liga, die heute vergessenen, unbekannten und regionalen Autoren wie Hermann Aellen, Gustav Renker oder Emilio Geiler, der schreibende Lokomotivführer aus Bellinzona. Ihre Geschichten tragen oft den Makel des Trivialen, was – kritisch gelesen – erst recht den tiefen Griff in die Bücherkiste lohnt. Und schließlich gehören zur deutschsprachigen Tessinliteratur alle Tessiner Literaten, die ins Deutsche übersetzt worden sind, zum Beispiel Plinio Martini, Piero Bianconi, Giorgio und Giovanni Orelli, Alberto Nessi, Felice Filippini oder Fabio Pusterla. Ihre Literatur setzt in der vorliegenden Auswahl bewusst andere Akzente. Das Tessin wandelt sich von der Landschaftskulisse zum Lebensraum. Wenn sich also einzelne der 35 Kapitel aneinander reihen oder gar beissen, hat das seinen guten Grund. Es soll so sein.

»Das Klappern der Zoccoli« ist ein literarisches Wanderbuch, keine Textanthologie und keine Literaturgeschichte. Das Wanderbuch nimmt die Literatur als Ausgangspunkt, aktuelle Themen und Landschaften zu entdecken. Die literarische Spur führt immer in einen gewachsenen Kulturraum. Und mit den Abstechern in die heutige Landschaft zwangsläufig auch in die Gegenwart. Für die Literaturauswahl wichtig waren nicht allein die literarische Güte, sondern ebenso die eingelagerten Themen, Tessinbilder, Klischees. Die Literatur in diesem Buch kann in der heutigen Landschaft erlebt werden. Nur so macht literarisches Wandern Sinn. Für Hermann Hesses Klingsor bedeutet dies, dass er unter der Autobahn hindurch tauchen muss. Der Mimosenduft verflüchtigt sich dann für einen Moment.

Wanderlust Entstanden sind 35 LiteraTouren zwischen Gotthard und Chiasso. Die Reise führt auf schmalen Wegen auf Alpweiden und auf breiten Boulevards in die Bankencity Luganos. Wir spazieren über den Monte Verità und besuchen die Tabakfabrik Brissagos. Es gibt den Grottobummel und die Skitour für Fortgeschrittene. Die literarischen Routen spannen sich wie ein Netz über das ganze Tessin. Sie lassen sich einzeln erwandern oder zu mehrtägigen Touren kombinieren. Alle Ausgangs- und Zielorte sind mit dem öffentlichen Verkehr erreichbar. Das erste und letzte Kapitel handelt ohnehin von der Reise im Gotthardzug. Um den literarischen Teil zu entlasten, werden die wandertechnischen Informationen pro Kapitel in einem knappen Serviceteil zusammengefasst. Angaben zu Gehzeiten, Kartenmaterial, Routenwahl, Essen und Schlafen sind darin enthalten. Eine Fünferskala mit 📖-Symbolen gibt zudem einen raschen Überblick über den Schwierigkeitsgrad der beschriebenen LiteraTour. Anspruchsvolle Bergwanderungen erhalten 5 Bücher, Bergwanderungen 4, leichte Wanderungen 3, Spaziergänge 2, Schauplatzbesichtigungen oder Lesen an Ort 1 Buch. Die Originalzitate der literarischen Vorlage werden in allen Kapiteln kursiv gesetzt. Mit der weiterführenden Literatur am Schluss der Texte kann das Gelesene vertieft werden. Ebenso mit der ausführlichen Bibliografie am Schluss des Buches; dort werden auch Suchhilfen für vergriffene Bücher genannt.

Dank Sechsundzwanzig Autorinnen und Autoren aus der Deutschschweiz und dem Tessin haben für dieses Buch in den Bücherschrank gegriffen, haben gelesen und recherchiert. Sie schrieben ihre Texte in deutscher und italienischer Sprache. Und sie wanderten als Romanistin, NZZ-Korrespondent, Gymnasiallehrer oder einfach als neugierige Touristin. Dafür gebührt allen Autorinnen und Autoren großer Dank. Breite Unterstützung fand »Das Klappern der

Zoccoli« auch bei Fotografinnen und Fotografen beidseits des Gotthards. Sie stellten wenig bekannte, teilweise unveröffentlichte Bilder zur Verfügung. Dass Recherche und Produktion des Buches überhaupt erfolgen konnten, ist den Beiträgen zahlreicher Stiftungen, Sponsoren und Kulturförderstellen in der Deutschschweiz und im Tessin zu verdanken.

Für die Begleitung des Buches vom Konzept bis zur Drucklegung möchte ich allen beteiligten Personen herzlich danken, insbesondere Beat Allenbach, Daniel Anker, Danilo Baratti, Sibylle Lichtensteiger, Giuseppe Martini, Alberto Nessi, Yvonne Pesenti, Alice Vollenweider und dem Team des Rotpunktverlags. Das Klappern der Tasten hat sich gelohnt.

Beat Hächler, Herausgeber
Bern, April 2000

Sonne, Sand und Strand *Carl Spitteler als früher Tessin-Tourismusförderer.*

Marco Marcacci, geboren 1950 in Monticello (GR), Historiker und Redaktor. Er lebt zurzeit in Ittigen bei Bern.

LiteraTour 1: Zu Fuß durch die Piottinoschlucht

Ferienland in Sicht
Mit Carl Spittelers »Gotthard« am Dazio Grande

Aus dem finstern Tunnel in neues Licht und in eine andere Welt. Wie die meisten heutigen Reisenden auch erblickte der Schriftsteller Carl Spitteler (1854–1924) die italienische Schweiz aus einem Tunnel kommend. 1894 beauftragte ihn die Direktion der Gotthardbahn mit der Niederschrift eines Reiseführers über die neue Bahnstrecke. Das Buch zur Bahn erschien 1896 und bahnte dem boomenden Tessin-Tourismus ein Stück weit den Weg.

Hüben und drüben Vielleicht liegt es an der langen Fahrtdauer im dunklen Tunnel, die den Wechsel des Lichts in Airolo so brüsk und unerwartet erscheinen lässt und uns das Gefühl gibt, in einer andern Welt – in Südeuropa – zu sein. Der Eindruck wird noch verstärkt, wenn es in Göschenen regnet, in Airolo aber die Sonne scheint. Dieser Auftritt der Südseite entlockt Tausenden von Reisenden ein bewunderndes Ah und Oh oder zumindest ein wohlwollendes Staunen.

Der Gotthard trennt und verbindet zugleich; in topografischer wie in kultureller Hinsicht ist er ein Scheidepunkt, gleichzeitig aber auch ein kraftvoller Mittler zwischen dem, was er trennt. *Gibt es doch in dem weiten Reiche des Geistes und der Natur kaum ein Gebiet, das der Gotthard nicht trennte. Sprache, Sitte, Rasse, Politik, Geschichte und Kultur, Pflanzen- und Steinwelt, Klima, Farbe und Licht, alles ist drüben anders als hüben. (...) Je schärfer aber die Gegensätze, je deutlicher und je näher sie nebeneinander treten, um so genussreicher wird ihre Überbrückung. (...) Man weiß sich hier mehr in Europa als überall sonst.*

Für Spitteler ist der Gotthard eine Achse für Austausch und Kontakt. *Der Gotthard bleibt vor allen Dingen ein Weg (...) man reist über den Gotthard oder durch den Gotthard.* Beschaulichkeit und Ruhe haben hier keinen Platz, *sondern im Gegenteil Unternehmungslust.(...) Schnell, in rascher Folge und, worauf ich ein Hauptgewicht lege, vollständig will der Gotthard genossen sein.* Was Spitteler für seine Zeit behauptet, gilt auch heute noch im Zeitalter des europaquerenden Transitverkehrs – und wird auch morgen noch gelten, wenn die neuen Alpentransversalen gebaut sein werden. Der Gotthard wandelte sich vom Bollwerk zur Rampe, mit allen daraus entstehenden Vor- und Nachteilen.

Die Gotthardbahn bedeutete für die Reisenden Ende des 19. Jahrhunderts einen Qualitätssprung. Die Reisezeit von Luzern nach Mailand sank von 32 auf 9 Stunden. Die Bahn war nicht nur schneller als die Straße, sie war auch bequemer, pünktlicher und sicherer. Ein jahrhundertealtes Transportsystem und das entsprechende soziokulturelle Leben, das ganze Säumerwesen, verschwanden innert kürzester Zeit. Auch der Siedlungscharakter veränderte sich unter dem Einfluss der Eisenbahn, der neu erstellten Bahnhöfe und der mit dem Bahntransport verbundenen Aktivitäten und Menschen tiefgreifend.

Bahn frei für den Tourismus Der Kanton Tessin setzte große Erwartungen in den Tunnel und die Bahn. Man erhoffte sich davon

Im rollenden Salon *Stilecht dem »Grand Hotel« in Lugano oder Locarno entgegen. Ein Waggon der Gotthardbahn um 1900.*

eine bessere Integration in die Eidgenossenschaft, wirtschaftliche Standortvorteile (für eine noch zu gründende Exportindustrie), Impulse für die Entwicklung des Tourismus, kurz: einen anhaltenden Aufschwung für die gesamte Region.

In Wirklichkeit blieb vieles Illusion. Wie schon Spitteler betonte, war der Gotthard mehr ein internationales denn ein schweizerisches oder gar kantonales Projekt. Die Eisenbahn wurde zum größten Teil mit ausländischem Kapital finanziert, denn sie diente vorab den wirtschaftlichen und strategischen Interessen der europäischen Machthaber. Die möglichen Vor- und Nachteile für das Tessin hingen meist von Empfehlungen und Entscheiden ab, die außerhalb des Kantons getroffen wurden.

Immerhin, das Hotelgewerbe entlang der Bahnstrecke erlebte nach der Eröffnung des Tunnels einen wahren Boom. 1880 gab es im Tessin rund 20 Hotels mit rund 1400 Betten, 1912 waren es bereits 208 mit über 7700 Betten. Bemerkenswert auch die Entwicklung des Reiseverkehrs: Ende des 19. Jahrhunderts transportierte die Gotthardbahn jährlich rund zwei Millionen Reisende. Der Bahnhof Lugano beispielsweise stellte 1889 98 000 Bahnbillette aus, 1910 waren es fast 245 000. Dass so viele Touristen ins Tessin reisten, bedeutete – mindestens bis zum Ersten Weltkrieg – eine unerwartete wirtschaftliche Entwicklung. Mit den Touristen trafen aber auch Deutschschweizer ein, die sich im Tessin fest niederließen und phasenweise als wirtschaftliche und kulturelle Kolonisatoren wahrgenommen wurden. In dieser Zeit entstanden die ersten irredentistischen – italienfreundlichen – Absetzungsbewegungen im Tessin, und es gab – berechtigte – Proteste gegen das deutschschweizerische »italiano federale« der Eisenbahn- und Zollverwaltung.

Trotz großer Aufbruchstimmung blieb indes ein substanzieller wirtschaftlicher Aufschwung für das Tessin Wunschdenken. Das war damals so, mit der Eisenbahn, und wiederholte sich hundert

Jahre später mit der Autobahn. Damals wie heute kehrte bald Ernüchterung ein. Kritiker sprechen von einer »Tessiner Wirtschaft im Schlepptau« und meinen eine Wirtschaftsstruktur, die sich zu lange und zu stark an der Deutschschweiz orientierte und dabei ihre eigenständige Entwicklung vernachlässigte. Moniert wird auch das Fehlen einer eigenen dynamischen Unternehmerschicht, die in diesem Prozess die führende Rolle in Politik und Wirtschaft hätte übernehmen können. Das Tessin gilt seit jeher mehr als eine Hochburg für Anwälte als für Unternehmer und Wirtschaftskapitäne. Trotzdem kämpft der Kanton unermüdlich für die geplante Alpentransversale, überzeugt, dass die Zukunft des Tessins als offene Region vom Anschluss an die internationalen Handelsverkehrswege des 21. Jahrhunderts abhänge.

Das Klischee »Sonnenstube«   Das Bild, das die Schweizer nördlich des Gotthards von der italienischen Schweiz und den Tessinern hatten, änderte sich mit dem Bahntourismus stark. Ein Klischee löste erfolgreich das andere ab. Wurde die Bevölkerung der Täler »ennet dem Berg« vorher als arm, roh, rückständig und streitsüchtig beschrieben, galten die *ticinesi* jetzt als fröhliches Volk mit sonnigem Gemüt, zu Hause in mildem Klima, sanfter Landschaft und charakteristischen Dörfern. In dieser Zeit, Anfang des 20. Jahrhunderts, entstand der törichte Mythos von der »Sonnenstube Tessin«, der eine manchmal paternalistische Einstellung der Deutschschweizer den italienisch sprechenden Mitschweizern gegenüber demonstriert.

Carl Spittelers Text gehörte nicht zur »Heimatliteratur«, wie sie um die Jahrhundertwende Mode war, obschon auch Spitteler das Tessin als *lachenden Süden* bezeichnete oder die Metapher der alles verwandelnden Sonne gebrauchte: *Fällt ein Sonnenstrahl darauf, so geschehen Wunder (...) und der Ziegenpfad blitzt und funkelt unter unsern Füßen wie eine Schatzkammer.* Spittelers Auftraggeber, die

Gotthardbahn, die bis zur Verstaatlichung der Schweizer Eisenbahn die Linie führte, wollte die neue Strecke als eine große technische und touristische Errungenschaft propagieren. Sie wollte bekannt machen, wie einfach man jetzt vom Nebel in die Sonne und in die üppige Vegetation Südeuropas gelangen konnte. So entstand die Idee, einem bekannten Schriftsteller einen Reiseführer in Auftrag zu geben. Die Wahl fiel auf Spitteler: ein allen bekannter Erzähler, Epiker, Lyriker und Feuilletonist, der in Luzern wohnte, wo ja auch die Gotthardbahn ihren Sitz hatte. 1894 wurde er mit dem Auftrag betraut. Die Gotthardbahn stellte ihm eine Freikarte 1. Klasse aus, die auf der ganzen Linie gültig war, und Spitteler begann eine Reihe von Reisen entlang der Gotthardlinie und in den angrenzenden Regionen. Am 25. März 1896 lieferte er das Manuskript ab und erhielt ein fürstliches Honorar von 7000 Franken. *Der Gotthard* erschien im Oktober 1896 beim Verlag Huber in Frauenfeld in einer Reihe von Ausflugs- und Reiseführern, die von Schweizer Schriftstellern und Intellektuellen geschrieben wurden. Total wurden 4000 Exemplare gedruckt, 1500 davon für die Gotthardbahn. 500 wurden für Rezensionen versandt, weitere 500 waren für Hotelbibliotheken der wichtigsten Tourismus- und Badeorte bestimmt, und 100 Exemplare landeten in den Schiffsbibliotheken der wichtigsten europäischen und transatlantischen Linien.

Das Buch präsentierte sich wie ein Reiseführer und folgte dem Modell Baedekers. Spitteler selber schlug diese Gestaltung vor, distanzierte sich jedoch später von seinem Werk und wehrte sich gegen eine Neuauflage: »Allzu peinliche sachliche Gewissenhaftigkeit hat das Buch literarisch geschädigt. Jetzt würde ich das Thema anders, leichter anfassen; ich würde, statt die Gegenden direkt darzustellen, meine Wanderungen erzählen.« Die mitunter mühsamen Recherchen vor Ort waren nicht die Sache Spittelers, auch nicht die Abstecher in die Bergtäler, die er besuchen und beschreiben musste.

Aussteigen *Carl Spitteler lässt den Zug beim Dazio Grande fahren und entdeckt die Piottinoschlucht zu Fuß.*

Zwischenhalt am Dazio Grande Unter den erwähnenswerten Orten entlang der Gotthardstraße führt Spitteler die Piottinoschlucht, den Dazio Grande, auf. *Hier ist ein großartiges Chaos, in welchem die Natur kunterbunt durcheinander wirbelt… Der Dazio Grande will zu Fuß durchwandert werden (…), denn er ist ein Glanzpunkt des Gotthardgebirges und die großartigste Partie des Tessintales.* Spittelers Ausflug beginnt beim Dazio Grande, dem alten Zollgebäude am oberen Zugang zur Schlucht, das gegen Mitte des 16. Jahrhunderts von den Urnern (den Herren der Leventina) gebaut worden war. Das Gebäude stand jahrelang leer, wurde dann renoviert und 1998 als Kultur- und Tourismuszentrum wieder eröffnet; heute zeigt es die Rolle der Leventina in der Geschichte des Verkehrs und Tauschhandels in den Alpen auf.

An keinem andern Ort als in der Piottinoschlucht wird man sich der ungebrochenen Bedeutung der Gotthardstraße als Transitachse so bewusst. Der Dazio Grande ist das Nadelöhr auf der Südseite des Gotthards. Besucher können sich von den Verkehrswegen der vergangenen Jahrhunderte, die alle die Schlucht überwinden mussten, direkt ein Bild machen. Die modernste und befahrenste Verkehrsachse ist nicht zu übersehen – und vor allem nicht zu überhören: die Autobahn. Sie verschwindet beim Dazio Grande in einem Tunnel. Oberhalb der Autobahn liegt die Kantonsstraße, deren Verlauf über weite Strecken der alten Urnerstraße folgt. Die Urnerstraße wurde um 1550 gebaut und führte in die Schlucht, anstatt sie zu umgehen. Im engsten Teil der Schlucht, wo die Kantonsstraße einen andern Verlauf als die alte Straße nimmt, ist diese gut zu sehen; sie wird im Moment mit viel Aufwand restauriert und wieder begehbar gemacht.

Die Eisenbahnlinie überwindet den Höhenunterschied der Schlucht dank zwei spiralförmiger Tunnels; technische Meisterleistungen, die Spitteler überwältigten: *Jetzt jagen wir durch zwei labyrinthische Spiraltunnels, wo selbst das aufweckteste Spürauge den Kompass nicht mehr findet, bald unter den diesseitigen, bald unter den jenseitigen Bergen (...) hinab.*

Auch der Maultierpfad führt zum Dazio Grande. Er wurde im 14. Jahrhundert gebaut und fälschlicherweise »Römerstraße« genannt. Er umgeht die Schlucht auf der rechten Seite und führt dem steilen Monte Piottino entlang. Dieser älteste Nord-Süd-Verbindungsweg führte bis nach Dalpe hinauf und nach Faido hinunter.

Der Rundgang am Dazio Grande folgt dem Maultierpfad und der alten Urnerstraße. Er gibt Einblick in die Bauart der historischen Verkehrswege und verschafft Ausblicke auf die Konstruktionen des modernen Straßenbaus. Jede Epoche wählte ihre eigene Streckenführung und Architektur. Das natürliche Hindernis, die

Schranke, wurde dank menschlichen Könnens zur *Brücke* – zu Tunnels, Mauerwerken, Viadukten, Maultierpfaden, Geleisen oder Wanderwegen. Der Rundgang lässt uns aber auch bewusst werden, dass diese Kunstbauten in einer Natur stehen, die unerwartet die Zivilisation vergessen lässt. So findet man sich im Laufe der Wanderung plötzlich in einer »Oase der Stille« wieder, in der keine modernen Geräusche mehr zu hören sind. Oder – um noch einmal Spitteler zu zitieren – wo *man meint die Sterne singen zu hören*.

(deutsch von Beatrice Marcacci-Roffler)

Literatur
CARL SPITTELER: Der Gotthard, Frauenfeld 1896
GIORGIO BELLINI: Le vie storiche al Piottino. Documento di lavoro (Inventar historischer Verkehrswege der Schweiz), Bern 1990
RAFFAELLO CESCHI: Ottocento ticinese, Locarno 1986
MICHELE FAZIOLI/ORIO GALLI: Manifesti sul Ticino, Locarno 1991 (zweite überarbeitete Auflage)
VIRGILIO GILARDONI: Le immagini folcloriche del »popolo allegro« nella prima età del turismo ferroviario, in: Archivio storico ticinese, n. 88, a. XXII, 1981, p. 449–468
Il San Gottardo e l'Europa. Genesi di una ferrovia alpina, 1882–1982 (Atti del convegno di studi), Bellinzona 1983
WERNER LAUBER: Chronik zu Spittelers Gotthardbuch, in: Innerschweizerisches Jahrbuch für Heimatkunde, 1938, S. 6–16
HANS PETER NETHING: Il San Gottardo, Bellinzona 1980
Dal sentiero all'Alptransit. La rete viaria contadina, commerciale e moderna in Leventina (Hrsg. Sonja Cavadini e Alessandra Ferrini), Giornico e Rodi Fiesso 1998
WERNER STAUFFACHER: Carl Spitteler. Biographie, Zürich und München 1973
REMIGIO RATTI/RAFFAELLO CESCHI/SANDRO BIANCONI: Tessin: eine offene Region, Helbing & Lichtenhahn: Basel 1993

LiteraTour-Info

Einstufung 📖 📖 📖
Gehzeit 1 h
Höhendifferenz 150 m (Rundwanderung)
Beste Jahreszeit April bis Oktober
Karten Landeskarte 1:25 000, Blatt 1252 Ambrì-Piotta

An-/Rückreise Mit der Bahn bis Airolo (Fahrplanfeld 600) und dem Postauto Richtung Bellinzona bis Rodi, Haltestelle »Colonia von Mentlen« (Fahrplanfeld 625.09). Entweder umsteigen ins Postauto Richtung Dalpe bis Haltestelle »Casa Gendotti« (Fahrplanfeld 600.58) oder von »Colonia von Mentlen« direkt zu Fuß zum Dazio Grande.

Route Vom Dazio Grande (949 m) wählen wir den markierten Wanderweg »Circuito Piottino«, der rechts abgeht. Der Weg führt einem Bächlein entlang, das wir auf der Höhe eines Stalles verlassen und links zur Ruine des Dazio Vecchio (1030 m) hochsteigen; die Ruine ist auf der Karte eingezeichnet. In einer Viertelstunde erreichen wir die gut sichtbaren Überreste des alten Zollgebäudes, das nach dem Bau des Dazio Grande verlassen wurde. Auf der so genannten »Römerstraße« (in Wirklichkeit ein spätmittelalterlicher Maultierpfad) gelangen wir in eine kleine Mulde, die »Oase der Stille«, und von dort auf den Pass Monte Piottino (1038 m). Immer noch auf dem Maultierpfad steigen wir zu einem Aussichtspunkt (1015 m) ab, einer Art Felsenkanzel, von dem sich die Piottinoschlucht mit ihren Verkehrsachsen überblicken lässt. Von jetzt an deutlich steiler steigen wir bis zum Grund der Schlucht hinab, bis zum Ponte di Mezzo (879 m). Nach wenigen hundert Metern auf der Kantonsstraße gelangen wir am engsten und eindrucksvollsten Teil der Schlucht auf die Urnerstraße, die derzeit wieder hergestellt wird. Wir verlassen die Schlucht in der Nähe einer Kapelle, in deren Nischen Niklaus von der Flüe und Karl Borromäus abgebildet sind, die Schutzheiligen der damaligen Grenzstaaten: der Alten Eidgenossenschaft und des Herzogtums Mailand. Entlang der Kantonsstraße, die hier parallel zur Bahnlinie verläuft, kehren wir zum Dazio Grande zurück.

Was (Auto)bahnreisende verpassen *Auf der alten Urnerstraße wird die Piottinoschlucht als Verkehrs-Nadelöhr wieder erlebbar.*

Varianten Vom Ponte di Mezzo kann man auf der linken Seite des Ticino-Flusses Richtung Faido weitergehen. Ein im Dazio Grande erhältlicher Prospekt beschreibt mehrere Wandervarianten für die Piottinoschlucht und die angrenzenden alten Saumwege.

Essen Im Dazio Grande (091-874 60 66) wird auch gekocht. Zum Angebot gehören vorwiegend einheimische Gerichte auf der Basis von Polenta, Kartoffeln und Käse. Mittags und abends warme Küche. Gute Auswahl an lokalen Weinen (darunter ein feiner Merlot di Giornico). Während der Nebensaison Montag und Dienstag geschlossen. Im Dorfkern von Rodi gibt es eine Reihe weiterer Restaurants.

Schlafen Stilvoll in der Locanda des Kulturzentrums Dazio Grande in Rodi-Fiesso (091-874 60 66, fünf Doppelzimmer mit Bad). Etwas günstiger in den Hotels Baldi (091-867 17 82), Gendotti (091-867 11 17) und Guscetti (091-867 12 32) im gleichen Ort. In Faido vier weitere Hotels zur Auswahl.

Information Leventina Turismo, via Stazione, 6780 Airolo, Tel. 091-869 15 33, Fax 091-869 26 42, E-Mail levtourism@leventinanet.ch, Internet www.leventinanet.ch

Tipps Die alte Zollstation Dazio Grande in Rodi-Fiesso wurde 1998 aufwändig renoviert und als Kultur- und Begegnungszentrum wieder eröffnet. Das Haus zeigt auf zwei Geschossen Dauer- und Wechselausstellungen zur Talgeschichte und zu zeitgenössischer Kunst. Für kleinere Tagungen bietet der Ort die nötige Infrastruktur samt Hotelbetrieb.

Ein Leben lang auf Sendung Guido Calgari (links im Bild), hier als rasender Sportreporter, im Einsatz.

Beat Hächler, geboren 1962, Historiker, arbeitet als Kulturvermittler im Stapferhaus Lenzburg; er lebt in Bern.

LiteraTour 2: Dalpe–Fusio

La Sonnenstube non esiste

Der Einstieg in die Tessinliteratur mit Guido Calgaris Erzählung »Karge Erde«

Ankunft am Vorabend in Dalpe. Das »Hotel delle Alpi« von Cherubino und Maria Teresa Gianella liegt etwas abseits, im Dorfteil Cornone. Ein altes Berggasthaus mit knarrenden Holzböden und Jagdtrophäen an der Wand. Die Stammgäste sitzen in der getäferten Gaststube. Das Tischset unter dem Suppenteller zeigt den ganzen Gipfelkranz rund um den Pizzo Campo Tencia, den höchsten ganz auf Tessiner Boden stehenden Berg. Die Touristen, die im »delle Alpi« Station machen, zieht es in die Berge. Viele sind es nicht. Nicht weit von hier, außer Hörweite, rauscht die Autobahn. Hamburg–Catania. Wir befinden uns im Durchfahrtsland. Franco Celio, Präsident der Regione Tre Valli, zu der die Leventina gehört, formuliert dies so: »Wir sind die Peripherie der Peripherie der Peripherie. Die Leventina ist die Peripherie von Bellinzona, Bellinzona die Peripherie Luganos und Lugano die Peripherie von Mailand.« Nur topografisch ist Dalpe ein Platz an der Sonne. Saftiges Wiesland auf einer Geländeterrasse auf 1200 Metern Höhe mit wunderschönem Blick in die Val Piumogna und die Schneeberge dahinter. Nach dem Essen setzen wir uns noch für eine Weile im Pullover auf die Terrasse und nehmen Maß am literarischen Bergführer von morgen: Guido Calgari.

Tessiner Saftwurzel Geboren 1905 in Biasca, die Jugendjahre in Faido, keine zwei Kilometer Luftlinie von Dalpe entfernt, gestorben 1969 an einem Herzinfarkt in einer Ferienpause. Heute, stellt seine Tochter Fiorenza in der 1990 erschienenen Calgari-Biografie fest, sei Calgari weitgehend »vergessen, beiseite geschoben, liquidiert«. Eigentlich ein erstaunlicher Befund, denn Guido Calgaris Wirken ist kaum zu übersehen. Sprechen wir also kurz vom Lehrer, Seminardirektor, Publizisten, Redaktor, Workaholic, Polemiker, ETH-Professor, Kulturpolitiker, Radioreporter, geistigen Landesverteidiger, Präsidenten der Neuen Helvetischen Gesellschaft und natürlich – vom Schriftsteller Guido Calgari.

In den dreißiger Jahren ist die Schule sein Brotberuf. Calgari unterrichtet am Gymnasium in Lugano und an der Kantonalen Handelsschule in Bellinzona Italienisch und Geschichte. Seinen Schülern, unter ihnen der spätere Maler und Schriftsteller Felice Filippini (→ LiteraTour 22), bleibt der Leventiner als charismatische Furie in lebhafter Erinnerung. 1940 wird er Direktor des Kantonalen Lehrerseminars in Locarno, 1952 Professor für italienische Literatur an der ETH Zürich, als Nachfolger von Giuseppe Zoppi, seinem literarischen Widerpart, den wir auf der anderen Seite des Pizzo Campo Tencia, im Lavizzaratal, noch kennen lernen werden (→ LiteraTour 3). Neben der Schule ist Calgari populärer Radiomann. Ab 1932 gehört er zu den Pionieren von Radio Monte Ceneri. Als rasender Reporter berichtet er über die im Tessin so beliebten Straßenradrennen. Gleichzeitig führt er die Regie der Radio-Hörspielproduktionen; als Theaterbesessener schreibt er für die Landesausstellung 1939 das Tessiner Festspiel *Sacra Terra del Ticino*. Als Publizist und Kulturpolitiker führt Calgari in den dreißiger und vierziger Jahren eine gefürchtete Feder. 1941 gründet er mit Arminio Janner die Kulturzeitschrift »Svizzera italiana«, die sich als »die authentische Tessiner Stimme« vor allem von den italophilen Intellektuellen abgrenzt, die sich um Giovan Battista Angioletti, Francesco Chiesa (→ LiteraTour 32) und Giuseppe Zoppi gruppieren. Calgari ist ein überzeugter »elvetista«; er bekennt sich zur Schweiz der vier Kulturen, die enge Bezüge zum Kulturraum Italien einschließt, sich aber scharf vom Faschismus abgrenzt. Damit trifft sich Calgari mit den Bemühungen der staatsbürgerlichen, um nationalen Ausgleich bemühten Organisation der »Neuen Helvetischen Gesellschaft«, die er ab 1942 bis Kriegsende präsidiert. Dem Faschismus im Süden hält Calgari, ganz im Sinne der »geistigen Landesverteidigung«, seine »helvetischen Werte« entgegen: das Bekenntnis zur Integration (fast) aller Kräfte, die Rückbesinnung auf die heimatliche Scholle und das Bauerntum, die Pflege kultureller Vielfalt bei nationaler Einheit und einen verpflichtenden Wehrwillen nach innen und außen. Calgari formuliert diese Botschaft variantenreich in Schrift und Wort.

Gegen falschen Schmus Ein Stachel im Fleisch ist ihm das Tessinbild vieler deutscher und Deutschschweizer Touristen. Er verwahrt sich gegen deren kulturelle Arroganz, aber auch gegen hymnische Tessinliebe und falschen Schmus. Empfindlich reagiert Calgari auf die Zuzüger aus dem Norden, die sich der Sprache und Kultur des Tessins verweigern. 1936 schreibt er sich mit dem Pamphlet *Il vero Ticino* (Das wahre Tessin) den Groll von der Seele. *Ein Deutschschweizer hat einmal geschrieben, das Mendrisiotto sei die Pforte zum Verständnis des Orients ... Wohl bekomm's! Vor lauter Begeisterung über die Landschaft hatte niemand Zeit noch Lust, die Menschen zu bemerken mit ihren Sorgen, ihrer Plackerei und ihren Hoffnungen. Das Tessin, der »Sonnenbalkon« (noch so ein kitschiger*

Ausdruck), war entdeckt. Aber es blieb noch übrig, die Tessiner zu entdecken. (...) Man beleidigt die Überlieferungen des Tessins, wenn man bei uns Häuser und Villen im nordischen Stil baut, der gegen die Linien der Landschaft verstößt. Man verletzt die Kultur des Landes, wenn man sich in Oasen des Deutschtums abschließt oder in landesfremden Gesellschaftskreisen, wenn man deutsche Aufschriften über Läden anbringt, protzig deutsch spricht und deutsche Schulen in einem italienischen, ja dem einzigen italienischen Kanton der Schweiz gründet. Man verwundet die Seele des Tessins, wenn man solche Missachtung für seine Sprache, Überlieferung und Kultur an den Tag legt. Man schändet diese Seele und zieht sie durch den Schmutz, wenn man die Sucht für Fremdländisches anstachelt und Gewinn aus den albernen Vergnügen zieht, das dieses »unechte« Tessin der Zoccoli, Lieder, Boccalini und blau-roten Gewänder dem Fremden gewähren kann. Calgaris Abwehr macht hier auch nicht vor dem Antisemitismus seiner Zeit Halt. Ascona, das nach 1933 zu einem wichtigen Fluchtpunkt deutscher jüdischer Intellektueller wird, gereicht ihm zum Exempel für eine bereits eingetretene schleichende Germanisierung und Bastardisierung. Ascona habe aufgehört, *tessinerisch* zu sein, und *vergifte seine Erde mit der Plutokratie des internazionalen Judentums.* Daß er nicht den in Rüstungsgeschäften tätigen deutschen Bankier Baron Eduard von der Heydt herausgreift, der seit 1926 Asconas Monte Verità besitzt und dort ein Hotel betreibt, gehört wohl zu den Verzerrungen, die populistische Feindbilder an sich haben.

Dem laut beklagten *Unechten* stellt Calgari die Suche nach dem *Echten*, nach der Lebensrealität, gegenüber. Das gilt insbesondere für seine Literatur. 1933 veröffentlicht Calgari, 28jährig, seinen ersten Prosaband mit dem programmatisch düsteren Titel *Quando tutto va male* (Wenn alles schief geht), was 1940 fürs Lesepublikum im Norden etwas geschönt mit *Karge Erde. Novellen aus den Tä-*

Bacchus und Bacchantin
alias Knüsliumpfrau im Tessin

Sonnenstubenbilder Die Werbebotschaft – hier ein Plakat von Franco Barberis aus dem Jahre 1940 – verfängt. Deutschschweizer Tessintouristen sind bereits 1942 ein dankbares Sujet für den Karikaturisten des »Nebelspalters«.

lern der Leventina übersetzt wird. Die Bettlektüre mit der Titelgeschichte zählt 35 Seiten.

Quando tutto va male Wir brechen früh auf. Den Kaffee hat Maria Teresa Gianella am Vorabend in einer Thermosflasche bereitgestellt. *Die Morgenröte enthüllte nach und nach, da das Licht von den Gipfeln ins Tal niederflutete, die Mulden der Alpweiden, die Felsen und grasigen Felsplatten, die dichten Wälder, ein paar Hütten und Ställe und die weiß gekalkten Kirchtürme. Dann endlich erwachte in der kühlen Frühe, noch halb verschlafen, das kleine Nest der Häuser von Dalpe. (...) Man vernahm die Stimmen früher Frauen, die Wasser holten beim Brunnen, das Erdröhnen des Kessels beim Hineinschießen des ersten Wasserstrahls (...) und endlich erscholl auf dem glatten, abschüssig steinigen Pflaster des Gässchens das Getrappel der eisenbeschlagenen Zoccoli der Bauern, die zu ihren stillen Feldern hinuntergingen.* Von den »frühen Frauen« (die deutsche Übersetzung von 1940 ist erbarmungslos schlecht) ist an diesem Morgen ebenso wenig zu sehen und zu hören wie von den mit Zoccoli klappernden Männern. Und das Postauto, das uns gestern nach Dalpe hochgefahren hat, ist bereits wieder unterwegs; genauso wie Bélo, der Postkutscher, Bergbauer und Familienvater in unserer Geschichte. Bélo, der alte Bergler, ist auf sich gestellt. Der Einzige, der ihm beim Bergbauern noch zur Hand geht, ist der gelernte Käser Mario, der jüngste von vier Söhnen. Doch der soll ins Militär eingezogen werden. Auch die Bergnatur hat mit Bélo wenig Erbarmen. Anhaltende Trockenheit lässt das Gras im Sommer nicht mehr wachsen. Als der Regen kommt, schlägt der Blitz im Kuhstall ein und tötet zwei von Bélos Kühen.

Dalpe liegt bereits hinter uns. Vor uns öffnet sich der Talboden der Alpe di Gera, die von Juni bis September bestoßen wird. Unser Weg führt nicht in den Talgrund der Kühe, sondern beim Weiler Piumogna rechts hoch, durch den Tannenwald des Bosco del Lambro. Das Rauschen des Piumogna-Flusses, der vom Croslina-Gletscher gespeist wird, begleitet uns auf Schritt und Tritt. Im steilen Aufstieg zur Alpe di Croslina werden die Schritte langsamer. Der Lärchenwald lichtet sich. Je höher wir steigen, desto lauter tönt es aus der nahen Schlucht der Piumogna, die sich hier tief in den Fels eingefressen hat. Wer hier fällt, fällt nur einmal. Calgari lässt seinen Mario heimlich zur Gämsjagd aufbrechen, von der er nie mehr zurückkehren wird. Was Bélo und seine Familie vermuten, wird im Frühjahr zur Gewissheit, wenn der tote Körper nach der Schneeschmelze im Bachtobel gefunden wird. Calgari holt hier mit der neorealistischen Keule aus, um allen Leserinnen und Lesern die Botschaft vom harten Berglerleben einzubläuen. *Er war unkenntlich, als sie ihn aufgefunden hatten; wäre sein Fleisch im Eise nicht etwas festgefroren, er wäre bestimmt ganz zerfallen, als sie ihn mit Haken und Seilen aus der Schlucht heraufsfischten. Durch das Wasser war er grauenhaft aufgeschwollen und in die Länge gezogen. Es war etwas Scheuß-*

Idylle oder Ort des Schreckens? Talboden der friedlich fließenden Piumogna mit den weidenden Kühen der Alpe di Gera. Die Wasserleiche gibt's nur im Hinterkopf.

liches um diesen mehr als zwei Meter langen Körper, ohne Finger und Zehen: und Hände und Füße selbst bildeten mit Armen und Beinen eine einzige grässliche Blase. Kein Fetzchen seines Gewandes war mehr an ihm, und aus seinem, der ganzen Länge nach aufgeschlitzten Leib quollen die bleichen, auseinandergerissenen Eingeweide, die sich träge, halb unter Wasser, hin und her bewegten; die Leber aber war nach oben gekommen und hatte sich, wie jene Seerosenblätter, die man auf Sümpfen schwimmen sieht, ausgebreitet; und auch sie erschien weiß, von einem Weiß, das Ekel erregte. Das Gesicht war ein gedunsenes, verzerrtes Etwas, darin man umsonst Nase, Ohren und Augen gesucht hätte. Nur ungefähr mitten auf dieser grauenvollen Kugel, die mit dem Leibe eins war – denn der Hals war in der aufgequollenen Masse, darin die Rippen sich aus ihren Gelenken gelöst hatten, verschwunden –, nahm man die Zähne wahr, die in den bleichen Kiefern, zwischen der bläulichen Spalte zweier ungeheurer formloser Lippen glänzten.

Die Wasserleiche in der Sonnenstube   Der Gegensatz könnte kaum größer sein. Die Landschaft der Alpe di Croslina ist im Frühsommer von atemberaubender Schönheit. Kleine Hochmoore und blumenübersäte Wiesen wechseln sich ab. Auf einem Schneefeld am Fuße des mächtigen Campo-Tencia-Massivs tummeln sich Murmeltiere. Calgaris makaber-minuziöse Leichenschau will so gar nicht in diese hochalpine Idylle passen. Und passt vielleicht gerade deshalb gar nicht so schlecht.

Arminio Janner, Jahre später an Calgaris Seite Mitherausgeber der Zeitschrift »Svizzera italiana«, kritisierte *Quando tutto va male* 1933 als übertriebene Schwarzmalerei: »Dieses Buch enthält nur traurige Geschichten. Es zeigt nicht die Realität des Lebens in den Tessiner Tälern, sondern einen Ausschnitt davon. Bei allem objektiven Willen, das Leben der Bergler genau abzubilden, ist da eine klare

Tendenz erkennbar, alles schwarz sehen zu wollen.« Was Janner tendenziös erscheint, ist Calgari Mittel zum Zweck. Ihm geht es nicht um ein wohl gewogenes Pro und Kontra des Tessiner Berglerlebens, sondern um den Kontrast zu bestehenden Tessinbildern. An die Stelle schwärmerischer Naturbegeisterung oder touristischer Ignoranz stellt Calgari seinen polemischen Realismus von der ewigen Plackerei in den Tessiner Bergen. Im Calgari-Nachlass findet sich die vielsagende Notiz: »Um keine Zeit zu verlieren und mir gleich wieder einige neue Feinde unter den Naturfreunden zu schaffen: Die Natur als solche sagt mir eigentlich gar nichts. (...) Sie sagt mir nichts, im Sinne des rein ästhetischen Genusses, im Sinne der egoistischen und zur Meisterschaft gebrachten stillen Betrachtung einer schönen Landschaft. (...) Ich verstehe, bewundere, liebe die Natur, und ich spreche auch von ihr, wenn sie den Menschen betrifft; das ist, was meiner Meinung nach an erster Stelle stehen muss. (...) Mich interessiert, wie die Umwelt das Leben, die Arbeit der menschlichen Kreatur bestimmt, die in dieser Natur lebt, kämpft, Nahrung braucht und stirbt. Im allgemeinen – ich geb das gerne zu, auch wenn es ein Schuldeingeständnis ist – erscheint in meinem Werk die Natur eher als Feind denn als Freund. Sie fügt dem Menschen, seinem Besitz, seinen Tieren mehr Leid als Freude zu. Das ist, wenn Sie wollen, ein pessimistisches Konzept.« Mit Sicherheit war es ein didaktisches. Calgaris schablonenhafte Erzählung lässt sich heute kaum mehr anders lesen: die Wasserleiche im Bergbach als das drastische Gegenbild zu der mit Mimosenduft erfüllten Sonnenstube. Beide Bilder geben *die* Realität nicht wieder, stehen aber für Realitäten des Tessins. Das Sonnenstubenbild, das Calgari so in Rage versetzt, ist in den 30er und 40er Jahren auf Tourismusplakaten und Postkarten, in Schullesebüchern und vor allem in den Köpfen der südwärts reisenden (deutschsprachigen) Touristen allgegenwärtig. Es aufzulösen bleibt nicht nur für Calgari ein hehres Ziel, es beschäftigt die Tourismuspromotoren bis heute.

Aussichten Gipfelrast auf der namenlosen Bocchetta auf 2481 Metern unterhalb des Pizzo Lei di Cima. Eine gute Stunde trennt uns noch vom Etappenort der Capanna Leit. Hinter uns der felsige und steile Aufstieg von der Alpe di Croslina, vor uns der Blick in die Tiefe eines Geröllhaldenkessels. Von der Leventina ist hier oben nicht mehr viel zu sehen. Keine Autobahn, kein Transitverkehr, keine Skiliftmasten in Carì, kein stillgelegtes Monteforno-Stahlwerk in Bodio. Ein Ort auf der Landkarte, aber ohne sichtbare Verbindung zur übrigen Welt. Calgari, selber Großkind von Bergbauern in Osco, einem Dorf wie Dalpe, nur auf der andern Talseite gelegen, hat sich die Zukunft des Tessins noch in den 40er Jahren weitgehend agrarisch vorgestellt. Ein selbständiges Tessin mit dezentralen, in den Tälern angesiedelten Industriebetrieben, die vor kostengünstiger Konkurrenz geschützt würden, neue Formen der Heimarbeit, die ein Auskommen in den bestehenden Dörfern garantierten, gute Ausbildungsstätten für die Jungen, die einer frühen Abwanderung vorbeugen sollten. Heute bangen die Pendler in den Bergdörfern um ihre deregulierten Postfilialen. Wir steigen knappe 100 Meter in den Geröllhaldenkessel ab und traversieren auf dem schmalen Weg den Hang unterhalb des Nordgrates des Pizzo Lei di Cima. Von der zweiten Bocchetta beim Punkt 2431 zur Capanna Leit ist es nicht mehr weit. Eine Gruppe von Tessiner Jugendlichen ist eben eingetroffen. Sie sind zum Klettern am Pizzo del Prévat angereist. Guido Calgari schriebe hier drei Sätze ins Hüttenbuch; alle mit dicken Ausrufezeichen: *Macht nicht in Lugano, Gandria, Caprino oder Ascona Halt! Geht aufs Land, in die Täler, weit weg von der unreinen Welt des touristischen Internationalismus! (...) Lernt italienisch und sprecht mit unseren Leuten!*

Literatur

Guido Calgari: Karge Erde, Huber: Frauenfeld/Leipzig 1940 (ital. Originalausgabe: Quando tutto va male, 1933)

Guido Calgari: Ticino degli uomini, Edizioni Pedrazzini: Locarno 1982 (2. Auflage)

Guido Calgari: Die Bedeutung des Tessins in der Eidgenossenschaft, in: Hans Wälti: Tessin. Die Schweiz in Lebensbildern, Sauerländer: Aarau 1947, S. 355–364

Fiorenza Calgari Intra: Guido Calgari – un uomo e il suo paese, Armando Dadò editore: Locarno 1990

Nachlass Guido Calgari im Archivio Prezzolini der Biblioteca cantonale, Lugano

LiteraTour-Info

Einstufung ⏏ ⏏ ⏏ ⏏ ⏏
Gehzeiten 1. Tag: 6 h, 2. Tag: 3½ h
Höhendifferenz 1. Tag: Aufstieg 1340 m, Abstieg 270 m;
2. Tag: Aufstieg 180 m, Abstieg: 1150 m
Beste Jahreszeit Ende Juni bis Anfang Oktober
Karten Landeskarte 1:25 000, Blätter 1252 Ambrì-Piotta, 1272 Pizzo Campo Tencia

An-/Rückreise Mit dem Schnellzug bis Airolo oder Faido (Fahrplanfeld 600), dann mit dem Bahnersatzbus (Fahrplanfeld 625.09) bis Rodi-Fiesso, Haltestelle »Colonia Van Mentlen«. Der Bahnersatzbus bedient die gesamte Strecke Bellinzona–Airolo. In Rodi-Fiesso Anschluss ans Postauto nach Dalpe (Fahrplanfeld 600.58). Ab Fusio resp. Mogno mit dem Postauto bis Bignasco (Fahrplanfeld 630.72), dort Anschluss an die FART-Linie 10, Bignasco–Locarno (Fahrplanfeld 630.60). Ab Locarno Anschluss ans Bahnnetz.
Route *1. Tag, Aufstieg:* Der Wanderweg Richtung Alpe di Gera/Capanna Campo Tencia ist bei der Postautohaltestelle, eingangs von Dalpe (1192 m), gut markiert. Der Weg führt am Dorfende erst durch Wiesland, dann durch Wald in angenehmer Steigung bergwärts. Vom Piumogna-Wasserfall ist hier nur das Rauschen zu hören. Nach etwa 20 Minuten biegt der Wanderweg in das Fahrsträßchen ein, das zur Alpe di Gera ins Val Piumogna führt. Am höchsten Punkt (1399 m), wo sich die Fahrstraße leicht in den Talgrund senkt, führt der Wanderweg durch Wiesland hangwärts. Langsam gewinnt er an Höhe. Größtenteils im Schatten des Bosco di Lambro überqueren wir mit der Holzbrücke beim Punkt 1650 den Morghirolo-Bach und steigen durch lichten Lärchenwald zur Alpe di Croslina auf. Ein Stück weit folgen wir dem Tobel der jungen Piumogna, bevor sich die Alp am Fuße des Pizzo Campo Tencia öffnet. Entweder folgen wir nun dem linken Weg Richtung Capanna Campo Tencia (Weggabelung ca. 1930 m) oder wir gehen rechts und bleiben auf dem Geländerücken der Alp, bis sich der Weg im Talboden verliert. Wir folgen auf der linken Uferseite dem Bachlauf. Im letzten Drittel des Croslina-Talbodens stoßen wir wieder auf den gut markier-

Alpe Campolungo Am andern Morgen Aufstieg zum Passo Campolungo, vorbei am markanten Pizzo del Prévat, links im Bild.

ten Bergwanderweg (ca. 2125 m), der den Umweg über die Capanna Campo Tencia gemacht hat. Der Aufstieg zur Capanna Leit führt jetzt steil, über Grasbänder und Felsplatten zur Alpe Lei di Cima und zur namenlosen Bocchetta beim Punkt 2481. Nach einem kurzen, ebenso steilen Zwischenabstieg von rund 100 Höhenmetern traversieren wir den Osthang ohne große Gegensteigung und erreichen die zweite Bocchetta beim Punkt 2431 (Vorsicht bei Wanderungen im Juni: abklären, ob die Traverse schon ausgeapert und begehbar ist). Der Leit-See und die gleichnamige Hütte sind jetzt in Sichtweite.

2. Tag, Abstieg: Von der Capanna Leit (2257 m) steigt der Weg zuerst auf den oberen Talboden der Alpe Campolungo ab (2141 m), bevor er in zwei Varianten zum Passo Campolungo (2318 m) ansteigt. Der Abstieg führt über die Alpe Pianascio und die Alpe Zaria. Der leichte Wanderweg mündet vor Colla (1703 m) in die Alperschließungsstraße ein. Wohl oder übel folgen wir der asphaltierten Straße und nehmen die eine oder andere nicht markierte Abkürzung in den Serpentinen. Vor dem Weiler Mèrsc die (offizielle) Abzweigung des Wanderweges nicht verpassen (ca. 1570 m), der nun durch Wald und Flur nach Fusio (1281 m) hinunterführt. Auf die heißen Füße wartet die gletschergekühlte junge Maggia.

Variante Ab Dalpe über die Alpe Cadonighino (1739 m) und den Passo Venett (2138 m) zur Capanna Leit (ca. 2 h kürzer). Der Weg ist sonniger und daher früher begehbar, landschaftlich aber weniger spannend als der Umweg durch die Val Piumogna. Im steilen Schlussaufstieg knistert eine Hochspannungsleitung über den Köpfen.

Zur Verlängerung der an sich kurzen zweiten Etappe den Talweg von Fusio bis Mogno, zu Bottas vielbesuchter Rundkirche, gehen (+ 30 Minuten). Anschluss an die Postautolinie nach Bignasco.

Essen Lebensmittelgeschäfte gibt es in Dalpe und Fusio. Ansonsten in den Hütten und Hotels am Weg.

Schlafen In Dalpe im Hotel delle Alpi (091-867 14 24). Unterwegs in den SAC-Hütten Campo Tencia (Alpe di Croslina, 3 h ab Dalpe, Tel. 091-867 15 44) oder Leit (oberhalb Alpe di Campolungo, 6 h ab Dalpe, Tel. 091-868 19 20). In Fusio in der Antica Osteria Dazio (091- 755 11 62), die stilvoll renovierte Hotelzimmer, aber auch ein einfaches Matratzenlager anbietet. Oder am Dorfrand im Albergo Pineta das in seiner Einrichtung den Charme eines Familienberghotels der 50er Jahre verbreitet (091-755 16 16).

Information Leventina Turismo, via Stazione, 6780 Airolo, Tel. 091-869 15 33, Fax 091-869 26 42, E-Mail levtourism@leventinanet.ch, Internet www.leventinanet.ch

Vallemaggia Turismo, Centro Commerciale, 6673 Maggia, Tel. 091-753 18 85, Fax 091-753 22 12, E-Mail: vallemaggia@etlm.ch

Tipps Mario Bottas Kirche in Mogno hat einen veritablen Kirchentourismus im Lavizzaratal ausgelöst. Nach jahrelanger Auseinandersetzung im Tal, ob und wie die von einer Lawine weggefegte Kirche neu aufgebaut werden soll, entstand 1996 der typische »Botta«. Gebaut aus weißem Marmor aus dem Pecciatal und grauem Granit aus dem Maggiatal erhielt die Kirche die Form eines schräg angeschnittenen Zylinders mit einem Dach aus Glas. Ein Stück große Architektur für ein kleines Dorf, bei dem man nicht ganz sicher ist, ob es tatsächlich noch von Kirchgängern bewohnt wird. Fußgänger bemerken die Kirche spätestens bei der üppigen Beschilderung der Parkplätze für anreisende Botta-Touristen.

Botta-Touristen kommen mit dem Auto Wegweiser in Mogno.

Hier war es Giuseppe Zoppi beim Piatto auf Brünesc. Der Dichter kann sich 1945, als dieses Bild entstand, immer noch im Erfolg seines ersten Buches sonnen.

Beat Hächler

LiteraTour 3: Broglio–Fontana

Wo Milch und Mythen fließen
Auf den Spuren des Sonntagsberglers Giuseppe Zoppi

An Giuseppe Zoppi führt in Broglio kein Weg vorbei. Wo die Straße Richtung Monti di Rima abzweigt, steht das Geburtshaus. Schräg gegenüber das familieneigene Wirtshaus, die »Osteria Zoppi«. Ulisse Zoppi, Dichterneffe und Bergbauer in Pension, wirtet hier seit Jahrzehnten. Sein berühmter Zio, 1896 geboren, 1952 gestorben, lebte vergleichsweise kurz im Dorf, aber er machte Broglio und die Alp Brünesc Anfang der zwanziger Jahre zum literarischen Ort. Zoppis *Libro dell'Alpe* (Das Buch von der Alp) gehörte während Jahrzehnten zu den fettesten Matten der Tessiner Literaturlandschaft. Heute ist das Werk unaufhaltsam am Verganden. Machen wir uns also auf etwas gefasst.

Annäherungen an den Professore   Wir treffen uns zu einem Morgenschwatz in der leeren Osteria. Ulisse Zoppi nennt seinen schriftgewaltigen Zio respektvoll »il professore«. Der Professore tat ein Leben lang, was ein Professore zu tun pflegt. Er besuchte Schulen. Zuerst als Schüler, dann als Lehrer. Er las und schrieb Bücher, insbesondere Bücher über andere Bücher. Er war, rein äußerlich betrachtet, ein drahtiger Schulmeister. Klein, eher rundlich, der Mode entsprechend mit pomadigem, strengem Scheitel und kleiner Nickelbrille. Seine hohe aufgeregte Stimme, vor allem aber die respektable Nase im Gesicht, trugen dem Professore bei seinen Gymnasiasten (alles Knaben) den Beinamen »il pippetto« ein. Der Zio war, wie Ulisse amüsiert betont, ein Leben lang ein überaus korrekter Mensch. »Immer präzise wie ein Uhrwerk.« Dies in augenfälligem Kontrast zu seinem Bruder Chim, Ulisses Vater, der als Ältester die bäuerliche Familientradition weiterführte: sommers als Älpler auf Brünesc, winters und nebenher als Spezereiladenbesitzer und Schankwirt in Broglio. Chim, erzählt Ulisse mit leisem Stolz, liebte eben den Schwatz, die Menschen und ein Glas Wein oder zwei. Vor allem konnte er Geschichten erzählen »wie kein Zweiter hier im Tal«. »Leider«, bemerkt Ulisse trocken, »schrieb Chim seine Geschichten nicht auf.« Plinio Martini, der um eine Generation jüngere Schriftsteller aus dem Maggiatal (→ LiteraTour 4), hatte Chim immer eine literarische Feder zugetraut und ihn gerne gegen den blassen Giuseppe ausgespielt. Doch das sind Familiengeschichten, die Ulisse lieber ruhen lässt.

Vielleicht lag die steife Korrektheit des Professore Giuseppe an den guten Schulen, die er weit von Broglio entfernt besuchen durfte. Zuerst das kirchliche Collegio Papio in Ascona, später die nicht minder katholischen Internate Don Bosco in Maroggia und Saint-Michel in Fribourg. Im Üechtland studierte Zoppi italienische Literatur. Seine Dissertation schrieb er über Francesco Chiesa, damals schon einflussreicher Übervater des Tessiner Kultur- und Literaturlebens (→ LiteraTour 31). Wenig später wurde Zoppi Gymnasialprofessor am kantonalen Gymnasium in Lugano, wechselte ans kantonale Lehrerseminar in Locarno und erhielt 1931, mit 35 Jahren, den Ruf an die ETH Zürich als Professor für italienische Literatur. Francesco Chiesa und Bundesrat Giuseppe Motta standen dieser erfreulichen Entwicklung Pate. Der Professore aus Broglio

Das Original Buchumschlag der Erstausgabe von 1922.

absolvierte eine akademische Blitzkarriere, die ihn aus dem Bergtal an die Gestade des Zürichsees führte. Weg von der Alp, in die literarische Welt der deutschen Schweiz, wo er sich in den 30er und 40er Jahren als leidenschaftlicher Verfechter der italienischen Literatur und der Italianità des Tessins einen Namen machte.

Gefeierter Segantini der Schreibmaschine *Il libro dell'Alpe* war Zoppis Erstling und zugleich sein Meisterstück. Die Erstausgabe erschien im Jahr von Mussolinis Machtantritt, 1922, im Mailänder Verlag L'Eroica. Zoppi war gerade eben 26 Jahre alt. Auf dem Buchumschlag prangte ein grimmig blickender Adler. Das ornithologische Cover kündete unübersehbar von der anbrechenden faschistischen Ära. Doch Zoppi selbst war kein rechtsäugiger Schnabelhacker. Zoppi war eher weichzeichnender Literat. Ein Freund des Schönen und Wahren, der es konsequent vermied, sich politisch zu äußern oder gar zu exponieren. Das machte ihn auch, wie der

Tessiner Historiker Pierre Codiroli schlüssig nachgewiesen hat, für das faschistische Italien als moderaten Kulturbotschafter interessant. Zoppi funktionierte in den 30er und 40er Jahren als fleißiger Brückenbauer zur italienischen Kultur und erreichte damit auch jene Tessiner und Deutschschweizer Kreise, die der politischen Propaganda Italiens eher skeptisch gegenüberstanden. Als ETH-Professor arbeitete Zoppi von 1932 bis 1943 regelmäßig für die staatsnahe Literaturzeitschrift »Nuova Antologia«, die Codiroli abwägend nicht faschistisch, sondern »fascistizzata« (faschistisiert) nennt. An der vierbändigen »Antologia della letteratura italiana ad uso degli stranieri«, einem ebenfalls propagandistisch gedachten Vorzeigewerk aus dem Verlagshaus Mondadori, wirkte Zoppi von 1938 bis 1943 mit. Die Anthologie enthielt auch einen Beitrag des »Schriftstellers« Benito Mussolini.

Zoppis Erstling *Il Libro dell'Alpe* erschien in insgesamt vierzehn Auflagen in Mailänder Verlagen. Erst die fünfzehnte Ausgabe verlegte der staatliche Lehrmittelverlag in Bellinzona, was gleichbedeutend war mit Zoppis Karrierestart als Tessiner Lesebuch-Klassiker. Für die Deutschschweiz lieferte der Benziger-Verlag im Landi-Jahr 1939 die deutsche Übersetzung nach. »Der Tessin hat seinen Poeten gefunden: (...) den Sänger der Bergweiden, der Hirten und ihrer Herden«, »Zoppi erzählt die Alp, wie sie Segantini gemalt hat«, hieß es im Klappentext. In der Tat wurde Zoppis *Libro dell' Alpe* für Jahrzehnte zu einem literarischen Gütesiegel ohne Verfalldatum. Es bürgte, wie der Tessiner Literaturhistoriker Giovanni Bonalumi treffend bemerkte, für die moralische und staatsbürgerliche Reinheit der (Tessiner) Bergbewohner. Zoppi selbst ließ es nicht bei der literarischen Weihe des Alplebens bewenden. Jahr für Jahr wallfahrte er meist mit Familie an die Stätte seiner Jugend und spürte seinen berglerischen Wurzeln nach. Das war auch die Gelegenheit, sich ein wenig im eigenen Licht zu sonnen. »Mit bewundernden jungen Augen«, schrieb Plinio Martini in seinem Erzählband *Fest in Rima*, »erspähte ich ihn in der geraden Fortsetzung eines ausgestreckten Zeigefingers: das ist Giuseppe Zoppi. Er saß auf der Wiese, glücklich, im weißen Hemd, mit Krawatte und Lackschuhen. (...) Belustigt höre ich wieder sein Lachen, so fröhlich und unvermutet, wie wenn man an einem Glöckchen zieht; und ich entsinne mich noch genau an die weißgekleidete Frau, die neben ihm saß und die so anders war als die Bäuerinnen, die ich zu sehen gewohnt war. Damals stellte ich mir einen Dichter und seine ›Frau‹ gerade so vor, und ich möchte wetten, dass er selber das auch so sah.«

Kirsch- und andere Blüten Es gibt nur den einen Weg auf die Alp. Er beginnt, wie Giuseppe Zoppi schreibt, *hinter unserem Haus zwischen Felsblöcken und Kastanienbäumen* und führt zunächst zum Maiensäss Monti di Rima, vorbei an ausgemalten Bildstöcken und rostigen Wegkreuzen. Wir lesen am Wegrand vom Schicksal des Donati Angelo, der 1869 mit 17 Jahren unglücklich zu Tode stürzte. *Für die Leute des Dorfes (...) ist es der Weg der Mühsal und der Plage, ein Leidensweg. Alle, Männer und Frauen, sind ihn hundert- und tausendmal gegangen, gebeugt unter irgendeiner schweren Last. Für mich aber*, schreibt Zoppi, *war dieser steinige Weg (...) oftmals ein Anlass zur Freude;* dann etwa, wenn er für den Vater die Geißen hüten durfte und selber wie ein Zicklein bergwärts sprang, während die Männer *die Nägel ihrer schweren, eisenbeschlagenen Schuhe in den Erdboden krallten wie die Klauen wilder Tiere.* Die Speicher und Ställe von Monti di Rima haben sich in Wochenendhäuschen verwandelt. Die gelb blühenden Arnikas auf den Matten recken ihre Köpfe Richtung Südwest, wie die diskret montierten Sonnenkollektoren auf den Steindächern. Die Glocke im Turm der Kapelle von Rima – *Oh, du Glocke, du silberhelles Glöcklein, wieder hebe ich die Augen zu Dir empor* – hängt noch da. Und in der Wiese steht ein zerzauster Kirschbaum, von dem uns der Dichter freilich nur Üppiges zu berichten weiß. *Vollbeladen mit überreifen großen Kirschen*, präsentierte sich der Baum, den der junge Dichter im Kraftakt des Schreibens behände wie ein Äffchen wiedererstieg. *Weg mit Jacke, Schuhen, Strümpfen, ich umschlinge den dunklen rauen Stamm und – hinauf! (…) Im Nu bin ich im Wipfel. (…) Da ich nicht auch noch einen dritten Arm habe, um die so heiß begehrten Früchte zu pflücken, muss ich es notgedrungen mit dem Munde tun. Auf und ab geht der Kopf, immerzu, immerzu.* »Blödsinn«, wird zwei Stunden später ein einheimischer Dachdecker auf Brünesc diese Passage kommentieren: »Die Kirschen auf dieser Höhe werden vielleicht so groß wie ein Fingernagel«, spricht's und streckt den kleinen Finger zum Beweis entgegen.

Lassen wir also die Kirschen den Dichtern und Drosseln. Von Rima führt der Weg ein Stück weit der Straße entlang, dann über blühende Magerwiesen rasch wieder in den Bergwald. Die Kastanien haben den Buchen und vereinzelt Tannen Platz gemacht. Das Maiensäß Sasselli, *du Herd meiner Kindheit,* liegt etwas oberhalb. Wir kreuzen den Weiler Croadasc und münden bei Verzetto in die asphaltierte Forststraße ein. Sie ist 1995 im Zuge der Alpmodernisierung bis zum Corte Grande auf Brünesc verlängert worden. *Meine Alp,* meldet sich der Dichter wieder, *das grüne Tälchen, der Fleck Erde, wo meine Vorfahren seit Jahrhunderten lebten (…), tut sich fast wie durch Zauber, gleich einem Traumland, vor mir auf.* Noch ein Stück auf der Straße, und wir sehen die ganze Topografie von Zoppis *Libro dell'Alpe:* im saftigen Grün die Alphütten des Corte Grande – *das Herz der Alp, mit zwei Sennhütten, zwei Ställen und den Käsekellern –,* 200 Meter höher gelegen die Hütten des Piatto und noch einmal 200 Meter oberhalb die Hütte der Campagna. Erneut auf einem Fußweg gelangen wir durch lichten Lärchenwald in 20 Minuten zum Corte Grande.

Höhere Gefühle *Der Dichter (sitzend) mit seinem Bruder Chim, bei einer Verschnaufpause auf dem Weg zum Piatto.*

Milchpipeline und fliegender Melkstand   Elio Leoni gehört zur Generation, die Zoppi nicht mehr gelesen hat. Seit 1999 bewirtschaftet er mit zwei Arbeitern von Mitte Juni bis Mitte September die vollständig modernisierte Alp. Rund 30 Kühe und 120 Ziegen sömmern auf Brünesc. »Ein Kleinbetrieb«, wie Leoni meint. Das Vieh wird mit Lastwagen hochgefahren. Die ganze Infrastruktur der Zoppi-Alp wurde in den letzten Jahren mit privaten und öffentlichen Mitteln, rund 850 000 Franken, auf den neuen Produktionsstandard getrimmt. »Oder man hätte es ganz aufgeben müssen«, wie Marco Bonetti vom kantonalen Amt für Landwirtschaftsbauten und Alpmeliorationen zu Bedenken gibt. Die neuen Steindächer im traditionellen Stil finanzierte nicht der Kanton. Hier flossen Gelder der Bürgergemeinde, der Patenschaft für Berggemeinden und des Landschaftsfonds. Brünesc ist dank Forststraße für den Sennen mit dem Auto erreichbar. Für Leoni, der im Tal noch einen eigenen Bauernbetrieb führt, ein Muss. Die Tiere werden im mobilen Melkstand maschinell gemolken. Ein Helikopter fliegt im Spätsommer die Melkeinrichtung zum höher gelegenen Piatto. Von dort gelangt die Milch im Lattedotto, einer Milchpipeline, zurück in die Käserei im Corte Grande. Elio Leoni gewährt gerne einen Blick hinter die Kulissen, wenn die Zeit dazu reicht. Zoppis *Caldaia*, der traditionelle Käsekessel aus Kupfer, der früher von einem Corte zum andern mitgetragen wurde, hat 1998 der Chromstahlwanne Platz gemacht. Die Käsemasse wird heute ohne Rauch und Ruß im gasbeheizten Bain-Mari verarbeitet. 24 Stunden liegen die Frischkäse unter der Presse, einen weiteren Tag im Salzbad, danach werden sie im Keller mit der neuen betonierten Decke zur Reifung gelagert. Leoni produziert die Käsesorten der Region: den halbharten Valmaggia, Formagella und natürlich Frischkäse (Formaggini) und Butter. Die blendend weißen Kacheln sind der sichtbarste Teil der neuen Hygienestandards. Die Arbeit des Käsers, aber auch der Käse selbst haben sich verändert. Heute wird die Rohmilch pasteurisiert und unter Zugabe neuer Kulturen weiterverarbeitet. Der Käse ist bakteriologisch »gesünder« geworden, aber auch uniformer. Die typischen Geschmacksunterschiede von einst, abhängig von Lage und Kräuterqualität der jeweiligen Alp, seien nahezu verschwunden, sagen die Alten. Heute werde »formaggio standard« produziert; sauberer als früher, aber geschmacklich nivellierter, »appiattito«, im Guten wie im Schlechten. Dass dieser Einschätzung amtliche Expertisen widersprechen, interessiert hier eigentlich niemanden.

    Von unserem Dichter erfahren wir leider wenig, was das konkrete Handwerk des Käsens angeht. Zoppi berichtet lieber von Jungbubenstreichen oder von der vielfältigen Alpenfauna. Überraschend deftig gerät die Passage mit Tonio, dem Saisonnier aus Bre-

Formaggio Elio Leoni (rechts) produziert seit 1999 den Käse auf Brünesc.

scia, der Zoppis Vater Sommer für Sommer beim Käsen zur Hand ging. Tonio, ein Hüne von Mann, war wieselflink, wenn es darum ging, ein Murmeltier in ein Munggen-Goulasch zu verwandeln. Und etwas später erfahren wir, dass der junge Giuseppe einen Adler – oder war's gar ein Bartgeier? – auf dem Schlafboden der Alphütte zu Tode steinigte. Die Tierfreunde in der Deutschschweiz brauchten aber bei der Zoppi-Lektüre nicht wirklich aufzuheulen, weil das wahre Herz des Dichters eigentlich für die Kreatur schlug. Legendär ist Zoppis Begegnung mit einer weißen Ziege auf Brünesc. *Ich rufe sie bei ihrem Namen: »Weißfüßchen, Weißfüßchen!« Sie antwortet mir mit einem leisen, flackerigen Meckern, das sich anhört wie ein lustig knisterndes Feuerlein. (...) Sie neigt ihr gehörntes Köpfchen zu mir herab. Das helle Messingglöckchen macht kling-kling-kling. (...)*

Mit dem rosigen Zünglein kitzelt sie mich über dem Ellenbogen so leicht, so zart, so zärtlich, dass ich's nicht ertrage und lachend auf die Füße springe. Was wir denn auch tun sollten, wenn wir die Bocchetta di Brünesc tatsächlich erreichen wollen.

Die Kehrseite der Alp Der Weg hinauf zum Piatto ist steil. Unter unseren Füßen verläuft die Milchpipeline. Zoppi ist den Weg Richtung Bocchetta auch gegangen. Er verpackte den Abstecher in die Höhe in die mehrfach überlieferte Tessiner Legende vom Dieb des Käsekessels. Bei Zoppi ist es ein Älpler aus dem Bavonatal, der in einem Spätherbst den Käsekessel aus dem Corte Grande entführte und über die Bocchetta di Brünesc forttragen wollte. Doch beim Piatto wurde der Mann von schlechtem Wetter überrascht und musste unter dem umgestülpten Kessel Schutz suchen. Am andern Morgen lag so viel Schnee, dass der Kessel zur Falle geworden war. Ein Geißbub machte ein halbes Jahr später den grausigen Fund und entdeckte unter der Käseglocke *ein menschliches Gerippe, an dem noch ein paar Fetzen Fleisch hingen.* Zoppi erzählt den Zombiestoff aus einem fernsehlosen Zeitalter aus der Warte des Kindes, pendelnd zwischen Furcht und Faszination. Ganz so dramatisch ist der Aufstieg zur Felslücke in der Krete des Pizzo Brunescio natürlich nicht. Die Markierungen sind gut. Den Weg dazwischen sucht man sich allerdings weitgehend selbst. Die letzten Tritte sind als Treppe in den Fels gehauen. Mit unserem Dichter geht der Blick zurück auf den Talkessel von Brünesc. *Auf diesem Fleck Erde,* schreibt er etwas zivilisationsmüde, *so grün, so in sich abgeschlossen, so wunderbar stille, hätte ich ein ganzes Leben zubringen, hier meine Kinder aufziehen und hier den Tod erwarten können. Statt dessen hat mich mein Schicksal in die Ferne geführt. Es hat mich in ein trübes, unruhiges, schwieriges Leben hineingeworfen.* Für den in Thalwil und Locarno lebenden Zoppi war die Alp ein Leben lang idyllischer Fluchtpunkt und Gegenwelt zur technisierten Zivilisation. *Ich flüchte vor der Stadt, den Zügen, den Trams, den Kinos, den Friseuren, ich flüchte vor Anzug und Krawatte, den Frauen* [!], *den Autos, den Motorrädern,* schrieb Zoppi im Vorwort zum *Libro dell'Alpe*. Vermutlich machte Zoppi bei seinen Heimatbesuchen auf der Bocchetta di Brünesc wieder kehrt. Wir wählen jedoch den Abstieg in Serpentinen, der teilweise über Geröllfelder führt, und erreichen die bis 1965 noch bewirtschaftete Alp Fiorasca. Das Land ist inzwischen vergandet, die Hütten eingestürzt. Eine Erschließung und Modernisierung wie auf Brünesc stand hier nie zur Diskussion. Die Wege sind zu weit und zu steil. 1991 wurde die Alp über den Trekking-Pfad, der zum 700. Geburtstag der Eidgenossenschaft errichtet wurde, für den Bergwandertourismus wiederentdeckt. Der Weg führt von der Alpe Fiorasca an den Hängen der Valle di Larecchia hinunter ins Bavonatal. Die heiklen Passagen sind mit Drahtseilen gesichert. Am spektakulärsten ist der Weg dort, wo die alten Älplergenerationen Hand angelegt und die Granitbrocken hart am Abgrund zu endlosen Treppen aufgeschichtet haben. Wer in der markantesten Spitzkehre auf 1519 Metern Höhe den Blick in den Abgrund wagt, sieht 900 Meter gähnende Tiefe. Hier hätte der »Sänger der Bergweiden« vermutlich geschwiegen.

Literatur
GIUSEPPE ZOPPI: Das Buch von der Alp, Benziger: Einsiedeln 1939 (Originalausgabe: Il libro dell'alpe, 1922)
GIOVANNI BONALUMI: L'alpe angelicato. Rileggendo »Il libro dell'alpe« di Giuseppe Zoppi, in: Almanacco ticinese 1986, S. 91–98
ALDO UND NORA CATTANEO: Storie e sentieri di Val Bavona, Armando Dadò editore: Locarno 1998
PIERRE CODIROLI: Giuseppe Zoppi tra italianità ed elvetismo. I difficili anni Trenta, in: Cenobio 46/1997, S. 44–51
MASSIMO DANZI: Zoppi, l'idillio e la »distruzione« dell'idillio, in: Cenobio 46/1997, S. 15–27
GIUSEPPE ZOIS (HRSG.): Gli alpi del formaggio. Ticino a conoscere, Edizioni Ritter: Massagno 1994

LiteraTour-Info

Einstufung ☐ ☐ ☐ ☐ ☐
Gehzeiten 8 h (4¾ h Aufstieg, 3¼ h Abstieg)
Höhendifferenz Aufstieg 1595 m, Abstieg 1700 m
Beste Jahreszeit Ende Juni bis Anfang Oktober
Karten Landeskarte 1:25 000, Blätter 1271 Basodino,
1272 Pizzo Campo Tencia

An-/Rückreise FART-Linie 10 Locarno–Cavergno (Fahrplanfeld 630.60), umsteigen in Bignasco auf Postautolinie Bignasco–Fusio (Fahrplanfeld 630.72) bis Broglio; zurück nach Locarno ab Fontana mit der Postautolinie San Carlo–Bignasco (Fahrplanfeld 630.70), ab Bignasco wie Anreise.

Route *Aufstieg:* Auf dem gut markierten Wanderweg vom Dorfzentrum Broglios (703 m) durch den schattigen Buchenwald zur Kapelle von Monti di Rima (1009 m). Nach einem kurzen Stück auf der Straße Richtung Alp Brünesc über Wiesland rechts in den Wald. Am Weiler Croadasc (1260 m) vorbei und ab Verzetto (1343 m) für die nächsten 800 Meter auf der asphaltierten Forststraße. Bevor die Straße die ersten Bäche quert, auf einem markierten Fußweg links hoch und durch den lichten Lärchenwald zum Corte Grande (1612 m). Von dort über steiles Wiesland Aufstieg zum Piatto (1821 m) und dann weitgehend weglos, aber von Steinmarkierungen gut geführt zum markanten Felseinschnitt der Bocchetta di Brünesc oder Forcolina (2298 m).
Abstieg: Von der Bocchetta in Serpentinen, teilweise über Geröll, zu den verfallenen Ställen der Alpe Fiorasca (2086 m). Bis zum Punkt 1519 ist das Gefälle angenehm verteilt, dann fällt der Weg auf den letzten zwei Kilometern 900 Höhenmeter (!), teilweise auf Treppen, im Zickzack in die Tiefe. Beim Dorfeingang in Fontana (600 m) kann man die heißen Füße in den kühlen Ri di Larecchia tauchen. Postautoanschluss neben dem Grott di Balöi.

Essen In Broglio bei Ulisse Zoppi in der Osteria Zoppi (bei Kundschaft jeden Tag geöffnet, Anmeldung am Vorabend erwünscht, 091-755 11 13). Auf Zoppis Alp Brünesc verkauft Elio Leoni von Juli bis Anfang September direkt Käse. In Fontana im Grott di Balöi (geöffnet 15. April bis 15. Oktober, 091-754 13 87).

Blick zurück *Im Frühsommer liegen auf der Boccetta di Brünesc noch Reste von Altschnee.*

Schlafen In Broglio und Fontana gibt es keine Übernachtungsmöglichkeit. Die nächsten Hotels oder Herbergen befinden sich talaufwärts in San Carlo: Albergo Basodino (091-755 11 92) und talabwärts in Cavergno: Ostello della Gioventù (091-754 10 16) und Bignasco: Albergo Posta (091-754 11 23) und Albergo Turisti (091-754 11 65).

Information Vallemaggia Turismo, Centro Commerciale, 6673 Maggia, Tel. 091-753 18 85, Fax 091-753 22 12, E-Mail: vallemaggia@etlm.ch

Tipps Ein Abstecher auf die Alpe Vaccariscio, oberhalb Fusios, wo der alte Acquedotto, ein offen geführter, in Stein gehauener Kännel (der einzige dieser Art im Tessin), auf einer Länge von 235 Metern wieder instand gestellt wurde.

Stein auf Stein Wo kein Weg war, haben ihn frühere Generationen gebaut. Der Aufstieg zur Alpe Sológna.

Alessandro Martini, geboren 1947, ältester Sohn des
Schriftstellers Plinio Martini (1923–1979), ist Professor für
italienische Literatur an der Universität Freiburg i.Ue.
Er lebt mit seiner Familie in Villars-sur-Glâne.

LiteraTour 4: Rundwanderung Foroglio

Den Rucksack leeren, bis auf den Grund
Aufbruch zur Alpe Solögna mit
Plinio Martinis Roman »Il fondo del sacco«

Im Gegensatz zu Giuseppe Zoppi (→ LiteraTour 3) wurde mein Vater nie als »Professore« angesehen. Er blieb ein Leben lang »der Lehrer von Cavergno«; einer, der dort seine Wurzeln hatte, wo er zur Welt gekommen war, stets gelebt und gewirkt hatte, selbst als die Neuorganisation der Sekundarschule im Tal ihn in seinen letzten Lebensjahren nach Cevio, ins nahe gelegene Schulzentrum, führte. Nach seinen ersten poetischen Versuchen, die schon seinen Stil, aber noch nicht seinen ureigenen Stoff verrieten, entdeckte mein Vater seine Themen – ja, er listete diese förmlich auf –, im Gedicht »Lamento per la mia valle« (Klage über mein Tal), das Giuseppe Zoppi gewidmet war, der 1952 starb. Das Gedicht entstand im Herbst 1955, als der Maggiafluss mit der Inbetriebnahme der ersten Elektrizitätswerke »von Bignasco bis nach Coglio völlig ausgetrocknet oder nur noch ein Rinnsal war und die ersten Sprengungen das gleiche Ende für die schäumende Bavona ankündigten« (nachzulesen im Sammelband *Nessuno ha pregato per noi* mit Reden Plinio Martinis). 1964 prägte Plinio Martini das inzwischen (allzu) bekannte Bild von Giuseppe Zoppi als dem Dichter mit Krawatte und Lackschuhen, von dem sich das Porträt des erdigen Dichterbruders und Älplers Chim Zoppi umso stärker abhob. Auch mein Vater war ein Mann, der es verstand, mit den Leuten umzugehen, und sich dabei selber treu blieb. Er war ehrlich, offen bis zur Indiskretion, ansteckend in seiner Heiterkeit, nicht selten schimpfend, doch immer ein Mann des Gesprächs. Wenn er auf einen Berg stieg, trug er richtige Schuhe; er ging – an Plätzen, die nur er kannte – Blumen und Pilze suchen; er stieg zu Bergseen hoch, wo er fischte oder sich um die Fischbestände kümmerte, oder er machte schlicht das, was heute so viele tun: Er wanderte. Seine Freunde wissen, dass die notwendigen und rituellen Rasten, die Wanderziele unterhalb der Gipfel (er war kein Gipfelstürmer), seine bevorzugten Orte waren, Gespräche zu führen und Vertrauliches darzutun; die Berge waren die Kanzel seines moralischen Diskurses. Doch weder die polemischen Sticheleien gegen Zoppi noch sein Leben und Schreiben hinderten gewisse Kritiker und Journalisten daran, den Schriftsteller Martini zur Heimatliteratur zu zählen und auf deren Klischees zu reduzieren.

Kein Schreibtischstoff Plinio Martini beschäftigte sich mehrfach mit der Alpwirtschaft im Bavonatal. Seine Beiträge erschienen in der Zeitschrift »Pro Valle Maggia« in den Jahren 1970, 1971 (mit Ausführungen zur Alp Solögna) und 1976 – heute im Sammelband *Nessuno ha pregato per noi* wieder nachzulesen. Er schrieb sie im Bewusstsein, letztes Zeugnis von einer nahezu verschwundenen Bauern- und Hirtenkultur abzulegen. Im Bavonatal war diese früher als anderswo aufgegeben worden, weil »nur in wenigen, ja in gar keiner anderen Alpenregion die Alpweiden so weit von der Talsohle entfernt und in einer derart unwirtlichen Gegend gelegen« waren. Die Nutzung jener zwanzig Alpen im Bavonatal hatte 1970 aufgehört, mit Ausnahme der Alpe Formazzöö. An eine Wiederbelebung, wie sie heute teilweise mit modernsten Mitteln geschieht, glaubte zu

Von großen und von kleinen Fischen *Plinio Martini gehört mit »Il fondo del sacco« zu den großen Brocken der Tessiner Literatur.*

jenem Zeitpunkt niemand mehr. »Wenn einmal die Höfe und die letzten Älpler verschwunden sind«, schrieb Plinio Martini, »wird nur mehr eine vage Erinnerung von der damaligen Alpwirtschaft übrig bleiben, die ein heroischer Kampf ums Überleben war. Auch die Namen der Orte werden verloren gehen.« Dabei galt auch noch für die Generation, die derjenigen des Schreibenden voranging, »entweder sich jenem Leben zu stellen oder auszuwandern. Die zweite Alternative überwog.« Diese Erfahrung lässt Plinio Martini auch Gori, seine Erzähl- und Hauptfigur im Roman *Nicht Anfang und nicht Ende* (Il fondo del sacco), machen. Gori wandert 1928 nach Kalifornien aus. Als er 1946 ins Tal zurückkehrt, haben sich die wirtschaftlichen Aussichten entscheidend verändert. Die Massenauswanderung der Männer hat ein Ende genommen. Und die traditionelle Alpwirtschaft mit der Sömmerung des Viehs auf den abgelegenen Alpweiden ist im Verschwinden begriffen.

Cheese *Die Käseträgerinnen posieren für den Fotografen, bevor sie die Käselaibe von Sológna 1200 Höhenmeter ins Tal hinunterbuckeln.*

Plinio Martini hat sich mit den letzten Erinnerungen an das Leben auf der Alp intensiv beschäftigt. Über den Bau der alten Alpwege schrieb er: »Die Stützmauern erstrecken sich auf vielen Kilometern, Zehntausende von Stufen; an den schwierigsten Stellen wurde der Weg in den Fels gehauen oder es wurden mit Balken aus Lärchenholz kleine Brücken gebaut. Um diese gefährlichen Arbeiten ausführen zu können, hingen die Männer an Seilen. Neben den Alpwegen, den Kuhpfaden, wie man sie nannte, mussten hundert andere, kleinere Pfade gebaut werden: für die Ziegen; für jene, die abkürzen wollten; für die Wildheuer, die die schmalsten Felsbänder erreichen mussten, um den letzten Grashalm noch nutzen zu können.« Und über die ständigen Wanderungen zwischen den Höfen in den Weidemonaten schrieb er: »Unsere Leute hatten das ganze Jahr das Haus auf dem Buckel; alle drei Wochen galt es ein San Martino zu vollbringen. Nur an Weihnachten und im März kehrte etwas Ruhe im Dorf ein.« Wer den Roman *Nicht Anfang und nicht Ende* kennt, spürt, dass diese Darstellung unmittelbar den Schilderungen und Argumentationsweisen des Romans voranging. Der Roman entstand zwischen 1965 und 1970. Kennzeichnend waren eine Sprache und ein Satzbau, die emotional aufgeladen waren. Eine Prosa, die bewusst darauf hinzielte, die Kehrseite der Idylle, wie sie Zoppi verkörpert hatte, darzustellen.

Unsern Schauplatz, die Alp Solögna, hat auch Daniele Dadò in seinen Erinnerungen beschrieben: »Solögna bewundert man, wenn man von Cavergno in Richtung Basodino blickt. Die Alp liegt auf einer durchschnittlichen Höhe von 1900 Metern über Meer und eignet sich für rund sechzig Kühe (1928 waren es 54 Stück Grossvieh und 430 Ziegen, um die sich vier Familien, das heisst 17 Personen, kümmerten); zur Alp gehören fünf Höfe, die vom Madone di Solögna überragt werden. Der Weg, der von Roseto aufsteigt, ist auf dem ersten Stück unwegsam, bis zu jenem Steilstück, wo die Alp wirklich beginnt und wo man jede Raststätte mitsamt ihrem Namen in Erinnerung behält; denkwürdig ist am Schluss des Aufstiegs [vor Costa, der Verf.] die Freitreppe mit ihren 102 Stufen.« Was das Leben auf der Alp angeht, erinnert sich Daniele Dadò an das frühe Aufstehen um halb fünf Uhr morgens, an das Melken vor dem Frühstück, an das Käsen, das Holzsammeln, die Zubereitung der Polenta zu Mittag, die Suche des Viehs zum zweiten Melken am Abend, an die Putzarbeiten und das Abendessen mit Reis und Milch und – hin und wieder – an die Arbeit im Käsekeller. Die härteste Arbeit war im September der Käsetransport talwärts, steil hinunter nach Roseto. Nur an Sonntagen ruhte die Arbeit, wenn das Notwendigste getan war. »Solögna«, schrieb Dadò, »ist die Alp mit der schönsten Aussicht im ganzen Bavonatal.« Das Holz gab es in der Nähe, und so wurde Solögna von den Neidern auch »die Alp der Faulenzer« genannt; dafür gab es weniger Wasser und sie war dem Blitzschlag stärker ausgesetzt. »Jetzt«, heisst es bei Dadò, »ist sie Herrschaftsgebiet der Steinböcke und Murmeltiere. Zurück bleibt jedoch die Erinnerung dessen, der vielleicht die schönsten Tage seines Lebens dort verbracht hat.« Man muss also nicht erst dem Stand der Professoren angehören, um die Idylle zu beschwören. Und man begreift vielleicht besser, weshalb man es den Professoren dankte, die die Idylle anstimmten, und die Schulmeister rügte, die die weniger heiteren Seiten des Alplebens darstellten.

Die Idylle auf Solögna Der Roman *Nicht Anfang und nicht Ende* erzählt die Geschichte von Gori, der darauf wartet, nach Amerika abzureisen. An die schmerzhafte Erfahrung des Wartens und Weggehens erinnert sich die Hauptfigur in mehreren Rückblenden. Zum Zeitpunkt des Erzählens ist Gori längst wieder zurück, obwohl er eigentlich keinen Grund zur Rückkehr hatte und auch keine Erwartungen mehr an seine alte neue Heimat formuliert. Könnte der Tag der Abreise wiederkehren, sagt Gori einleitend, *ich schwöre dir, ich würde mich auf meinen Koffer setzen und mich nicht von der Stelle rühren wie ein Kalb, das sich stur weigert, weiterzugehen, so dass einem nichts übrig bleibt, als es auf halbem Weg zum Stall draussen übernachten zu lassen.* Der Weg von Roseto zur Alpe Solögna, den auch wir hochsteigen, wird bereits auf der ersten Romanseite erwähnt; auf der Alp, im Herzen der Ereignisse, verweilen wir während eines ganzen Kapitels.

Es ist der erste August des Jahres 1928; im vorangegangenen Herbst hat Gori, ohne Aussicht auf Arbeit im Tal, die Ausreise nach Amerika beantragt, doch im folgenden Frühling, an einem Mittag im März, begegnet er schicksalshaft seiner Liebe: Maddalena, einer

Tochter aus gutem Hause im Dorf, die zu Schulzeiten für Gori unerreichbar schien; und in den folgenden Monaten wächst auch die Hoffnung, doch noch im Tal Arbeit zu finden. Trotzdem glaubt Gori, abreisen zu müssen, und sei es auch nur aus Stolz. Maddalena besucht Gori in den letzten Tagen vor der unvermeidlichen Abreise auf Sológna, um vor ihm und der Kuh, die er gerade melkt, einen Schwur abzulegen: *Gori, ich schwöre dir, dass ich dein bin fürs ganze Leben, und ich werde nach Amerika kommen, auch wenn ich zu Fuß hin müsste. Das schwöre ich dir bei Gott.* Und er: *Maddalena, ich will niemals eine andere Frau, und ich werde auf dich warten. Ich schwöre, dass ich dir ewig treu sein werde.* Die Trauungssymbolik ist den beiden sehr wohl bewusst. *Wir sahen einander an, als stünden wir tatsächlich in der Kirche vor Don Giuseppe, ein hübsches verlegenes Brautpaar wie alle anderen.* Nicht zufällig fällt hier die Rede auf Don Giuseppe und die Rolle der Religion, von der es heisst: *Man konnte gegen sie oder für sie sein, aber sich über sie lustig machen – nein, das konnte man bestimmt nicht.* Don Giuseppe ist der Hüter der alten Ordnung, der Bürge einer heilen Welt, die nun zerbröckelt ist. Er bildete noch den alten Kitt des »gemeinschaftlichen Lebens«, das für Gori rückblickend als einziger Wert übrig bleibt, nachdem sich alle privaten Schwüre als eitel erwiesen hatten und – wie man heute hinzufügen könnte – viele andere Werte ebenfalls verloren gingen.

Mit der Liebe Goris zu Maddalena verwandelt sich die Alp Sológna für kurze Zeit zum anmutigsten Ort. Gori darf am Nationalfeiertag mit dem Militärgewehr des Vaters am Fuße des Madone Murmeltiere jagen; am Abend wird ein Feuer angefacht. Von der Jagd zurückkehrend, sieht er unten auf dem Hof *ein helles Kleid* – keine *Weißgekleidete,* wie Zoppis Gattin in der Erzählung *Fest in Rima* beschrieben wird. Doch allzu weit sind wir davon nicht entfernt, wenn beim Anblick Maddalenas das Herz des Jünglings *wie die Glocke von Rima* schlägt. Ein ganzes Bestiarium eilt herbei, die Anwesenheit der Schönen mit den sonnengebräunten Fußknöcheln zu feiern, welche die beiden erlegten Murmeltiere streichelt, *alles so schön und sauber* findet, *bis zu den Schweinen hinunter, die uns um die Füße strichen und immer lauter grunzten,* zum ersten Mal *das Schwirren der vorbeipfeilenden Schwalben* hört und am Abend, beim Melken, da die untergehende Sonne sie gänzlich streift, zuletzt auch noch die Schnauze der Kuh streichelt, um die sich Gori gerade kümmert. *Wenn es schön ist, ist es auf der Alp wirklich schön,* lässt Plinio Martini den verliebten Gori schmachten, so schön wie der lombardische Himmel von Manzoni. Eine Idylle? Es ist kein Zufall, dass Maddalena dem unwissenden Gori eine Stelle aus einem Theaterstück rezitiert, das sie im Internat gelesen hat (Wecke mich nicht, wenn ich schlafe …); der Wortlaut stammt zwar nicht aus dem Dialog zwischen Romeo und Julia in ihrer glücklichen Nacht, doch ist er diesem sehr ähnlich.

Familiengeschichten Selber bin ich bin nur einmal in Solögna gewesen: am 8. August 1967, von meinem Vater geführt, kurz nach seinem vierundvierzigsten Geburtstag, zusammen mit meiner Mutter, meinem Bruder Luca, der Kollegin und besten Freundin meines Vaters und zwei mit dieser Freundin befreundeten Schwestern, Musikerinnen, die auch Freundinnen unserer Familie waren; um mir eine Freude zu machen, gesellte sich zu den beiden Schwestern noch eine dritte hinzu, die achtzehn Jahre alt war. Wir stiegen den Weg zur Alpe d'Antabia hoch, vielleicht weil er gemütlicher war und wir uns den wundervollen Ausblick auf die Hochebene des Piano delle Creste nicht entgehen lassen wollten. Von dort aus begaben wir uns nach Solögna über jenen Hang, den Maddalena in umgekehrter Richtung geht und langsam aus dem Blickfeld von Gori verschwindet. An viel kann ich mich nicht erinnern, aber gewiss waren *wir*

Aus dem Fotoalbum *Familienausflug beim Piano delle Creste, 1967. Neben Plinio Martini (Mitte) Alessandro Martini (mit dunkler Sonnenbrille).*

einfach glücklich, ohne Grund, bis die kalte Luft von den Gipfeln uns schließlich in die Hütte trieb, wo wir die Glut aufschürten. Das Rosenkranz-Gebet auslassend, könnte ich die Worte wiederholen: *Maddalena und ich saßen nebeneinander, und zwischen einem Ave Maria und dem nächsten fanden sich unsere Hände rasch hinter unserem Rücken. Damals dachten wir, niemand hätte etwas gemerkt; heute ist mir der Gedanke ein Trost, wie lieb wir meinem Vater in diesem Augenblick gewesen sein müssen.* Es war eine Sennhütte im Sedóm. Wir schliefen in drei Hütten, wobei mein Vater dafür sorgte, dass die Männer von den Frauen getrennt waren. Daran erinnert auch sein Bericht über die Alpen des Bavonatals. Das Innere der Sennhütte war zu mindestens einem Drittel vom Nachtlager belegt;

gewöhnlich waren es zwei übereinander liegende Heulager; der übrige Platz war für die Feuerstelle bestimmt: für den Kessel, den wir vorfanden, alles Geschirr, das in die unverkalkte Mauer eingelassen war, sowie für die verschiedenen Geräte, die der Käseherstellung dienten. Es war das Jahr, in dem die Alp aufgegeben wurde (von Anito Dadò, bei dem der zehnjährige Luca 1960 Knecht gewesen war). Die Hütten waren zu jenem Zeitpunkt unbewohnt; nicht verlassen, aber auch nicht restauriert und für rustikale Ferien eingerichtet, wie dies heute so oft, nicht immer vorteilhaft, geschieht. Wir schliefen, wie es sich gehörte, angezogen. Für mich blieb jene Nacht unvergesslich. Im Heu liegend, ließen sich die Gedanken an den unteren Schlag nicht so leicht verdrängen, und in der ersten und einzigen Nacht konnte es leicht geschehen, dass man trotz der Müdigkeit von der langen Wanderung schlaflos wachte und am Morgen den Anbruch des Tages genoss und all diese Empfindsamkeit den Wirkungen einer allzu dünnen Luft zuschrieb. Am andern Morgen wurde uns klar, dass es kein Klo, aber Steinblöcke gab, und wer sich waschen wollte, zuerst Wasser in einer Rinne finden musste. Es ist schwirig zu sagen, inwiefern unser Spaziergang damals die Ausgestaltung von Goris Idylle beeinflusst hat. Vielleicht bestätigte der Spaziergang meinem Vater nur, was bereits niedergeschrieben war, vielleicht gab er zu geringfügigen Änderungen Anlass oder er war tatsächlich die auslösende Inspiration. Die Erinnerung jener Kollegin, die oft als erste die Texte meines Vaters zu lesen bekam, kann gewissermaßen das Dilemma lösen: Eben jene Seiten im Roman, die von den Alpen handeln, alles maschinengeschriebene Blätter, seien das »Geschenk« gewesen (so sagt sie), das mein Vater ihr mitgebracht habe, als sie im Frühjahr 1968 ein paar Wochen im Spital zubringen musste.

Ich würde nicht wie Gori *hundert Jahre geben, um noch einmal neu zu beginnen;* und ich verspüre auch keinen Drang, nach Solögna aufzusteigen. Andererseits hält mich nichts davon ab, es dennoch zu tun. Nicht wie Gori, der, mit der Geschichte hadernd, findet, *da die Alp verlassen ist, gehe ich nicht mehr hinauf, weil es mir zu wehtut.* Das Leben, das heute im Bavonatal geführt wird, entspricht nicht jenem, das ich führe, hat aber auch nichts mit jenem zu tun, das ich in meiner Kindheit gekannt habe. Heute reicht es mir, alljährlich ein paar Mal die Talsohle zu besuchen, die in der Valle Maggia wirklich tief liegt und verschlossener ist als auf Solögna, und dann ins Üechtland zurückzukehren, wo ich heute lebe und arbeite, wo der Himmel auch schön ist, wenn er schön ist, obschon er nie so erscheinen wird, und wo sich alle meine Bücher befinden, zusammen mit jenen meines Vaters. *(Deutsch von Massimo Romano)*

Literatur
Plinio Martini: Nicht Anfang und nicht Ende, Werner Classen Verlag: Zürich 1974 (Originalausgabe: Il fondo del Sacco, Casagrande, Bellinzona, 1970)
Plinio Martini: Requiem für Tante Domenica, Werner Classen Verlag: Zürich 1975 (Originalausgabe: Requiem per zia Domenica, il Formichiere, Milano, 1976)
Plinio Martini: Fest in Rima, Limmat Verlag: Zürich 1999 (Originalausgabe: Delle streghe e d'altro, Dadò, Locarno, 1979)
Plinio Martini: Corona dei Cristiani, a cura di Alessandro Martini, Dadò: Locarno 1993
Plinio Martini: Nessuno ha pregato per noi. Interventi pubblici 1957–1977, a cura di Ilario Domenighetti, Dadò: Locarno 1999
Ilario Domenighetti: Plinio Martini. I giorni Le opere, Edizioni Cenobio: Lugano 1987
Francesco Guardiani: Rivolta in periferia, in: Plinio Martini: Dieci anni dopo, Edizioni Cenobio: Lugano 1989
Giovanni Pozzi: I novissimi di Plinio Martini, in Alternatim, Adelphi: Milano 1996

LiteraTour-Info

Einstufung 📖 📖 📖 📖 📖
Gehzeiten 1. Tag: 6 h, 2. Tag: 5½ h
Höhendifferenz 1. Tag: Aufstieg 1620 m, Abstieg 190 m;
2. Tag: Aufstieg: 370 m, Abstieg: 1800 m
Beste Jahreszeit Ende Juni bis Anfang Oktober
Karten Landeskarte 1:25 000, Blatt 1271 Basodino

An-/Rückreise Mit der FART-Linie 10 von Locarno bis Bignasco (Fahrplanfeld 630.60), in Bignasco Anschluss an die Postautolinie nach San Carlo (Fahrplanfeld 630.70) bis Haltestelle Foroglio resp. Rosèd. Rückkehr auf dem gleichen Weg ab Foroglio.

Route *1. Tag, Aufstieg:* In Foroglio (684 m) überqueren wir die Brücke über die Bavona und folgen dem alten Talweg für knappe 700 Meter flussaufwärts. Auf halbem Weg nach Rosèd erinnert eine Felsinschrift am Weg an den jungen Zanzanin, der 1812 unter dem Felsbrocken begraben wurde und jämmerlich starb. Der gut signalisierte Weg nach Sológna zweigt bei der Brücke von Rosèd (741 m) von der Talstraße ab. Im Zickzack geht's zuerst durch Erlenwald, später über kunstvoll geschichtete Treppen über scheinbar unbegehbare Grasbänder im Fels zum Maiensäß von Costa (1327 m), wo Plinio Martini als Nebenstrang seine Inzestgeschichte von Rocco Valdi angesiedelt hat. Nach einem flacheren Teilstück im Tannenwald überqueren wir den Ri di Croazzöö und steigen anschließend wieder steil im Buchenwald zum Corte Nuovo (1517 m) und vorwiegend im Lärchenwald zum Corte Grande (1860 m) und zu den verlassenen Weiden der Alpe Sológna auf. Von dort geht es weitgehend weglos, aber mit gut sichtbaren Markierungen zur höher gelegenen Alp Sedone (2018 m) mit ihren zerfallenen Hütten und Käsespeichern. Der Aufstieg zur Bocchetta di Fornasel (ca. 2300 m), auf der Karte namenlos, nördlich Punkt 2345, ist im Gelände gut markiert. Auf den letzten Metern brauchen wir alle viere.
Abstieg: Die letzten 200 Höhenmeter zur tiefer liegenden Capanna Pian di Crest (2108 m) sind angenehm verteilt und auch mit müden Beinen gut zu bewältigen.

Balkon über dem Bavonatal *Die Alphütten auf Sológna werden heute nur noch an Sommerwochenenden genutzt.*

2. Tag, Aufstieg: Am unteren Laghetto d'Antabia (2126 m) vorbei den Markierungen Richtung Bocchetta dei Laghi della Crosa (ca. 2480 m) folgen, die bei guter Sicht als Zahnlücke im Felsgrat des Pizzo Sológna erkennbar ist. Der Weg führt über grobes Geröll und ist auf den letzten Metern mit Stahlseilen gesichert.

Abstieg: Auf der andern Seite kurz hinab, dann flacher die Geröllhänge oberhalb von Calnèsc queren, mit Blick auf den unteren Lago della Crosa (2116 m). Wir steigen nicht zum See ab, sondern halten die Höhe und überqueren, inzwischen in östlicher Richtung, den Felsrücken, der uns vom oberen Lago della Crosa (2153 m) trennt. Beim Wegweiser zwischen den beiden Seen bieten sich zwei Varianten: Offiziell führt der Weg über den nächsten Felsrücken nach Mött (ca. 2105 m) und den verlassenen Weiden der Alpe della Crosa. Angenehmer ist der alte Weg, der die Gegensteigung umgeht und ans gleiche Ziel führt. Von Mött führt der alte Weg mehr oder weniger direttissima auf die tiefer gelegene Alp von Cradisc (1703 m); der neue Weg holt weiter aus und ist etwas weniger steil. Ab Punkt 1703 gibt es nur noch den einen Weg, der weitere 600 Höhenmeter, teilweise über Treppen, in die Tiefe der Val Calnègia, nach Calnègia (1108 m), abtaucht. Im Talboden folgen wir dem Flusslauf auf der rechten Uferseite und wechseln kurz vor Gerra (1045 m) an geeigneter Stelle die Uferseite, um einige der schönsten Splüi, traditionelle Felshäuser und -keller, von nahem anzuschauen. Unterhalb Gerra führt eine Brücke auf den Talweg zurück. Bei Puntid (890 m) überqueren wir, wie der Name sagt, ein weiteres Mal eine Brücke, bevor wir nach Foroglio (684 m) absteigen, vom Tosen des Calnègia-Wasserfalls begleitet. Das Grotto wartet schon.

Variante Wer den Anschluss an die LiteraTour 5 in Bosco Gurin sucht und den Weg über viel Geröll nicht scheut, kann Bosco Gurin am zweiten Tag direkt erreichen. Die anspruchsvolle Tour ist ab Capanna Pian di Crest markiert, auf dem aktuellsten Blatt der Landeskarte (Stand 1999) aber noch nicht eingetragen. Aufstieg ab Hütte Pian di Crest: 1100 m, Abstieg: 1700 m, Distanz: 12 km, Gehzeit: 8–9 Stunden. Nur für sehr gute Berggänger.

Essen In Foroglio im Grotto »La Froda« (091-754 11 81) sowie am Abend des ersten Tages in der Capanna Pian di Crest (091-755 14 14), die von der Società Alpinistica Valmaggese an Wochenenden in der Regel betreut und bekocht wird. Die obere der beiden Hütten funktioniert als Selbstversorgerhütte und ist auch außerhalb der Saison offen.

Schlafen Die Capanna Pian di Crest (091-755 14 14) ist von Mitte Juni bis Ende Oktober geöffnet. Anmeldung/Auskünfte bei Fiorenzo De Rungs, Cevio (091-754 16 79), oder Romana Rotanzi, Cavergno (091-754 23 02).

Information Vallemaggia Turismo, Centro Commerciale, 6673 Maggia, Tel. 091-753 18 85, Fax 091-753 22 12, E-Mail: vallemaggia@etlm.ch

Tipps Über das Leben im oberen Maggiatal gibt das Talmuseum in Cevio Auskunft. Es ist großzügig in zwei Gebäuden, im Palazzo Franzoni und in der Casa Respini-Moretti, untergebracht. Das Museum dokumentiert anhand von Arbeitsgeräten, Kunsthandwerk und Fotos die traditionelle Lebensweise im Tal, wozu auch das Thema der Emigration gehört. Die permanente Ausstellung wird regelmäßig durch Sonderausstellungen ergänzt. Öffnungszeiten: Dienstag bis Samstag, 10–12 und 14–18 Uhr, Sonntag 14–18 Uhr. Auskünfte über Tel. 091-754 13 40.

Berg, Herz, Schmerz Nur der Jupe ist Fantasie. Umschlag der Erstausgabe von 1946.

Daniel Anker, geboren 1954, Journalist, schrieb einen Wander-, Skitouren- und Radführer über das Tessin; er lebt in Bern.

LiteraTour 5: Fondovalle–Bosco Gurin

Die Lawine donnert, die Liebe lodert

Mit Gustav Renkers »Schicksal am Piz Orsalia«
auf großer Berg- und Skitour

Das Lesen dauert weniger lang als das Gehen. Bereits in der ersten Szene des Romans erfahren wir, wo's langgeht. *Ich gehe jetzt*, sagt Grenzwacht-Korporal Oswald Jenzer zu seinem Untergebenen Peider Capun, *unter dem Wandfluhhorn – Pizzo Biela heißt's italienisch – dem Grat entlang bis zum Pizzo Orsalia und steige über die Alp Wolfstaffel ab. Du gehst unter der Marchenspitze zur Gurinerfurka und zum Krameggpass – deine Karte hast doch doch mit? Gut! Dann steigst du über die Großalp ab. Spätestens Schlag zwölf sind wir beide im Kantonnement. Verstanden?* Jawohl, Korporal Renker! Wir schultern die Rucksäcke und machen uns wieder auf die Socken, so wie Silvio Casari und seine Leute. Casari, der selbständige Schmuggler und Partisane, ist der dritte heldische Mann im Buch und zugleich *der gefährlichste, gerissenste Kerl*, wie Oswald dem Peider erklärt. Jenzer und Peider stehen oben in der Hendar Furggu, dem hinteren Übergang zwischen dem italienischen Stafelwald/Fondovalle und dem schweizerischen Bosco Gurin, dem einzigen von alters her deutschsprachigen Tessiner Dorf. Und dort stehen auch wir nach dem 1200-Meter-Aufstieg am Rande Italiens:

hochrot der Kopf, ausgepumpt die Lunge, schweißnass der Rücken, bleischwer die Beine. *Ecco il confine!* – Die Grenze! Der erste Satz im Buch. Wir murmeln ihn erschöpft und glücklich zugleich. Doch wir steigen nicht direkt nach Bosco Gurin hinunter, sondern müssen weiterkeuchen. Gustav Renkers Roman befiehlt es. Und es ruft der Berg. Sein Name: Pizzo d'Orsalìa. Im Titel macht Renker daraus einen Piz – das ist kürzer und tönt besser.

Die Schmuggler mussten leise sein und konnten nicht die direkten Wege nehmen. Am wenigsten der geniale Casari. Er entwischte den Schweizer Grenzwächtern immer wieder, wenn er Reis und Schinken aus der italienischen Val Formazza in die Valle di Bosco Gurin oder in die benachbarte Valle di Campo schmuggelte. Aber Casari entkam auch den Deutschen, den Gebirgsjägern und SS-Schergen, wenn er half, Flüchtlinge und Partisanen auf geheimen, halsbrecherischen Pfaden über die Grenze in die Schweiz in Sicherheit zu bringen. Das Ende des Zweiten Weltkriegs in Italien naht: Die Handlung spielt vom Herbst 1944 bis in den Winter 1945. Das Buch erscheint 1946.

Ein Kriegsroman? »Ein Schweizer Schriftsteller, der Jahre seines Lebens in den Alpen zugebracht hat und dem Kärnten zur zweiten Heimat geworden ist, reihte sich als kriegsfreiwilliger Bergsteiger in die Scharen der Männer, die an den Kärntner Grenzbergen durch zweieinhalb Jahre treue Wacht hielten, bis sie nun endlich niedersteigen konnten von ihren Eishöhen in die Ebene Venezies.« Gustav Renkers erstes Buch »Als Bergsteiger gegen Italien«, erscheint 1918, geschrieben unter dem Eindruck des Gebirgskriegs zwischen Österreich und Italien. »Nun war ich an der Front, ganz an der Front, wie ich es gewünscht und ersehnt hatte, wofür ich Beruf und sicheres Stadtleben hingeworfen hatte, um in das stählende Bad dieses ungeheuren Weltringens unterzutauchen.« Nahezu dreißig Jahre

Bücherberge Gustav Renker, Bergsteiger und Bergautor, hinterließ selber einen Berg von Büchern – Bergbücher, versteht sich.

später tönt es dann etwas anders, wenn Renker seinen Korporal Jenzer sagen lässt: *Es gibt so viele brave Soldaten, die dazu noch menschliche Bestien sind. Eigentlich ist jeder Soldat eine Bestie, die nur töten will oder muss.* In »Schicksal am Piz Orsalia« ist nicht mehr Italien der böse Feind, sondern Deutschland.

Doch wer war dieser stahlbadende Schweizer, der uns hierher, in die Berge von Bosco Gurin, entführt?

Gustav Renker wird 1889 in Zürich geboren. Die Familie übersiedelt bald nach Wien, wo der Vater, Juwelier, mit seinem Geschäft in Konkurs geht. Das restliche Geld reicht in Bodensdorf am Ossiacher See in Kärnten zum Aufbau einer Familienpension, welche die Mutter bis ins hohe Alter führt. Der junge Renker besucht in Villach das Gymnasium und studiert anschließend in Wien Musikwissenschaft und Literatur. Zugleich bildet er sich zum Kapellmeister aus, arbeitet zuerst als Dirigent in Wien und Graz, dann als Journalist. Bereits verheiratet, kehrt Renker Anfang der zwanziger Jahre in die Schweiz zurück. »Die Hungersnot in Wien trieb sie dazu«, erklärt mir Verena Suttermeister, die Tochter Gustav Renkers. In der Schweiz arbeitet Renker im Brotberuf vor allem als Theater- und Musikkritiker für das »Berner Tagblatt«, das »Emmentaler Blatt«, den Berner »Bund« und die Basler »National-Zeitung«. Hauptberuf bleibt die Schriftstellerei. Jahr für Jahr erscheint ein Roman. Rund 70 Romane und zahlreiche Erzählungen, insbesondere aus der Welt der Berge und der Musik, sind es bis am Schluss. Gustav Renker stirbt 1967 in Langnau im Emmental, wo er jahrzehntelang gelebt hat. Das Renkerhaus auf dem Dorfbärg gehört immer noch der Familie. In Bodensdorf in Kärnten, der ersten Heimat von Gustav Renker, wurde ein Weg nach ihm benannt.

Doch zurück ins Tessin, zum nächsten Schauplatz in Sichtweite: die Hütte von Herli auf der Alp Bann. Renker nennt sie Hirli-Hütte. *Jenzer stieß die Türe auf – im Halbdunkel erhob sich von der*

Achtung Küsse In der Herli-Hütte prasseln die Küsse wie Steinschlag, sagt der Dichter. Darauf muss erst einmal einer kommen.

Bank neben dem offenen Herd Frau Medeia von Gunten. Sie ging dem Eintretenden entgegen mit ruhigen, feierlichen Schritten wie eine Priesterin zum Opfergang. Und jetzt? Wir machen einen Schritt und lesen weiter. *Er riss sie an sich und küsste sie wild auf die Lippen, Wangen, Stirne – seine Küsse prasselten wie Steinschlag auf ihr Gesicht.*

Ein Liebesroman? »Wer ist die geheimnisvolle Frau, die jedes Jahr einmal mit Oswald Jenzer in einer einsamen Berghütte eine Nacht verbringt?«, fragt der Klappentext. Wir wissen es: Sie heisst Medeia Alphaios, von Geburt Griechin, verheiratet mit dem bürgerlichen, frommen und sehr langweiligen Berner Kaufmann Bendicht von

Gunten. Sie hat Oswald Jenzer, damals noch Student der Architektur, zufällig auf einer Griechenlandreise kennen gelernt. Aus gemeinsamem Interesse für die Antike wird bald mehr. Als Oswald sein Studium aufgibt, braucht er auf seine Griechin nicht ganz zu verzichten. Wo er auch als Grenzwächter seinen Dienst tut, sie reist an. Einmal im Jahr treffen sich die beiden in einer Hütte in den Bergen. *Sie fühlte sich in einem Paradies, wo nichts mehr verboten ist, und weit über der Sünde, als welche ihr Tun wohl ausgelegt werden würde. Sie betrachtete diese eine, einzige Nacht des Jahres, die sie mit dem Geliebten verbrachte, als ihr Menschenrecht auf einen hastigen Trunk aus dem Becher des Liebesglücks, das ihr sonst versagt geblieben war.* Ist das nun die ostalpin-tessinerische Version von »Auf der Alm, da isch kai Sünd«? Oder zeigt da ein Schriftsteller einen überraschenden, lustvollen Ausweg aus dem moralinsauren Reduit der weltkriegsstarren Schweiz? Die Beziehung zwischen Oswald und Medeia ist das ungewöhnlichste Schicksal unter dem Pizzo d'Orsalia: Am Schluss des Romans entscheidet sich die Frau – soviel sei vorweggenommen – weder für den Ehemann noch für den Geliebten, sondern fährt vorübergehend nach Griechenland zurück – alleine. Nur die Sprache hinkt solch modernen Entscheidungen hinterher. *Immer tiefer sank die Grenzlinie zwischen Tag und Nacht, jetzt blitzte hinter einem der fernen Bergeller Berge ein Licht auf, ein Punkt zuerst nur, aber von fast unerträglichem Glanze. Und der erste Sonnenstrahl traf die zwei Menschen, die schweigend Hand in Hand dieses Wunder sehen durften.*

Ein Bergroman? »Da sind Erinnerungen und zugleich ein Gruß an die Jugend, die Gefahren liebt, weil sie in ihrer unverbrauchten Kraft kämpfen und überwinden will.« Der Klappentext zu Gustav Renkers »Stunden der Gefahr. Ein Erlebnis-Buch«, 1939 erschienen, ist zeitgeistig wie vieles, was in den 30er Jahren in Deutschland und

Österreich gedruckt wurde. Eine Gefahr, die sich Renker besonders tief eingebrannt hat, ist eine Lawinennacht an der Front, die er nur knapp überlebt. In »Schicksal am Piz Orsalìa« ist die Lawinengefahr allgegenwärtig. Schon zu Beginn des Romans ist von den in Längsrichtung hintereinander gebauten Ställen am westlichen Rand von Bosco Gurin die Rede. Die etwa 110 Meter lange, siebzehngliedrige Heustallreihe, 1925 als Schutz gegen Lawinen errichtet, den die locker verstreuten Ställe zuvor nicht gewährt hatten, nutzt Renker geschickt, um die drohende Gefahr heraufzubeschwören und gleichzeitig in Lokalkolorit zu färben. Nur knapp entkommen Peider Capun und seine Gefährten einer Lawine unter dem Martschenspitz. Aber noch lauern riesige Schneemassen am Verbindungsgrat zwischen dem Wandfluhhorn und dem Pizzo d'Orsalìa, *eine einzige, durch keine Schlucht geteilte weiße Masse – es war, als sei ein neuer Berg entstanden, ähnlich den makellosen Schneeriesen des Wallis.* »*Gnad uns Gott!« flüsterten die Guriner. »Wenn jetzt Tauwetter kommt, dann kommt auch s i e !«* – die große Lawine. Wir hoffen: nicht gerade jetzt, wenn wir von der Herli-Hütte in Richtung Pizzo d'Orsalìa aufsteigen. Das Gehen fällt uns leichter, die lange Pause vor der Hütte hat gut getan. Rasch erreichen wir den Herli-Sattel, rasch erklimmen wir die nahen Gipfel des Heij Bärg, des Hohen Berges, von dem sich der ganze Talkessel von Bosco Gurin und die Schauplätze von Renkers Roman überblicken lassen. Links hinter uns, fast greifbar nah, der Pizzo d'Orsalìa, ein gneisplattiger Gipfel über zerfurchten Gras- und Geröllhängen, in die tiefblaue Seen eingelagert sind. Drüben im Süden das Nachbartal Valle di Campo mit dem Dorf Cimalmotto – Miralmotto nennt es Renker. Und rechts die Grenze mit dem mächtigen Sunnabärg (auf der Landeskarte ist er mit Batnall und Madone angeschrieben, aber so sagt niemand in Bosco Gurin), mit dem Krameggpass, der Guriner Furka (die Dorfbewohner bezeichnen sie schlicht als Furggu), dem

Martschenspitz und der Hendar Furggu. Und genau dort sollte sie sich verstecken: die Strahlbannhütte, die in einen Wandwinkel eingebaute Hütte der Grenzwächter. *Ein kleiner, nur einen Raum enthaltender Bau, aber nicht, wie sonst Tessiner Berghütten, aus losen Steinen, durch welche der Wind pfiff, sondern solide gemauert und innen mit Holz vertäfert.* Das Liebesnest von Oswald und Medeia. Der Schutzraum, in den Jenzer zwei Flüchtlinge, *den bekannten Musiker und hervorragenden Dirigenten* Ettore Pertosi mitsamt seinem *außerordentlich begabten* Schüler Ricco, führte. In die Schweiz gebracht wurden die beiden – es ist nicht schwierig zu erraten – vom Schmuggler- und Partisanenkönig Silvio Casari. Auf dem ausgesetzten Zugangsband zur Hütte werden sie von einer Lawine überrascht, Silvio wirft sich schützend über den Jüngling, wird aber von einem mitgerissenen Stein lebensgefährlich verletzt. Mit letzter Kraft retten sich die vier in die Strahlbannhütte. Dann stürzt eine riesige Lawine zu Tale und deckt alles zu. Zwei Musiker und zwei militärische Bergsteiger gefangen in einem Raum. Casari aber stirbt nach tagelangem Ringen, während draußen die große Lawine losdonnert, diesmal künstlich, durch Sprengungen ausgelöst.

Nur zu gerne hätte ich sie gefunden – die Schicksalshütte. Doch es gibt sie nicht, und es hat sie auch nie gegeben. Erika Della Pietra, die langjährige Verwalterin des Walsermuseums in Bosco Gurin, weiß nur von einem Unterstand für die Grenzwächter oben bei der Hendar Furggu. Dafür wird jetzt gebaut in Bosco Gurin. Und es droht eine neue, skitouristische, Lawine anzurollen.

Ein Skiroman? »Ist vielleicht doch was dran an der Skifahrerei«, stellt die Bergbäuerin Ursula Mattli in der ersten Szene des Romans »Arosa gibt – Arosa nimmt« fest. Renker schildert in diesem 1948 erschienenen Werk die Auseinandersetzung zwischen althergebrachtem Bergbauerntum und aufkommendem (Ski-)Tourismus. *Es*

Klein angefangen Bosco Gurins Skitourismus beginnt in den frühen siebziger Jahren. Inzwischen sind vor allem die Ausbauprojekte groß geworden.

muss doch ein herrliches Skigebiet sein, bemerkt auch Peider Capun mit Kennerblick nach seinem ersten Kontrollgang. Als großer Rennläufer hat er ein Auge für das Gelände und den richtigen Stil. Auf einer beruflichen Skitour in sonniger Höhe über dem Dorf – ins Dorf selbst gelangt die Sonne in den drei Wintermonaten nicht – kritisiert er den Stil seines Vorgesetzten Jenzer: *Du hast aber auch eine Vorlage, dass einer Sau grausen könnte. Und breit fährst du, dass man glaubt, das seien Schlittenspuren.*

Ob schmal oder breit – es sind in den 40er Jahren erst wenige Spuren, die der nächste Windstoss, der nächste Schneefall gleich wieder verwischt. Bosco Gurin ist ein Bergbauerndorf mit einem bescheidenen Anteil Sommertourismus. *Kleine Leute kamen hier-*

her, denen ein berühmter Kurort, ja sogar ein durchschnittliches, gutes Schweizer Hotel zu teuer war. Einfach war es hier, aber es gab währschafte, genügende Kost und war vor allem billig. Ein klein wenig Leben drang für einige Wochen in das weltabseitige Dorf. Das ändert sich in den 70er und 80er Jahren. 1971 wird der erste Skilift von Bosco Gurin eingeweiht. Etwas später erfährt die Walserkultur ihre Wiederentdeckung und lockt auch im Sommer und Herbst vermehrt Ausflügler und Wanderer ins höchstgelegene Tessiner Dorf. Bosco Gurin gilt als eine der besterhaltenen Walsersiedlungen der Südalpen. Nach der Jahrtausendwende sollen nun aber die Massen kommen.

Zwei Sesselbahnen und zwei Skilifte erschließen das Skigebiet von Bosco Gurin bereits. In den letzten Jahren wurden die Anlagen für 16 Millionen Franken ersetzt und erneuert; weitere 14 Millionen Franken flossen in den Bau eines Hotels, eines Bergrestaurants und in Parkplätze. Topografie und Lawinengefahr lassen keine weitere Ausdehnung im Skigebiet von Bosco Gurin mehr zu. Deshalb planen die Promotoren von »Bosco Gurin 2000«, der Bellinzoneser Helikopterunternehmer und CVP-Politiker Giovanni Frapolli sowie Fulvio Sartori, ehemaliger Direktor des Verkehrsvereins Maggiatal, eine massive Erweiterung, einerseits in die Valle di Campo, in deren Talschluss weiße Traumhänge leuchten, andererseits in die italienische Val Formazza, wo der Autobahnanschluss Richtung Domodossola und Milano sowie einige schlecht ausgelastete Hotels locken. Ungefähr dort, wo einst die Walser, die Schmuggler, Partisanen und Flüchtlinge und wo wir heute über den Berg gezogen sind, sollen nun am Wochenende stadtflüchtige, sonnenhungrige Mailänder Wintersportler mit einer Metro durch den Berg direkt auf die Großalp im Guriner Skigebiet fahren. Schon jetzt ist die überbaute Großalp zum Wandern nicht mehr attraktiv. Wer in Bosco Gurin stille Ecken sucht, muss die Richtung ändern, zum Beispiel Richtung Pizzo d'Orsalìa. Zu Fuß oder mit den Ski. Mit oder ohne Renker im Rucksack. Wir haben ihn dabei und nehmen ihn hervor bei der unteren Alphütte von Wolfstaffel, nach dem Abstieg vom Aussichtspunkt Heij Bärg. *Die kleine Alphütte lag gerade unter seinem Beobachtungsplatz: kaum eine Steinwurfweite. Und nun knarrte die Türe – Jemand war heraufgekommen und eingetreten.*

Ein Kriminalroman? »Ist die Liebe Peider Capuns zu Enrica, der Schwester des Schmugglerkönigs, stärker als sein Pflichtgefühl?«, fragt der Klappentext unerbittlich. Die Antwort ahnen wir. Die junge Gurinerin Enrica mit den *tiefbraunen Augen unter einem ährenhellen Haarkranz* ist dem sportlichen Engadiner Capun schon im Dorf unten, wo die Enrica im immer noch so angeschriebenen Haus Näschtschi wohnte, sympathisch gewesen, doch der plötzliche Aufenthalt in der Hütte und das fürchterliche Unwetter draußen beschleunigen die Annäherungsversuche rasant. Dumm ist nur, dass ausgerechnet in diesem Augenblick Paul Aebi die Wolfstaffel-Hütte betritt. Aebi, ein *unsympathischer Schwätzer,* ist der Schmuggelorganisator auf der Schweizer Seite, getarnt als Bergtourist. Sein gewaltsamer Tod bringt Korporal Jenzer in Verdacht und zum Verhör auf den Polizeiposten. Der »packende und hinreißende Berg- und Liebesroman von dramatischer Wucht« (Klappentext) steigert sich zum Bergkrimi. Spannend kann es auch beim Weitergehen werden. Bei der Hütte nämlich, in der sich Enrica und Peider die Liebe versprechen, wird Enricas Stiefmutter von einer noch nicht einjährigen Viper gebissen. Sie ist barfuß unterwegs. *Ihre selbstgefertigten Schuhe, deren Sohlen aus unzähligen Flicken zusammengesetzt sind und die Ciata genannt werden,* trägt sie nur im Winter. Zum Glück ist zufällig Peider Capun zur Stelle und leistet fachmännisch erste Hilfe. *Keine Angst, Fraueli!* Ein patenter Kerl, dieser Peider. Im Renkerhaus in Langnau gab es übrigens ein Schlangenzimmer, worin der Hausherr seine Jagdbeute in Terrarien hielt. Ein Musikzimmer gab es natürlich auch.

Das Rascheln einer Viper (oder war's bloß eine Eidechse?), das Zirpen der Grillen im stotzigen Sonnenhang, das Plätschern der Bäche, die der Flanke unter dem Pizzo d'Orsalìa entspringen, das Knattern der Helikopter, die den touristischen Ausverkauf des Walserdorfes Bosco Gurin gnadenlos weitertreiben: Zu solcher Musik schreiten wir ins Dorf hinab, *wo sich die kleinen braunen Häuser um die Kirche scharten – Walliserhäuser aus dunklem Arvenholz, Walliserstadel auf Pfosten und groben runden Steinplatten stehend. Und Wallisermenschen mit ihrem singenden, rollenden Deutsch – das alles inmitten italienischer Landschaft.* Wir sind da. Wir gehen aber nicht ins Kantonnement, sondern in die Pension »Edelweiß«, wo Enrica als Aushilfskellnerin arbeitet, und bestellen eine Gazosa. »Der Weg über den Berg« – so hieß der Roman unmittelbar vor »Schicksal am Piz Orsalia« – ist zu Ende. In jenem Werk kommt der populäre Tierwärter des Basler Zoos, Schlangenexperte Carl Stemmler-Morath (1904–1987), vor. Renker schickt ihm am 10. April 1946 ein Buch mit Widmung. Und legt einen Brief bei, worin er bekennt: »Ich möchte jetzt lieber in den Tessin Schlangen fangen als nach dem blöden Arosa, wo man wieder in den Winter zurückversetzt ist. Aber meine Kinder sind Skifanatiker und da tut man's halt ihnen zuliebe.«

Literatur

GUSTAV RENKER: Schicksal am Piz Orsalia. Falken-Verlag: Zürich 1946
GUSTAV RENKER: Als Bergsteiger gegen Italien. Verlag Walter Schmidkunz: München 1918
GUSTAV RENKER: Stunden der Gefahr. Ein Erlebnis-Buch. Verlag Das Bergland-Buch: Salzburg 1939
GUSTAV RENKER: Der Weg über den Berg. Verlag Friedrich Reinhardt: Basel 1945
GUSTAV RENKER: Arosa nimmt – Arosa gibt. Ex Libris Verlag: Zürich 1948
GUSTAV RENKER: Große Berge – kleine Hütten. Erlebtes und Geschautes. Friedrich Bassermann-Verlag: München 1960
GUSTAV RENKER: Lawinennacht, in: Charles Linsmayer und Andrea Pfeiffer (Hrsg.): Erzählungen 1. Reihe Frühling der Gegenwart. Buchclub Ex Libris, Zürich 1982, S.117–123; Information über Renker S. 500
DANIEL ANKER: Canalone gelato statt Eis am Stiel. Das Tessiner Skitourenparadies Cimalmotto ist in Gefahr, in: Move. Die Zeitschrift für lautlose Fortbewegung, Nr. 1–2/2000
MARIO DONATI/LUCA MARTINELLI/GIORGIO SAILER: Bosco Gurin. La scommessa della Großalp. Centro Turistico Großalp SA. Bosco Gurin 1996
FIORENTINO GALLICIOTTI (HRSG.): Il flagello bianco nel Ticino. Arti grafiche Arturo Salvioni, Bellinzona 1953
DON AUGUSTO GIUGNI: Con gli sci per la Svizzera italiana. Lugano 1939
ADOLFO JANNER ET AL.: 700 anni Bosco Gurin. Piccole notizie raccolte. Grassi & Co., Bellinzona 1956 (zweisprachiges Werk zur 700-Jahr-Freier)
PRIMIN MEIER: Magisch Reisen Schweiz. Geheimnisvolle Welt im Schatten der Alpen. Goldmann Verlag, München 1993, S. 234–242
DOMINIK SIEGRIST: Winterspuren. Mit Tourenski, Snowboard und zu Fuß unterwegs in bedrohter Landschaft. Rotpunktverlag, Zürich 1999
TOBIAS TOMAMICHEL: Bosco Gurin, das Walserdorf im Tessin. Verlag für Volkskunde, Basel 1983
KURT WANNER: Unterwegs auf Walserpfaden. Ein Wanderbuch. Terra Grischuna Verlag, Chur 1991

LiteraTour-Info

Einstufung 📖 📖 📖 📖 📖
Gehzeiten 7 h (je 3½ h Auf-/Abstieg). Skitour: 6 h (4 h Aufstieg, 2 h Abfahrt)
Höhendifferenz Aufstieg 1490 m, Abstieg 1210 m. Skitour: Aufstieg/Abfahrt 1160 m
Beste Jahreszeit Ende Juni bis Anfang Oktober (bei Nebel ist der Weg über den Herli-Sattel schwierig zu finden). Skitour: Februar, März (nur für sehr gute Skialpinisten bei sehr sicheren Verhältnissen)
Karten Landeskarte 1:25 000, Blatt 1291 Bosco Gurin
Führerliteratur Giuseppe Brenna: Tessiner Alpen 1. Vom Gridone zum Sankt Gotthard. Verlag des Schweizer Alpen-Club 1992; Willy Auf der Maur: Alpine Skitouren Zentralschweiz–Tessin. Verlag des Schweizer Alpen-Club 1999

An-/Rückreise Bus von Domodossola nach Fondovalle in der Val Formazza; der Bus um 9.20 ab Bahnhofplatz fährt täglich; Auskunft bei der Lötschbergbahn in Bern, Tel. 031-327 27 27, oder bei den Autoservizi Comazzi in Domodossola, Tel. 0039 0324 240 333. FART-Linie 10 Locarno–Cevio (Fahrplanfeld 630.60) und umsteigen ins Postauto (Fahrplanfeld 630.65) nach Bosco Gurin.
Route *Wanderung Aufstieg:* Von Fondovalle/Stafelwald (1220 m) auf dem rot-weiß markierten Wanderweg (bei der Bushaltestelle an der Toce-Brücke steht gar ein sauberer gelber Schweizer Wanderwegweiser) durch Wald auf die Alpe Stavella (1594 m). Ostwärts über vergandete Alpwiesen und über einen bewaldeten Rücken auf die nächste Alp. Unterhalb der Gebäude zweigt der Wanderweg rechts zur Guriner Furka ab. Geradeaus weiter talaufwärts entlang einem Bergbach. Durch einen Engpass auf eine Schulter oberhalb des Lago Superiore und zuletzt durch eine steinige Mulde hinauf in die Hendar Furggu (2419 m), den hinteren Übergang zwischen dem Formazza-Tal und Bosco Gurin; Grenze Italien–Schweiz.
Abstieg: Von der Hendar Furggu auf dem Wanderweg hinab auf die Bannalp bis etwa 2130 m, westlich oberhalb der Herli-Hütte (2104 m). Nun links, nordwärts auf einem markierten Pfad durch eine grasige

Wie zu Renkers Zeiten Das »Edelweiß« hat alle Lawinen, auch jene des Wintertourismus, überdauert.

Mulde auf eine Terrasse hinauf und ostwärts über einen Rücken, dann durch eine geröllige Mulde in den Herli-Sattel (etwa 2420 m; ohne Namen auf der Karte). Von hier lohnt sich der kurze weglose Aufstieg auf den Heij Bärg (2472 m): Vom Sattel ein Blockfeld links des Nordgrats aufwärts in eine Grasrinne queren, darin hoch auf den Nordgrat und leicht zum Steinmann. Zurück in den Herli-Sattel und auf dem markierten Pfad über Gras und Gneis, am kleinen Inner See (ohne Namen auf der Karte) vorbei, bis zu einer Wegverzweigung oberhalb des Schwarzsees (auch Lago Poma genannt); wer heiß hat, steigt zum See am Fuß des Pizzo d'Orsalìa ab und kühlt die Füße oder mehr. Von der Weggabelung oberhalb des Sees auf dem nicht immer gut erkennbaren Wanderpfad über die gestuften Hänge von Wolfstaffel südwärts hinab zur Steinhütte von Endra Staful (1931 m). Auf gutem Weg durch stotzigen Bergwald und zuletzt über gemähte Matten hinunter in Bosco Gurins Dorfteil Ferder, wo die Ställe einer um den andern in Ferienhäuser umgebaut werden. Beim Wegkreuz links zur Pension »Edelweiß«, dann rechts zur Kirche (1503 m) und hinab zum Walserhaus mit dem Heimatmuseum. Variante: Rundtour von Bosco Gurin über Herli-Hütte und Heij Bärg mit Abstieg über Wolfstaffel: Höhenunterschied 970 m, 4-5 Std.

Skitour: Aufstieg: Von Ferder am nördlichen Dorfrand nordostwärts über die Wiesenhänge von Stocka. Auf dem Sommerweg in den Wald hinein (ca. 1640 m). Nun alles dem Weg durch den steilen Bergwald folgen (kleinere Abweichungen sind erlaubt, doch die Bachläufe sollten auf dem Fußweg gequert werden; in Wirklichkeit schwieriger als auf der Karte – ruppig). Ab 1880 m hört die Plackerei auf. Von der Endra-Staful-Hütte (1931 m) in nördlicher, dann nordöstlicher Richtung über die gestuften Hänge von Wolfstaffel in ein verstecktes Tälchen westlich des Üsser Sees oder Lago Pera (2393 m). Vom See über einen oben 34 Grad steilen Hang auf den Ostgrat des Pizzo d'Orsalìa. Auf diesem schmäler und steiler werdenden Grat ausgesetzt (Achtung vor Wächten!) auf den Gipfel (2664 m), die letzten Meter zu Fuß. *Abfahrt:* wie Aufstieg.

Essen Pension Edelweiß (091-754 19 00) oder Ristorante delle Alpi (091-754 17 97) in Bosco Gurin.

Schlafen In Bosco Gurin in der Pension Edelweiß, im neuen Hotel Walser oder in der teileröffneten Jugendherberge (Sommer- und Winterbetrieb, derzeit 100 Betten). Die beiden letztgenannten Häuser gehören zur Großalp SA (091-759 02 02). Keine Hütten unterwegs.

Information Centro turistico, 6685 Bosco Gurin, Tel. 091-759 02 02, Fax 091-759 02 03, E-Mail: info@bosco-gurin.ch Internet: www.bosco-gurin.ch
Vallemaggia Turismo, Centro Commerciale, 6673 Maggia,
Tel. 091-753 18 85, Fax 091-753 22 12, E-Mail: vallemaggia@etlm.ch Internet: www.vallemaggia.ch

Tipps Personalausweis nicht vergessen, obwohl die Grenze weniger scharf bewacht wird als zur Zeit, in der Renkers Roman spielt. Und: Der Schmuggel von Reis lohnt sich nimmer. Walserhaus Bosco Gurin: April–Oktober, Di–Sa 10.15–11.30 und 13.30–17 Uhr, So 14–17 Uhr.

Gast und Gastgeberin Kurt Tucholsky und Aline Valangin auf der großen Terrasse der »Barca«.

Ursula Bauer und Jürg Frischknecht, beide 1947 geboren, schrieben verschiedene Wanderlesebücher, u. a. den Klassiker »Grenzschlängeln«, der auch ins Onsernonetal führte. Die beiden arbeiten und leben in Zürich.

LiteraTour 6: Càmedo–Comologno

La Barca – Refugium für Literaten und Liebende
Über den Berg zu Aline Valangins »Dorf an der Grenze«

Càmedo, Dorf an der Grenze. Die Centovallibahn hat uns von Locarno ins grüne, immer enger werdende Tal gefahren. In der Osteria Grütli, oben im Dorf, haben wir unter der Pergola gut gegessen, einen Bio-Merlot aus dem Tal kennen gelernt und in einer sorgfältig renovierten alten Kammer tief geschlafen. Da wir früh aufbrechen wollen, hat die Wirtin das Frühstück bereitgestellt; den Kaffee machen wir uns selber. Auf der Hauptstraße schlendern wir nach Italien hinüber. Was heute ein Spaziergang ist, war während der letzten Kriegsjahre eine Frage von Leben oder Tod. Damals war der Bahnhofvorstand von Càmedo ein wichtiges Glied in einer klandestinen Kette, die Flüchtlinge in die Schweiz schleuste und später Partisanen zurück nach Italien. Ideal war, dass der Bahnhofvorstand auch im Stationsgebäude wohnte.

Beide Seiten der Grenze haben schon bessere Zeiten gesehen. Tankstellen, ehemalige Geschäfte und eine Bar sind seit Jahren geschlossen. Nach einem Felsrutsch bei Olgia blieb die Straße ab November 1993 jahrelang gesperrt. Gegen tausend Frontalieri erreichten ihre Arbeitsplätze in der Schweiz nur mit der Bahn oder auf großen Umwegen. Die Talbewohner, die Vigezzini, fühlten sich verschaukelt; schließlich warben sie medienwirksam für den Anschluss an die Schweiz. »Unsere« Mulattiera nach Olgia war von 1950 bis 1953 auch Arbeitsweg für die Grenzgänger, die beim Bau der Staumauer von Palagnedra Arbeit fanden – und damit nicht mehr auf die Handgelder aus dem mühsamen und riskanten Schmuggel angewiesen waren. Heute wird der angenehme Weg kaum mehr begangen.

Olgia, Dorf an der Grenze. Hier endet die Straße, die vom Wallfahrtsort Re her kommt. Die Kuppel der überdimensionierten Kirche, Sitz der Madonna di Re, glänzt von weitem. Vergeblich suchen wir die Dorfbar. Stattdessen stoßen wir auf verwinkelte Gassen und freundliche Leute. Und den Dorfbrunnen.

Schmuggler und Flüchtlinge Drei anstrengende Stunden später stehen wir auf dem Hügelzug, der das Vigezzo- vom Onsernonetal trennt. In Spruga, dem obersten Schweizer Dorf im Valle Onsernone, und im nahen Comologno spielen Aline Valangins Romane *Die Bargada* (1944) und *Dorf an der Grenze* (1982), auch wenn die Dörfer nie genannt werden und vieles verfremdet ist. Die Bargada, der Sippensitz der fremd gebliebenen Armini, hat unverwechselbare Ähnlichkeiten mit der »Barca« in Comologno, wo Aline Rosenbaum-Ducommun (1889–1985), wie ihr bürgerlicher Name lautet, vor und während des letzten Krieges wohnte. Wir wandern auf dem Hügelzug ostwärts, der Grenze entgegen. *In dieser wilden, unwirtlichen, felsigen Gegend voller Geröllhalden und böser Abstürze suchten sich die Schmuggler ihren Weg. Er war gefährlich und voller Tücken, doch lauerte hier kein Grenzwächter, kein Soldat, kein Spürhund.* Illegal betrieben sie handfeste Nachbarschaftshilfe. *Sie brachten von allem und in Massen: Suppenwürze, Regenmäntel und Regenschirme, Ballen Stoff für Mannskleider, Thermosflaschen, elektrische Apparate, Werkzeuge aller Art, Schreibmaschinen und Reis, Reis und nochmals Reis.*

Nach dem Herbst 1943 stießen die Grenzwächter auch auf *halbverhungerte Menschen, die sie unterwegs auflesen mussten, damit sie nicht erfroren.* Oder sie fanden *hoch oben im Schnee einen Flüchtling. Gut gekleidet, zu dünne Schuhe. Tot. Hingesunken und nicht mehr erwacht.* Andere Flüchtlinge setzten auf Schlepper. *Von einem Bauern übers Gebirge geleitet, der für den Dienst vierundzwanzigtausend Lire verlangt und erhalten hatte.* In den sechziger Jahren erlebte der Schmuggel einen letzten Boom. Aus der Schweiz wurden Kaffee und Zigaretten nach Italien gebuckelt. Die Grenzwege waren gut unterhalten, wo nötig, baute man Stege. Auch der Weg vor der Alpe Ruscada stammt aus dieser Zeit. Niemand kümmert sich heute darum, wenn ein Steg einbricht. Hierher verirren sich wenige. Gemsenland.

Die Alpe Ruscada liegt einsam in einer Passmulde. *An schattigen Hängen verschmorten die letzten Alpenrosen, an sonnigen reiften die ersten Heidelbeeren. Es duftete nach trockener Erde, Baumrinde und dürrem Gras. Über der Alp flimmerte die Luft. Der Himmel hob sich hart wie Glas, in der tiefen Mitte betäubend blau, am Rande grün und gelb.* Für den Abstieg ins Onsernonetal wählen wir die Route nach Comologno. Der Weg ist steil, sehr steil. Am Gegenhang rückt Comologno ins Blickfeld, vorerst noch weit unten. In den beiden Romanen von Valangin machen sich dort unten die Armini das Leben schwer. Seit Generationen sind sie im Patriarchat gefangen, zur Isolation vom nahen Dorf verdammt, gefangen auch im engen Tal. Vor allem die Frauen möchten aus den engen Verhältnissen ausbrechen. Aber sie schaffen es nicht. Noch nicht. Aline Valangin hat dieses Thema auch in anderen Romanen und Erzählungen aufgegriffen.

Der Schlussanstieg von der Isornobrücke hinauf nach Comologno kostet Schweiß. Oberhalb der Straße, eher talauswärts, steht der herrschaftliche Palazzo »La Barca«, in den dreißiger Jahren das Refugium von Aline Valangin.

Ein Schloss, kein Haus Das Castello della Barca, um 1770 erbaut, hat bis heute nichts von seiner Herrschaftlichkeit eingebüßt. Für Besucher bleibt es in der Regel bei der Außenansicht.

120 Taschentücher für Tucholsky In Peter Kambers Doppelbiografie über Aline Valangin und Wladimir Rosenbaum sagt Valangin: »Ich hatte zum Glück die Barca. Als Vogel [Wladimir Vogel, der Komponist und zeitweilige Lebenspartner] und ich im September 1939 in Comologno waren, überraschte uns der Krieg. Wir richteten uns aufs Bleiben ein.« Und auf die Einsamkeit: »Gerade dieser arge Winter war wie verzaubert: sehr viel Schnee, kalt, große Stille, kein Mensch, der uns besucht hätte, kaum Briefe. Auch besaßen wir noch keinen Radioapparat. So stapften wir jeden Abend durch den hohen Schnee ins nächste Dorf, wo in der einzigen kleinen Wirtschaft ein Apparat die täglichen Neuigkeiten verkündete. Ich schrieb an einem Roman, der bald einen Verleger fand.« (1944 erschien bei Hallwag in Bern der Roman »Casa Conti«.)

Das gut situierte Ehepaar Rosenbaum-Ducommun aus Zürich hatte den Palazzo 1929 gekauft. »Nie haben wir den raschen Ankauf bedauert, wenn auch die Ausbesserungsarbeiten nicht billig waren. Unsere Nachbarn im Dorf betrachteten uns zuerst als Amerikaner, d. h. reiche Glückspilze, doch fanden wir bald guten Kontakt mit ihnen.« So erfuhr das Paar auch die Geschichte ihres Hauses. Eine märchenhafte Geschichte von Mut und Glück und Reichtum. Ein junger Remonda aus dem Tal wanderte im 18. Jahrhundert nach Paris aus, pokerte hoch und kaufte günstig ein überfälliges Schiff, das dann doch noch einlief. So zu Geld gekommen, stieg er in den Seidenhandel ein und belieferte erlauchteste Adressen. Der reich gewordene Remonda kehrte zurück und baute sich in Comologno einen Alterssitz, das Castello della Barca, das er mit allem ausstattete, was schön und teuer war. Die Nachfahren des alten Remonda fühlten sich als Bauern und nicht als Schlossbesitzer. Im Wohnzimmer hätten sie zeitweise Kühe gehalten, die ausgedehnten Ländereien, die damals zum Palazzo gehörten, nur mit Mühe zu bebauen vermocht. (Wie die Armini.)

Die neuen Besitzer waren ein echtes Kontrastprogramm: Wladimir Rosenbaum, Staranwalt in Zürich, ein russischer Jude mit einer Bilderbuchkarriere. Witzig, charmant, gefürchtet für seine Plädoyers und Liebling der Frauen. Seine Gattin aus bestem Hause. Die Ducommun-Merz hatten Bundesrichter und Nobelpreisträger in der Familie, und man betrachtete diese Heirat als Mésalliance, was Aline und Wladimir Rosenbaum-Ducommun nicht weiter störte. Das Power-Couple führte ein offenes Haus (und eine offene Beziehung) und kannte von James Joyce bis Hans Arp, von C. G. Jung bis Thomas Mann alle und alles, was in den zwanziger und dreißiger Jahren in Zürich verkehrte.

Die »Barca« – ein Refugium   Aline Valangin hatte ihren Wunsch, Pianistin zu werden, einer Handverletzung wegen aufgeben müssen. Einen anderen, früheren, Berufswunsch jedoch erfüllte sie sich. »Ein großes Haus kaufen und alle verlorenen Katzen und armen Russen darin aufnehmen.« Der stattliche Baumwollhof an der Stadelhoferstraße in Zürich bot vielen, die, vor dem Faschismus fliehend, durch Europa zogen, für Wochen oder auch Monate ein Dach über dem Kopf. Diese Hausgäste lernten meist auch die »Barca« in Comologno kennen. Ignazio Silone war einer der ersten. Er war im Sommer 1932 zusammen mit der Hausherrin hier. Die beiden verband eine heftige Liebe, die vor allem ihm, dem Moralisten und Macho, nicht geheuer war. Dass er dann durch Rudolf Jakob Humm ersetzt wurde, machte die Sache nicht einfacher.

Die Gästeschar war bunt gemischt. Leckten die einen ihre Wunden, diskutierten andere nächtelang darüber, ob in der zu erwartenden Revolution der großbürgerlichen Herrin der »Barca« der Garaus gemacht werden müsse. Der ehemalige Grubenarbeiter und proletarische Dichter Hans Marchwitza entschuldigte sich mit einem Strauß Alpenblumen bei Valangin dafür, dass er in einer dieser hitzigen Debatten für »korrektes Vorgehen«, also Kopf ab, plädiert hatte. Großbürgerlich und großzügig war das Leben in der »Barca« allerdings. Auch wenn die wenigsten Gäste mit zwei Schrankkoffern anreisten und auch die wenigsten zweimal täglich Anzug und Hemd wechselten oder 120 Taschentücher bügeln ließen. So viel Snobismus zelebrierte nur einer: Kurt Tucholsky.

»Er war in der Barca nicht glücklich«, erinnerte sich Aline Valangin. Es mag sie getroffen haben, dass er bei einer Bekannten fallen ließ, in der »Barca« sei wirklich nichts los. Das Onsernonetal war nicht Berlin. Außerdem war die Gastgeberin von Tucholskys Arzt mit einem Diätplan für den übergewichtigen Gast ausgerüstet worden. Doch aus der Kur wurde nichts. »Er hatte diesen Hunger eines Unglücklichen. Er hat einfach immer alles gegessen, was überhaupt ringsum war.« Das hieß einen Morgen lang Frühstücken, mit jedem Gast einzeln, das hieß um elf Uhr Apero am Swimmingpool und das hieß zwei Mittagsmenüs, das für die Dicken (mit Salat) und das für die Dünnen (mit Pasta).

Ende der dreißiger Jahre, 1938, wird es still am Swimmingpool im Garten der »Barca«. Vorbei die tagelangen Schachpartien mit Max Ernst, vorbei die Besuche von Meret Oppenheim und Max Bill, die heftigen Diskussionen und sorgenvollen Erörterungen durchreisender Emigranten und Politflüchtlinge, die geistreichen Witzeleien der Literaten. Wladimir Rosenbaum wird sein Engagement für die spanische Republik zum Verhängnis. Zürich rächt sich am brillanten Aufsteiger, er verliert das Anwaltspatent. Und beginnt stoisch sein zweites Leben als Antiquitätenhändler in Ascona. Das Haus in Zürich wird verkauft, die »Barca« bleibt im Besitz von Aline Valangin. Während Jahren organisiert sie hier in den Sommermonaten Ferienkurse für junge Frauen und vermietet Zimmer.

Ein Großteil des literarischen Werkes von Valangin ist nicht nur in Comologno entstanden, sondern handelt auch von der Gegend. Noch vor der *Bargada* und dem Folgeroman *Dorf an der Grenze* sind hier die *Tessiner Novellen* und die *Geschichten vom Tal* entstanden. Die Sciora, die Herrin im großen Haus, ist dort unschwer als Aline Valangin, Herrin der »Barca«, zu erkennen. Der Scior ist der oft abwesende, aber letztlich bestimmende Padrone Rosenbaum.

Zum Dorf an der Grenze   Von Comologno bis Spruga, dem Dorf an der Grenze, ist es ein Katzensprung. Wo früher Beiz und Laden waren, da wo Aline Valangin und Wladimir Vogel im kalten Winter 1939/40 die Radionachrichten hörten, erinnert eine Gedenktafel an den Antifaschisten Augusto Ugo Tarabori, den Verfasser der Erzählungen »Val d'Isorno«. Weit und breit ist keine Wirtschaft »Zur alten Post« zu entdecken, deren Stammgäste wir lesend kennen gelernt haben. So halten wir uns an die Dorfbar oder ans Ausflugsrestaurant »Bellavista«. *Das Dorf ist das höchstgelegene des Tales. Von seinem Kirchturm aus ist die Straße zu überblicken, wie sie sich nach Osten über die Bargada zum See hinunterwindet und nach Westen sanft fallend in einer halben Stunde die Grenze erreicht, dort, wo der Fluss, nachdem er den freundlichen »Grund« auf italienischer Seite verlässt, eine kurze Strecke die beiden Länder trennt, um dann in die Schlucht zu stürzen, die ihn für den Rest seines Laufes nicht mehr freigibt.* Valangins *Grund* ist die Senke bei den ehemaligen Bagni di Craveggia. Ein paar Badewannen in verfallenen Gewölben erinnern noch an das Bad, das, frisch renoviert, 1951 von einer Lawine zerstört und 1986 von einer weiteren ganz weggefegt wurde. Mit schöner Regelmäßigkeit wird davon gesprochen, das Bad, zu dem sich einst reiche Gäste in Sänften über die Bocchetta di San Antonio tragen ließen, neu zu beleben.

Am 18. Oktober 1944 flüchteten bei den Bagni 256 italienische Partisanen in die Schweiz; die deutschen Verfolger schossen hinterher, auch über die Grenze. Die Episode ist in das *Dorf an der Grenze* eingeflossen – allerdings erschießen die Nazis bei Valangin die Romanfigur Renzo, den Nichtsnutz und Frauenhelden. Das Scharmützel bei den Bagni hat das Dorf an der Grenze wachgerüttelt. *Der Lehrer fiel ihm ins Wort: »Wir sind alle stumpf gewesen, wie Rindvieh. Besinnt euch, wir wollten nichts vom Krieg wissen. Wir haben uns mit Kniffen und Kurzweil durch die schwere Zeit geschmuggelt und gedacht, wenn's nur gut geht, für den Rest – me ne frego, s' ist mir Wurst. Wir müssen unsern Sinn der Zeit öffnen und Anteil nehmen am Geschick der Freiheit.«*

Aline Valangin starb 1985 im Alter von 97 Jahren. Sie ließ sich in Ascona ins Grab von Rosenbaum legen, dem sie auch nach der Scheidung nah geblieben war. »La Barca«, inzwischen unter Denkmalschutz stehend, gehört heute der Berner Bauunternehmerfamilie Mordasini, ausgewanderten Onsernonesi.

Literatur
ALINE VALANGIN: Dorf an der Grenze, Limmat Verlag: Zürich 1982
ALINE VALANGIN: Geschichten vom Tal, Girsberger: Zürich 1937
ALINE VALANGIN: Tessiner Novellen, Girsberger: Zürich 1939
ALINE VALANGIN: Casa Conti, Hallwag: Bern 1944
ALINE VALANGIN: Die Bargada. Eine Chronik, Büchergilde Gutenberg: Zürich 1944
PETER KAMBER: Geschichte zweier Leben. Wladimir Rosenbaum & Aline Valangin,
    Limmat Verlag: Zürich 1990 (ergänzte Neuauflage 2000)
PIERO BIANCONI: Comologno im Onsernonetal, Bern 1972 (Nachdruck 1995)
ERMINIO FERRARI: Contrabbandieri. Uomini e bricolle tra Ossola, Ticino e Vallese.
    Tarara, Verbania 1996
LORA GUBETTA: La Valle dei Bagni. Documentazioni, testimonianze e ricordi,
    Edizioni Casa Rosa: Ronco di Trontano 1996
AUGUSTO UGO TARABORI: Val d'Isorno. Racconti, Edizioni del Cantonetto:
    Lugano 1964

LiteraTour-Info

Einstufung ☐ ☐ ☐ ☐ ☐
Gehzeiten 8 h (5 h bis Alpe Ruscada)
Höhendifferenz Aufstieg 1500 m, Abstieg 950 m
Beste Jahreszeit Juni bis Oktober
Karten Landeskarte 1:25 000, 1311 Comologno

An-/Rückreise Mit der Vigezzo-/Centovalli-Bahn von Domodossola oder Locarno bis Ribellasca oder Càmedo (Fahrplanfeld 620). Zurück mit dem Postauto von Spruga oder Comologno nach Cavigliano (Fahrplanfeld 630.50), dort Anschluss an die Centovalli-Bahn nach Locarno oder Domodossola (Fahrplanfeld 620).

Route *Aufstieg:* Ausgangspunkt ist die italienische Zollstation Ribellasca (549 m), eine Viertelstunde von Càmedo entfernt. Nach einigen Metern auf der Vigezzo-Straße beginnt hinter der Tafel, die vor Steinschlag warnt, der alte, nur zu Beginn etwas improvisierte Saumweg nach Olgia. (Der »Ameisenweg« über den Motto delle Formiche existiert nicht mehr; man könnte sich jedoch auf dem Waldrücken auch ohne Weg zur Alpe Caviano durchschlagen.) Beim Friedhof von Olgia (812 m) beginnt der vorerst unscheinbare Pfad, der zur Alpe Caviano (1032 m) führt. Nach dem obersten Haus von Caviano steigen wir auf dem breiten Grat und teilweise auf der Alpstraße bis ca. 1200 m an. Wo die Straße sinkend Richtung Monte di Dissimo wegzieht, steigen wir im Buchenwald steil Richtung Monte la Cavallina weiter hoch. Den Gipfel können wir westwärts auf einem frisch herausgeputzten Höhenweg (ca. 1450 m) umgehen (Aufstieg wie Höhenweg fehlen auf der Landeskarte). Über die Alpe Rovina erreicht man (am Schluss nicht zu weit westwärts ausholend) die Bocchetta di Cortaccio (1674 m).

Bei den verfallenden Häusern (1660 m) beginnt der schwach gelb markierte Weg, der via Punkt 1678 und Alpe di Olgia zum Grenzstein 20 führt. Auf dem kleinen Sattel unterhalb des Grenzsteins (nun unmarkiert) nochmals leicht ansteigend via Punkt 1697 zur Alpe Ruscada (1674 m). Zwischen der Landesgrenze und der Alpe Ruscada nähert sich ein Steg, der eine unwegsame Passage überbrückt, seinem Ende. Man kann die Stelle umgehen, indem man sich an einem Felsen einen

Überreste Von der Herrlichkeit der Bagni di Craveggia sind nur noch einige Wannenbäder übrig geblieben.

Meter hochzieht. Von der Alpe Ruscada steigt man auf dem Weg Richtung Comino bis ca. 1760 m an.

Abstieg: Erst jetzt beginnt der lange Abstieg über Punkt 1705 und die Alpe Lombardone zur Isorno-Brücke (856 m). Der unterste Teil des Abstiegs ist auf der Karte nicht mehr eingezeichnet. Es bleiben 229 Höhenmeter Gegenanstieg nach Comologno (1085 m). Auf halber Höhe könnte man auf einen Fußweg nach Spruga wechseln. Einfacher ist es, den Kilometer von Comologno nach Spruga auf der Straße zu gehen (falls man nicht das Postauto talauswärts nimmt).

Variante Kürzer und ohne die evt. weglose kleine Stelle vor der Alpe Ruscada: Von der Bergstation der Seilbahn Verdasio–Monti Comino (1138 m) über den Pizzo Ruscada (2004 m) bis oberhalb der Alpe Ruscada, dann auf der Hauptroute nach Comologno (gesamte Gehzeit 6 h 30). Die moderne Funivia Verdasio–Monti Comino ist im Kursbuch nicht aufgeführt (091-798 13 93). Für diese Variante braucht man zusätzlich die Landeskarte 1:25 000, Blatt 1312 Locarno.

Essen In Càmedo in der Osteria Grütli, bei schönem Wetter draußen in der lauschigen Pergola (091-798 17 77). In Comologno in der Osteria Palazign (091-797 20 68) oder im Ristorante Posta (091-797 14 91). In Spruga im Ristorante Bellavista (091-797 17 83). Unterwegs gibt es keine Einkehrmöglichkeit (Brunnen vor der Alpe Rovina).

Schlafen In Càmedo in der Osteria Grütli (091-798 17 77, schöne alte Zimmer, frühes Morgenessen anmelden); oder im Albergo Elvetico (091-798 10 95). In Comologno kann man nicht übernachten. Ausweichen nach Spruga (1 km talaufwärts) oder Russo (5 km talabwärts). In Spruga im Ristorante Bellavista (091-797 17 83, einfache Zimmer in der Dependence); bei »Giovanna« Friedli (091-797 11 68, Zimmer mit Frühstück); im neuen Ostello del Capelan (Gruppenunterkunft, Anmeldung via Wilma Gamboni, 091-797 12 27, oder Osteria Palazign in Comologno, 091-797 20 68). In Russo im Garni Leila (091-797 14 80 und 079-239 03 56) oder in der Osteria del Tiglio (091-797 17 13).

Information Ente Turistico Locarno e Valli, Largo Zorzi 1, 6601 Locarno, Tel. 091-791 00 91, Fax 091-785 19 41, E-Mail: locarno@ticino.com. Internet: www.lagomaggiore.org

Tipps Wer einen weiteren Tag Zeit hat, sollte sich den Abstecher ins Hinterland von Spruga leisten, mindestens bis zu den ehemaligen Bagni di Craveggia (Durchwaten des Bachs nur bei niedrigem Wasserstand des Flusses zu empfehlen). Im Jahr 2000 soll eine neue Fußgängerbrücke gebaut werden.

»**Ich bin nicht Herr Geiser**« Max Frisch an einem Regentag vor seinem Schreibturm in Berzona.

Beat Hächler

LiteraTour 7: Berzona–Verscio

Wo Herr Geiser über Sein und Stein stolperte
Eine Gratwanderung auf den Salmone mit
Max Frischs »Der Mensch erscheint im Holozän«

Holozän-Touristen gibt es in Berzona keine. Ebenso wenig Friedhofstouristen. »Wer das Grab von Max Frisch sucht, muss sich an die hohen Lüfte halten«, erklärte Peter von Matt in seiner Rede zur großen Max-Frisch-Ausstellung 1998 im Zürcher Stadthaus. Max Frisch wollte kein Grab und keine kirchliche Beerdigung. Seine Asche streuten Freunde in den Talwind des Valle Onsernone.

Unser Weg von der Postautohaltestelle Berzona hinauf zum Friedhof ist kurz. Von weitem ist die schlichte Gedenktafel aus Granit erkennbar: »Max Frisch«, heißt es in knappen Worten, »1911–1991, scrittore insigne cittadino onorario di Berzona«. Und weiter: »Il Comune gli è grato per averlo eletto a suo rifugio«. Nicht vom (steuerpflichtigen) Wohnsitz, dem »domicilio«, ist die Rede, sondern vom »rifugio«, dem Zufluchtsort, dem Ort der Inspiration und Ruhe, der sein Profil aus dem Kontrast zu den anderen, urbanen Stationen im Leben Max Frischs herleitete: Berlin, Rom, Zürich, New York. Die Inschrift wurde 1992, zum ersten Todestag, angebracht. Nicht zufällig auf der Talseite der Friedhofsmauer. Bergwärts liegt die Kirche.

Als Deutschschweizer im Tessin: fuori di tutto? Das Bild vom abgeschiedenen »rifugio« erinnert an die bekannten Bilder des Fotografen Fernand Rausser, die den Dichter in Berzona zeigen: Max Frisch vor dem umgebauten Rustico, in der rechten Hand den Cigarillo, in der linken den bunt geränderten Tessiner Schirm. Max Frisch, rauchend am Granittisch vor dem Haus unter der Pergola. Max Frisch hinter Trockenmauern und Büchergestellen in seinem Schreibturm. Wüssten wir nicht, dass der Mann, der hier ins Bild gerückt wird, Max Frisch ist, könnten wir uns den freundlichen Herrn auch namenlos, als irgendeinen Deutschschweizer Ferienhausbesitzer denken, der mit Geschmack für die ortsüblichen Baumaterialien und mit Sinn für das Ästhetische seinen Traum vom Haus im Tessin verwirklicht hat. Blick ins Tal. Die Nachbarn in freundlicher Distanz. Man ist für sich.

War es das, was Max Frisch in Berzona gesucht hatte? Was mag ihm der Ort, das Tal bedeutet haben? Was das Tessin und die Dorfbewohner in seiner nächsten Umgebung? *Das Dorf, wenige Kilometer von der Grenze entfernt, hat 82 Einwohner, die Italienisch sprechen,* heißt es im »Tagebuch 1966–1971« über Berzona. Den Hinweis, dass das verlotterte Gebäude – *ein altes Bauernhaus mit dicken Mauern und mit einem turmartigen Stall* – zum Verkauf stand, erhielt der Erzähler von einem anderen deutschsprachigen Zuzüger – von Alfred Andersch, der einige Jahre zuvor in Berzona ein Haus gekauft hatte. In »Montauk« (1975) berichtet der Erzähler: *Valle Onsernone, das liegt nicht am Ende der Welt; zum Beispiel kannst Du in Zürich studieren, wenn Du willst.* Auch darin lag eine Qualität des abgeschiedenen Winkels. Man war schnell wieder dort, wo man hergekommen war, aber nicht immer sein mochte. Fragt man im Max-Frisch-Archiv in Zürich nach, herrscht in einem Punkt Klarheit. In den 26 Jahren Berzona hatte Max Frisch keinen aktenkundigen Kontakt zu Tessiner Intellektuellen, seinen Übersetzer,

Rückzugsgebiet *Berzona ist Refugium, aber nur vier Wegstunden von Zürich entfernt.*

den in Rom lebenden Publizisten Enrico Filippini (1934–1988), einmal ausgenommen. Fragt man im Tessin nach, ist die Antwort die gleiche, nur schwingt hier zwischen den Zeilen die Aussage mit: Wie hätte es auch anders sein können! Bei Frisch persönlich erkundigten sich in den achtziger Jahren ausschließlich Tessiner Medien nach dem Verhältnis des Deutschschweizer Dichters zu seinem Ort. Die Zeitschrift aus dem Tal etwa, die »Voce Onsernonese«, entlockte Frisch 1986 den berühmt gewordenen (rückübersetzten) Satz: »Das Tal ist für mich ein Refugium. Mein Haus der Ort, wo ich mich von allem abgrenzen kann. Ich bin froh, wenn mich die Leute hier nicht erkennen.« »Il Quotidiano«, die engagierte Tessiner Tageszeitung des dissidenten, ehemaligen Chefredaktors des »Giornale del Popolo«, Silvano Toppi, fragte in einem zweiseitigen Interview 1988 ausführlich nach. Max Frisch bekannte sich darin zu einem Deutschschweizerdasein, das in seiner Widersprüchlichkeit für viele Deutschschweizer im Tessin kennzeichnend ist. Frisch definierte sich vehement als Nicht-Tourist, was er schon aus den Brotsackjahren seines Tessiner Aktivdienstes herleitete, stellte aber umgekehrt ernüchtert fest, zu Tessinern heute kaum Kontakt zu haben: »Ich bin hier ein Fremder. Ich habe auch keine Anstrengungen unternommen, dazuzugehören. Ich habe keine Kontakte. Ich brauche diesen Ort, um allein zu sein, mit meinen Freunden und meiner Arbeit.« Frisch war ehrlich genug, den Kontakt zur einheimischen Putzfrau, zum Treuhänder, zum Anwalt oder zum Pöstler nicht sozialromantisch zu verklären. Eine Ausnahme war die Freundschaft zum engagierten Talarzt Giuseppe Savary. Frisch nannte ihn »non un amico intimo, ma un amico«. Savary relativiert rückblickend Frischs selbstdeklarierte Distanz und Isolation im Tal. Frisch habe sich sehr wohl für das Tal und die Menschen interessiert. Man habe zu ihm nur den Zugang finden müssen. Als Savary 1986 für ein Nicaragua-Hilfsprojekt des befreundeten Arztes und Politikers Franco Cavalli einen Autor suchte, klopfte er bei Frisch an. Und Frisch schrieb den verlangten Text.

Max Frisch und die lokalen Stoffe Am *Holozän* arbeitete Max Frisch bereits Anfang der siebziger Jahre. Schauplatz der Erzählung ist Berzona und das durch ein Unwetter von der Außenwelt abgeschnittene Onsernonetal. Zentrale Figur der Erzählung ist der Rentner, Deutschschweizer und Ferienhausbesitzer Geiser. Dass Max Frisch nicht »Herr Geiser« war, blieb zum Ärger Frischs erklärungsbedürftig. Die Kritik reduzierte den *Holozän* gerne auf autobiografische Bekenntnisprosa. Sichtlich gereizt, erklärte Frisch noch drei Jahre nach Erscheinen der Erzählung: »Die Geiser-Geschichte

Lexikonwissen auf Büchsen Von Armand Schulthess' Wissenskosmos in Auressio zeugen kaum mehr Spuren. Literarisch hat Schulthess jedoch in der Figur des »Herrn Geiser« überlebt.

als autobiografisch zu bezeichnen, ist Schwachsinn. (...) Ich lebe anders als Herr Geiser, nicht als Witwer und nicht allein, nicht nur im Tessin, ich bin nicht Rentner etc. (...) Hingegen kenne ich das Tal, wo diese erzählte und erfundene Geschichte stattfindet; ich kenne dort Stock und Stein, ja, auch das Wetter. Das heißt die Szenerie ist ›authentisch‹. (...) nur die deutschsprachige Rezensentenschaft kennt nicht den Unterschied zwischen ›autobiografisch‹ und ›authentisch‹, aber das ist ihr Problem.«

Authentisch ist die Szenerie in *Holozän,* sind die beschriebenen Schauplätze, Lokale und Wege tatsächlich. Das Ristorante della Posta in Loco mit dem Tischfußballkasten ist heute noch so real vorhanden wie der Kirchturm und die Postautohaltestelle. Geheimnisvoller ist die Spur, die Frisch zu seinem »Herrn Geiser« führte. »Es gab im Tal«, erklärte Frisch 1981 in einem Interview mit der »Zeit«, »einen alten Mann namens Armand Schulthess, ehedem ein Beamter, ein Eremit, der jetzt im Alter plötzlich alles wissen wollte (...) wie mein Herr Geiser, der seine Stube mit inkohärenten Lexikon-Informationen tapezierte. (...) Armand Schulthess hantierte anders, er schrieb das alles auf Blechdosendeckel und nagelte diese an Baumstämme auf seinem Gelände: die Einstein-Formel, Literatur-Zitate, Zahlen aus der Statistik und so weiter, dazu seine eigenen Erkenntnisse. (...) Wenn man sich näherte, warf er mit Steinen, er wollte einsam sein in seinem Enzyklopädie-Wäldchen und starb vor einigen Jahren.« Das war 1972 gewesen. Danach ließen die Erben die Spuren im Wald und im Haus durch die Müllabfuhr beseitigen. Überlebt haben einzelne Dokumente und Zeugnisse wie Hans-Ulrich Schlumpfs Film über Armand Schulthess (1974), faszinierende Fotos von Theo Frey sowie eine handverlesene Auswahl von beschrifteten Blechdosendeckeln, heute ausgestellt in der Casa Anatta auf dem Monte Verità bei Ascona (→ LiteraTour 8).

Den zweiten Stoff, den Frisch in Literatur verwandelte, fand er vor der eigenen Haustür: das Unwetter, l'alluvione. Die erste *Holozän*-Fassung von 1974 trug den Titel »Klima«. Das Unwetter von 1978 lieferte der Dichtung die Fakten nach. Die Täler des Sopraceneri wurden besonders hart getroffen. Im Valle Onsernone spülten in der Nacht vom 7. auf den 8. August Geröll- und Wassermassen sämtliche Brücken weg. Erdrutsche verschütteten die Talstraße. Es gab keinen Strom und keine Postautoverbindung mehr, und es fehlte der Lebensmittelnachschub für den Dorfladen. In den Saleggi von Ascona und Locarno, ursprünglich Schwemmlandgebiet der Maggia, türmten sich die kahl gescheuerten Baumstämme und angeschwemmten Autos zu Skulpturen. Supermärkte versanken im Schlamm. In den Banken sah man anderntags Schalterbeamte mit

Taschenlampen. Es dauerte Tage, bis sich die Dienstleistungsgesellschaft wieder aufgerappelt hatte. Stoff für Schriftsteller und Schadenexperten.

Aufbruch zum Passo della Garina Auf dem Kirchplatz von Berzona ist an diesem Spätherbstmorgen keine Menschenseele zu sehen. Drei ständige Einwohner zählt der obere Dorfteil noch, der Rest sind Gäste, Wochenend- und Ferienhausbewohner. Ein Blick ins Telefonbuch genügt: Ein Herr Geiser würde hier nicht auffallen. Herr Geiser sitzt zu Beginn unserer Geschichte tatenlos, aber zur Tat entschlossen am Küchentisch und baut mit Knäckebrot Pagoden. Der Naturgewalt, die nicht nach Sinn und Bedeutung fragt, hält Geiser sein handverlesenes Lexikonwissen entgegen. *Wissen beruhigt*, glaubt Geiser und merkt nicht, wie er selber langsam aus der Existenz ausgeblendet wird. Geisers fixe Idee, das von der Außenwelt abgeschnittene Onsernonetal über den Passo della Garina zu verlassen, um ins nahe Maggiatal zu gelangen, legt uns die Spur.

Max Frisch ist den Weg seines Protagonisten selbst gegangen. Sein Freund Michel Seigner sprach an der Totenfeier 1991 in der Zürcher St.-Peters-Kirche kurz davon: »An einem Morgen, wir sitzen gemeinsam beim Frühstück, schildert Max mir mit großer Genauigkeit den Weg über den Passo della Garina. Es ist der Weg, den Geiser im *Holozän* gegangen ist. Als ich, angeregt von seiner Beschreibung, spontan beschließe, dorthin aufzubrechen, freut ihn das sehr. Fast mütterlich stellt er mir Karte, Rucksack, Weißwein, Glas, Korkenzieher, Pfeffer und Salz, Serviette und Imbiss bereit. Seine Kräfte reichen für diese Wanderung nicht mehr aus. Ich habe das Gefühl, ich gehe als Stellvertreter für ihn dorthin.« Herr Geiser verlässt Berzona im Morgengrauen. Wir sind etwas später dran. Und anders als Geiser und Seigner lassen wir die Schlaufe via Loco beiseite und brechen direkt zum Garinapass auf.

Schlechtwetter-Poesie »Regen nur noch als lautlose Schraffur vor dem Dunkel der nächsten Tanne«, heißt es im »Holozän«.

Vom Dorfkern führt der Weg zwischen den Häusern hindurch zur oberhalb des Dorfes gelegenen Kapelle, an dieser rechts vorbei in den Kastanienwald. *Im Anfang ist es kein steiler Weg; der Hang ist steil, aber der Weg beinahe horizontal, teilweise mit Platten belegt, ein sicherer Weg auch bei Nebel, wenn man den Wasserfall nicht sehen kann, dessen Rauschen man hört.* Wir kreuzen die erste Bachrunse und steigen weiter hoch. Es folgt der zweite Bach, der Bordione, der von den Südhängen des Madone talwärts rauscht und mit seinen Steinbecken zum Baden einlädt. Hier hat die Brücke ein Geländer, das Herrn Geiser die Gewissheit gibt, trotz Nebel den richtigen Weg gegangen zu sein. *Ein Weg ist ein Weg auch im Nebel.* Geisers trotziger Satz ist Programm. Wir erreichen Cioss dei mort. Ein

Flurname, der auch Einheimischen Rätsel aufgibt. Der Rentner Geiser holt unter Herzbeschwerden Luft und spricht sich trotzig Mut zu: *Der Plan ist durchführbar.* Der Plan, vor der eigenen Endlichkeit und Bedeutungslosigkeit zu flüchten? In steilen Kehren geht es hinauf zu den ausgebauten Rustici von Sella.

Unser Weg führt zwischen den Felsschründen von Brusiccio hindurch steil abwärts, dann sanft dem Hang entlang. Der Weg ist schmal. Die Sohlen rutschen auf losem Gestein. Auf der Höhe von Mulegn öffnet sich die Passlandschaft der Garina. *Zur Passhöhe hin wird es flacher,* erinnert sich Geiser. *Sein Gedächtnis bekommt Recht: Eine weitläufige Passhöhe, Weiden, Trockenmauern im Geviert und Wald mit Lichtungen, hauptsächlich Laubbäume (aber es sind Buchen, nicht Birken) und ein paar verstreute Häuser (keine Ställe, sondern Sommerhäuser, die verlassen sind).* Max Frisch lässt seinen Herrn Geiser keine Rast einlegen. Geiser hat es eilig und verirrt sich prompt im Dickicht an den Hängen des abschüssigen Val Larecchio. Herr Geiser droht zwischen Waldameisen und Wurzelstöcken in die Tiefe zu stürzen. Er denkt an das verschollene Paar, das man erst fand, als *über einem Wald und immer an derselben Stelle viele Vögel kreisten.* War es das, was vom eigenen Leben übrig blieb?

Die imaginäre Spur auf den Salmone Herr Geiser findet erst nach Stunden auf die Passhöhe zurück. Folgten wir der Spur, die uns der Erzähler legt, müssten wir mit Herrn Geiser den schattigen, eher langweiligen Weg Richtung Aurigeno gehen. Geiser geht ihn bis zur Kapelle, 654 Meter über Meer, um dort seinen Wadenkrampf zu kurieren und über Pythagoras nachzudenken. Wir wählen den spannenderen Weg, der von der Passhöhe über den Grat zum Aussichtsberg Salmone führt. Auch hier ist die Wegmarkierung nur schlecht zu finden. Der Weg verliert sich immer wieder im steilen, felsigen Buchenwald. Auf allen vieren klettern wir über eine rot-weiß-rot markierte Felsplatte. Das nasse Laub ist glitschig. Teilweise setzt der Weg aus, wie Geisers Bewusstsein. Geiser kehrt nach zwei Stunden Schlaf unter dem Vordach seiner Kapelle schließlich wieder um.

Das ungemähte Gras deckt unsern Weg immer wieder zu. Am Wegrand die zerfallenen Rustici auf der Lichtung von Forcola. Bis zum Grat ist es nicht mehr weit. Vom Vorgipfel Pizen zum Hauptgipfel Salmone sind es noch dreizehn Höhenmeter. Der Blick geht jetzt beidseits in die Tiefe. Gletschergehobelte Tröge, blanke Felsen. Auch Herr Geiser zitiert die *glazialen Rundhöcker* dieser Gegend. *Was heißt Holozän! Die Natur braucht keine Namen,* sinniert Geiser am andern Morgen mit hängendem Augenlid, von einem Hirnschlag gezeichnet. Seine Tochter findet ihn am Boden liegend. Max Frisch blendet das Leben des Herrn Geiser mit einem sachten Schwenk auf das wieder ganz Natur gewordene Tal aus. *Das Dorf steht unversehrt. Über den Bergen, hoch im blauen Himmel, zieht sich die weiße Spur der Verkehrsflugzeuge, die nicht zu hören sind. (...) Alles in allem ein grünes Tal, waldig wie zur Steinzeit. Im August und im September, nachts, sind Sternschnuppen zu sehen oder man hört ein Käuzchen.*

Einen schöneren Ort als den grasbewachsenen Gipfel des Salmone gibt es nicht, um Max Frischs Erzählung fertigzulesen. Im Rücken der waldige Einschnitt des Valle Onsernone, dahinter die verschneiten Zacken des Alpeninnenbogens, zur Linken der Tiefblick ins Maggiatal, zur Rechten die Kiesbänke der Melezza im Pedemonte und südwärts der Blick auf den Rand von Locarno, Losone und Ascona, auf das zugebaute Maggiadelta, das 1978 in Geröll und Schlamm versunken war, den Schnellstraßenzubringer, den glitzernden Lago und die grünen Berge dahinter. *Alles in allem ein stilles Tal,* resümiert der Erzähler in *Holozän* wie ein selbstzufriedener Gipfelraster.

Literatur

MAX FRISCH: Der Mensch erscheint im Holozän, Suhrkamp Taschenbuch 734, Frankfurt a. M. 1999 (Originalausgabe 1979)

URS BIRCHER: Mit Ausnahme der Freundschaft. Max Frisch 1956–1991. Limmat Verlag: Zürich 2000

MARKUS BRITSCHGI/S. CORINNA BILLE/THEO FREY (HRSG.): Armand Schulthess (1901–1972), Diopter Verlag: Luzern 1996

MAX FRISCH (1911-1991), IN: Du, 12/Dezember 1991

VOLKER HAGE: Max Frisch, Reinbek 1997

ADRIANO HEITMANN / GERARDO ZANETTI: L'alluvione. Immagini e testimonianze del 7/8 agosto 1978 nella Svizzera italiana, Locarno 1980

GIOVANNA LONATI / PETER SEDIOLI: Voi che ne pensate... A colloquio con Max Frisch, scrittore, in: Il Quotidiano, 4.9.1988

PETER VON MATT: Wer zeigt, was es geschlagen hat? In: Weltwoche, 10.12.1998, S. 42f.

FERNAND RAUSSER: Fünf Orte im Leben von Max Frisch, Frankfurt a. M. 1981

HANS-ULRICH SCHLUMPF: Das zweite Leben des Armand Schulthess, in: Tagesanzeiger-Magazin, 6/9.2.1974

LA VALLE È IL MIO RIFUGIO. UNA SERATA CON MAX FRISCH, IN: Voce Onsernonese, 89/August 1986

LiteraTour-Info

Einstufung 📖 📖 📖 📖
Gehzeiten 6 h (3½ h Aufstieg, 2½ h Abstieg)
Höhendifferenz Aufstieg 880 m, Abstieg 1340 m
Beste Jahreszeit April bis November
Karten Landeskarte 1:25 000, Blatt 1312 Locarno

An-/Rückreise Locarno–Cavigliano mit der Centovalli-Bahn (Fahrplanfeld 620), in Cavigliano direkter Anschluss auf Postautolinie Richtung Berzona–Spruga (Fahrplanfeld 630.50); zurück nach Locarno ab Verscio mit der Centovalli-Bahn.

Route *Aufstieg:* Von der Postautohaltestelle Berzona (711 m) folgen wir der Stichstraße zur etwas höher gelegenen Kirche. Vom Dorfkern führt ein Weg links ab zwischen den Häusern hindurch bergwärts. Über Treppen gelangen wir zur oberhalb des Dorfes am Waldrand gelegenen Kapelle, wo der Weg rechts in den Kastanienwald eintaucht. Wir queren zwei Bäche, bevor wir die Wiese von Cioss dei mort (840 m) erreichen. Von dort steil hinauf zu den Rustici von Sella (1019 m), immer noch an der Westseite des Hanges. Wir überqueren leicht oberhalb die bewaldete Schulter und folgen jetzt auf der Südostseite des Madone-Ausläufers dem zuerst steil, dann leicht abfallenden Weg durch das felsige Gebiet von Brusiccio. Auf der Höhe von Mulegn treffen die Wege von Berzona und Loco zusammen und führen in sanfter Steigung auf den (fußballtauglichen) Boden des Passo della Garina (1078 m). Der gut markierte, aber dennoch nicht immer leicht erkennbare Weg zum Salmone beginnt etwas südlich der Passhöhe. Er bleibt meist auf der bewaldeten Südseite des Grates. Vom Vorgipfel Pizen auf die Gipfelwiese des Salmone (1559 m) folgen wir dem Gratverlauf.

Abstieg: Vom Salmone steiler Abstieg in die Forcla (1382 m) und erneuter Aufstieg Richtung Testin (1421 m). Der Pfad folgt dem Kammverlauf über Testa und steigt links haltend in lichtem Wald zu den Häusern von Vii (1126 m) ab. Der schmale, spärlich markierte Pfad führt an praller Sonne durch dichtes Buschwerk steil nach Verscio (276 m) hinunter. Das Postauto hält auf dem Dorfplatz, die Centovalli-Bahn etwas weiter südlich.

Schönwetter-Panorama Gipfelrast auf dem Salmone. Ein Aussichtsberg ohne Andrang.

Variante Für Texttreue und Kinder: Von Berzona auf dem Wanderweg resp. der Talstraße zurück zur Kirche ausgangs Loco (678 m). Von dort Aufstieg auf dem gut markierten und präparierten Weg Richtung Passo della Garina. Ab Passhöhe schattiger Abstieg nach Aurigeno (341 m) im Maggiatal. Wanderzeit: ca. 3 h. Von Ronchini mit dem Linienbus 10 zurück nach Locarno.

Essen In Loco im Ristorante Onsernone (091-797 20 50) oder im literarisch verewigten Ristorante della Posta (091-797 18 95). In Verscio im Croce Federale (091-796 12 71), im Grotto Cavalli (091-796 12 74) oder im Grotto Pedemonte (091-796 20 83), wo sich im Herbst die einheimische Gams zur Polenta auf den Teller wagt.

Schlafen In Loco in der Casa Schira (091-797 12 51, vor allem Gruppenunterkunft) sowie im Ristorante Onsernone (091-797 20 50).

Information Ente Turistico Locarno e Valli, Largo Zorzi 1, 6601 Locarno, Tel. 091-751 03 33, Fax 091-751 90 70, E-Mail: locarno@ticino.com. Internet: www.lagomaggiore.org

Tipps Museo Onsernonese in Loco: Ortsmuseum zur Talgeschichte mit regelmäßig sehenswerten Wechselausstellungen, geöffnet 1. April bis 31. Oktober, 14 bis 17 Uhr, Montag geschlossen (091-797 10 70). Badehose einpacken: bei Schönwetter lädt der Bergbach Bordione oberhalb von Berzona zum Felswannenbad.

Zur Kur *Hermann Hesse (Mitte) ist 1907 im Sanatorium Monte Verità zu Gast.*

Beat Hächler

LiteraTour 8: Ascona–Intragna

Von Rohkostlern und Kostverächtern
Ein literarischer Waldgang über den Monte Verità,
mit Erich Mühsam und Hermann Hesse

Male ich mir aber aus, hier könnten Hotels und Kurhäuser entstehen, aus Ascona könnte eine Sommerfrische werden, wo deutsche Rentner und Töchterpensionate Ozon schlürfend spazieren ständern, wo asthmatische Tanten ihren hühnerbrüstigen Nichten eine passende Partie suchen, – dann wollte ich lieber, einer der umliegenden Berge enthüllte einen ungeahnten mildtätigen Krater, der noch vorher alle Lieblichkeit dieses Ortes in Lava und Asche ersäufte.
Erich Mühsam (1878–1934), der Bohemien, Schriftsteller, Anarchist und spätere Münchner Räterevolutionär, hofft vergebens. Die Touristenlawine ist schneller als der herbeigesehnte Vulkanausbruch. Doch das ist eine andere Geschichte.

Monte Verità Erich Mühsam schlendert erstmals im Jahre 1904 über die Piazza von Ascona. Die berühmte Flaniermeile gehört damals noch den Hühnern. Die wenigen Fremden, die in Ascona absteigen, logieren in einfachen Pensionen. Hotels, die den Namen verdienen, sind erst bis Locarno vorgedrungen – mit einer wichtigen Ausnahme. Seit 1900 existiert auf dem grünen Hügel oberhalb Asconas die »vegetabilische Cooperative« Monte Verità, die sich im ersten Jahrzehnt rasch zum gefragten Sanatoriumsbetrieb entwickelt. Gründer des Unternehmens sind der belgische Industriellensohn Henri Oedenkoven, dessen Lebenspartnerin, die deutsche Pianistin und Frauenbefreiungsaktivistin Ida Hofmann, und der österreichische Ex-Offizier Karl Gräser. Ihre Visionen decken sich mit den Anliegen der Lebensreform-Bewegung: raus aus der Stadt, ein Leben in Licht und Luft, die Suche nach einer neuen Harmonie von Körper und Geist, die Gleichstellung von Mann und Frau, die Wiedererfindung des »einfachen Lebens« als Absage an die industrielle Moderne, die eben begonnen hat, den Alltag der Menschen zu durchdringen. Die Lebensreformer verstehen ihre Bewegung als dritten Weg zwischen Kapitalismus und Kommunismus. Ihre Grundhaltung ist (öko-)pazifistisch. Sie umfasst die menschliche wie die tierische Kreatur, was sich unter anderem am streng vegetarischen, an Rohkost ausgerichteten Menuplan des Sanatoriumbetriebes ablesen lässt. Auf diesem Nährboden der Lebensreform entwickelt sich der »Berg der Wahrheit« vielschichtig, zu einem europaweit ausstrahlenden Zentrum der Gegenkultur und Avantgarde. In Ascona begegnen sich Anarchisten, Lebensreformer, Theosophen, Revolutionäre, Psychoanalytiker und suchende Künstlerinnen und Künstler. Sie nutzen den Ort als Labor für ihre Experimente und gesellschaftlichen Entwürfe.

Auch Erich Mühsam gehört zu den frühen Kunden des Monte Verità. In Schlachtensee bei Berlin hat er eben das Scheitern der urkommunistischen Vorort-Kommune »Neue Gemeinschaft« miterlebt. Die Gemeinschaftssiedlung sei »zu einer Hotelpension mit ethischem Firmenschild« verkommen, kritisiert er später. In Ascona wagt Mühsam erneut den Selbstversuch und hält seine Eindrücke 1905 in der Broschüre »*Ascona*« fest. Zeit für uns, zum »Berg der Wahrheit« hochzusteigen.

Warten auf die Revolution Erich Mühsam (sitzend) mit kurenden Anarchisten am Rauschebach auf dem Monte Verità, um 1905. Das Warten wird Erich Mühsam zu lang.

Kostverächter I Die Stufen der Scalinata della Ruga ist Mühsam auch gegangen. Der Treppenweg zweigt unterhalb des Museo communale ab und führt direttissima auf den Monte Verità. Der Weg führt auf halber Höhe an einer Wegkapelle vorbei, von deren Fassade ein Totenschädel mit gekreuzten Knochen die Passanten grüßt. Erich Mühsam wird ihm erst auf dem Rückweg vom Monte Verità freundlich zugenickt haben, als er eilenden Schrittes eine Osteria aufsuchte, um sich bei Ossobuco, Wein und Zigarre gegen die gesunde Lebensweise zu versündigen.

Mühsams Ascona-Bilanz fällt kritisch aus. Ihm ist bald einmal klar, dass das erhoffte sozialistische Siedlungsideal auf dem Monte

10/7/06

MENU

ALIMENTS CRUS	Frs.	Cts.	ALIMENTS CUITS	Frs.	Cts.
Fruits à coque 50 gr.			**Flocons** 50 gr.		5
Amandes		15	Blé vert		6
Noisettes		5	Orge		5
Noix		5	Avoine		5
Noix de coco		10	**Pain** 50 gr.		
Noix de para		15	Froment		5
			Froment aux raisins		5
Amandes épluchées		20	*seigle*		5
R = râpé		5	**Bicottes** 50 gr.		
Fruits secs 50 gr.			Froment complet		10
Dattes		5	Froment bluté		10
Figues		5			
Figues locum		10			
Pruneaux		10	**Crèmes et Beurres** 25 gr.		
Raisins malaga		15	Coco		10
Sultanines		10	Noisettes		15
bananes		10	Amandes		15
			noix		10
Fruits secs trempés 100 gr.					
pruneaux		10	**Compôtes** 100 gr.		
sultanines		10	*fraises*		20
Fruits frais 100 gr.			*poires, prunes*		10
poires, myrtilles		5	*griottes*		10
groseilles rouges		10	*coings*		15
q-11- à macérer		10	**Confitures** 50 gr.		
pêches, bananes		20	*gelée de groseilles*		15
abricots		15	*framboises*		15
cerises		5			
Citrons pièce		10	**Légumes** 100 gr.		
Salades 50 gr.			*épinards*		15
laitue		10	*pommes de terre*		10
romaine		15	*panais*		10
Huile 15 gr.			*pois*		20
d'olives		5			
Brouets 100 gr.			**Brouets** 100 gr.		
noix de coco + cassis		15	*riz aux tomates*		10
amandes aux fraises		20	*gruau de blé vert*		10
			Cacao 250 gr.		35
			Sucre 25 gr.		5

Cuisine exclusivement végétalienne, mais infiniment soignée et variée, s'accommodant au goût des plus difficiles à sustenter.

PLATEAU DE FRUITS.

Knacknüsse Speisezettel und fruktovegetarisches Menü aus dem Sanatoriumsprospekt des Monte Verità, 1904.

Verità nicht zu finden ist, trotz aller Sympathie für Oedenkoven und Hofmann. Beißender wird seine Kritik, wo der Bauch mitdenkt und Mühsam pauschal gegen die *ethischen Wegelagerer mit ihren spiritistischen, theosophischen, okkultistischen und potenziert vegetarischen Sparren* vom Leder zieht. *Der Vegetarismus wurde zu einer menschheitsbefreienden Idee aufgepustet, und als die Beteiligten aus dieser recht irrelevanten Weltanschauung heraus ihre sozialen Träume nicht verwirklichen konnten, versuchte man es mit der ganz unmöglichen Verquickung eines ethischen Prinzips mit einem kapitalistischen Spekulationsunternehmen*, schreibt Mühsam rückblickend. Das keimende Kurhaus-Geschäft ist ihm zutiefst zuwider. Ausdruck seines ätzendes Spotts ist das *in einer verbrecherischen Stunde*, wie er schreibt, getextete Lied »Der Gesang der Vegetarier«: *Wir essen Salat, ja wir essen Salat / Und essen Gemüse früh und spat. / Auch Früchte gehören zu unsrer Diät. / Was sonst noch wächst, wird alles verschmäht. (...) Wir hassen das Fleisch, ja wir hassen das Fleisch / Und die Milch und die Eier und lieben keusch. / Die Leichenfresser sind dumm und roh, / Das Schweinevieh – das ist ebenso.(...) Wir essen Salat, ja wir essen Salat / Und essen Gemüse früh und spat. / Und schimpft ihr den Vegetarier einen Tropf, / So schmeißen wir euch eine Walnuss an den Kopf.*

Mühsam hat eine andere, politischere Vision von Ascona. Anstelle der Nüsse verzehrenden Rohkostler wünscht er sich, Ascona möge *einmal ein Zufluchtsort werden für entlassene und entwichene Strafgefangene, für verfolgte Heimatlose, für alle diejenigen, die als Opfer der bestehenden Zustände gehetzt, gemartert, steuerlos treiben und die doch die Sehnsucht noch nicht eingebüßt haben, unter Menschen, die sie als Mitmenschen achten, menschenwürdig zu leben.* Mühsam selbst bleiben Flucht und Zuflucht im entscheidenden Moment versagt. Er wird 1934 im KZ Oranienburg von den Nazis umgebracht.

Wir stehen inzwischen vor der Speisekarte des Restaurants auf dem Monte Verità. Bis vor wenigen Jahren wurde hier, als kleine Referenz an die eigene Geschichte, ausschließlich vegetarisch gekocht. Inzwischen hat das Fleisch Einzug gehalten. Der Betrieb gehört zum Tagungszentrum Monte Verità, das von der ETH Zürich und dem Kanton Tessin betrieben wird. Die Gäste werden im 1927 erbauten Bauhaus-Hotel von Emil Fahrenkamp stilecht untergebracht. Im Unterschied zum Hotel ist das Restaurant – ein Neubau des Tessiner Architekten Livio Vacchini – öffentlich.

Kostverächter II Gut zwei Jahre nach Mühsams erstem Ascona-Aufenthalt besucht auch Hermann Hesse (1877–1962) den Monte Verità. Er trifft dort auf den wenig jüngeren Gusto Gräser (1879–1958), einen charismatischen Totalaussteiger mit wallendem Christus-Haar; ihm wird die Wiedererfindung des Stirnbandes zugeschrieben. Gräser lebt ein asketisches Vagabundentum. Die Geldwirtschaft lehnt er strikte ab; er praktiziert den Tauschhandel – oder borgt sich das Nötige. Anders als sein Bruder und Monte-Verità-Mitbegründer Karl bewohnt Gusto Gräser keine Lichtluft-Hütte auf dem Sanatoriumsgelände. Er lebt etwas außerhalb, in einer Felsenhöhle zwischen Arcegno und Golino. Zwei von Hesses Erzählungen, *Der Weltverbesserer* (1906) und *Doktor Knölges Ende* (1910), nehmen auf diese Monte-Verità-Erfahrungen Bezug. Hesse geht trotz erkennbarer Sympathie für den lebensreformerischen Kern auf betrachtende Distanz.

Im *Weltverbesserer* lässt er den Aussteiger Berthold Reichhardt nach einem eremitischen Selbsterfahrungstrip ins bürgerliche Leben zurückkehren. In *Doktor Knölges Ende* nimmt Hesse die bereits von Mühsam karikierte Vegetariergemeinschaft auf die Schippe. Knölge, ein ehemaliger Gymnasiallehrer, legt sich als gutmütiger *Gemischtkostler* mit einem fruktovegetarischen Fundi an. *Die auf-*

Spätlebensreformer und Frühhippie Arthur »Gusto« Gräser bleibt seiner Lebensführung als Aussteiger treu. Er stirbt 1958 im Alter von 79 Jahren.

fallendste Gruppe war die der reinen Frugivoren. (...) Sie wohnten unter freiem Himmel und aßen nichts, als was von Baum oder Strauch zu brechen war. Sie verachteten alle anderen Vegetarier unmäßig, und einer von ihnen erklärte dem Doktor Knölge ins Gesicht, das Essen von Reis und Brot sei genau dieselbe Schweinerei wie der Fleischgenuss, und zwischen einem sogenannten Vegetarier, der Milch zu sich nehme, und irgendeinem Säufer und Schnapsbruder könne er keinen Unterschied finden. Knölges frugivorischer Widersacher heißt Bruder Jonas. Er trug zwar ein Lendentuch, doch war es kaum von seinem behaarten braunen Körper zu unterscheiden, und er lebte in einem kleinen Gehölz, in dessen Geäste man ihn mit gewandter Hurtigkeit sich bewegen sah. Seine Daumen und großen Zehen waren in einer wunderbaren Rückbildung begriffen und sein ganzes Wesen und Leben stellte die beharrlichste und gelungenste Rückkehr zur Natur vor, die man sich denken konnte. Als Knölge eines Tages, ein Studentenlied trällernd, am Gehölz vorbeikommt, bricht der Waldmensch aufs Blut gereizt aus dem Gebüsch hervor. Der Kampf ist kurz. Man findet Knölge am andern Morgen erdrosselt auf. Manche ahnten den Zusammenhang, doch wagte niemand etwas gegen den Affen Jonas zu tun, der gleichmütig im Geäste seine Nüsse schälte.

Auf der Parzifal-Wiese, hinter dem Bauhaus-Hotel des Monte Verità, turnen an diesem Nachmittag nur die Kinder auf dem Spielplatz-Klettergerüst. Wir queren die Wiese und nehmen an der Nordostecke, beim Waldparkplatz, den unmarkierten Weg in Richtung *thebaische Wüste*, wie Hesse die Felsengegend bei Arcegno mehrfach genannt hat.

Kostproben *Hier ist mir jeder Wegesrank vertraut, / Ich geh den alten Eremitensteig (...) Hier ist mein heiliges Land, hier bin ich hundertmal / Den stillen Weg der Einkehr in mich selbst / Im Sinnbild*

Der Eremitensteig Hermann Hesse 1918 unterwegs mit seiner Gastgeberin Hilde Jung-Neugeboren in der »Felsengegend« hinter Arcegno.

einsamen Geklüfts gegangen / Und geh ihn heute neu, mit anderem Sinn, / Doch altem Ziel, und geh ihn niemals aus. / Hier atmen falterhaft Gedanken fort, / Die ich vor Jahren hier in Fels und Ginster, / In Sonnenhauch und Regenwind erjagt – Der Weg durch die Collina di Maia führt an Tümpeln, Birkenwäldchen und rund geschliffenen Felsköpfen vorbei. Ein Naturlehrpfad macht uns heute auf die Besonderheiten dieser Landschaft aufmerksam. Hermann Hesse tat dies auf seine Art schon in den zehner Jahren in unzähligen Briefen. »Heute war ich den ganzen Tag in den Felsen hinter Losone und San Giorgio, meiner alten Lieblingsecke«, schreibt er im Frühjahr 1917. »Fahre in die thebaische Wüste, d. h. in die Locarneser Gegend, wo ich schon so viel geeinsiedlert habe«, im März 1918. Das eingangs zitierte Gedicht *Bei Arcegno* entsteht ebenfalls um 1917.

Die Gräser-Höhle ist leicht zu finden. Nach einem Abstecher auf eine der Felskuppen, den Barbescio oder – noch aussichtsreicher – den Punkt 516 oberhalb der Häuser von Ruino, gehen wir auf der kaum befahrenen Verbindungsstraße Arcegno–Golino (1942 von polnischen Internierten gebaut) ein Stückchen zurück und schauen hangwärts. »Die Höhlung liegt zwischen zwei hausgroßen, gegeneinander geneigten Blöcken, knapp neben einer großen Felsenwand, in einer vegetationsarmen, rauhen Gegend (...) Hier, etwa eine Stunde nordwestlich von Ascona, drin im Gebirg, wird vielleicht eine Abteilung für Höhlenbewohner, Einsiedler, Säulenheilige etc. entstehen.« Die Höhlenbeschreibung des Gräser-Zeitgenossen Adolf Grohmann – Teil einer 1904 entstandenen, heute als Reprint greifbaren Broschüre über die wichtigsten Akteure des Monte Verità – ist immer noch zutreffend. Einzig von Vegetationsarmut kann heute keine Rede mehr sein. Der Kastanienwald hat sich hier die Hänge längst zurückerobert. Im Frühling versinkt man bis zu den Knien im knochentrockenen Laub. Die Gräser-Höhle liegt etwa 50 Meter abseits der Straße im Wald.

Gräserhöhle Heute eher ein Ort zum Würste braten als zum Meditieren.

Hermann Hesse soll Gusto Gräser hier besucht und mit ihm probeweise geeinsiedelt haben. 1907 schreibt Hesse den wenige Seiten langen Text *In den Felsen. Notizen eines Naturmenschen*, der die Sanatoriumserfahrung auf dem Monte Verità und die einsamen Streifzüge in der Felsengegend von Arcegno frei verarbeitet. *Ich lebe nackt und aufmerksam wie ein Hirsch in meinem Geklüfte, bin dunkel rotbraun, schlank, zäh, flink, habe verfeinerte Sinne. Ich rieche reife Erdbeeren von weitem, kenne die Winde, Stürme, Wolkenformen und Wetterzeichen des Landes. Seit drei Wochen kenne ich kein Bett, kein Feuer, kein Brot, kein Fleisch, kein Gemüse, kein Gewürz, nicht Löffel noch Gabel, nicht Schüssel noch Becher. (...) Ich höre und sehe das Leben der Erde, lebe und atme mit, bin ruhig und be-*

scheiden geworden. Meine Arbeit ist: das Suchen von Beeren und Waldkirschen, das Flechten kleiner korbartiger Schalen zum Aufbewahren dieser Dinge, das Ausgraben einer Vertiefung im Bachbett, damit mir später nicht etwa das Trinkwasser ausgehe. Doch habe ich auch die Kunst gelernt, einen halben oder einen ganzen Tag gar nichts zu tun, auf einem Felsen zu sitzen, der von Sonne glüht, die Bildungen der Moose zu betrachten und zu warten, ob etwa ein Sperber vorüberfliegt. Aus Textstellen wie dieser hat der Gräser-Forscher Hermann Müller die These vom Dichter (Hesse) und seinem Guru (Gräser) abgeleitet. Müller glaubt den Gräserschen Einfluss als prägende Erfahrung in Hesses Werken wiederzuerkennen, angefangen beim »Demian« über »Siddhartha« bis zum »Glasperlenspiel«, was den Hesse-Herausgeber Volker Michels in dieser Kausalität wenig begeistert und schon gar nicht überzeugt.

Schamanen-Schwärmereien 1978 inszeniert der Ausstellungsmacher Harald Szeemann die Geschichte des Monte Verità in ihrer ganzen Komplexität als große Kunst- und Ideenschau. Die Ausstellung legt den Grundstein zum heutigen Museumsgelände Monte Verità, insbesondere zur permanenten Ausstellung über die Geschichte des Hügels. Zeitgleich, aber unabhängig von Szeemanns Schau erfolgt die Stilisierung Hesses zum Monte-Verità-Schamanen. Rund um die Gräser-Höhle steigt im Hochsommer 1978 eine »Fiesta Monte Verità« (warum auf Spanisch, wissen die Götter), die Hesse und seinen Guru hochleben lässt; Gräser-Forscher Hermann Müller gehört zu den Initianten. Hunderte von meist jungen Menschen aus Deutschland versammeln sich im Wald von Arcegno zum »Tanz der grünen Kraft (...) der alternativen Träumer«. Die Landschaft wird für das Fest mit fantasievollen Namen eingedeckt. Neben Hesses »Tal des Friedens« erhalten die Felskuppen der Umgebung die Namen Hia (Nord) und Hia (Süd), Hia-Hia, Dinosaurier, Schildkröte oder Elefantenbaby. Punkt 516 wird auf den Namen Nain getauft. Vom Nain schweift der Blick zum Wonneberg Hia-Nain und zur Himmelswiese, was die Einheimischen trotzdem nicht mit der nötigen Bewunderung erfüllen wird. Vor allem die wie Faune durch den Wald und über Felsen huschenden nackten Gräser-Hesse-Adepten erregen den Zorn des »Eco di Locarno«. Die fehlenden Toiletten im Wald tragen wenig zur Milderung des Ärgers bei.

Heute ist von der esoterischen Wallung nichts mehr zu spüren. In der Gräser-Höhle finden im Sommer, den Spuren nach zu schließen, bestenfalls noch Bier-Wurst-Pommes Chips-Lagerfeuer-Abende statt. Die Felsen im »Tal des Friedens« gehören wieder den Pfadis aus der Deutschschweiz und den evangelischen Jugendlagern im Campo Pestalozzi. Mit gesundem Lokalpatriotismus werden Kantonswappen auf die Felsen gepinselt. An den Felswänden des Nain und des Hia (Süd) machen sich Kletterer zu schaffen. Sie sind am klirrenden Geräusch der Karabinerhaken irgendwo in der Wand zu erkennen.

Unser Weg folgt jetzt der Polenstraße, dann der Hauptstraße und ab Golino dem Flusslauf der Melezza talaufwärts. Der Tisch in Meret Biseggers Natur- und Gewürzküche, im Ristorante »Ponte dei Cavalli« in Cavigliano, ist reserviert. Im Speisesaal hängt das Plakat der großen Monte-Verità-Ausstellung von Harald Szeemann. Auf der Speisekarte erwarten uns ein Kohlrabi-Carpaccio, Majoran-Tagliatelle mit Kefen, Avocado und Mentucchia (eine feine Minzenart), grünes Thai-Curry mit fünf Gemüsen (Karotten, Kraustielen, Randen, Lauch und Broccoli) und zum Dessert gibt's frische Erdbeeren mit Ingwersaft, frittierten Holunderblüten und Holunderblütenquark.

Spätestens jetzt würde Erich Mühsam sein Ossobuco diskret im Isorno versenken.

Literatur

HERMANN HESSE: Der Weltverbesserer / Doktor Knölges Ende, Suhrkamp Taschenbuch 1197: Frankfurt a.M. 1985 (geschrieben 1906/1910)

HERMANN HESSE: In den Felsen. Notizen eines »Naturmenschen«, in: Volker Michels (Hrsg.): Materialien zu Hermann Hesses »Siddhartha«, Bd. 2, Suhrkamp: Frankfurt a. M. 1974, S. 339–347 (geschrieben 1907)

HERMANN HESSE: Bei Arcegno. Gedicht, in: Hermann Hesse: Tessin, insel taschenbuch 1494: Frankfurt a. M. 1993

ERICH MÜHSAM: Ascona. Vereinigte Texte aus den Jahren 1905, 1930 und 1931, Sanssouci Verlag: Zürich 1979

ERICH MÜHSAM: Die Hochstapler, Lustspiel in 4 Aufzügen, Piper: München 1906

MARTIN GREEN: Mountain of Truth – the Counterculture begins, Ascona 1900-1920, Univ. Press of New England: Hanover/London 1986

ADOLF ARTHUR GROHMANN: Die Vegetarier-Ansiedlung in Ascona und die sogenannten Naturmenschen im Tessin, Edizioni della Rondine: Ascona 1997 (Reprint der Originalausgabe von 1904)

ROBERT LANDMANN: Ascona – Monte Verità. Auf der Suche nach dem Paradies, Frankfurt a.M. 1988

HERMANN MÜLLER: Der Dichter und sein Guru. Hermann Hesse – Gusto Gräser, eine Freundschaft, G. Lotz Verlag: Werdorf 1979

INNOCENTE PINOJA: Racconti e ricordi di Arcegno, Tipografia Poncioni: Losone 1976

GIÒ REZZONICO (HRSG.): Antologia di cronaca del Monte Verità, Locarno 1992

HARALD SZEEMANN (HRSG.): Monte Verità – Berg der Wahrheit. Lokale Anthropologie als Beitrag zur Wiederentdeckung einer neuzeitlichen sakralen Topografie, Electa Editrice: Milano 1978

LiteraTour-Info

Einstufung 📖 📖 📖
Gehzeiten 2¼ h (1¾ h Aufstieg, ½ h Abstieg)
Höhendifferenz Aufstieg 440 m, Abstieg 370 m
Beste Jahreszeit ganzes Jahr (im Frühling mit rauschenden Bächen und vollen Weihern im Naturschutzgebiet Maia)
Karte Landeskarte 1:25 000, Blatt 1312 Locarno

An-/Rückreise FART-Linie 31 Locarno–Ascona, bis Endstation Ascona Posta; zurück nach Locarno ab Intragna mit der Centovalli-Bahn (Fahrplanfeld 620).

Route *Aufstieg:* Von Ascona (199 m) führen verschiedene markierte Fußwege auf den Monte Verità (340 m). Zu den schöneren Varianten gehört der Treppenweg der Scalinata della Ruga, der unterhalb des Museo communale von der Via Borgo abzweigt. Eigentlicher Ausgangspunkt der Wanderung ist die westlich des Monte-Verità-Hotels gelegene Parzifalwiese, heute ein beliebter Kinderspielplatz und Ausgangspunkt diverser Spazierwege. Vom Parkplatz in der Nordostecke der Wiese folgen wir dem nicht markierten Fußweg durch den Kastanienwald Richtung Losone. Der Weg mündet oberhalb der fünf Serpentinen in die bergwärts führende Straße Losone–Arcegno. Bereits nach 200 Metern führt ein markierter Wanderweg von der Hauptstraße weg, über einen Holzsteg im Bachtobel der Brima und auf der anderen Seite ebenso steil wieder empor. Von nun an den zahlreichen Wegweisern durch das Naturschutzgebiet Maia Richtung Maia/Bolletina lunga/Campo Pestalozzi/Barbescio folgen. Westlich des markanten Rundhöckers Barbescio erreichen wir die Wegkapelle »Capela da Pozz d'a Butt« und den auch auf der Karte eingezeichneten Tümpel an der Fahrstraße Arcegno–Golino. Unmittelbar anschließend steigt der Wanderweg, teils über Treppen, zu den Häusern von Ruino (470 m) auf. Von dort sind es nur noch wenige Meter, allerdings weglos, zum Aussichtspunkt 516 auf dem Felsen »Nain«, wie ihn die Neo-Monteveritaner 1978 nannten.

Abstieg: In wenigen Minuten sind wir zurück auf der Fahrstraße nach Golino. Die Gräser-Höhle liegt in nördlicher Richtung von Punkt 516,

Mittanzen Einblicke in die Geschichte des Monte Verità gibt die permanente Ausstellung in der Casa Anatta auf dem heutigen Museumsgelände Monte Verità.

etwa 50 Meter von der Straße entfernt, hangwärts. Von nun an der Straße entlang, die kaum von Autos befahren wird, bis zur Einmündung in die Talstraße Losone–Intragna. Der Talstraße etwa 400 m folgen bis zum Dorfkern von Golino (265 m). Von dort rechts ab und auf dem Flussdamm der Melezza entlang bis zur alten Brücke am Eingang des Centovalli. Die Melezza überqueren und nach etwa 20 Metern wieder auf einem Fußweg direkt zur Brücke über den Isorno an den gedeckten Tisch im Ponte dei Cavalli. Das Restaurant steht auf Gemeindeboden von Cavigliano. Der nächste Bahnhof befindet sich aber in Intragna (10 Minuten, mit Taschenlampe).

Essen Das Restaurant des Seminarzentrums auf dem Monte Verità ist öffentlich. Wer den senffarbenen Teppich nicht erträgt, reserviere einen Terrassenplatz mit Ausblick in den Park (091-791 49 39). Fantasievolle vegetarische Küche (aber nicht nur) und eine sorgfältig zusammengestellte Weinkarte bietet Meret Bisegger im Ponte dei Cavalli in Cavigliano. Tischreservation dringend empfohlen (091-796 27 05, geöffnet März bis Oktober, Mi–Sa 17–24 Uhr, So 11–24 Uhr, Mo und Di geschlossen).

Schlafen Eine aktuelle Hotelliste ist im Verkehrsbüro erhältlich.
Informationen Ente Turistico Lago Maggiore Ascona, Casa Serodine, 6612 Ascona, Tel. 091-791 00 90, Fax 091-792 10 08, E-Mail: ascona@etlm.ch, Internet: www.ascona.ch
Tipps Das Museumsgelände Monte Verità bietet einen umfassenden Einblick in die Geschichte des Hügels. Kernstück des Rundganges ist die etwas in die Jahre gekommene permanente Ausstellung in der Casa Anatta. Sie zeigt die Geschichte des Berges anhand von Objekten, Texten und Fotografien auf. Zum Rundgang gehören ferner eine Reihe von restaurierten originalen Bauten auf dem Hügel, unter anderem eine erhaltene Lichtlufthütte, die die asketische Seite des Monte-Verità-Anfangs erahnen lässt. Das Museum ist von April bis Oktober, Di–So von 14.30 bis 18.00 Uhr, im Hochsommer (Juli und August) von 15 bis 19 Uhr geöffnet. Aktuelle Infos sind im Internet unter www.csf-mv.ethz.ch abrufbar.

9 + 1 in Ascona Ursula Wiese lernt in Ascona ihren Mann, Werner Guggenheim, kennen – und heiratet. 1932 posiert das Ehepaar betont häuslich für die Zeitschrift »Sie + Er«. Eine echte Homestory.

Barbara Rettenmund, geboren 1965,
ist Historikerin und lebt in Basel.

LiteraTour 9: Ascona

Wo die Bohème herzte und scherzte
»Neun in Ascona« – eine Liebesgeschichte
von Ursula von Wiese aus den dreißiger Jahren

»Komm doch mit uns nach Ascona. Dort gehörst du hin.« Der Vorschlag eines befreundeten Regisseurs in Kassel genügte der 24jährigen Ursula von Wiese, um den ersten bezahlten Urlaub ihres Lebens ausgerechnet in Ascona zu verbringen. »Ein Blick, und ich war ins Tessin rettungslos verliebt.« Bereut hat die heute in Zürich lebende Schauspielerin, Tänzerin und Buchautorin mit Jahrgang 1905 diesen Entschluss nie. »Ich wusste nicht, wo Ascona lag, wusste überhaupt nichts von der Schweiz, da ich das im Geografie-Unterricht Gelernte vergessen hatte.« In ihrem Roman *Neun in Ascona* beschreibt sie die beschwingte, aphrodisierende Atmosphäre dieses besonderen Tessiner Dorfes auf so anregende Art, dass man selber angesteckt wird und Lust bekommt, sich dort in den oder die Erstbeste zu verlieben.

Ferienwelt Ascona   Ascona hat viele Gesichter: Ferienort für Reiche, die ihre teuren Autos auf der Piazza spazieren fahren, auch wenn dieser Auftritt unterdessen nur noch »Berechtigten« vorbehalten ist. Einkaufsparadies für Leute, die gerne in teuren Läden shoppen, erst recht, wenn sie in so idyllischen Gassen angesiedelt sind. Treffpunkt für filmbegeisterte Deutschschweizerinnen und Deutschschweizer, die jeden Sommer für zwei Wochen ans Filmfestival Locarno pilgern, das am Rande auch im Asconeser Cinema Otello stattfindet. Und natürlich Strand- und Badeort am schönen Lago. Im Bagno Pubblico, Asconas traditionsreichem Strandbad, tummeln sich ganz gewöhnliche Touristinnen und Touristen, die in den zahlreichen Ferienwohnungen der Region logieren. Auch Rentnerinnen und Rentner zieht es regelmäßig an den Postkartenort am See. Bis vor kurzem gab es in Ascona sogar einen Campingplatz, wohl den billigsten und schäbigsten der Umgebung, doch der musste dem neuen Jachthafen weichen.

Die Bohème, die in den ersten Jahrzehnten des 20. Jahrhunderts Ascona zu ihrem Treffpunkt machte, hat auf den ersten Blick keine Spuren hinterlassen. Auch wenn sich die Altstadt in der offiziellen Agenda der Region mit dem Hinweis anpreist, man könne sich »in den Altstadtgässchen von Ascona verlieren, auf der Suche nach romantischen Winkeln, wie es zuvor schon Dichter, Künstler und Literaten taten«. Die offizielle Ortsführung durch Ascona verspricht diesbezüglich mehr. Die Informationen über die Künstlerszene beschränken sich jedoch zur Hauptsache auf die russische Kunstmalerin Marianne Werefkin, die sich zur Zeit des Ersten Weltkrieges in Ascona niedergelassen und den Brauch initiiert hatte, als ortsansässige Künstlerin der Wohngemeinde ein Werk zu schenken. Viele Kunstmalerinnen und -maler aus aller Welt, die in Ascona Halt machten, taten es ihr später gleich und legten so den Grundstein für die bedeutende Sammlung des heutigen Museo comunale d'arte moderna an der Via Borgo.

Café Verbano Um einen Einblick in das bunte Treiben der Bohème in Ascona zu Beginn der dreißiger Jahre zu erhalten, braucht es nur ein ruhiges Café, genügend Zeit und den Roman von Ursula von

Sehen und gesehen werden *Mit wehenden Hosenstößen am Café Verbano vorbei. Der Ruf des Szenetreffs ist bis nach Berlin gedrungen.*

Wiese im Gepäck. Da das Buch schon längst vergriffen ist, muss man es in einer Bibliothek ausleihen oder in einem Antiquariat aufstöbern, beispielsweise in Asconas legendärer Libreria della Rondine (bei der Kirche San Pietro), deren Geschichte in Ursula von Wieses Zeit zurückreicht und die selber Teil der Bohème- und später der Exilliteratenszene in den bewegten dreißiger und vierziger Jahren war.

Ursula von Wieses Anfang der dreißiger Jahre entstandener Roman *Neun in Ascona* erzählt von neun Tänzerinnen einer Tanztruppe aus Deutschland, die gemeinsam einen Sommer in Ascona verbringen. Man badet im See, trifft sich zum Tanz im Casino oder in der Taverna, führt philosophische Gespräche im Café Verbano und genießt das unbeschwerte Leben. Fast alle verlieben sich im

Verlauf des Urlaubs oder werden zumindest leidenschaftlich geliebt, ob sie dies bemerken oder nicht. Die sommerlich erotische Stimmung in Ascona lässt keine kalt. Rund um die jungen Frauen entwickeln sich kunterbunte heterosexuelle, homosexuelle oder bisexuelle Liebesgeschichten, denn in Ascona muss man sich einfach verlieben. Und ausgerechnet Annie Olkühn, die einzige Tänzerin, die schließlich in Ascona bleibt, um zu heiraten, tobt sich zuvor noch gewaltig aus, indem sie jeden Abend einen andern Mann abschleppt. Wera Kaiser, die Leiterin der Balletttruppe, deren Idee es war, mit einer ganzen Balletttruppe nach Ascona zu reisen, weiß, was es damit auf sich hat. *Ist es Ihnen nicht aufgefallen, dass hier die Luft voll von Abenteuern ist, dass alle Leute hier wie elektrisch geladen sind? Und ich glaube, dass man selbst anders zu leben und zu fühlen beginnt, wenn man in dieses erotische Spannungsfeld hineingerät. Man lebt in Ascona hemmungsloser, es lässt sich nicht leugnen; das ist das Schöne, aber auch das Gefährliche daran.* Anhand dieser erfüllten oder unerfüllten Liebesgeschichten zeigt Ursula von Wiese Beziehungsmuster und Ansichten über die Sexualmoral auf, wie sie bis heute nicht selbstverständlich geworden sind und erst seit der sogenannten sexuellen Revolution der 68er Generation für möglich gehalten werden. Das allerdings will mir die hochbetagte Autorin nicht recht glauben. »Wir haben damals einfach so gelebt, nicht nur in Künstlerkreisen; für uns war dies normal, so wie es für heutige junge Leute normal ist«, versichert sie mir.

Die in der aphrodisierenden Asconeser Stimmung entflammten Liebesgeschichten, verrät uns Ursula von Wiese in ihren Memoiren, waren selten von Dauer. »Eine Liebe, die über Ascona hinaus Bestand hat und gar in den Ehehafen führt, war im alten Ascona ebenso selten wie eine Tragödie.« Einen dieser seltenen Fälle erlebte Ursula von Wiese selber. Ihre Liebesgeschichte mit dem St. Galler Schriftsteller Werner Guggenheim, die ihren Anfang in Ascona

Tanzen »La Taverna«, Asconas Tanzpalast Nr. 1, in heller Bauhaus-Architektur gebaut, wird 1930 eröffnet. Marianne Werefkin malt ihr Bild »Taverna« 1932.

nahm, dauerte bis zum Tode ihres Ehemannes im Jahre 1946. Als sie Guggenheim, den späteren Ehemann und Koautor von *Neun in Ascona,* kennen lernte, war der Roman bereits verfasst. Guggenheim überarbeitete ihn lediglich sprachlich; am Inhalt wurde nichts mehr geändert.

Bohémiennes-Bummel Der Bus aus Locarno bringt uns zum Ausgangspunkt unseres Bummels, zur Post von Ascona. Beim Aussteigen blickt man in eine Baugrube, die schon seit einigen Jahren besteht und von der man nicht so recht weiß, wie lange sie noch Baugrube bleibt. Bis vor einigen Jahren stand dort die Taverna, ein Tanzschuppen, in dem bereits in den dreißiger Jahren getanzt wurde und in dem sich die Jugend noch Anfang der neunziger Jahre unter dem Disco-Stroboskop vergnügte. Wo der Tanzpalast stand, soll dereinst ein neues Postgebäude zu stehen kommen. In Ursula von Wieses Roman wird in der Taverna und im Casino, dem alten Lido-Restaurant, fleißig getanzt. (Das Casino ist inzwischen wieder zum jugendlichen Musiklokal geworden, wenn auch sichtlich in die Jahre gekommen.) »Die Musiker der Kapellen waren Einheimische, mit denen hatten wir natürlich Kontakt. Eine Freundin von mir heiratete einen Tessiner Musiker. Einige Tänzerinnen gingen auch ins Grotto, wo die Tessiner, nur die Männer, miteinander tanzten, aber sich eine Ehre daraus machten, die spärlichen weiblichen Gäste aus dem Ausland herumzuwirbeln. Bessere Tänzer gab es wohl kaum auf der Welt«, schwärmt Ursula von Wiese heute noch.

Wer den unfreundlichen Weg nicht scheut, begibt sich von der Post aus erst mal an der Baugrube vorbei den sanften Anstieg hoch bis zum nächsten Kreisel, Richtung Friedhof. Dort erkennt man ein weiteres Gebäude, das in *Neun in Ascona* eine wichtige Rolle spielt: das Teatro San Materno. Die fröhliche Frauenschar in Ursula von Wieses Roman hat sich vorgenommen, in ihren Ferien auch eine

Tanzvorführung zu geben. Die Aufführung findet im Teatro San Materno statt. Trotz experimenteller Teile, wie etwa eines ägyptischen Tanzes oder eines Apachentanzes, wird der Abend zum vollen Erfolg. Das Teatro wurde eigens für die Tänzerin Charlotte Bara von ihrem Vater gebaut. »Der war dermaßen begeistert von seiner Tochter«, erzählt Ursula von Wiese. »Ihre Tänze waren grauenhaft, doch wir mussten hin, wir nannten ihre Vorführungen Zwangsvorstellungen, weil alle gezwungen waren hinzugehen. Schließlich wollte der eine oder die andere den Saal auch wieder einmal nutzen.« Heute ist das Theater, das seit langem ein Marionettentheater beherbergt und Kleinkunst veranstaltet, in schlechtem Zustand. Seine Zukunft ist ungewiss.

Geschäftiger ist die Via Borgo, die von der Post Richtung See führt. Schon bald ist auf der linken Seite das Café Verbano zu sehen. Hier lohnt sich eine erste Einkehr, um sich bei Cappuccino oder Caffè Macchiato die Fotografien der ruhmreichen Zeiten dieses Künstler- und Künstlerinnentreffpunkts anzusehen. *Vor dem Café Verbano saßen die Leute an allen Tischen, so dass die alte Dame mit grünem Kopftuch, die, begleitet von dem blonden, schlanken, hübschen, mäusezähnigen Jüngling, herbeikam, keinen anderen Tisch finden konnte. Die alte Dame – sie war eine bekannte eigenartige Malerin, man nannte sie in Ascona meist nur die Baronin – begrüßte Wera und sagte ihr liebenswürdig, sie freue sich darauf, Wera bald wieder tanzen zu sehen. Der Mäusezähnige stellte sich vor, er war Maler und hieß Günter Schaffroth.* So lernte man sich im Café Verbano kennen. Und genauso wie die alte Dame irgendwie Marianne Werefkin sein könnte, verhält es sich mit weiteren Figuren im Buch. Beim Lesen der Autobiografie von Ursula von Wiese begegnet man einigen Menschen, die an die Heldinnen und Helden von *Neun in Ascona* erinnern.

Beim Weiterspazieren erscheint zur Rechten das Museo Co-

Heiß Bagno pubblico und Lido, Asconas Strandbäder, sind beliebte Szenetreffs. Der Stoff sitzt knapp. Der Herr ganz rechts mit dem knackigen Tanga heißt Jakob Flach, besser bekannt als Puppenspieler von Ascona.

munale d'arte moderna, das wegen seiner Sammlung von Werken illustrer Ascona-Gäste auf jeden Fall einen Besuch wert ist. Einige Schritte weiter, bei der nächsten Gasse rechts, führt die Scalinata della Ruga, ein gepflästerter Treppenweg, zum Monte Verità hinauf. Von den »Gesundbetern« auf dem Monte Verità (bzw. was in den dreißiger Jahren von ihnen übrig geblieben war) wollte die Bohème im Dorf nicht viel wissen. »Furchtbar langweilige Menschen«, urteilt Ursula von Wiese rückblickend. So drehen wir gleich wieder links ab, um durch einen Torbogen in ein kleines Gässchen zu gelangen, das uns über einen von Katzen bewohnten Hof zum See führt. Die Hafenpromenade, deren Ansicht man auf Tausenden von Postkarten bewundern kann, lädt mit ihren vielen Cafés zur nächsten Rast. Die üppige Cafémeile von heute gab es in den dreißiger Jahren noch nicht. Das Elvezia und das Schiff existierten. Und das Castello am Ende der Piazza war bereits Hotel. Dort mietete sich Ursula von Wiese bei ihrem ersten Ascona-Besuch ein: »Ich wohnte im Castello am See im Turm, der drei Gästezimmer übereinander aufwies, Riesenzimmer mit Bett, Stuhl, Schrank und Waschgestell«, erinnert sich die Autorin in ihrer Autobiografie. *Die Straße teilt sich am See, führt rechts dem Ufer entlang nach Porto Ronco, geradeaus mündet sie auf die Piazza, einen staubigen Platz, landseits begrenzt von zwei- und dreistöckigen farbigen Häusern, die fleckig sind, verwittert, manche haben gewölbte Laubengänge im Erdgeschoss. Auf der Seeseite säumen schattige Platanen das Ufer, ein Landungssteg steht auf Pfählen im Wasser, Fischerboote sind vertäut, Netze zum Trocknen ausgehängt. Wäscherinnen waschen im See, und ihre Seife färbt das Wasser milchblau. Am Ende der Piazza, wo der Weg zur großen Landzunge hinausgeht, steht in einem Garten von Tannen umgeben das Castello mit seiner Turmzinne.* Die Platanen sollen Ende des 19. Jahrhunderts von Kaminfegern aus Paris mitgebracht worden sein. Die Tessiner Kaminfeger arbeiteten als Saisoniers in der französischen Hauptstadt, in der gerade diese Bäume groß in Mode waren, und brachten sie bei ihrer Rückkehr als »Souvenir« mit nach Hause.

Endstation Jachthafen Unser Spaziergang führt uns weiter dem See entlang, der allerdings nicht mehr zu sehen ist, da sich der Weg zwischen hohen Hecken durch privates Seeanstößer-Terrain schlängelt (vorbei am Museo Epper, dem ehemaligen Wohnhaus und Atelier des Künstlerpaares Ignaz und Mischa Epper). Die parkartigen Anwesen lassen auf millionenschwere Bewohnerinnen und Bewohner schließen. Nach einer Viertelstunde erreichen wir das Bagno Pubblico, das Familienfreibad, das zu einer ausgiebigen Leserast mit Cappuccino einlädt. Weiter führt der Weg am alten Casino und heutigen Lido, dem Strandbad für zahlende Gäste, vorbei und findet seine Fortsetzung im Spazierweg zwischen einem Überrest von urchigem Lago-Maggiore-Ufer und schickem Golfplatz. Von weitem schon ist der mondäne, 1997 eröffnete Jachthafen erkennbar. Letzte Lesepause auf den Designerbänken an der Hafenmole mit Blick aufs Maggiadelta und die nur vom Flussdamm her zugänglichen wilden Badeplätze im Mündungsgebiet der Maggia.

Für Ursula von Wiese wurde Ascona nicht nur Badeort, sondern Wohnort. Gemeinsam mit ihrem Ehemann und ihren vier Kindern lebte sie ab 1934 für einige Jahre in Ascona. Im Onsernonetal kaufte sie sich eine Alp, die kürzlich von ihren Großkindern wieder belebt wurde. Seit dem plötzlichen Tod ihres Ehemannes war sie nur ein-, zweimal in der Gegend. Doch jedesmal traf sie zufälligerweise auf Kinder oder Großkinder alter Bekannter. Heute lebt Ursula von Wiese mit ihrer Tochter in einem Außenquartier von Zürich. Im Sommer 1999 erschien ihr neustes Buch. Eigentlich wollte sie noch einen Roman schreiben, der im Jahre 1904 spielt. »Ich sehe jedoch nicht mehr so gut, da fällt das Recherchieren ziemlich schwer.« Wer in das verschmitzte Gesicht und die lebendigen Augen blickt, kann sich schlecht vorstellen, dass Ursula von Wiese keine Pläne mehr verfolgt.

Literatur
URSULA VON WIESE/WERNER GUGGENHEIM: Neun in Ascona, Orell Füssli: Zürich 1933
URSULA VON WIESE: Vogel Phönix. Stationen meines Lebens, Klio-Verlag: Bern 1994
CATERINA BERETTA: Mein Ascona. Erinnerungen und Erlebnisse, Cosmos: Muri b. Bern 1983
CLAIRE GOLL: Ich verzeihe keinem: eine chronique scandaleuse, Scherz: Bern 1994
HANS MORGENTHALER: Woly, Sommer im Süden, Suhrkamp: Frankfurt a. M. 1990 (Originalausgabe 1924)
FRANZISKA REVENTLOW: Amouresken. Von Paul zu Pedro., Martus: 1994 (Originalausgabe 1912)
FRANZISKA REVENTLOW: Der Geldkomplex, Langen Müller: München 1976 (Originalausgabe 1916)
YVONNE BÖLT/MAURIZIO CHECCHI: Ascona. Immagini del passato, Edizioni Serodine: Ascona 1994
JAKOB FLACH: Ascona, gestern und heute, Werner Classen: Zürich 1971
EDUARD KELLER: Ascona – Baubuch, Oprecht & Helbling: Zürich 1934
ROBERT LANDMANN: Monte Verità. Auf der Suche nach dem Paradies, Ullstein: Frankfurt a. M. 1979 (1930)
CURT RIESS: Ascona. Die Geschichte des seltsamsten Dorfes der Welt, Zürich 1964
ESTHER SCHEIDEGGER (HRSG.): Tessin. Ein Lesebuch, Arche: Zürich 1991

LiteraTour-Info

Einstufung 📖 📖
Gehzeiten 1 h 30 hin und zurück (mit mehreren Lektürepausen mindestens 6 h)
Höhendifferenz 20 m
Beste Jahreszeit Sommer
Karten Ortsplan von Ascona (erhältlich im Ente Turistico Ascona)

An- und Rückreise Ab Bahnhof Locarno SBB mit Buslinie 31 Locarno-Ascona bis Endstation (alle 20 Minuten). Schöner ist die Anreise mit dem Schiff (Fahrplanfeld 3630).
Essen Neorustikal, aber herzhaft im Baldoria, via S. Omobono 9, mit nur einem Menu, aber großzügigen Portionen. Deftig, lombardisch unter der Palazzo-Gewölbedecke im Antico Ristorante Borromeo, via Collegio 16, und mit Gourmet-Sternen geadelt einige Schritte weiter im Da Ivo, via Collegio 11. Literatouristisch nicht zu vergessen sind das Verbano, via Borgo 19, oder das Café Schiff, piazza Motta 21.
Schlafen Eine aktuelle Hotelliste ist im Verkehrsbüro erhältlich. Das von Ursula von Wiese bevorzugte Albergo Castello führt heute den Beinamen »Seeschloss« und ist in die Klasse der »Romantikhotels« aufgestiegen. »Romantische Turm-, Schloss- und Hochzeitszimmer« sind die Spezialität des Hauses (091-791 01 61).
Informationen Ente Turistico Lago Maggiore Ascona, Casa Serodine, 6612 Ascona, Tel. 091-791 00 90, Fax 091-792 10 08, E-Mail: ascona@etlm.ch, Internet: www.ascona.ch
Tipps Bücher aus dem und über das Tessin, insbesondere Belletristik in deutscher Sprache und in altehrwürdigen Auflagen, finden sich in der Libreria della Rondine, Casa Serodine, an der Piazza San Pietro. Das traditionsreiche Buchantiquariat hat in den letzten Jahren zwar an Kompetenz verloren, das Sortiment ist aber immer noch einen Besuch wert. Ursula von Wieses *Neun in Ascona* lässt sich hier mit etwas Glück im Büchergestell finden. Ebenso weitere alte und wieder aufgelegte Ascona-Texte aus den letzten Jahrzehnten. Die Preise sind ortsüblich hoch.

Grabe, wo du stehst Im Bagno pubblico tummeln sich heute vor allem Familien.

Museen mit thematischen Bezügen: Museo Comunale d'arte moderna, Via Borgo 34 (091-791 67 57) mit den Sammlungen von Marianne von Werefkin (1860–1938) und Richard Seewald (1896–1976). Öffnungszeiten: Di–Sa 10–12 und 15–18 Uhr, Do nur 10–12 Uhr geöffnet (Januar und Februar geschlossen).
Museo Epper (091-791 19 42), Via Albarelle 14, mit Werken des Schweizer Expressionisten Ignaz Epper (der auch Hamos »Woly, Sommer im Süden« illustriert hat). Öffnungszeiten: Mo–Sa 10–12 und 16–18 Uhr, So 16–18 Uhr (November bis März geschlossen).

»Ich komme mit!« Friedrich Glauser, hier um 1916/17 an der Piazza von Ascona, schließt sich dem Ehepaar Ball-Hennings an und zieht mit auf die Alp.

Dominique Strebel, geboren 1966, Journalist, Jurist und Glauser-Kenner, ist Mitinitiant der öffentlichen literarischen Spaziergänge »Der Chinese – Spurensuche auf dem Oeschberg bei Burgdorf« sowie »Matto regiert – Spurensuche in Münsingen«. Der Autor lebt in Zürich.

LiteraTour 10: Maggia–Brione Verzasca

Dadas Flucht auf die Alpe Deva
Auf Hüttensuche mit Hugo Ball,
Emmy Hennings und Friedrich Glauser

»Was haben wir an Spuren?« fragt mich Jürg, mein Freund und Reisebegleiter. »Ein Tagebuch, dem nicht zu trauen ist; zwei, drei Briefe Friedrich Glausers und die Erzählung ›Dada‹, die die Ereignisse auf jener Tessiner Alp im Jahre 1917 beschreibt.« Jürg geht in meiner Küche auf und ab. »Als Personen die Dadaisten Hugo Ball und Emmy Ball-Hennings, ihre Tochter Annemarie und den jungen Friedrich Glauser. Über den Ort wissen wir nur wenig: Es ist eine Tessiner Alp in der Gegend von Brusada ob dem Dorf Maggia. Vor der Hütte stehen ein Kirschbaum und eine Birke. In der Ferne ist ein Rauschebach zu hören. Voilà, c'est tout.« Jürg dreht sich um. Er zweifelt, ob wir diesen literaturhistorischen Tatort je finden werden. Ich blättere in Emmy Ball-Hennings Tagebuch, das vor uns auf dem Tisch liegt. Sie schreibt über den Aufstieg zu jener Alp: *Wir haben nicht gewusst, dass wir zwei Gletscher passieren müssen, aber es ist gegangen.* Und über den Ort selbst notiert sie unter dem Datum 2. Juni 1916: *Wir leben hier viertausend Meter überm Meeresspiegel.* Wir beugen uns über die Schweizer Landeskarte, Blatt 1292 Maggia, und finden nur Zweitausender. »Wenn Dichter auf die Alp gehen,

Unterwegs? *Emmy Hennings mit Tochter Annemie an einem Tessiner Dorfbrunnen, vermutlich im Sommer 1917.*

dann werden Zweitausender zu Viertausendern, Schneefelder zu Gletschern und ein Juli 1917 zu einem Juni 1916«, ereifert sich Jürg. Ich lese ihm den nächsten Satz aus Emmys Tagebuch vor: *Eigentlich ist Zeit, Ort, Raum ein nett überflüssiges Getue.*

Eine Begegnung in Maggia In Maggia essen wir im Restaurant Poncini, das an der Piazza dem Hotel Poncini gegenübersteht, das wiederum leicht versetzt zur Bäckerei Poncini angeordnet ist. (Dort gibt's hausgemachten Panettone Poncini und Glacé Poncini). Wir sitzen unter der Pergola, genehmigen uns einen Nocino zum Apéro und müssen an Wachtmeister Studers Ferien denken, die er 1934 im Tessin verbracht hat. *Man genoss den Abend, weil er nach der harten Hitze des Julitages weich wirkte. Man saß an den runden Tischlein, die vor dem Café standen, nahm bisweilen den Strohhalm zwischen die Lippen, der aus dem mit farbiger Flüssigkeit gefüllten Glase ragte, sog daran und horchte auf das Klappern der Eisstücke, die gegen die durchsichtigen Wände stießen. (...) Mücken sirrten, setzten sich manchmal auf den Handrücken – es war langweilig, dass man sie immer erst dann bemerkte, wenn sie ihren Stachel schon in die Haut gestochen hatten.* Und plötzlich ziehen vier Menschen an uns vorbei über die Piazza: Hugo Ball führt eine Ziege und trägt auf dem Rücken in der Gerla (einem hölzernen Tragkorb) eine Schreibmaschine und Bücher. Emmy Ball-Hennings schleppt Setzkartoffeln und Bettwäsche, Friedrich Glauser Spaten, Hacken, Lampen und weiteres Gerät. Annemie (Kurzform für Annemarie), Emmys Tochter, ist mit den Schlafdecken beladen. Friedrich Glauser ist jung, jünger als wir ihn je auf Fotos gesehen haben, und denkt nicht im Traum daran, dass aus ihm der »Vater des Schweizer Kriminalromans« werden wird. Mit 21 Jahren steht er so ziemlich am Anfang von allem, was sein Leben prägen wird: am Anfang der Schriftstellerei, am Anfang seiner Morphiumsucht und kurz vor seiner Entmündigung. Die Reise auf die Alp zusammen mit dem Ehepaar Ball ist eine Flucht vor seinem Vater, der ihn in ein Irrenhaus stecken will, nachdem er ihn in Zürich durch die Polizei überwachen ließ. (...) *Sein Studium vernachlässigte er vollkommen*, heißt es im Rapport des Zürcher Polizeisoldaten Siegrist. *Ganze Tage blieb er im Bett, ohne krankheitshalber daran gebunden zu sein, nachts ging er dann wieder seiner Gesellschaft nach, hielt sich ... in den hiesigen Caféhäusern auf, machte Kleintheaterbesuche und Autofahrten ... Im allgemeinen aber ist richtig, dass Gl. ein sehr leichtfertiges Leben führt. Wenn keine andern Geldquellen, werden Betrügereien folgen. In* dieser Bedrängnis hat sich Hugo Ball für Glauser eingesetzt. Die beiden haben einander in der Galerie Dada kennen gelernt, in der sie wiederholt zusammen aufgetreten sind. Auch Balls Reise ins Tessin ist eine Flucht: Flucht vor den Karrieristen, die mit dem boomenden Dadaismus groß werden wollen. Die Tessiner Alp kommt da wie gerufen. Sie ist auch speziell für Flüchtlinge gedacht. Gesundbeter stellen die Alp verfolgten Christen als Unterschlupf zur Verfügung. Bevor die Balls die Alp zu billiger Miete erhalten haben, mussten sie sich bei den Gesundbetern vorstellen. Da wurde ihnen demonstriert, was Gesundbeten ist. *Ja, sehen Sie sich meinen Mann an, Herr Ball,* habe die Frau gesagt, die die Heilung erfahren habe. *Er hatte noch vor einigen Monaten einen Kropf, den wir ihm weggebetet haben. Wie Sie sehen, er ist verschwunden. Der Heiland kann alles, was er will ...* Emmy und Hugo trauten damals ihren Augen nicht. Sie trauten ihren Ohren nicht. *Ich muss nämlich sagen,* notiert Emmy über dieses Erlebnis, *der Mann hatte den größten Kropf, den ich je in meinem Leben gesehen habe. Der Kropf war nicht zu übersehen, und es ist vollkommen rätselhaft geblieben, dass zu den Worten der Frau die ganze Gesellschaft zustimmend den Kopf neigte und voller Ehrfurcht »ja,ja« flüsterte.* Die Gesundbeter vermieten die Alp ans Künstlerpaar mit der Auflage, den Boden im Maggiagebirge urbar zu machen sowie Mais und Kartoffeln anzupflanzen. Das erklärt die Werkzeuge auf Glausers Rücken. Balls Last verrät andere Absichten: Er schleppt neben der Schreibmaschine auch tausend Bogen Schreibmaschinenpapier und zwanzig Bogen Kopierblätter, zwanzig Pakete Philos-Zigaretten und drei Pakete Kaisers-Kaffee mit sich. Langsam verschwinden die vier mit ihrer Ziege in den verwinkelten Gässchen von Maggia.

Als wir im Restaurant Poncini zahlen wollen, kommt uns wieder Wachtmeister Studer in den Sinn: *Ausländer versuchten zu beweisen, dass ihnen die italienische Sprache geläufig sei, und riefen:*

»Eh! Cameriere! Pagare!« *Doch kein Kellner erschien, sondern eine Jungfer, die freundlich fragte: »Was? Zahlen wollen die Herrschaften?«* Im Poncini kommt ein Kellner. Auch er spricht deutsch.

Ein Schauplatz ist ein Schauplatz ist ein Schauplatz Am Ausgang des Dorfes führt der Weg einem kleinen Rebberg entlang steil hinauf. Am Wegrand stehen Andachtsbilder, unter den Füßen spüren wir die granitenen Treppenstufen. Nach etwa einer halben Stunde erreichen wir die Capela de la pioda. Weit und breit kein Clauser, wie Glauser von den Balls genannt wird, kein Hugo, keine Emmy und keine Annemie. Balls und der junge Glauser haben sich verlaufen. Die Ziege, die ihnen den Weg weist, fühlt sich zu eng am Seil und reißt sich los. Hugo Ball scheint sich am meisten über den Verlust der Ziege zu ärgern, doch Emmy und Friedrich nehmen es gelassen: *Wir wagten schüchtern zu bemerken, dass wir uns kondensierte Milch in Büchsen kommen lassen könnten.* Plötzlich taucht die Ziege wieder auf und führt sie zur Alphütte. Wir haben keine Ziege. Wir wissen nur, dass die Alp im Gebiet Brusada sein muss. So steigen wir steil den Berg hinan zur Alpe Maiasco, gehen rechts Richtung Alpe Deva und kommen ins Gebiet Brusada. Da ist auch schon die Alphütte: Vor der Hütte stehen ein alter Kirschbaum und eine Birke und unten rauscht der Bach. Also sind wir richtig. Hier *rückt sich Hugo vor der Hütte zum Arbeiten einen Stein als Tisch zurecht, auf dem die Schreibmaschine steht.* Jene Schreibmaschine, die sich die drei im Turnus teilen. Hier also entwirft Hugo eine Biografie Michael Bakunins, schreibt Emmy an der autobiografischen Erzählung »Gefängnis« und hier übersetzt Glauser Léon Bloy. Wir fühlen die bedeutungsschwangere Stimmung einer literaturhistorischen Stätte. Dann wandern wir weiter und finden nach nur fünf Minuten eine weitere Hütte mit Kirschbaum, Birke und Rauschebach. Ogottogott. Ist es etwa die hier? Ist das der Balken, auf den *sonntags Clauser stieg und (…) von dieser*

A, B oder C? Dreimal Brusada, drei Hütten zur Auswahl, und jede könnte es gewesen sein.

luftigen Kanzel aus Predigten hielt, die ausgezeichnet formuliert waren und die auch bewiesen, dass er mit der Moraltheorie ganz gut Bescheid wusste? Hatte er hier *das Aussehen eines Engels und eines kleinen Rowdys zugleich?* Nach weiteren fünf Minuten Wanderung kommen wir zu einer dritten verfallenen Alphütte mit Kirschbaum, Birke, Rauschebach. Was nun? Emmy flüstert uns ins Ohr: *Eigentlich ist Zeit, Ort, Raum ein nett überflüssiges Getue.* Wir erklären diese Hütte zur literaturhistorischen Stätte. Hier also haben Balls und Glauser im Heu gelegen, nur durch Decken voneinander getrennt, *hatten weder Tisch noch Stuhl und saßen auf Baumstücken oder Steinen, bei schönem Wetter stets im Freien arbeitend, mitten auf der Wiese.* Den Boden machen die drei Dichter kaum urbar. *Wir sind hier ja reichlich hoch, und es kann nicht grad das gedeihen, was wir uns in unserer Unwissenheit gedacht haben. Die Setzkartoffeln können wir kochen und auch den Mais – verloren geht nichts bei uns,* schreibt Emmy in ihr Tagebuch. Auch die Ziege Kadidja fühlt sich auf der Alp wohl, stiehlt gar einmal Fichtes »Das Ich über alles in der Welt«, wie Emmy es vorausgesagt hat. *»Du wirst sehen, sie wählt sich den Fichte. Das ist ihr Rauschmittel.«* Hugo ist erstaunt, bis Emmy das Rätsel lüftet: *Kadidja (...) hatte das Buch scheinbar zum Fressen gern, weil ich es nämlich mit Salz bestreut hatte.*

Ganz oben und ganz unten Wir übernachten etwas oberhalb der Brusada auf der Alpe Deva und steigen am nächsten Morgen die letzten fünfhundert Meter hinauf bis zum Passo Deva. Zwischen den grünen Bergrücken zeigt sich weit unten das Maggiatal. In der Ferne sehen wir das Monte-Rosa-Massiv. Im Abstieg nach Brione baden wir in einem Bach, legen uns noch eine Weile auf einer Granitplatte in die Sonne. In Brione nehmen wir müde den Bus nach Tenero und steigen dort in den Zug Richtung Bellinzona mit Anschluss nach Zürich.

Beachboys *Nach der Flucht aus der Anstalt die kurze Verschnaufpause am Strand von Ascona. Friedrich Glauser ganz links im Bild.*

Für Friedrich Glauser ist die Idylle auf der Alp in jenem Sommer 1917 bald zu Ende. Bereits nach zwei Wochen geht ihm das Geld aus. Er schreibt am 12. Juli an seinen Beistand Walter Schiller: *Geehrter Herr Doktor, ich bestätige Ihnen hiermit den Empfang von 80 Frs. und danke Ihnen vielmals für die so schnelle Sendung. Folgendes hat sich zugetragen: Es ist mir unmöglich, hier weiterhin mit Herrn Ball zu leben; und zwar ist der Grund durchaus ein finanzieller. Herr Ball weiß nicht, wie er sich und seine Familie weiterhin unterhalten soll, da erwartete Geldsendungen nicht eingetroffen sind.* Als Nachsatz schreibt Ball: *Herr Glauser hat in der kurzen Zeit viel gearbeitet, und der Erfolg wird wohl nicht ausbleiben.* Glauser reist zu seiner Stiefmutter nach Montricher/Morges in die

Romandie, ist kurze Zeit Milchausträger in Genf, kehrt nach Zürich zurück und wird am 18. Januar 1918 entmündigt wegen *liederlichen und ausschweifenden Lebenswandels*. Danach ist Glausers Verbleib während 5 Monaten unbekannt, bis er Anfang Juni 1918 in Genf verhaftet wird – als Morphiumsüchtiger. Er wird in die Anstalt Bel-Air in Genf überführt. Im Gutachten von Dr. med. Weber heißt es: *Er ist (...) ein unselbständiger Mensch, dennoch will er ohne Hilfe gehen u. stolpert constant. – Er lügt, stiehlt, pumpt Bücher, die man nie mehr sieht. ... Er ist durchaus ruhig, benimmt sich geordnet u. macht keineswegs den Eindruck eines Geisteskranken. Wir wissen aber genau, dass er sogar intellektuell abwärts geht u. es zeigt sich das auch in seinen Publicationen.* Diagnose: Dementia praecox. Glauser wird in die psychiatrische Klinik Münsingen überführt. Von dort flieht er ein Jahr später nach Ascona, wo er vorübergehend im Kreis um Robert Binswanger auf dem Monte Verità Aufnahme findet.

Hugo und Emmy Ball-Hennings bleiben 1917 noch ein paar Wochen auf der Alp. Sie werden Glauser nie mehr wiedersehen.

Literatur
EMMY BALL-HENNINGS: 1885–1948. »Ich bin so vielfach...«. Texte, Bilder, Dokumente, Stroemfeld: Frankfurt a. M./Basel 1999 (zusammengestellt von Bernhard Echte u. a.)
EMMY BALL-HENNINGS: »Er nahm in Unbefangenheit und gierig das Leben auf«, in: Friedrich Glauser, Limmat Verlag: Zürich 1996, S. 11ff.
EMMY BALL-HENNINGS: Aus dem Leben Hugo Balls 1916–1920, in: Hugo Ball Almanach 1991, hrsg. von der Stadt Pirmasens, S. 69ff.
EMMY BALL-HENNINGS: Ruf und Echo. Mein Leben mit Hugo Ball, Einsiedeln 1953, S. 102ff.
FRIEDRICH GLAUSER: Dada, in: Der alte Zauberer, Limmat Verlag: Zürich 1992, S. 67ff.
FRIEDRICH GLAUSER: Ascona Roman (I–IV), in: Gesprungenes Glas, Limmat Verlag: Zürich 1993, S. 255ff.
GERHARD SANER: Friedrich Glauser – eine Biografie, Band I, Suhrkamp Verlag: Zürich und Frankfurt 1981, S. 77ff.

LiteraTour-Info

Einstufung 📖 📖 📖 📖 📖
Gehzeiten 8¾ h (5½ h Aufstieg; 3¼ h Abstieg)
Höhendifferenz Aufstieg 1700 m, Abstieg 1280 m
Beste Jahreszeit Ende Juni bis Anfang Oktober
Karte Landeskarte 1:25 000, Blatt 1292 Maggia

An-/Rückreise Mit dem Bus ab Bahnhof Locarno nach Maggia (Fahrplanfeld 630.60); zurück nach Locarno ab Brione Verzasca (Fahrplanfeld 630.55); weitere Haltestellen Motta und Chiosetto mit »Halt auf Verlangen« wenige Minuten nach der Abfahrtszeit in Brione.

Route *Aufstieg:* Die Route ist gut ausgeschildert. In Maggia auf der Piazza links Richtung Brione Verzasca, Alpe Deva, Maiasco, Giro V. del Salto in einer halben Stunde zur Capela de la Pioda mit Fresken aus dem 15. Jahrhundert. Dort rechts in Richtung Giro V. del Salto, Maiasco, Alpe Deva, Brione Verzasca. Beim Stauwehr (Wanderzeit ab Maggia 1½ h) für Brusada rechts bleiben. (Wer zurück nach Maggia will, hier links abzweigen). Starke Steigung zur Alpe Maiasco (Wanderzeit ab Maggia 2½ h). In der Ruine rechts abzweigen Richtung Alpe Deva. Die Alpe Pioèe wird zuerst erreicht (Wanderzeit ab Maggia 3 h). Hier beginnt auch das mit Brusada bezeichnete Gebiet. Der Weg steigt leicht an bis zu einem breiten Bach. Danach starke Steigung zur Alpe Deva (Wanderzeit ab Maggia 4 h). Von dort in teilweise verwirrenden Kehren zum Passo Deva (Wanderzeit ab Maggia 5½ h).

Abstieg: Beim Passo Deva leicht links halten, Abstieg in Richtung Lago del Starlaresc-da Sgiof (Wanderzeit ab Passo Deva ½ h). Ab Lago del Starlaresc-da Sgiof gut sichtbarer, aber nicht ausgeschilderter Alphüttenweg in Falllinie, Abzweigung bei der Alphütte. Nach dem kleinen Moor (Wanderzeit 1 h ab Passo Deva) führt der Weg am rechten Rand eines Geröllfeldes steil hinab. Den Bach queren (hier wurde ein Seil gespannt). Von nun an dem Bach entlang, wo es schöne Granitplatten zum Baden und Sonnenbaden gibt (Wanderzeit 1½ h ab Passo Deva). Der Weg mündet kurz vor der Alpe Matar in einen markierten Weg ein. Kurze Gegensteigung. Brione erreicht man nach rund 3¼ h ab Passo Deva. In Brione vor der Brücke rechts Richtung Ristorante ai Piee abzweigen, wo der Bus hält.

Alpaufstieg *Auch ohne Saatkartoffeln im Gepäck sind die 1700 Höhenmeter kein Spaziergang.*

Variante *Abstieg:* Auf dem Passo Deva rechts der Krete entlang über den Madom da Sgiof zur Alpe di Sgiof, danach Richtung Brione. Die Alpe di Sgiof lässt sich auch vom Lago del Starlaresc-da Sgiof aus erreichen.

Essen In Maggia gibt es einen Coop für die Pflicht und die Bäckerei Poncini für die Kür (Panettone, Brot, selbstgemachtes Eis). Die Metzgerei an der Piazza bietet Kastanienhonig an. Die aufgeführten Restaurants/Pensionen servieren Essen.

Schlafen In Maggia Ristorante Pensione Poncini (091-760 90 70). In Verzasca Brione: Ristorante ai Piee (091-746 15 44).

Information Vallemaggia Turismo, Centro Commerciale, 6673 Maggia, Tel. 091-753 18 85, Fax 091-753 22 12, E-Mail: vallemaggia@etlm.ch
Tenero e Valle Verzasca Turismo, Via Campagne, 6598 Tenero, Tel. 091-745 16 61, Fax 091-745 42 30, E-Mail: tenero@etlm.ch

Tipps Sehenswert ist in Maggia der Wasserfall (»la cascata«), der in eine grün schimmernde Felswanne fällt, als Bade-Geheimtipp gilt und im Dorf erfragt werden muss. Die Chiesa delle Grazie ist die älteste romanische Kirche im Maggiatal, ausgeschmückt mit schönen Malereien. Sie ist von Dienstag bis Samstag zwischen 14.00 Uhr und 16.00 Uhr geöffnet.

Wenn der Wald brennt *Die größte Gefahr droht im Frühjahr, nach der Trockenperiode des Winters. Kastanienlaub brennt wie Papier.*

Beat Allenbach, geboren 1938, war von 1982 bis 1998 Tessiner Korrespondent des »Tages-Anzeigers«. Er lebt als freischaffender Journalist in Torricella bei Lugano.

LiteraTour 11: Rasa–Ronco sopra Ascona

Spurensicherung im verkohlten Bergwald

»Waldbrand«, ein Kurzkrimi von Kurt Hutterli
zu einem brennenden Problem

Die Stämme der Buchen sind angesengt und geschwärzt. Viele Bäume werden sterben, aber zwischen abgestorbenen Ästen sprießen leuchtend grüne Blätter. Zweieinhalb Jahre nach dem Waldbrand vom März 1997 oberhalb von Ronco sopra Ascona sind die Wunden noch deutlich zu sehen, doch schon kurz nach dem Feuer wuchsen wieder Adlerfarn und Pfeifengras. Bis hinauf zum Berggrat verwüstete das Feuer mehrere Dutzend Hektaren Wald, unter anderem eine Aufforstung von Rottannen, Buchen und anderen Laubbäumen. Es beschädigte überdies die Streu- und Vegetationsschicht, die den Boden schützt, und die verheerenden Folgen zeigten sich alsbald: Im darauffolgenden Hochsommer rutschten nach heftigen Niederschlägen rund 4000 Kubikmeter Geschiebe bei Ronco zu Tal. Am gleichen Tag regnete es oberhalb von Locarno doppelt so viel wie in Ronco, doch im gesunden Wald entstanden keine Erosionsschäden.

Brandstifter gesucht   Der Großbrand von Ronco ist gelegt worden, der Brandstifter konnte gefasst werden, aber die Tessiner

Staatsanwaltschaft weigert sich, Auskunft zu geben, weshalb und zu welcher Strafe der Täter verurteilt worden ist. Beim Waldbesitzer, der Bürgergemeinde von Ronco sopra Ascona, ist zu erfahren, dass ein Mann aus der Umgebung wegen fahrlässiger Brandstiftung per Strafmandat zu einer bedingt erlassenen Gefängnisstrafe von drei Monaten verurteilt wurde. Die Bürgergemeinde verlangte per Zahlungsbefehl eine Schadenrückvergütung in Millionenhöhe, die der Verurteilte jedoch anfocht. Darauf begnügte sich die Bürgergemeinde mit einer Forderung von 200 000 Franken, doch sie wird das Geld kaum erhalten, da der Brandstifter angeblich mittellos ist und über keine Haftpflichtversicherung verfügt. Bei der inzwischen begonnenen Sanierung des Waldes will der Forstingenieur des Kreises Locarnese von einer Aufforstung absehen, aber den natürlichen Wuchs unterstützen und den Wald pflegen.

Es gelingt der Polizei nur selten, in wenigen Tagen einen Brandstifter ausfindig zu machen. In den Kriminalgeschichten des Berner Schriftstellers Kurt Hutterli entdeckt Polizeiinspektor Baccalà jedoch innert kurzer Zeit die richtige Fährte. Im Kurzkrimi *Waldbrand* aus dem Erzählband *Baccalà* (mit Geschichten aus dem Centovalli) geht der Inspektor am Tag nach dem Brand auf Spurensuche. Nach einem Gespräch mit dem Gemeindepräsidenten, der den Verdacht auf den unbequemen Einzelgänger Ghirlanda zu lenken versucht, stapft der Inspektor mit seinem Mitarbeiter zum Haus des Verdächtigen, das sich in der Nähe des Brandherds weitab des Dorfes befindet. Der Einzelgänger hat offensichtlich die Winkelzüge des durchtriebenen, geschäftstüchtigen Sindaco durchschaut und ist ihm deshalb unbequem; als Brandstifter wäre der Widersacher auf elegante Weise neutralisiert. Hutterli, der das Tessin und besonders das Centovalli von seinen vielen Aufenthalten gut kennt – inzwischen ist er nach Kanada ausgewandert –, webt eine der vielen Dorfgeschichten in seinen Krimi ein. Sein Inspektor Baccalà begreift

Inspiration? *Dem Verbot an der Bergstation der Funivia Intragna–Costa mag Kurt Hutterli begegnet sein. Das WC darf man selbstverständlich benützen. Und FART ist nicht englisch, sondern italienisch und steht als Kürzel für das regionale Bus- und Bahn-Unternehmen.*

sofort, dass Ghirlanda kein Brandstifter ist. Doch wer sonst der Missetäter sein könnte, hat er keine Ahnung. Für Baccalàs Tochter, welche im »Corriere« die Notiz vom Waldbrand gelesen hat, ist es klar, dass ein Tourist den Wald in Brand gesteckt hat. *Aber im November sind doch keine Touristen in den Tälern unterwegs*, widerspricht Baccalà. Seine Tochter beharrt auf ihrem Verdacht: *Ich habe schon gehört, unter Deutschschweizer Tessinfans sei der November ein Geheimtipp, weil man die Täler da ohne Touristenrummel erlebe.* Die Tochter hat dem Inspektor einen Floh ins Ohr gesetzt, und er besucht das Grotto, das sich in der Nähe des abgebrannten Waldes befindet. Der Wirt erzählt, ein Student aus Bern, der gut Italienisch spreche und bei ihm schon oft eingekehrt sei, habe ihm die Nachricht vom Feuer gebracht. Baccalà will Näheres über den Studenten wissen, erhält mehr oder weniger präzise Angaben und verabschiedet sich. Bald danach gratuliert er seiner Tochter – Baccalà hat den jungen Mann zwar nicht gefunden, doch dieser meldete sich selber bei der Polizei. So kann der Inspektor seiner Tochter erzählen: *Er ist ein großer Tessinfreund, genau, wie du gesagt hast. Und ein sehr reinlicher Mensch. Verlegen stockend hat er mir erzählt, er habe sich im Birkenwäldchen über Tornadù erleichtert, und da habe ihn das Toilettenpapier am Boden so gestört, das sei ein derart unfeiner Anblick gewesen, dass er es angezündet habe. In diesem Augenblick sei ein Windstoß gekommen und habe die Flämmchen blitzartig ins dürre Farnkraut getrieben. Er habe das Feuer niederzutrampeln versucht, doch das sei im Wind von ihm weggehüpft, müsse man fast sagen, das habe richtige Sprünge gemacht, er habe die Flammen bergaufwärts nicht mehr einholen können. Vor Schreck habe er den Kopf verloren, und er sei nach Luncecco ins »Madonna« gerannt, weil er dort den Wirt kenne.*

Dichtung und Wahrheit Nicht so klischeehaft mit der Reinlichkeit der Deutschschweizer verbunden, aber ähnlich fahrlässig ist am 11. März 1990 ein Brand auf den Monti von Bodio hoch über der Leventina entfacht worden. Wenige Schritte von der Strada alta, einer Warntafel (Achtung, kein Feuer anzünden) und fünf Meter vom Wald entfernt, entfachte ein Lehrer aus der Deutschschweiz, der mit Jugendlichen unterwegs war, ein Picknickfeuer. Und das zu einem Zeitpunkt, da täglich in der ganzen Schweiz in Radio und Fernsehen die Warnung ausgestrahlt wurde, im Freien dürften keine Feuer entfacht werden. Die Flammen sprangen, getrieben vom starken Nordwind, übers trockene Gras zu den dürren Blättern des ersten Strauchs und weiter zum Jungwald. Das Ergebnis: 20 Hektaren junge Tannen wurden zerstört und weitere 16 Hektaren Wald geschädigt. Der Lehrer meldete im nächsten Weiler den Brand, auch unten im Dorf berichtete er über das Unglück, doch in der Aufregung vergaß er offenbar seine Adresse zu hinterlassen. Die Polizei machte den Mann ausfindig, der als Zeichen der Wiedergutmachung anbot, sich an den Aufräumarbeiten im Wald zu beteiligen. Auf die Hilfe wurde verzichtet, wichtiger war, dass die Haftpflichtversicherung der Schule dem Waldbesitzer, der Ortsbürgergemeinde Bodio, die Kosten für die Sanierung des Schadens zurückerstattete.

Forstingenieur Franco Vivianis Herz hing an diesem Jungwald oberhalb von Bodio, denn nach einem noch verheerenderen Feuer im Jahr 1973 hatte er dort rund 40 000 Rottannen gepflanzt, um den zerstörten Schutzwald zu ersetzen. Doch schon fünfzehn Jahre später, infolge des erwähnten Picknickfeuers, brannte der Wald erneut, ein Großteil der Aufforstung erlitt schweren Schaden und die jungen, versengten Tannen mussten gefällt werden, sie waren nicht mehr lebensfähig. Forstingenieur Viviani sagte zwei Monate nach dem Feuer auf der Brandstelle, er wolle nicht noch einmal harzhaltige und brandanfällige Nadelbäume an dieser feuergefährdeten Stelle anpflanzen. Er setzte seine Hoffnung auf widerstandsfähigere Laubbäume: Bergahorn, Linden, Birken, also Pionierbäume, die dort etwas später auch von selber wachsen würden. Das Wild, vor allem die Hirsche, machten dem Jungwald aber den Garaus; inzwischen sind neue Laubbäume gesetzt worden, geschützt durch solide Gehege, damit der Wald eine Chance hat zu wachsen und zu erstarken.

Immer häufiger Waldbrände sind ein typisches Phänomen der Alpensüdseite. Während der häufigen Trockenperioden, vor allem zwischen Dezember und März, steigt die Brandgefahr bei kräftigem Nordföhn enorm. Bricht ein Feuer aus, ist fast immer der Mensch schuld, direkt oder indirekt. In der Nacht sind Waldbrände ein schaurig-schönes Schauspiel. Lange Feuerstraßen ziehen sich die

Verkohlte Stämme *Der Laubwald auf der Kuppe zwischen Rasa und Ronco, zweieinhalb Jahre nach dem verheerenden Brand.*

Bergflanken empor. Unheimlich-beklemmend wird es, wenn sich die züngelnden Flammen einem Dorf oder einer Kantonsstraße nähern oder der Geruch des versengten Waldes die Luft erfüllt.

Annähernd dreimal mehr Waldbrände, im Jahresdurchschnitt 91, zählte man zwischen 1960 und 1990, im Vergleich zu 33 in den ersten 60 Jahren des 20. Jahrhunderts. Es gibt eine einleuchtende Erklärung für diese Zunahme. Nach dem Zweiten Weltkrieg ist die verbreitete Selbstversorger-Landwirtschaft im Tessin zusammengebrochen, viele aufgegebene Weiden verwaldeten seither. Die Waldfläche wächst und bedeckt heute mehr als die Hälfte des Kantonsgebiets. Überdies wird der Wald, auch die einst lebenswichtigen Kastanienselven, kaum mehr genutzt, die Kastanien verfaulen und die Blätter der Laubbäume werden nicht mehr als Streu verwendet, so dass viel brennbares Material in den Wäldern liegen bleibt, das dem Feuer gute Nahrung bietet. Forstingenieur Marco Conedera leitete die Forschergruppe, welche die Ursachen und Entwicklung der Waldbrände auf der Alpensüdseite untersucht hat. Die Studie bestätigt die Erkenntnis, dass sich die meisten Waldbrände im März und April ereignen, also während der Trockenperiode, vor der Hauptvegetationszeit. Überdies zeigt die Untersuchung, dass seit den achtziger Jahren der Wald öfter in den Hochsommermonaten Juli und August brennt. Dafür haben die Forscher noch keine Erklärung gefunden.

Die Tessiner und Bündner Behörden sind nicht untätig geblieben. Sie haben die Brandbekämpfung verstärkt und verbessert. Die abgebrannten Waldflächen sind kleiner geworden. Von Jahr zu Jahr sind zwar Unterschiede festzustellen, doch gegenwärtig liegt der Jahresdurchschnitt bei rund 500 Hektaren; vor 20 Jahren war die Fläche im Schnitt doppelt so groß mit einem Spitzenwert von über 7000 Hektaren. Trotz gezielter Wasserabwürfe aus Helikoptern und enger Zusammenarbeit mit den Feuerwehren gelingt es bei starkem Nordföhn oft nicht, die Brände rasch zu löschen. Als erfolgreiche vorbeugende Massnahme schätzen Forstingenieure das im Tessin erlassene Verbot, im Freien Garten- und andere Feuer zu entfachen. »Deswegen nahm die Zahl der Waldbrände in den neunziger Jahren deutlich ab«, betont Forstingenieur Conedera. Inzwischen lockerten die Behörden das teilweise umstrittene Verbot. Die Folgen werden sich zeigen.

Fast alle Waldbrände werden direkt oder indirekt von Menschen ausgelöst. Als natürliche Brandursache kennt man einzig den Blitz, der seit den achtziger Jahren stark an Bedeutung gewonnen hat und etwa jedes zwölfte Feuer auslöst. Doch diese »natürlichen« Brände sind weniger gefürchtet, da die Gewitterregen das Feuer meistens in der Anfangsphase löschen. Die Ursache der Waldbrände bleibt oft im Dunkeln. Nach Conederas Studie gelingt es in nahezu 40 Prozent der Fälle nicht, die genaue Ursache zu ermitteln. Klar zugenommen haben die Brandstiftungen. In den letzten zwei Jahrzehnten wurde jedes siebte Feuer vorsätzlich entfacht, doppelt so viele wie zuvor. Die häufigste bekannte Brandursache ist weiterhin die Fahrlässigkeit, doch sank sie von einem Drittel auf einen Viertel der Brände; die Bevölkerung scheint vorsichtiger geworden zu sein. Rückläufig sind auch die vom Militär und von der Eisenbahn beim Bremsen durch Funkenwurf verschuldeten Brände.

Krankhaftes Brandstiften ist heilbar Oft ist es für die Polizei und die Strafverfolgungsbehörden schwierig, einem Brandstifter auf die Schliche zu kommen und dem Verdächtigen nachzuweisen, dass er vorsätzlich einen Brand gelegt hat. Ungeklärt bleibt auch, wie viele Brände von krankhaften Menschen, von Pyromanen, gelegt werden. Ein unbescholtener 25-jähriger Mann aus der Gegend von Lugano, Mitglied der lokalen Feuerwehr, gestand im Polizeiverhör infolge eines Autounfalls, in der Nähe seines Wohnorts dreizehn Brände gelegt zu haben. Das in der Gerichtsverhandlung zitierte psychiatrische Gutachten zeigte auf, die von Radio und Fernsehen übertragenen Waldbrandwarnungen hätten den jungen Mann derart erregt, dass er, um sich zu entladen, den Wald angezündet habe. Weder seiner Familie, den Freunden noch dem Arbeitgeber war dessen krankhafte Neigung aufgefallen. Der Pyromane verbrachte einige Monate in Untersuchungshaft, erkannte die Schwere seines Deliktes und ließ dem Kanton von seinen Ersparnissen 4000 Franken als teilweise Wiedergutmachung schicken. Ein Tessiner Gericht verurteilte den Mann zu einer Gefängnisstrafe von achtzehn Monaten, die angesichts verminderter Zurechnungsfähigkeit auf Bewährung erlassen wurde; es ordnete überdies eine psychiatrische Behandlung an, und während Trockenperioden sollte der zwanghafte Brandstifter besonders betreut werden. Offenbar wirkte die Therapie, denn nach Auskunft der Kantonspolizei ist der Mann geheilt worden. Beim Forstdienst des Kantons, wo Daten über die Waldbrände gesammelt und ausgewertet werden, fehlen die Angaben darüber, wie viele Brandstifter gefasst und zu welchen Strafen sie verurteilt werden. Der Forstdienst weiß auch nicht, wie weit den Schadenersatzforderungen der Waldbesitzer – oft sind es Bürgergemeinden oder Private, aber kaum je der Kanton, der fast keinen Wald besitzt – entsprochen wird und ob das Geld für die Sanierung des Waldes ausreicht. Der wirtschaftliche Schaden der meisten Waldbrände ist gering, da viele Wälder kaum genutzt werden, doch wenn Schutzwälder an Steilhängen oberhalb von Siedlungen, von Bahnlinien oder wichtigen Straßen zerstört werden, wiegt der Schaden schwer, da es Jahrzehnte dauert, bis ein neuer Wald nachgewachsen ist und die Schutzfunktion übernehmen kann.

Literatur
Kurt Hutterli: Baccalà – Kriminalgeschichten aus dem Tessin, Edition Hans Erpf: Bern 1989
Stefan Berli: Brandspuren in den Wäldern der Alpensüdseite, WSL: Birmensdorf 1996
Marco Conedera et al.: Incendi boschivi al Sud delle Alpi, vdf Hochschulverlag AG an der ETH: Zürich 1996
Marco Conedera: Waldbrandforschung, in: Zeitschrift »Schweizer Wald«, Dezember 1997

LiteraTour-Info

Einstufung 📖 📖 📖
Gehzeiten 5 h (2½ h Aufstieg, 2½ h Abstieg)
Höhendifferenz Aufstieg 410 m, Abstieg 955 m
Beste Jahreszeit April bis Oktober
Karten Landeskarte 1:25 000, Blatt 1312 Locarno

An-/Rückreise Mit der Centovalli-Bahn bis Verdasio (Fahrplanfeld 620) und der Luftseilbahn nach Rasa (Fahrplanfeld 2625; an jedem ersten Werktagsdienstag im Monat fährt die Bahn nicht). Rückreise mit dem Linienbus 22 ab Ronco sopra Ascona nach Locarno (Fahrplanfeld 630.33) oder einige hundert Treppenstufen tiefer ab Porto Ronco mit der Linie 21 (Fahrplanfeld 630.30).

Route *Aufstieg:* Rasa ist fast das einzige Tessiner Dorf ohne Autozufahrt. Deshalb schlendern wir zuerst durchs Dorf und genießen am östlichen Dorfrand die Aussicht über das Centovalli (Wegweiser zum Panorama bei der Kirche). Im Sommer verbringen zahlreiche Tessiner Familien ihre Ferien auf der Höhenterrasse, zum Überwintern bleiben drei, vier ältere Einheimische neben einigen jüngeren Deutschschweizern des Kurs- und Ferienzentrums Campo Rasa. Von der Kirche steigt der markierte Bergweg zu den Monti hinauf. Nach wenigen Minuten erreichen wir den Buchenwald und bis zum Rastplatz hoch über dem Langensee bleiben wir fast durchwegs unter einem Blätterdach. Auf der ersten größeren Lichtung befinden sich die Monti und eine halbe Stunde später zweigt ein Weg ab, der zum Pizzo Leone führt. Wir wandern geradeaus dem Berghang entlang Richtung Luera und gewinnen allmählich Höhe. Im Zickzack geht es dann aufwärts, und schon haben wir bei Luera den Berggrat und den mit 1306 Metern höchsten Punkt der Wanderung erreicht. Tief unter uns liegt der Langensee, rechts unten Brissago. Der Weg zur Corona dei Pinci bleibt meistens im Wald. Wir treffen auf Buchen, die vom schweren Waldbrand im März 1997 gezeichnet sind. Von einem kleinen Sattel führt der markierte Weg hinunter nach Ronco, eine zweite Markierung weist auf der andern Seite der Bergflanke nach Arcegno, aber wir gehen geradeaus, bleiben auf dem Grat. Der bald erkennbare Pfad bringt uns in fünf Minuten auf die bewaldete Bergkuppe Corona dei Pinci. Von diesem prächtigen Rastplatz schweift der Blick über den See hinüber zum Monte Tamaro, unter uns liegen die Brissago-Inseln, zur Linken Ascona, das Maggiadelta und Locarno.

Abstieg: Zurück zur Verzweigung und auf dem Weg in weiten Schleifen zur Häusergruppe von Schiavardo (1124 m). Von dort geht es auf einem Treppenweg hinunter zum Sommerweiler Purera. Eine gute Stunde unterhalb der Corona dei Pinci erreichen wir die Monti, wo man im Grott dal Mött den Durst löschen oder den Hunger stillen kann. Nicht nur Wanderer kehren hier ein, denn Halbschuhe und Sandalen einiger Gäste lassen ahnen, dass sich um die Ecke die Straße befindet. Von den Monti geht es jetzt sehr steil abwärts, durch Kastanienwälder auf einem gut sichtbaren, aber steinigen Weg. Zweimal kreuzen wir die Straße, durchqueren den Weiler Non und steigen hinunter nach Ronco sopra Ascona. Etwas oberhalb der Kirche, vor der Post, hält der Bus nach Locarno.

Essen In Rasa im Grotto Ghiridone (091-798 13 31). In den Monti von Ronco im Grott dal Mött (091-791 35 65), unten im Dorf im Ristorante del Centro (091-791 42 61), Ristorante della Posta (091-791 84 70) oder Albergo Ronco (091-791 52 65).

Schlafen In Rasa im Grotto Ghiridone (nur auf Anmeldung) oder im Kurs- und Ferienzentrum Campo Rasa der Vereinigten Bibelgruppe (091-798 13 91). In Ronco sopra Ascona im Ristorante della Posta, im Albergo Ronco oder – etwas außerhalb, Richtung Arcegno gelegen – in der Pensione Elisabetta (091-791 93 96, Bushaltestelle vor der Haustür).

Information Ente Turistico Lago Maggiore Brissago, Via Leoncavallo, 6614 Brissago, Tel. 091-793 11 70, Fax 091-793 32 44, E-Mail: brissago@etlm.ch

Tipp Ein Besuch des Botanischen Gartens des Kantons Tessin auf den Brissago-Inseln, wo exotische Pflanzen (1500 Arten) unverkohlt in den Himmel wachsen und wo – ohne Spuren zu hinterlassen – James Joyce mit der ehemaligen Inselbesitzerin Baronin Antoinette de Saint-Léger gewandelt ist. Auskunft: 091-791 43 61, direkteste Schiffsverbindung ab Porto Ronco.

Villa Belvedere Hätten Sie einen besseren Namen gewusst?

Beat Hächler

LiteraTour 12: Gruppaldo–Ronco sopra Ascona

Im Paradies zuhaus
Ein Villenbummel durch Gruppaldo mit Piero Bianconi,
Manfredo Patocchi und Richard Seewald

BRIEFKASTEN steht in goldenen Großbuchstaben am Briefkasten bei der Bushaltestelle. Zum Briefkasten gehören eine weiß getünchte Villa mit Seeblick, alarmgesichert, ein rustikales schmiedeisernes Tor, eine etwas breit geratene, gepflästerte Doppelgarageneinfahrt und eine Limousine mit deutschem Kennzeichen. Wir stehen an der Bushaltestelle von Gruppaldo Cappella, am Rand der »zona residenziale« von Gruppaldo und Colle San Marco, Gemeinde Ronco sopra Ascona. Der Südhang gehört zu den sonnigsten und schönsten Lagen der Schweiz. Das Klima hier ist besonders mild, die Mercedes-Dichte besonders hoch. In den sechziger Jahren, auf dem Höhepunkt des großen Baubooms, erhielt das Quartier den Beinamen »Nuova Germania«, in Anspielung auf die vielen *germanofoni*, Deutsche und Deutschschweizer, die hier ihr Haus gebaut haben. Auch ich bin mit dem Ferienhaus in Gruppaldo groß geworden. Der Hügel ist vertrautes Ferienterritorium – und noch ein bisschen mehr.

Fleißig wie die Bienen Keine fünfzig Schritte von der BRIEFKASTEN-Villa entfernt – wir gehen durch den Torbogen der alten Wegkapelle –, steht das Haus von Walter Stocker. Er kam als Deutschschweizer Zuzüger 1939 nach Ronco. In den sechziger Jahren verkaufte er sein Landstück unterhalb von Ronco Dorf und baute neu in Gruppaldo. Walter Stocker kam als Landwirt. Doch der kleingewerbliche Früchte- und Gemüseanbau auf den Terrassen von Ronco hatte in den Zeiten der industrialisierten Landwirtschaft keine Zukunft mehr. So wurde Walter Stocker Imker und stellte Honig, Wachs- und Kosmetikprodukte her. In Gruppaldo baute sich die Familie Stocker ein funktionales Wohn- und Gewerbehaus, das sich von den umliegenden Villen abhebt. Der Bau verzichtet auf den ortsüblichen pseudomediterranen Kitsch und verwendet Sichtbeton und Bruchsteine aus dem hiesigen bräunlichen Fels. Unter den großen Terrassen des Hauses lagern Bienenkästen, die je nach Saison in den Kastanienwäldern, auf Bergwiesen oder unter Akazien aufgestellt werden. Walter Stocker erlebte den Bauboom aus nächster Nähe: »Das Patriziato, die Bürgergemeinde von Ronco, hat hier in Gruppaldo viel Land verkauft. Es gab aber auch viele private Makler, die ins Geschäft einstiegen. Die Ronchesi, die Land verkauften, haben von der ganzen Aufwertung des Hügels am wenigsten profitiert. Den Speck machten die Bau- und Immobilienfirmen.« Die Zahlen, die der Kulturgeograf Werner A. Gallusser 1968 für die Bautätigkeit in Gruppaldo nennt, sind eindrücklich. 1946 bis 1966 entstanden in Ronco 345 Neubauten, 169 allein in den wenigen Jahren von 1957 bis 1961. Das Resultat ist in Gruppaldo zu besichtigen. Verkauft wurden nicht nur Einzelgrundstücke, sondern ganze Parzellenkomplexe. Zwei davon, ein zusammenhängendes Stück mit 24 Parzellen, das sich zum Colle San Marco hochzieht, und ein zweites Stück mit 7 Parzellen entlang der Staatsstraße, gingen überwiegend an Ausländer, vornehmlich Deutsche. Dadurch, schreibt Gallusser, wurde »das landsmannschaftliche Gespräch am Gartenzaun« erleichtert bzw. man müsse annehmen, »daß die Ausbildung von Parzellenkomplexen vorwiegend deutscher Landeigentümer den Kontakt zwischen der ansässigen und der zugezogenen Bevölkerung« erschwert habe. Eine ebenfalls Ende der sechziger Jahre von der ETH Zürich durchgeführte Ortsplanung in Ronco visualisiert diesen Befund in einer bunt gescheckten Karte: Violett eingefärbt wurde deutscher Grundbesitz, orange eingefärbt der Besitz von Schweizern mit Wohnsitz außerhalb des Kantons Tessin. Die Karte – wen überrascht's – zeigt ein orange-violettes Patchwork, das erst in den oberen Hanglagen der Monti und Rustici ausbleicht, sprich: einheimischer wird.

Ausverkauf Gruppaldo ist kein Einzelfall. Orselina, Brione, auch Berzona im Onsernonetal oder Montagnola auf der Collina d'oro bei Lugano erlebten in den sechziger Jahren eine vergleichbare Entwicklung. Die Reaktion von Tessiner Intellektuellen blieb nicht aus. Der Bildhauer und Lyriker Manfredo Patocchi publizierte 1966 seinen Gedichtband *Questa mia terra*, der sich unter anderem in einem Achtzeiler mit der Ausverkaufsthematik beschäftigte: *Kennst du das Land / dove fioriscono / le Società Anonime / si svendono / con autorizzazione / governativa / case terre vigne boschi / allo straniero? (Kennst du das Land / wo die Aktiengesellschaften / blühen und / mit behördlicher / Bewilligung / dem Fremden / Häuser Felder Weinberge Wälder / verkauft werden?)* Piero Bianconi, der Autor von *Der Stammbaum* (→ LiteraTour 15), nach dem Tod von Francesco Chiesa im Jahre 1973 der Doyen der Tessiner Literatur, blickte in seinem Essay *Ticino ieri e oggi* mit Bitterkeit auf den erlittenen Wandel zurück. Sein Text erschien 1982, zwei Jahre vor seinem Unfalltod; ausgerechnet der Technikkritiker Bianconi wurde von einem Auto überrollt. *Das Tessin, ein armes Land, fand sich wehrlos vor dem plötzlichen Boom (wie man sagt), vor der Flut eines schnellen und vielleicht illusorischen Wohlstands; es hat nicht zu widerstehen*

Landverkäufe Neubauten sind in Gruppaldo selten geworden. Umbauten von Liegenschaften aus den fünfziger und sechziger Jahren dagegen häufen sich.

gewusst, vermochte dem Neuen keinen Wall entgegenzusetzen. (...) Die verhängnisvolle Folge war die Leichtfertigkeit, mit welcher der Boden verkauft wurde (man darf nie vergessen, dass jedem Neubau der Verkauf von Land vorausgegangen ist...); die schleichende Verführung des Geldes, (...) und dazu ein verbreitetes Absinken der Moral, eine träge Gleichgültigkeit, besonders bei den so genannten führenden Klassen, und die Beharrlichkeit der Immobilienmakler, zynische Leute, die nur für den Profit Sensibilität entwickeln, Wühler, die auf den Gräbern ihrer Eltern Kartoffeln pflanzen würden und deren Stärke das totale Fehlen von Verantwortungsbewusstsein oder, sagen wir, von Würde und Heimatliebe ist. Paradox mag sein, dass viele der deutschsprachigen Zuzüger mit dem Tessiner Wappen am Autoheck die *Liebe* zum Tessin als oberstes Motiv für ihre Wohnsitznahme anführen. Einer, der dies auf 150 Seiten niedergeschrieben hat, ist der Maler und Schriftsteller Richard Seewald (1889–1976). Er ließ sich 1931, nach erzwungener Abdankung an der Kölner Werkschule, im Tessin nieder. In Ronco baute er sein Haus und setzte der neuen Wahlheimat mit dem hymnischen Buch *Gestehe, dass ich glücklich bin* 1942 ein Denkmal. *Darum suchte ich auf halber Höhe des Berges einen Fleck, von dem der Blick weit hinausgeht über den See, bis dahin, wo sein gewaltiges Becken sich auftut nach Süden, als ginge es dort wirklich zum Meer, und nur fern zwischen zwei näheren Vorgebirgen ein blauer, geschwungener Höhenzug es abschließt, der an strahlenden Morgen mir die Küste des Peloponnes zurückruft. (...) Und all das fand ich auf einem Spaziergang in der Nähe von Ronco.*

Blicke über den Gartenzaun Wir beginnen unseren Rundgang durch Gruppaldo vor dem Haus von Walter Stocker. Von der Via Livurcio zweigt hier die Via Panorama ab. Die Stichstraße auf Betonstelzen erschließt den nahezu senkrecht abfallenden Colle San

Marco auf der Südseite. Die Häuser gewinnen mit aufwändigen Kunstbauten dem Steilhang ihr Land ab. Hohe Mauern, weit auskragende Balkone, gewagte Parkplatzschanzen, die ins Leere hinausragen. Die Namen der Häuser lassen uns raten, welcher *straniero* hier Wurzeln geschlagen hat. Die »Casa cheeky daggle« macht den Anfang. Weiter oben, beim Wendeplatz der Via Panorama, überrascht uns die Sprachschöpfung »Casa Renathella«. Vom Wendeplatz führt ein nicht-asphaltierter Fußweg im Zickzack auf den Colle San Marco. Die hässlichen Pilzhäuser neben dem Eichenwald schossen in den achtziger Jahren aus dem Boden.

Bevor wir auf der Hügelkuppe ankommen, hören wir bereits Kindergeschrei. Die Gemeinde Ronco errichtete hier in den sechziger Jahren mitten im lichten Kastanienwald ein öffentliches Kinder-Schwimmbecken und einen Spielplatz. Mit meinen Kindern bin ich regelmäßig hier. Doch viele Besucher sind es nicht. Die meisten Villen haben ihre eigenen Pools, und deren Besitzer lassen höchstens ihre Hunde im öffentlichen Becken baden.

Auf dem Badehügel befindet sich die Wendeschlaufe der Via Colle San Marco. Die Straße führt steil hinab. Zur Linken erwartet uns nach dreihundert Metern eine Villa im römischen Stil. Zwei Löwen bewachen den Eingang. Die Eingangspforte erinnert an den Vatikan. Vom darüber liegenden Balkon ließe sich trefflich das Urbi et Orbi sprechen. Seewärts dehnt sich eine riesige Terrasse mit Pool. Die Papageien-Schaukel an der malerisch wachsenden Pinie gehört einem blauen Ara. Menschengroße Statuen fassen die Terrasse ein. Das Ganze erinnert entfernt an die Villa des Tiberius auf Capri. Ein Palazzo mit herrschaftlichem Umschwung. Lange ist's her, im Jahre 1970, da entrüstete sich das deutsche Magazin »Stern« aus dem Verlagshaus Gruner+Jahr über die deutschen Eigentümer dieser neuen Tessiner Paläste. »Was hier geschieht, ist unerträglich. Zehn Millionen deutsche Arbeitnehmer müssen ab nächsten Monat zehn Prozent mehr Steuern bezahlen. Aber einige Tausend Millionäre dürfen weiterhin legal durch Wohnsitzwechsel und Tarnfirmen Steuern hinterziehen. Allein in diesem Jahr sind es rund 2,5 Milliarden Mark.« Als schwarze Schafe wurden unter anderen der Kaufhaus-König Helmut Horten, Kunstsammler Baron Hans Heinrich Thyssen-Bornemisza, der Unterhaltungsgeiger Helmut Zacharias und – man höre und staune – der Ex-»Stern«-Verleger Richard Gruner genannt, vor dessen Tiberius-Villa wir eben staunend stehen. Der deutsche Star-Grafiker Klaus Staeck entwarf etwa zur gleichen Zeit sein bitterböses Plakat »Deutsche Arbeiter! Die SPD will euch eure Villen im Tessin wegnehmen«.

Unser Weg führt am Wagenpark des Tiberius (flotte Autos mit Tessiner und Liechtensteiner Kennzeichen) vorbei und folgt der Straße, die das Grunersche Grundstück einfasst. Im unteren Teil gluckst ein hauseigenes Wasserreservoir; regenarme Sommer lassen hier den Pool nicht austrocknen.

Im Paradies zuhaus Wir nehmen die Linkskurve und folgen der Via Patrizia talwärts. Der fantastische Blick auf den See wird durch die flachen Häuser nicht verdeckt. So will es die Bauvorschrift. Außer Schornsteinen und Liftschächten dürfen keine festen Bauten über Straßenniveau hinausragen. Die Architektur, die dies möglich macht, ist zwischen Arcegno und Ronco mehrfach anzutreffen: nierenförmige, um nicht zu sagen bandwurmartige Gebilde mit provence-inspirierten Dächern, hazienda-artigen, speckigen Schornsteinen, etwas Tessiner Granit-Trockenmauern, dezent eingebauten rohen Holzbalken, viel Schmiedeisernem, selbstverständlich rustikal geschnörkelt, großen Terrassen mit Pool und obligater Doppelgarage. Die Häuser spiegeln auf geradezu wunderbare Weise die Südsehnsüchte ihrer nordischen Bewohner, was begreiflicherweise nicht ganz ohne Kitsch abgeht. Oft heißt der Architekt dieser

Traumhäuser Rudolf Frank, auch er ein Deutschschweizer Zuzüger, der den Bauboom in Gruppaldo gestaltend geprägt hat. Einen atemberaubend ehrlichen Blick hinter die Hauskulissen bietet sein Bildband »Im Paradies zuhaus. Rudolf Frank baut im Tessin«, erschienen 1977. Die nächste Rechtskurve beschert uns gerade zwei der Frankschen Traumhäuser: Zur Linken ein erst Ende der neunziger Jahre realisierter Umbau, zur Rechten die »Casa Lo Scorpione«, die der Architekt mit folgenden gedankenschweren Worten einführt: *Schwerer als anderswo wiegt in dieser Landschaft die Verantwortung des Architekten zu bilden und zu bewahren. (...) Dieses Haus bei Ronco wurde so behutsam wie fest mit seinem Fundament verbunden, dass es als ein gelungenes Beispiel für das Mögliche im Gleichklang zwischen Natur und Architektur gelten darf.* Nur gut, dass es hin und wieder Architekten gibt, die auch das *Unmögliche* wagen.

Wenige Schritte weiter wohnt Patrizia Bettè, Anwältin und Gemeindepräsidentin Roncos. Sie gehört zu den wenigen Einheimischen an diesem Hügel. Vielleicht ist es gerade die Erfahrung der Hauseigentümer-Diaspora, die die Gemeindepräsidentin heute offen auf die *germanofoni* Roncos zugehen lässt. Das Verhältnis von Einheimischen und (deutschsprachigen) Zuzügern hat sich in den achtziger und neunziger Jahren zunehmend normalisiert. Andreas Kohlschütter, damals in Ronco wohnhafter Journalist und von 1996–98 als Deutschschweizer im Roncheser Gemeinderat, also in der Exekutive, vertreten, bestätigt diesen Eindruck. »Viel verbindet die Deutschschweizer, Deutschen und Tessiner bis heute nicht, aber sie respektieren sich. Man lebt halt nebeneinander.« Die wirklichen Integrationsprobleme stellen sich heute woanders, wie Sandro Bianconi vom »Osservatorio linguistico della Svizzera italiana« feststellt. Etwa in Locarnos »Quartiere Nuovo«, wo Ausländerinnen und Ausländer unterschiedlichster Nationalitäten oft auch nach Jahren keinen Zugang zur Tessiner Gesellschaft finden.

Ferienhausbesitzerglück Sommer 1964, vor dem eigenen Pool.

In der nächsten Spitzkehre grüßt eine Windfahne in Elchform vom nahen Dach. Die ursprünglich schwedischen Hausbesitzer haben ihr Haus längst verkauft; der Elch ist geblieben. Schräg vis-à-vis, im Haus mit dem großen Panoramafenster, wohnte in den sechziger Jahren eine Wiener Dame mit einem geheimnisvoll klirrenden Kristalluster an der Decke und einer Haushälterin in der Küche. Hin und wieder rief sie mich, den kleinen Jungen aus dem Nachbargarten, zu sich und drückte mir ein saftiges »Pusserl« auf die Wangen. Dafür gab's Schokolade. Ansonsten war Gruppaldo für uns Kinder Abenteuerland. Spielen am Bach, Hüttenbauen in den Bäumen, auf Schleichwegen durch die Gärten, und als Gruner seine Tiberius-Villa baute, wurde tagelang Fels weggesprengt. Kann es Spannenderes geben?

Zwei Kurven tiefer stehen wir wieder auf der Via Livurcio, dort, wo sich die Straße in drei Richtungen gabelt. Hundert Meter weiter vorne verkauft Walter Stocker seinen herb-süßen Kastanienblütenhonig. Wir folgen der Via Corafora, die abwärts dem Hang entlang nach Ronco führt und lesen zehn Minuten später an der Via Gottardo Madonna, dort, wo die wunderschöne Aussicht einmal

mehr zum Stehenbleiben einlädt, ein Warnschild in korrektem
Deutsch: »Achtung. Dieses Haus ist chemisch und elektronisch gesichert.«
Das Paradies will verteidigt sein.

Literatur
PIERO BIANCONI: Ticino ieri e oggi, Armando Dadò editore: Locarno 1982 (auszugsweise übersetzt in: Südwind. Zeitgenössische Prosa, Lyrik und Essays aus der italienischen Schweiz, Artemis: Zürich 1976, S. 214–220)
MANFREDO PATOCCHI: Questa mia terra. Poesie, 1966 (auszugsweise übersetzt in: Südwind. Zeitgenössische Prosa, Lyrik und Essays aus der italienischen Schweiz, Artemis: Zürich 1976, S. 172–175)
RICHARD SEEWALD: Gestehe, dass ich glücklich bin, edition kürz: Küsnacht 1982 (Originalausgabe 1942)

Weitere Ronco-Literatur:
PETER ANDREAS: Tod im Tessin, Hestia: Bayreuth 1973 (ein Krimi im Villenviertel)
LUKAS HARTMANN: Die fliegende Groma, Nagel & Kimche: Zürich 1998 (ein Kinderbuch mit Schauplatz Ronco)
MAX KRELL: Orangen in Ronco. Rowohlt: Berlin 1930 (eine melancholisch-erotische Feriengeschichte aus den letzten Tagen der Weimarer Republik)
DIETER BACHMANN, GERARDO ZANETTI: Architektur des Aufbegehrens. Bauen im Tessin, Birkhäuser: Basel 1985
SANDRO BIANCONI: Lingue nel Ticino. Un'indagine qualitativa e statistica, Armando Dadò editore: Locarno 1994
WERNER A. GALLUSSER: Siedlungsentwicklung und Grundbesitzverhältnisse in der modernen Tessiner Kurlandschaft. Eine sozialgeografische Dokumentation über die Gemeinde Ronco s/A, in: Festschrift Hans Annaheim, Basel 1968, S. 215–235
INNOCENTE PINOJA: Roncobello. Storie e racconti di un villaggio del Lago, Milano 1990
Rapporto di pianificazione locale Ronco s/Ascona, Zürich 1968
ANTONELLA STEIB, MARTINO ROSSI: Perché i confederati vengono in Ticino?, Armando Dadò editore: Locarno 1991
PAUL SWIRIDOFF: Im Paradies zuhaus. Rudolf Frank baut im Tessin, Paul Swiridoff Verlag: Schwäbisch Hall 1977

LiteraTour-Info

Einstufung 📖 📖
Gehzeiten 1 h
Höhendifferenz Aufstieg: 100 m, Abstieg 120 m
Beste Jahreszeit Januar bis März
Karten Landeskarte 1:25 000, Blatt 1312 Locarno

An-/Rückreise Ab Locarno Bahnhof mit dem Bus, FART-Linie 22 Ronco (Fahrplanfeld 630.33) bis Gruppaldo Cappella. Zurück ab Ronco Dorf mit der gleichen Linie oder Abstieg nach Porto Ronco und von dort zurück mit dem Brissago-Bus, FART-Linie 21 (Fahrplanfeld 630.30) oder mit dem Schiff (Fahrplanfeld 3630).
Route *Aufstieg* Von der Bushaltestelle Gruppaldo Cappella auf der steil ansteigenden Via Panorama bis zum Wendeplatz. Unmittelbar vor dem Platz führt ein Fußweg im Zickzack rechts durch den schütteren Eichenwald hoch.
Abstieg Auf der Hügelkuppe beim Schwimmbecken erneuter Abstieg auf der Via Colle San Marco Richtung Pian Caregnano. Bei der Weggabelung links gehen und den Serpentinen der Via Patrizia talwärts folgen, bis die Straße bei der Bushaltestelle Gruppaldo (nicht Gruppaldo Cappella) in die Via Livurcio einmündet. Für das letzte Stück nach Ronco empfiehlt es sich, auf der abwärts führenden Via Corafora zu gehen, die deutlich weniger befahren wird als die Via Livurcio.
Variante Den Spaziergang bereits in Ascona beginnen. Nach dem Museo Comunale an der Via Borgo 34 führt ein Treppenweg, die Scalinata della Ruga, bergwärts. Verschiedene Wegvarianten Richtung Ronco sind ausgeschildert. Hautnah an den Villen am Hang vorbei führt der Sentiero Romano, der etwas versteckt, westwärts vom Monte Verità, von der Straße, die nach Moscia führt, abzweigt. Der Treppenweg bietet eine wunderbare Aussicht auf Swimmingpools und Lago Maggiore. Der Weg endet bei der Bushaltestelle Gruppaldo Cappella. Mehraufwand: 40 Minuten bei 200 Höhenmetern Aufstieg.
Essen/Schlafen siehe LiteraTour 11

Felsenfest *Die besondere Lage verlangt nach besonderen Lösungen. Grillraum auf Stelzen.*

Information Ente Turistico Lago Maggiore Brissago, Via Leoncavallo,
6614 Brissago, Tel. 091-793 11 70, Fax 091-793 32 44,
E-Mail: brissago@etlm.ch

Tipps Richard Seewald hinterließ in Ronco nicht nur ein Haus, sondern auch eine Stiftung. Sie stellt in- und ausländischen Kunstschaffenden Wohnhaus und Ateliers für Werkaufenthalte oder schöpferische Pausen zur Verfügung. Auskunft gibt Ursula Codoni, Casa del Leone, in 6622 Ronco s/Ascona (091-791 46 71).

Handarbeit Brissagos werden von Hand gerollt. Daran hat sich bis heute nichts geändert.

Susanna Kumschick ist Ethnologin und Filmwissenschafterin. Sie arbeitet als Assistentin am Völkerkundemuseum Zürich sowie regelmäßig für Filmprojekte und Ausstellungen. Die Autorin lebt in Zürich.

LiteraTour 13: Brissago

Wo Frauen den Herren die Zigarre rollen

Mit Giuseppe Cavagnaris »La sigaraia«
in der Fabbrica Tabacchi Brissago

»Die Carmen aus der Oper von Bizet war doch auch Sigaraia. Hat die nicht die Zigarren auf den Schenkeln gerollt?« Maria Pagano lacht bei der Vorstellung, hustet und glättet etwas verschämt eine Falte ihrer blauen Arbeiterschürze über die müden Beine, die sie nun endlich auf einer Bank in der Sonne ausstrecken kann. »Die ist doch reine Fantasie.« Ihre Arbeitskollegin Rosa Ganzi hält wenig von der provokativen Lasziven aus Sevilla und isst weiter aus dem mitgebrachten Topf, den sie auf ihren Knien jongliert. Die zwei Frauen verbringen oft ihre Mittagspause im Garten der Fabbrica Tabacchi Brissago, während die anderen Arbeiterinnen in der Kantine essen. Wir unterhalten uns über ihr Leben, ihre Arbeit und über erfundene Zigarrendreherinnen. Ich erzähle ihnen von der Novelle *La sigaraia*, die 1892, siebzehn Jahre nach der Uraufführung der »*Carmen*«, geschrieben wurde. Giuseppe Cavagnari erzählt darin die Geschichte der jungen Witwe Natalia aus Ronco, die, um ihrem Sohn ein Medizinstudium in Turin zu ermöglichen, in derselben Fabbrica Tabacchi Brissago zu arbeiten beginnt. Ergeben rackert sie sich zur erfolgreichen Sigaraia hoch und nimmt selbstlos und bescheiden auch gesundheitliche Beschwerden in Kauf. Ihr Sohn soll es einmal besser haben.

Novellenstoff Opfer hätten die Sigaraie schon immer erbracht, immer noch, meint Rosa Ganzi, vor allem der Zukunft der Kinder wegen. Ihr plötzlicher Ernst deutet darauf hin, dass sie dazu viel zu erzählen wüsste. Auch sie ist Witwe, kommt aus dem italienischen Cannobio jeden Tag über die Grenze und arbeitet seit 36 Jahren im Betrieb. Sie hat zwei erwachsene Kinder; nach deren Geburt hörte sie für je drei Jahre mit Zigarrenrollen auf. Danach übernahm ihre Mutter die Aufsicht des Nachwuchses. Jetzt hofft sie sehnsüchtig, dass die sieben Jahre bis zur Pension schnell vergehen werden. Sie wirkt müde. Da ist kein Sohn, der als frischgebackener Arzt seine Mutter in den eleganten Palazzo nach Varese holt, wie es der Figur Natalia im glücklichen Ende der Novelle geschieht.

Maria Pagano sieht die Sache pragmatisch, die Frauen seien heute egoistischer. Sie spricht schnell, mit energischen Gesten, lamentiert nicht über ihre Situation, lacht immer wieder und weicht kritischen Fragen geschickt aus. Auch sie arbeitet schon 35 Jahre in der Fabbrica, ist etwas jünger als Rosa Ganzi und lebt mit einem Lehrer und dessen dreizehnjähriger Tochter in Intra. Sie zündet sich eine Zigarette an. Brissago-Produkte wolle sie nicht rauchen, sie rieche das süßliche Aroma schon den ganzen Tag und außerdem seien die Zigarren für Ältere, die Zeit hätten, was sie daran erinnert, dass die Mittagspause bald vorbei ist und sie den zweiten Teil ihres langen Arbeitstages in Angriff nehmen müssen. Nach dem Gespräch mit den beiden kommt mir die Novellenfrau Natalia noch schwülstiger vor. Cavagnaris Beschreibung des aufgewühlten Innenlebens dieser überzeichneten Mutterfigur lässt mich an den überschwänglichen Gestus der Darstellungen dramatischer Frauengestalten in der symbolistischen Malerei des 19. Jahrhunderts denken.

Giuseppe Cavagnari lebte von 1850–1920. Er stammte aus der Region Bergamo, hielt sich jedoch längere Zeit im Tessin auf, vorwiegend in Minusio, als Gast von Giovan Battista Mondada. Er schrieb mehrere Romane und Novellen, letztere erschienen 1892 in der Sammlung »Spazzacamino, novelle ticinesi«, welche vor allem vom Kampf der einfachen Leute gegen die feindlichen Kräfte der Natur handeln. Seine Stärke ist die sensible Beobachtung der Lebensbedingungen der Menschen, die er während seiner Tessiner Zeit studierte. Auch die Novelle *La sigaraia* lebt von der zeitgenauen Darstellung der Arbeit einer Zigarrendreherin.

Härtere Raucherzeiten Die Landschaft um Brissago zeugt immer noch von dem malerischen Charme, wie ihn Cavagnari beschrieb. Auch wenn der kleine Grenzort am Lago Maggiore schon lange von Sonne suchenden Fremden eingenommen wurde und sich auf der schmalen Uferstraße der stockende Verkehr staut. Eingerahmt ist der Ort von der steilen Bergflanke auf der einen Seite, in dessen üppigem Grün sich Ferienhäuser drängen, auf der anderen Seite vom brüsk abfallenden Seeufer, an dem Hotels mit verheißungsvollen Namen wie Acapulco und Sole kleben.

Am Dorfausgang sieht man die Fabbrica Tabacchi Brissago S. A. von weitem: hellgelb leuchtend steht das herrschaftliche Fabrikgebäude da, als ob ihm als einzigem der Wandel der Zeit nichts anhaben könnte. Wie eine stoische alte Dame ruht es in großzügigem Umschwung am Seeufer mit Blick auf die von Bäumen überquellenden Isole di Brissago, vor sich den kleinen stillgelegten Fabrikhafen, in dem friedlich feiße Forellen schwimmen. Man kann sich gut vorstellen, wie früher große Frachter sechshundert Kilogramm schwere Tabakfässer auf dem Seeweg von den Plantagen Virginias und Kentuckys nach Europa brachten.

Schichtwechsel im Jahre 1932 Heute entspräche die Zahl der abgebildeten Frauen der gesamten Belegschaft.

Die getrockneten Tabakblätter kommen heute per Lastwagen von Basel und stehen in Kartonkisten in einem der hellen Lichthöfe zur Verarbeitung bereit. Im Untergeschoss wird in großen Kupferkesseln auf traditionelle Art die Concia zubereitet, der weißliche Klebstoff für die Zigarren, ein Gemisch aus süßem Weißwein, Honig und Gewürzen, das den Brissago-Produkten das spezifische Aroma verleiht. Der aufdringlich süßliche Duft der Concia verteilt sich zusammen mit dem scharfen Tabakduft im ganzen Gebäude, dessen obere Räume viel zu groß sind für die Produktion, die heute noch stattfindet. Das feuchtwarme Klima und der wundervolle Seeblick aus den hohen Fenstern passen so gar nicht zum harten Alltag der paar Menschen, die hier noch arbeiten.

Die FTB Fabbrica Tabacchi S. A. beschäftigt heute über eine neu gegründete Holding nur noch 80 Personen, da seit den sechziger Jahren ein großer Teil der Zigarren maschinell gefertigt wird und die veränderte Marktsituation sowie die Antiraucherkampagnen ihre Auswirkungen zeigten. Hauptprodukte sind nach wie vor hand- und maschinengefertigte Virginia-Zigarren sowie die verschiedenen Brissagos und die Toscani- und Toscanelli-Zigarren aus Kentucky-Tabak. Auch Schnupf- und Pfeifentabak gehören immer noch zum Sortiment. 15 Millionen Zigarren verlassen pro Jahr das Werk, Umsatzzahlen will der Prokurator Luigi Bazzi keine nennen. Ein Lizenzvertrag mit Dannemann öffnete den Weg in das EU-Gebiet, ein notwendiger Schritt, denn der Export ist bald wichtiger als der Inlandabsatz.

In der Produktion arbeiten heute ausnahmslos Italienerinnen. Wie Maria Pagano und Rosa Ganzi kommen die meisten aus Cannobio und Verbania. Für ein Gehalt von zwölf bis vierzehn Franken die Stunde arbeitet keine Tessinerin mehr. Auch wenn die Löhne im Tessin rund fünfzehn Prozent unter dem schweizerischen Durchschnitt liegen und bei den Frauen der Unterschied noch größer ist, sieht der zuständige Gewerkschaftssekretär Paolo Storelli die Schmerzgrenze schon lange erreicht. Doch die Grenzgängerinnen sind froh um ihre Stellen, denn sie bekommen immer noch mehr, als sie in Italien verdienen könnten, auch wenn sie auf sozialen Schutz verzichten und zwischen Stuhl und Bank fallen, wenn sie arbeitslos werden. Frauen wie sie hätten in ihrer Gegend keine große Auswahl, meint Maria Pagano. Brissago sei nur 9 km von Cannobio entfernt und bequem erreichbar. Zusammen mit anderen 1200 Grenzgängern passiert sie täglich den Zoll bei Valmara.

1000 Zigarren sind das Ziel Sorgfältig entfalten Frauen die feucht und geschmeidig gemachten Tabakblätter und befreien sie von der harten Mittelrippe. In Bündeln wird der entrippte Tabak zu den Zigarrenmacherinnen gebracht, die, über ihre Holztische gebeugt, flink und schnell die Brissago Blauband rollen. Die vorpräparierten Virginia-Blatthälften schneiden sie in streifenförmige Deckblätter und befeuchten sie mit der aromatischen Concia. Bevor sie die Einlage aus Kentucky- und Virginia-Tabak einrollen, legen sie ein Mundstück, *cannuccio* genannt, und den darin steckenden Halm aus spanischem Alfagras dazu. Der Halm wird vor dem Anrauchen herausgezogen, dient als Zündholz und verschafft der Zigarre einen Luftkanal.

Rosa Ganzi und Maria Pagano haben viele Jahre von Hand Zigarren gerollt. Heute arbeiten sie in der Verpackungsabteilung, Maria Pagano lehrt zudem jungen Frauen das traditionelle Handwerk, das seit jeher das gleiche geblieben ist. Eine traditionelle Sigaraia brauche viel Sachkenntnis und Fingerspitzengefühl, instruiert sie. Die Konsistenz und Dicke der Zigarren müssten genau überprüft werden, das Mundstück sollte besonders satt sitzen und die Deckblätter dürften keinerlei Risse aufweisen. Zudem müsse die Sigaraia schnell und konzentriert arbeiten können, tausend Zigarren im Tag seien das Ziel. Ihr Handwerk werde strenger registriert als die Arbeit der Frauen an den Maschinen.

Diese stehen in blauen Arbeiterschürzen zwischen den stampfenden Maschinen und überprüfen die Lage und Qualität der feuchten Deckblätter. Die gerollten Toscanelli werden gebündelt und portioniert. Es ist laut hier im Gegensatz zur wohltuenden Ruhe im Raum der Handrollerinnen. Doch die Frauen empfinden den Geräuschpegel als kleineres Übel. Lieber mit trockenen Händen im Lärm vor Maschinen stehen als mit krummem Rücken ununterbrochen auf einem Stuhl sitzen, die feuchten, leicht reißenden Tabakblätter und die klebrige Concia an den Fingern.

Sind die Zigarren gerollt, werden sie im Ofen getrocknet und wie junger Wein oder Käse mehrere Monate gelagert. Dann kommen sie in die Verpackungsabteilung, wo sie beringt und eingepackt werden. Das altertümliche Design auf den Zigarrenschachteln – beispielsweise der in blauen Dunst gehüllte Dandy mit dem furchtlosen Blick auf der Toscanero-Schachtel – richtet sich an den traditionsbewussten, älteren Brissago-Raucher. Munteres Schwatzen herrscht in diesem Teil der Fabrik. An einer Wand hängt ein Gruppenbild der Frauen mit Fasnachtshütchen und Fotos von hübschen Männern. Wer diese denn seien, frage ich. »Das sind die Jungs von Juventus Turin«, ruft eine, nimmt die nächste Handgerollte, prüft sie und zieht ihr eine blaue Banderole über. Die andern kichern. Mehr wollen sie nicht preisgeben. Maria Pagano schiebt eine Ladung Kartonschachteln herein – die gelben Schachteln mit dem blauen Streifen für die Brissago Blauband, die mit dem Schweizerkreuz für die Nazionale. Rosa Ganzi holt neue Bauchbinden für die Brissago Blauband.

Ein Rauchzeichen gesetzt Im Gründungsjahr der Fabrik, 1847, war Brissago nicht nur beliebter Umschlagplatz für Schmuggelware, sondern auch Zufluchtsort für Flüchtlinge aus Italien, die sich der österreichischen Herrschaft entziehen wollten. Die langen dünnen Virginia-Zigarren, die in Venedig in den Manufakturen der österreichischen Tabakregie fabriziert wurden, waren groß in Mode. Sie brachten der österreichischen Herrschaft viel Geld ein, was italienische Patrioten dazu veranlasste, die beliebte Zigarre zum Politikum zu erheben und zum Rauchboykott aufzurufen. »Chi fuma per via e tedesco o spia«, war ihre Parole; Ausländer oder Spion ist, wer unterwegs Zigarren raucht. Es war eine verführerische Idee, auf freiem Boden in Brissago die beliebten Zigarren zu produzieren und damit die feindlichen Österreicher zu konkurrenzieren. So gründeten ein paar Tessiner zusammen mit italienischen Flüchtlingen die Fabbrica Tabacchi Brissago, unter ihnen Anselmo Martinetti, der als

Folkloristisch oder streikend? *Die »Carmen von Brissago« (oben) sind vom Fotografen bestellt. Die streikenden Zigarrenmacherinnen von Brissago (unten) rücken sich 1916 selber ins Bild.*

ehemaliger technischer Leiter der österreichischen Tabakmanufaktur in Venedig das Fabrikationsgeheimnis für Virginia-Zigarren nach Brissago brachte. Noch heute erinnert der weißbärtige Revolutionär mit rotem Halstuch auf der Toscani-Garibaldi-Schachtel an die bewegten Gründerjahre.

Eine Erfolgsgeschichte begann, und mit ihren 700 Angestellten war die Fabbrica Tabacchi Brissago vor dem Ersten Weltkrieg die größte Tessiner Fabrik. Manch einer der Padroni gehörte zu den zwei, drei Familien, die in Brissago schon immer das Sagen hatten und wie Feudalherren die Gegend regierten. Die Giovanelli, Rossi, Bressani. Neben den Gründerbrüdern Giuseppe und Emilio Pedroli säumen sie in Gestalt marmorner Büsten das Treppenhaus der Fabrik. Dort, wo auch all die tausend Frauen mit ihren Zoccoli treppauf, treppab eilten, um den Herren die Zigarren zu rollen. Keine von ihnen ist in der Ahnengalerie verewigt. Ihre Geschichte muss man andernorts suchen.

13. April 1924   »Alle in meiner Familie haben in der Fabbrica Tabbachi gearbeitet. Meine Großmutter, meine Mutter, meine Schwestern. Es gab nichts anderes, wir mussten dorthin.« Ernestina Costantini sitzt an ihrem Stubentisch in der kleinen Altstadtwohnung in Brissago, nicht weit von der Fabrik entfernt. Aufgeregt springt sie von einer Erinnerung zur nächsten und weiß nicht, was sie zuerst erzählen soll – kein Wunder bei einem 92-jährigen Leben. Sie berichtet über zwei Weltkriege, die ersten Autos, die reichen Amerikaner im Grandhotel, neben dem sie aufgewachsen ist, über die Fabbrica Tabacchi und ihre Großmutter, die nie die Sonne auf- und untergehen sah, so lange habe sie, über den Fabriktisch gebeugt, Zigarren gerollt. Das war im letzten Viertel des vergangenen Jahrhunderts, zur selben Zeit, als Cavagnari seine Novelle schrieb und Natalia in der Fabbrica Tabacchi arbeiten ließ. Es war die Belle Époque.

Das Tessin wurde für Reisende attraktiv und die Zahl der Hotels und Pensionen vervielfachte sich von ein paar Dutzend auf 900. Zur gleichen Zeit emigrierten etwa 20 000 Tessiner vor allem nach Übersee. Als Kaminfeger, Zuckerbäcker, Landarbeiter. Von den bleibenden Familien lebte die Mehrheit in ärmlichen Verhältnissen. Die Fabbrica Tabacchi war eine Möglichkeit, bleiben zu können, doch die Arbeit war hart und die Löhne tief. Ein Salär, das zwischen 1.30 und 3 Franken im Tag schwankte, mit dem nie eine vierköpfige Familie, die in einem Tag ungefähr 5.50 Franken brauchte, ernährt werden konnte.

Ernestina Costantinis Vater war Schuhmacher in Brissago. Während ihre Mutter in der Fabrik arbeitete, musste Ernestina als Älteste oft, statt in die Schule zu gehen, auf ihre neun Geschwister aufpassen. Mit siebzehn begann auch sie in der Fabbrica Tabacchi zu arbeiten. Am 13. April 1924, sie weiß es noch genau. Zuerst habe sie schwere Körbe mit Tabakblättern hinauftragen müssen. Auch samstags. Am Mittag assen sie im Esssaal, wer konnte, ging schnell nach Hause, nach Ronco, Porbetto oder Piodina, um die Kinder zu füttern. Eine Frau sei sogar jeden Tag zu Fuß von Cannobio gekommen, fast zwei Stunden ein Weg. Als Ernestina auch mit Zigarrenrollen begann, hat sie im Akkord gearbeitet. 36 Rappen für 100 Zigarren. 82 Frauen im Saal, keine Zeit, um auf die Toilette zu gehen. Sie sei ein schönes Mädchen gewesen mit langen, dicken Zöpfen, das von einem anderen Leben träumte und stolz war, als es an der Mustermesse in Basel die Brissago-Zigarren präsentieren durfte. Ihr Mann, den sie mit 22 kennenlernte, war als spezialisierter Mechaniker verantwortlich für die Fabrikmaschinen. Sie hatten drei Kinder. Während eine junge Italienerin auf die Kinder aufpasste, arbeitete Ernestina Costantini auch abends als Zimmermädchen in den umliegenden Hotels oder sie schneiderte für andere Sigaraie Röcke und Hosen, gegen Gemüse und Früchte aus dem eigenen Garten oder damit sie ihr am

Brissago Blauband come una melodia!

Rauchen macht schlank *Nella Martinetti, Unterhaltungsfrohnatur aus Brissago, wirbt in den siebziger Jahren für die Brissago Blauband.*

nächsten Tag zehn, zwanzig Zigarren rollten. Vierzig Jahre ist sie geblieben. Wie viel tausend Zigarren mag sie gerollt haben in dieser Zeit? Ich betrachte ihre schrumpligen Hände, zartgliedrig und beweglich, sind sie immer noch schön, ein schmaler Goldring, den sie kaum mehr ausziehen kann, steckt am rechten Ringfinger.

»Die Padroni? Oh, nein, wir haben nichts geschenkt bekommen. La fabbrica tabbachi in quei tempi a fatto i coglioni d'oro!« Goldene Hoden hätten die sich verdient. Zweimal hätten sie gestreikt, das war in den 20er Jahren. Zwei Rappen mehr für jede gerollte Zigarre, dafür hätten sie gekämpft. Es war nicht das erste Mal, dass sich die Sigaraie gegen die schlechten Arbeitsbedingungen wehrten. Schon 1916 lehnten sie sich unter der Regie des engagierten Tessiner Gewerkschaftführers Guglielmo Canevascini gegen die feudalistischen Machtstrukturen auf.

»Ich weiß nicht, warum ich in diesem Brissago geboren wurde«, meint Ernestina Costantini in einem nachdenklichen Moment, nachdem sie ein wunderschönes Liebeslied an Brissago rezitiert hat, das sie über dem Zigarrenrollen gedichtet hatte. Dann wird sie ganz plötzlich laut: »Cristo, Brissago, maledetta, wenn der Berg runterkäme und dich im See begrübe, es würde mir nicht Leid tun.«

Literatur
GIUSEPPE CAVAGNARI: Spazzacamino, Locarno 1892
BEAT ALLENBACH: Tessin. Bilder eines Lebensraumes, Werd Verlag: Zürich 1999
GUGLIELMO CANEVASCINI: Autobiografia, Fondazione Pellegrini-Canevascini: Lugano-Bellinzona 1986
FRANCESCO GRISI: I sigari di Brissago: L'antipersonaggio della maschera letteraria, Milano 1972
PAUL HAAS: Die tessinische Tabakindustrie und die Verhältnisse ihres Standortes, Bern 1930
WERNER KRADOLFER: Das schweizerische Tabakgewerbe vor, während und nach dem Weltkrieg, Bern 1927
RINALDO NATOLI: L'industria ticinese del tabacco, in: Bolletino della Società Ticinese di Scienze Naturali, Bd.VI, Lugano 1910, S.25–60
MARCO POLLI: Zollpolitik und illegaler Handel. Schmuggel im Tessin 1868–1894. Soziale, wirtschaftliche und zwischenstaatliche Aspekte, Zürich 1989
ALBERT SPYCHER: Sigaraie: Zigarrenmacherinnen in Brissago, in: Schweizer Volkskunde, 78/1988, S.17–27

LiteraTour-Info

Einstufung 📖 📖

Gehzeiten Der öffentliche Fabrikrundgang dauert rund 1 h

Beste Jahreszeit Bei genügend Anmeldungen das ganze Jahr (Betriebsferien: Mitte Juli bis Mitte August sowie über Weihnachten). Öffentliche Führungen jeden Donnerstag, 14 Uhr. Anmeldungen beim Ente Turistico Brissago, 091-793 11 70 (Achtung: über Mittag zwei Stunden geschlossen). Die Führung ist gratis (max. 20 Personen).

Karte Für Ausflüge in die nähere Gegend: Landeskarte, 1:25 000, Blatt 1332 Brissago

An-/Rückreise Ab Bahnhof Locarno im Halbstundentakt mit dem Linienbus 21 Locarno–Brissago–Brenscino (Fahrplanfeld 630.30). Vom Ortszentrum das letzte Stück zu Fuß bis zur Fabrik am Dorfausgang. Leider kann man nicht am Seeufer entlangspazieren, da es private Uferabschnitte gibt.

Essen Es empfiehlt sich ein kleiner Abstecher in die Höhe, Richtung Piodina (Geburtsort der Sigaraia Ernestina Costantini) bis zur Osteria Grotto Borei, via Ghiridone (091-793 01 95). Dort kann man beim besten Risotto der Gegend nicht nur die Aussicht gegen Süden und Norden genießen, die Famiglia Solferini-Battistessa weiß bestimmt auch eine Geschichte über die Fabbrica Tabacchi zu erzählen (Buslinie Brissago–Piodina, Fahrplanfeld 630.27).

Information Ente Turistico Lago Maggiore Brissago, Via Leoncavallo, 6614 Brissago, Tel. 091-793 11 70, Fax 091-793 32 44, E-Mail: brissago@etlm.ch

Tipps Im Sommerhalbjahr (April bis Oktober) mit dem Schiff anreisen (Fahrplanfeld 3630) und die Badehose nicht vergessen: Neben der Fabbrica Tabacchi befindet sich eine der längsten Wasserrutschbahnen am ganzen Lago Maggiore.

Arbeitsgemeinschaft Lisa Tetzner und Kurt Kläber (alias Kurt Held) 1952 in Carona.

Albert Tanner, geboren 1950, ist Sozial- und Kulturhistoriker mit Lehraufträgen an der Universität Bern und am Didaktikum Aarau. Der Autor lebt in Bern.

LiteraTour 14: Sonogno–Ponte di Corippo

»Die Augen brennen, die Luft bleibt mir weg«

Mit Lisa Tetzner und Kurt Kläber ins Tal der »Schwarzen Brüder«

An einem frühen Morgen im November 1839 machte sich *unser Held,* der dreizehnjährige Giorgio, ganz allein auf den Weg von Sonogno nach Locarno. Zusammen mit anderen Knaben sollte er von dort auf einer Barke weitergebracht werden bis nach Mailand. In Mailand erwartete ihn eine *schlimme Arbeit, genauso schlimm wie der Tod.* Einen ganzen Winter lang sollte er als »lebender Besen« in die engen, finsteren Kamine einsteigen und den Ruß herunterkratzen. Giorgio war elend zumute. Doch er wusste auch, dass er gehen musste. Denn von mehreren Unglücksfällen schwer getroffen, war seine Familie, ohnehin schon arme Kleinbauern, in große Not geraten und brauchte dringend Geld.

Abschied von Sonogno Zuerst zerfetzte ein Adler zwei Ziegen. Dann verwüstete ein Dachs den Mais, die Kürbisse und die Bohnen. Schließlich setzte unerwartet früh Frost ein, und gleich fiel auch der erste Schnee. Dem *bösen Herbst* folgte ein kalter, langer, noch *böserer Winter.* Die Kühe bekamen bald nur noch Laub und Stroh zu fressen, und mehr als einige Hand voll Maisgrieß, schlechte, fettlose Milch, etwas Ziegenkäse hatten auch die Menschen nicht. Um zu überleben, blieb den meisten Familien nichts anderes übrig, als sich beim Wirt zu verschulden. Auch Giorgios Eltern standen bei ihm auf der Tafel. Aber es sollte noch schlimmer kommen. Auf die große Kälte folgte im Frühjahr eine große Trockenheit. Und wieder traf es Giorgios Eltern besonders hart: Auf dem Weg zurück von den dürren Alpweiden ins Tal fiel ihre einzige Kuh einem Waldbrand zum Opfer.

Damit nicht genug. Beim Laubsammeln in der Schlucht rutschte die Mutter aus und brach sich den Fuß. *Eine schlimme Geschichte.* Der nächste Arzt war in Locarno, und der machte den langen Weg nur, wenn ihm Bargeld auf den Tisch gelegt wurde. Da auch der Wirt nichts mehr borgen wollte, blieb Giorgios Vater nichts anderes übrig, als das Angebot des *Mannes mit der schwarzen Narbe,* der Knaben als Kaminfeger nach Mailand vermittelte, anzunehmen und ihm Giorgio für nur zwanzig Franken zu überlassen. Er hatte keine Wahl, auch Giorgio nicht: *Wenn ihr nur das Geld für die Mutter bekommt. Ich bin ja schon dreizehn Jahre alt und müsste sonst auch im nächsten Jahr irgendwohin in den Dienst.*

Mit dem *schweren Abschied* von Sonogno beginnt für Giorgio, den Helden des Jugendbuchklassikers »Die schwarzen Brüder«, eine abenteuerliche Leidensgeschichte. Generationen von Schweizer Kindern und Jugendlichen ließen sich von ihr packen. Sie litten mit Giorgio und seinen Kameraden, den »Schwarzen Brüdern«, sie kämpften mit ihnen gegen die *Wölfe,* die bösen Mailänder Knaben, und sie hofften inständig, dass Giorgio mit seinen Freunden die Flucht zurück in die Schweiz gelingen möge. Unter dem Namen von Lisa Tetzner wurde dieser »realistisch-soziale Jugendroman« 1941 in Aarau erstmals veröffentlicht. Doch geschrieben hat ihn nicht die damals schon bekannte Märchenerzählerin und Jugendbuchschriftstellerin, sondern größtenteils ihr Ehemann Kurt Kläber, besser bekannt als Kurt Held. Sie war es jedoch, die ihren Ehemann, der 1933 als revolutionärer Arbeiterschriftsteller und Kulturfunktionär Deutschland hatte verlassen müssen, motivierte, sich als Autor für Jugendliteratur zu versuchen, und sie bearbeitete und kürzte seinen ersten Jugendroman.

Über Stock und Stein der tosenden Verzasca entlang Elend war uns nicht zumute, als wir, meine elfjährige Tochter und ich, an einem noch bedeckten Sommermorgen aufbrachen, um etwa die Hälfte jener Strecke zurückzulegen, die Giorgio auf seinem Marsch nach Locarno bewältigen musste. Wir hatten gut gefrühstückt und waren mit Proviant, Regenschutz und allem anderen ausgestattet, was man heute zu brauchen meint, wenn man eine fünfstündige Wanderung unternimmt. Wie bei Giorgios *schwerem Abschied* war in der Nacht ein starkes Gewitter über Sonogno niedergegangen. Mancherorts überspülten Seitenbäche den Wanderweg, doch bis *zu den Knien durch reißende Bäche zu waten* brauchten wir deshalb noch lange nicht. Auch sonst war der Weg weder so wild noch so gefährlich wie im Roman.

Selbst ein »realistisch-sozialer Jugendroman« muss indes nicht unbedingt ein guter Wanderführer sein. Das ist er schon deshalb nicht, weil unsere Wanderroute nur ganz kurz mit jenem Fußweg übereinstimmt, der bis in die 1860er Jahre das Tal mit der Magadino-Ebene verband. Der schmale Fußweg befand sich meist auf jener Seite des Tales, wo heute die Kantonsstraße die wichtigsten Dörfer und Siedlungen miteinander verbindet. Der gut ausgebaute Wanderweg dagegen zieht sich fast immer auf der gegenüberliegenden Seite dahin, die heute nur noch wenig besiedelt ist. Die größeren Dörfer lassen wir so einmal links, einmal rechts liegen. Dafür führt die Route an vielen fast oder ganz verlassenen Weilern und zerfallenen Häusergruppen vorbei, die uns viel eher erahnen lassen, wie dicht das Tal mal besiedelt war und wie intensiv der Boden bewirtschaftet wurde, wie hart hier das Leben einst war und mit welch mühseliger Arbeit unter ständigen Ortswechseln den Böden im Tal, auf den Maiensäßen und Alpen etwas Nahrung für sich und das Vieh abgerungen werden musste.

Auch wenn geografische Details im Roman an den genauen Ortskenntnissen des Schriftstellerpaares zweifeln lassen, in den großen Zügen zeichnen sie ein stimmiges Bild von den damaligen Verkehrsverhältnissen. Erst mit dem Bau der Kantonsstraße wurde das Verzascatal an das Tessiner Straßennetz angeschlossen. 1865 erreichte der nun befahrbare Weg Lavertezzo, 1873 Sonogno. Vorher führte tatsächlich nur ein schmaler Fußweg nach Gordola und Tenero, wo viele Familien aus den oberen Dörfern des Tales Weingüter besaßen. Streckenweise gefährlich war der Weg besonders hinter Vogorno, wo er am steilen Hang hoch über der tosenden Verzasca die wilde Seitenschlucht des Val del Porta und der Valle della Cozze überquerte. Selbst *unser Held Giorgio* bekam es hier mit der Angst zu tun. Die Gefahren hatten schon dem Berner Patrizier Karl Viktor von Bonstetten den Angstschweiß auf die Stirn getrieben, als er sich 1795 auf einem Tagesausflug bis nach San Bartolome vorwagte, um sich beim Pfarrer über Land und Leute in diesem abgelegenen Tal zu informieren. An den »gefährlichsten Stellen, wo der Felsenpfad nur ein paar Schuh breit« war, vertraute er seinem gemieteten, aber »felsengelehrten Pferde« mehr als seinen »eigenen Füßen«. Doch im Unterschied zum Vertreter der eidgenössischen Obrigkeit hatte der Bauernjunge Giorgio Füße, die ihn sicher nach Locarno trugen, ja nach dem heil überstandenen Untergang der Barke sogar bis nach Mailand.

Kaminfeger für die Lombardei und das Piemont Wie Giorgio mussten im 19. Jahrhundert viele Knaben im Alter von 8 bis 14 Jahren im Spätherbst ihre Dörfer und Täler verlassen, um in der Lombardei

Kinderarbeit *So wie es Giorgio nach Mailand zog, zogen Knaben aus den französischen Alpen nach Paris. Kaminfegerbuben in der Stadt an der Seine um 1846.*

oder dem Piemont Kamine zu rußen. Sie kamen aber nicht nur aus dem Verzascatal, sondern auch aus dem Centovalli und Onsernone, dem bündnerischen Misox und Calancatal sowie dem Vigezzo. Um 1867, als diese Auswanderung ihren Höhepunkt erreichte, waren es rund 230 Kinder, die ihre Täler verlassen mussten. Bis Ende des 18. Jahrhunderts wurden die Knaben meist nicht vor dem 12./13. Altersjahr eingesetzt, was auch in anderen Branchen als Mindestalter fürs volle Arbeitsleben respektiert wurde. Im 19. Jahrhundert wurden dagegen vermehrt auch Knaben unter 12 Jahren als Gehilfen mitgenommen. Je kleiner, schlanker und wendiger sie waren, desto begehrter und geschätzter waren sie, denn umso leichter konnten sie in jeden noch so engen Kamin hinaufsteigen.

Aber nicht nur die Piccoli Spazzacamini, auch ihre Meister stammten aus diesen Tälern. Die »bösen« Padroni, an die die Knaben *verkauft* bzw. verdingt wurden, waren nämlich nicht, wie der Roman glauben macht, italienische Kaminfegermeister. In der Regel »kaufte« ein einheimischer Padrone zwei bis drei Knaben. Er holte sie bei seinen Eltern ab und verpflichtete sich, sie um Ostern wieder zurückzubringen. Häufig nahmen die Kaminfeger auch ihre eigenen Söhne mit. Die Meister, oft eine ganze Familie oder ein Clan, hatten in den Zielorten ihre eigenen, streng gegeneinander abgegrenzten Bezirke oder Territorien mit einer Stadt oder einem größeren Ort als Zentrum.

In den Wintermonaten in den Städten als Kaminfeger zu arbeiten, hatte in vielen Tälern des Sopraceneri eine lange Tradition. Schon Ende des 16. Jahrhunderts zogen einzelne Männer im November regelmäßig nach Frankreich, Sizilien und Neapel, aber auch nach Deutschland, Österreich, Böhmen und Ungarn, ja bis nach Polen, und kehrten im Frühling wieder zurück. Im 19. Jahrhundert konzentrierte sich diese Arbeitsemigration dann immer stärker auf das Piemont und vor allem die Lombardei, wo sich um 1853 aufgrund österreichischer Angaben 432 Tessiner Kaminfeger aufhielten. 260 kamen aus dem Verzascatal, 172 aus Intragna im Centovalli.

Sich in der Fremde als Kaminfeger zu betätigen, bildete seit dem 16./17. Jahrhundert im Verzascatal wie in anderen abgelegenen Tessiner Bergtälern des Sopraceneri für immer mehr Familien eine der wenigen Möglichkeiten, ihre schmale landwirtschaftliche Selbstversorgungsbasis etwas zu erweitern. Wichtig war bei all diesen auswärtigen saisonalen Tätigkeiten, dass sie sich ideal mit der mehrstufigen und deshalb von Frühjahr bis Herbst sehr arbeitsintensiven Landwirtschaft verbinden ließen. Der Druck, sich durch saisonale Auswanderung etwas Luft zu verschaffen, nahm im 19. Jahrhundert mit dem einsetzenden Bevölkerungswachstum noch zu. Denn in der

Landwirtschaft waren die ohnehin knappen ökonomischen Ressourcen mit den damaligen Bewirtschaftungsmethoden längst ausgeschöpft. Nur durch zusätzliche Einkünfte in der Fremde ließ sich in vielen Familien die Not noch einigermaßen in Grenzen halten.

Die Arbeitsemigration von Erwachsenen und Kindern hatte einen hohen Preis, in wirtschaftlicher wie in sozialer Hinsicht. Sie bewirkte, dass sich die herkömmliche, auf Autarkie ausgerichtete Landwirtschaft weiter behaupten konnte, und sie hatte zur Folge, dass eine eigenständige wirtschaftliche Entwicklung im neu geschaffenen Kanton nur schwer in Gang kam. Das Tessin blieb auf diese Weise stark abhängig von den Wirtschaftszentren in der Lombardei und dem Piemont, ja seine Abhängigkeit nahm mit der Industrialisierung und der Urbanisierung Oberitaliens gar noch zu. An diesem peripheren Status der Tessiner Wirtschaft änderte auch die Eröffnung der Gotthardbahn, die eine zunehmende wirtschaftliche Ausrichtung des Tessins auf die übrige Schweiz brachte, grundsätzlich wenig (→ LiteraTour 1).

Sozial waren es vor allem die Piccoli Spazzacamini, die unter dieser periodischen Auswanderung am meisten litten. Aufgeschreckt durch die öffentliche Meinung im Tessin, vor allem aber in Oberitalien, wo 1869 in Mailand eine Gesellschaft zum Schutze der Kaminfegerkinder und zur Verbesserung ihrer materiellen und moralischen Lage gegründet worden war und die Presse das harte Schicksal der Knaben angeprangert hatte, wurde um 1870 auch die liberale Tessiner Regierung aktiv. Die Wurzeln des Übels sah sie allerdings weniger in den ökonomischen Zwängen als vielmehr bei den Padroni, die als Ausbeuter und Spekulanten verurteilt und als die eigentlichen Sündenböcke dargestellt wurden. Indem sie das Mindestalter in ihrem Dekret über die Spazzacamini auf 14 Jahren festsetzte und für die Auswanderung die Ausstellung eines Passes verlangte, versuchte die Regierung 1873 wenigstens den schlimmsten Auswüchsen entgegenzutreten. In der Folge nahmen die offiziellen Zahlen über die Emigration von Kaminfegerknaben zwar ab. Dennoch dauerte diese Kinderausbeutung noch einige Jahrzehnte an.

Ganz unten im Milano der Hochkamine Einer der letzten Knaben, »die wie Maulwürfe in alle Löcher der Kamine kriechen mussten, in die Kessel der Dampfmaschinen, in die Schornsteine, die schlecht ernährt waren und überall um ein Stück Brot bitten mussten, um ihren Hunger zu stillen«, war Gottardo Cavalli aus Intragna. Im November 1915, als er noch nicht einmal acht Jahre alt war, nahm ihn sein Vater das erste Mal mit nach Mortara. Mit drei anderen gleichaltrigen Knaben aus dem Vigezzo stand er im Dienst seines Vaters und eines Onkels. Seinen Vater musste er jetzt wie die anderen »Herr« nennen. Auch durfte er sich nicht als Sohn zu erkennen geben. Zudem beschimpfte und schlug ihn der Vater, um die anderen drei einzuschüchtern und sie gefügig zu machen. Im ersten Monat ihres Aufenthaltes säuberten sie die Hauskamine und Fabrikschlote in der Stadt, dann in den Dörfern im Umkreis von fünf bis sieben Kilometern. Die täglichen Wanderungen zur »Arbeitsstelle« waren jeweils ein »Leidensweg«. Die nur mit Lumpen umwickelten kalten Füße schmerzten in den harten Schuhen. Mit dem Vater vermochte Gottardo kaum Schritt zu halten. Alle zwanzig Meter musste er rennen, um ihn wieder einzuholen. Später im Januar begannen dann die langen Wanderungen über Land zu den Gutshöfen, wo sie in Ställen oder auf Heuböden übernachteten.

Dunkelheit, Atemnot und die Furcht, vor lauter Ruß im engen Kamin stecken zu bleiben, waren bei der gefährlichen Arbeit der Spazzacamini allgegenwärtig. Lediglich mit einer Leinenkapuze über dem Kopf gegen den Staub geschützt, die Barchentjacke und die Hosen fest mit dem Gürtel zugeschnürt, in einer Hand die Raspel, in der anderen den Besen, stiegen die Knaben durch den Rauchfang in den Kamin ein. Unter großer Anstrengung versuchten sie sich hinaufzuarbeiten, indem sie sich mit Rücken, Ellenbogen und Knien gegen die Wände drückten, sich dann aufrichteten, die Arme so weit wie möglich nach oben schoben und die Füße nachzogen. Vor dem Hochziehen reinigten sie mit der Raspel noch die Wände über dem Kopf, ungefähr dreißig bis vierzig Zentimeter. Je enger der Kamin war, umso mehr hatten sie das Gefühl zu ersticken. Erst ein paar Meter vor dem Kaminrand spürten sie einen kalten Luftzug. Wenn sie dann endlich den Rand erreicht hatten, mussten sie »Spazzacamino« rufen, damit der Hausbesitzer und der Meister wussten, dass der Kamin nun frei war. Beim Heruntersteigen fegten sie mit dem Besen die Wände, wobei sie sich wie beim Aufstieg ständig gegen die Wände drückten.

Abwechslung in den strengen und tristen Alltag der Kaminfeger und ihrer Gehilfen brachten einzig Weihnachten und Neujahr. Die wegen ihrer schmutzigen Arbeit sonst verachteten Kaminfeger, von den Müttern oft als Kinderschreck eingesetzt, galten nun als Glücksbringer. Wie Gottardo Cavalli berichtet, war es an diesen Feiertagen Brauch, dass die Kaminfegerknaben von einem Grafen oder einem Reichen eingeladen wurden. Das Gesicht durften sie sich vorher aber nicht waschen. Als schwarze Glücksbringer mussten sie sich an eine Tafel mit weißem Tischtuch setzen, auf dem alle Speisen standen, die sie wünschten. Ein Wort des Verständnisses für ihr Elend bekamen sie nicht. Und das Geld, das sie in den Häusern der Reichen erhielten, wenn sie ihre Glückwünsche überbrachten, mussten sie ihren Herren abliefern, um es angeblich später wieder zurückzubekommen.

Das Gute triumphiert – ein Lehrstück für die Jugend Mit ihrer Geschichte über die schwarzen Brüder, aber auch mit ihren weiteren Jugendbüchern wollten Lisa und Kurt Kläber-Tetzner den Kindern

Ein Best- und Longseller »Die schwarzen Brüder« sind ein Jugendbuch-Klassiker. In viele Sprachen übersetzt wird das Buch immer wieder neu aufgelegt.

und Jugendlichen die Welt so zeigen, wie sie war. Gemessen an dem, was die Kaminfegerknaben an Elend in den Städten Oberitaliens tatsächlich erdulden mussten, war die um Realismus bemühte Darstellung der »menschlichen Leidenschaften und Niederträchtigkeiten« recht zurückhaltend. Vieles blieb ausgespart. Trotzdem mussten die beiden Autoren ihr Werk gegenüber dem Verleger H. R. Sauerländer verteidigen. Ihm schien die Geschichte für Kinder zu grausam. Zu ihrer Rechtfertigung beriefen sich Lisa Tetzner und Kurt Kläber auf Charles Dickens, der den jungen Leserinnen und Lesern ebenfalls menschliches Elend vor Augen geführt habe. Am wichtigsten war den beiden jedoch, mit diesem Buch aufzuzeigen, dass trotz aller sozialen Misere »am Schluss doch das Gute triumphiert«. Die Solidarität der Kaminfegerknaben im Bund der schwarzen Brüder, eine Art Kindergewerkschaft, gegen Not und Verzweiflung, ihre Kameradschaft und Hilfsbereitschaft als Schutz gegen Brutalität, Niedertracht und Gewinnsucht der Erwachsenen sollten als Vorbilder in humanistisch-pädogogischer Absicht auf die Jugendlichen einwirken und sie anregen, die »Welt ein Stück verbessern zu helfen«.

Für Lisa Tetzner und Kurt Kläber waren Kinder die Hoffnungsträger für eine bessere Welt. Auch Giorgio, *unser Held*, möchte die Welt am Schluss des Romans »ein Stück weit verbessern«. Nach gelungener Flucht zurück in die Heimat und der Aufnahme im Hause eines hilfsbereiten Menschen und sozial gesinnten Bürgers schickt er sich an, die Welt zu verbessern. Statt zurück in sein Tal zu gehen, bleibt er im Hause des Wohltäters, lernt lesen und schreiben und wird Lehrer. Erst neun Jahre später kommt er zusammen mit seiner Frau, der Schwester seines besten Freundes Alfredo, nach Sonogno zurück, um dort als erster Schullehrer des Dorfes *sein neues Amt* zu beginnen. Für die Nonna war Giorgios Wiederkehr der Beweis dafür, dass sie damals richtig gehandelt hatte, als sie Giorgio am Vorabend an seine Pflicht im Leben erinnerte: *Wenn du ein richtiger Bub und kein Feigling bist, gehst du.* Seine Rückkehr als Schullehrer bestätigte ihr nur, was sie ebenfalls schon immer wusste, dass *aus dem Jungen etwas wird.*

Literatur
LISA TETZNER: Die schwarzen Brüder. Erlebnisse und Abenteuer eines kleinen Tessiners, 9. Auflage, Sauerländer: Aarau 1997 (2 Bde., 1940/41)
LISA TETZNER: Die schwarzen Brüder (Neue Rechtschreibung), Taschenbuch, Unionsverlag: Zürich 1998
GOTTARDO CAVALLI: Aufzeichnungen eines Kaminfegers, in: Grenzraum. Texte aus der italienischen Schweiz, hrsg. von Alberto Nessi, Zürich 1986, S. 193–204. (Original: Diario di uno spazzacamino 1915–1916, Staatsarchiv Bellinzona)
Gisela Bolius: Lisa Tetzner. Leben und Werk, dipa-Verlag: Frankfurt a. M. 1997
KARL VIKTOR VON BONSTETTEN: Briefe über die italienischen Ämter, 1. Teil: Briefe aus dem Jahre 1795, Neuausgabe, Edizioni San Pietro, Ascona 1982
LINUS BÜHLER: »Ich habe kalt, ich bin hungrig, ich bin so klein«. Die Tessiner Kaminfegerkinder, in: Tages-Anzeiger Magazin, 20/1983, S. 24–35
STEFANO FRANSCINI: Der Canton Tessin, historisch, geographisch, statistisch geschildert. Ein Hand- und Hausbuch für Cantonsbürger und Reisende, St. Gallen/Bern 1835 (Reprint 1980)
SUSANNE KOPPE: Kurt Kläber – Kurt Held: Biografie der Widersprüche? Zum 100. Geburtstag des Autors der »Roten Zora«, Sauerländer, Aarau 1997

LiteraTour-Info

Einstufung 📖 📖 📖
Gehzeiten 5 h (bis Ponte Corippo)
Höhendifferenz Abstieg 500 m (Zwischensteigungen 100 m, bis Corippo 200 m)
Beste Jahreszeit April bis Oktober (die Strecke Corippo–Mergoscia im Frühling unter Umständen noch mit beträchtlichen Mengen Altschnee)
Karten Landeskarte 1:50 000, Blatt 276T Val Verzasca

An- und Rückreise Postauto ab Locarno/Tenero (Fahrplanfeld 630.55), zurück ab Ponte Corippo oder jederzeit unterwegs, z. B. ab Brione/Piee oder Lavertezzo/Chiesa. Die Haltestellen sind in der Wanderkarte 1:50 000 Val Verzasca eingezeichnet.

Route Unterhalb des Dorfplatzes von Sonogno die Straße zur Kirche nehmen, weiter zum Kinderspielplatz und über die Brücke, von hier weg folgen wir dem gut markierten Weg, der uns rasch zum Zusammenfluss der Redorta und der Verzasca führt. Fast ebenaus geht es nun dem Fluss entlang bis zur Hängebrücke mit der Abzweigung nach Frasco. Wir bleiben jedoch auf der rechten Talseite, bis unser Weg auf die Kantonsstraße gelangt. Hier wechseln wir nun über die Straßenbrücke auf die linke Talseite. Durch Wälder und die verlassene Siedlung Cortascio erreichen wir bald Gerra, das wir jedoch rechts liegen lassen. Wir folgen dem Weg durch das sich nun weitende Tal bis nach Alnasca und durch flachen Wiesenboden weiter bis zur Brücke nach Piee, unterhalb von Brione. Hier verengt sich das Tal wieder. Unsere Route bleibt auf der linken Seite. Mit einem kurzen Zwischenanstieg müssen wir die Schlucht umgehen, erreichen nach etwa einer Viertelstunde die Kantonsstraße, die uns auf die rechte Talseite zwingt. Wir überqueren die Brücke und folgen der Straße talaufwärts bis zur großen Kehre, wo Steinhauern bei ihrer Arbeit zugesehen werden kann und gleich auch einige ihrer Kunstwerke besichtigt werden können. In der Kehre zweigt der Wanderweg nach links ab. Dank des Sentiero per l'Arte ist der lange Weg nach Lavertezzo voll ästhetischer Überraschungen und eröffnet verblüffende An- und Einsichten über Kunst und Natur. Bei Lavertezzo bewundern wir die zweibogige Steinbrücke und die

Stoff für Kinder Zum Lesen und zum Wandern. Anna auf Giorgios Spuren.

imposanten Felsen, wir bleiben jedoch auf der rechten Seite und nehmen das letzte Wegstück durch Wiesenhänge und Wälder bis zur Brücke bei Corippo unter die Füße.

Varianten Alnasca–Brione–Piee: Für den Besuch von Brione in Alnasca nach rechts abzweigen, über die Brücke (Wegweiser) und auf der Kantonsstraße nach Brione, bei Piee über die Hängebrücke zurück auf die Route (Mehraufwand 30 Minuten). Von Ponte di Corippo nach Corippo und weiter bis Mergoscia: 2 Stunden.

Essen Diverse Restaurants am Weg; in Sonogno das talbekannte Grotto Redorta (091-746 13 34), in Piee das Ristorante Ai Piée (091-746 15 44, über die Brücke), in Lavertezzo das Grotto Vittoria (091-746 15 81).

Schlafen In Sonogno im Alpino (091-746 11 63, 15 Betten), in Gerra im Froda (091-746 14 52, 24 Betten), in Brione im Ai Piée (091-746 15 44, 8 Betten), in Lavertezzo im Posse (091-746 17 96, 20 Betten) oder Vittoria (091-746 15 81, 18 Betten), in Corippo in der Osteria Corippo (091-745 18 71, 4 Betten).

Information Tenero e Valle Verzasca Turismo, Via Campagne, 6598 Tenero, Tel. 091-745 16 61, Fax 091-745 42 30, E-Mail tenero@etml.ch

Tipps Von Ganom (unterhalb Brione) bis Lavertezzo ist der Wanderweg identisch mit dem Sentiero per l'Arte, auf dem 32 Werke von 21 Künstlern und Künstlerinnen zu entdecken sind. Die sorgfältig produzierte Broschüre »Ein Wanderweg für die Kunst« ist im Tourismusbüro erhältlich.

Die Mauer Fortschritt oder Sündenfall? Für Piero Bianconi und Walther Kauer eine rhetorische Frage.

Sandro Guzzi-Heeb, geboren 1960, ist freischaffender Historiker. Bis 1979 lebte er im Tessin, heute in Bern.

LiteraTour 15: Locarno–Mergoscia

Vom aufgestauten Leiden an der Moderne

Mit Piero Bianconis »Stammbaum« und Walther Kauers »Spätholz« zum Staudamm im Verzascatal

Blickt man hinauf, so scheint es, als wolle einen die gewaltige Mauer erdrücken. Spätestens seit sich Hightech-James-Bond Ende der neunziger Jahre, an einem Gummiseil hängend und mit einer Omega-Uhr am Handgelenk, von der Mauer in die Tiefe stürzte, ist der Staudamm am Eingang des Verzascatals zu einer Art Mythos aus Eisen und Beton geworden. Es ist derselbe Staudamm, der dreißig Jahre zuvor die jahrhundertealten Gebäude von Tropino – *eine Hand voll Ställe, die von der Zeit und dem Elend schwarz geworden sind*, wie Piero Bianconi (1899–1984) in *Der Stammbaum* (1969) schreibt – in einem See unbarmherzig untergehen ließ. Das Wasser löschte nicht nur das Dorf aus, es entwürdigte gleichsam das Bild der Erinnerung. Der Berner Autor Walther Kauer (1935–1987) doppelte in seiner Erzählung *Spätholz* (1976) nach: *Über den Ufern des neuen mächtigen Stausees stehen die Häuser, die von der Kraftwerksgesellschaft den wenigen verbliebenen Terzonesi erbaut worden sind. Ein Haus wie das andere, in einem Allerweltsbaustil, Einfamilienhäuschen, wie sich das jedermann vorstellt, der in einem Einfamilienhäuschen wohnen möchte. Alles andere liegt auf dem*

Dem Untergang geweiht Tropino unmittelbar vor der Flutung durch den Stausee, 1965.

Grund des Sees. Nur in Perioden ausgesprochener Trockenheit ragt der Glockenstuhl des Campanile aus dem Wasser. Der Campanile, der aus dem Stausee ragt: Kann es eine stärkere Metapher geben für die Gewalt, die dem Land der Väter angetan wurde?

Die Moderne als Moloch Der Staudamm steht am Anfang von Piero Bianconis melancholischer Chronik einer Tessiner Familie. Der aus Mergoscia stammende Kunsthistoriker, Lehrer und Schriftsteller Bianconi sieht 1965 hilflos zu, wie sich das Wasser zu einem See aufstaut: *Von der mächtigen Mauer gestaut, steigt das Wasser* *und verschlingt ganz langsam abschüssige Böschungen, Felder und Ställe, überschwemmt eine Welt undenklicher, namenloser Mühsal, um Energie, Wärme und Licht hervorzubringen. (...) Es überflutet, tilgt und verschlingt alles, das leere Gehäuse der Schnecke, die Schlangenhaut und den Stall, wo, verlassener und einsamer als die Muttergottes, vor mehr als einem Jahrhundert meine Großmutter meine Mutter zur Welt brachte.* Die Technik löscht die Welt der Mütter aus, noch bevor sie jene der Väter vergessen macht. Für Bianconi und Kauer ist der Verzasca-Staudamm das zu Beton gewordene Symbol für die Zerstörungskraft und Gewalt, die das kulturelle Erbe ausradieren. Für Kauer ist der See, der den fiktiven Ort *Terzone* überflutet, eine apokalyptische Strafe für die törichten Einwohner, die das Erbe ihrer Vorfahren nicht zu bewahren und die Zeichen der Natur nicht zu erkennen vermochten: *Rocco war kein Ingenieur. Von Statik verstand er nichts. Doch sein Instinkt sagte ihm, dass die brüchigen Schieferhänge des Monte Lema auf die Dauer dem Druck der Wassermassen, die sich da hinter der mächtigen Betonmauer stauten, nicht gewachsen sein würden. Und es war nicht Einbildung, dass sich das Knirschen und Ächzen der Balken in seinem Hause verstärkt hatte, seit diese Mauer stand und der See zum ersten Mal ganz gefüllt war.* Bei Bianconi ist der Staudamm die Manifestation einer höheren Macht, Schicksalsschlag, den der wehmütige Schriftsteller indessen nicht hinnehmen mag: *Mein Sohn Filippo sitzt auf der Erde und prüft mit erfahrenem Geologenauge die »Karotten«, die aus den Eingeweiden des Berges herausgezogenen Gesteinsproben. Er prüft ihre Dichtigkeit, die Kohärenz, den möglichen Widerstand, den das Werk dem ungeheuren Druck entgegensetzt. Er gehört dieser Welt an, die auf ihre Art verzaubert ist, dieser Welt, die ich mit Misstrauen betrachte, einem Misstrauen, das gleichsam von Entsetzen durchzogen ist. Es ist eine Welt, weit entfernt von meinen Interessen, meinem Verständnis.* Hier spricht noch nicht der

Zorn, die Entrüstung, die uns zehn Jahre später aus *Blicke auf das Tessin* entgegenschlägt, sondern das Gefühl von Einsamkeit und Resignation: *Ich gehöre nicht mehr zur Welt meiner Vorfahren und noch nicht zu der meines Sohnes. Ich bin vereinsamt zwischen einer jetzt fremd gewordenen Vergangenheit und einer Gegenwart, die für mich Zukunft ist, so dass für die Gegenwart, für meine Gegenwart, kein Platz mehr bleibt. Ich fühle mich allein ...* Für Bianconi ist die persönliche Einsamkeit das historische Ergebnis der rasanten Entwicklung der Nachkriegszeit. Eine Zeit, aus der ein kaum wieder erkennbares Tessin hervorgegangen ist. Bianconi ähnelt in seiner Einsamkeit Rocco Canonica, dem Protagonisten in Walther Kauers *Spätholz*, der in seiner rauchgeschwärzten Küche sitzt, untröstlich ob des Todes seiner Frau, und auf seinen Untergang wartet.

VILLA ZU VERKAUFEN. Tel. 081/... Kaum angekommen in Orselina, erblicken wir das Schild mit deutscher Aufschrift. Es ist nicht zu übersehen. Da sind sie also, die *tedeschi*. Einerlei ob es echte Deutsche sind – *germanici*, die mit dem »D« am Auto – oder unsere Miteidgenossen; jene, die diese eigenartige Sprache mit all ihren glucksenden, gutturalen Lauten sprechen. Sie kommen in ihrem Mercedes-Benz, Zigarre im Mund, kaufen überall Häuser und Land, zäunen es ein und stellen Schilder auf: PRIVAT. Meistens sind sie nicht einmal fähig, den edlen Wohlklang der Sprache Dantes hervorzubringen. Oder aber die Worte sind *in einem schauerlichen Italienisch hervorgesprudelt. Es tönte, als hätte einer eine Karre voller Kieselsteine über ein Wellblechdach ausgeschüttet.* Die Rede ist von den unheimlichen *tedeschi* vom Schlage des bösen *Herrn Korten*, der in Kauers Roman dem herzensguten Bauer *Rocco Canonica* gegenübersteht. Da will doch dieser dahergelaufene Deutsche tatsächlich, dass der einheimische Rocco mit dem garantiert echten Tessiner Stammbaum einen seiner Nussbäume für Kortens Aussicht opfert.

Rocco sah ihn genau vor sich, diesen Korten, wie er heraustreten würde aus seinem Schlafzimmer, in seinem rostroten Morgenmantel, ein Rostfleck vor der weiß getünchten Fassade seines Hauses, das dem Stil der alten Terzoner Bauernhäuser nachgebaut war. Der kleine Severino aus dem Dorf würde ihm im weißen Jackett und mit einer schwarzen Fliege auf dem Adamsapfel sein Frühstück servieren. Severino, der noch vor drei Jahren an der Talversammlung zum Ziegenhirten gewählt worden war, seit je ein Ehrenamt im Terzone. Schöne Bescherung, diese Nordländer. Sagte es nicht auch Bianconi in seinem Stammbaum? ... aber meist sind es tedeschi*, welche die leeren Häuser bewohnen. Sie modernisieren sie, sie kommen herauf, um die Sonne zu genießen. Sie antworten auf den Ruf der Leere, sie nehmen überhand. Man sagt mir, vor einigen Jahren sei die Erstaugustrede auf der Piazza in deutscher Sprache gehalten worden. Zwei Schritte von den Häusern im Benitt entfernt, mahnt eine Tafel in deutscher und französischer Sprache: »Abfälle wegwerfen verboten. Dépot de déchets interdit«. Das klingt, optimistisch betrachtet, nach einer Einladung, unsere Landessprachen zu lernen. Wenn es nicht eher eine Beleidigung für die verschwundenen Einheimischen ist...
Erst der Staudamm und nun noch diese *tedeschi:* In Orselina sind sie bekanntlich bereits in der Überzahl und verdrängen die Italienisch Sprechenden vom idyllischen Berghang ob Locarno. So ist auch Orselina zu einem Symbol geworden – wie der Staudamm.

Seit den zwanziger Jahren dieses Jahrhunderts sind die Klagen über die »Invasion aus dem Norden«, die Übermacht, die Arroganz und die Rücksichtslosigkeit der *tedeschi* bei vielen um das Gemeinwohl so bemühten Tessiner Intellektuellen und Politikern äußerst

---

Anmerkung: Die mit einem * gekennzeichneten Wörter stammen nicht aus der 1971 erschienenen, teilweise ungenauen Übersetzung des »Albero genealogico«. Sie wurden hier durch die im Original verwendeten italienischen oder treffendere deutsche Ausdrücke ersetzt.

beliebt. Was eigentlich kaum überrascht, lässt sich auf diese Art doch elegant vermeiden, über die hausgemachten Probleme zu sprechen.

Der Weg von Orselina nach Cardada windet sich durch Kastanienhaine und Birkenwälder. Vor wenigen Tagen ist ein Gewitter niedergegangen und Bäume sind entwurzelt worden. Der Wald riecht noch feucht und frisch. Für einen Augenblick wähnen wir uns in die gute alte Zeit zurückversetzt. Eine Zeit, in der der alte Rocco Canonica noch mit seinem Vater den Berg hinaufsteigen konnte, um nach Quellwasser zu suchen. Doch die Illusion wird jäh zerstört. Unterhalb des Cardada hören wir schon Baulärm: Die Luftseilbahn, die von Locarno in die Höhe führt, wird – größer und schneller – neu gebaut. Zwischen den Bäumen sind auch die Pfeiler eines Sessellifts zu erkennen, der auf die Cimetta hinaufführt. Ein Helikopter pendelt dröhnend zwischen der Talsohle und der Alpe di Cardada hin und her, wo Scharen von Touristen unter Sonnenschirmen sitzen und ihren Hunger und Durst im gemütlichen Bergrestaurant stillen, als säßen sie an der Seepromenade von Locarno. Über der Baumgrenze, auf dem Weg, der von der Alpe di Cardada zur Cimetta hochführt, begegne ich einem älteren, elegant gekleideten, beneidenswert braun gebrannten Pärchen. Die beiden spazieren zum Restaurant hinunter. »Ja sicher«, erwidern sie, »wir wohnen oben auf der Cimetta! Wir haben dort ein Haus. Aber jetzt gehen wir ins Restaurant etwas essen. Wissen Sie, man hat ja nicht immer Lust selbst zu kochen.« Wie bitte? Baut man jetzt schon Häuser oben auf den Berggipfeln? Einen Augenblick lang fühle ich mich in diesem voralpenländischen Disneyland so verloren wie Bianconi: *Es ist nicht das langsame und eigentlich barmherzige Werk der Zeit, das wohl zerstört, aber doch auch geduldig die Wunden verbindet und sie vernarben lässt. Es ist die unbarmherzige Hand des Menschen, die den Dingen Gewalt antut und alles nach ihrem Willen zurechtbiegt... Es ist die alles durchdringende, alles überrollende Technik. Sie verge-*

waltigt die Kindheitserinnerungen, löscht sie aus, die Welt, in der wir aufgewachsen sind und die uns vertraut war. Die Technik, sie lässt uns zurück in einer uns fremd gewordenen Welt, verloren und einsam.

Idylle und Entsetzen Unterhalb des Bergkammes zwischen Cimetta und Cima della Trosa beginnt – doch noch – die eigentliche Bergwelt. Keine Restaurants mehr, keine Sessellifte, keine zum Verkauf stehenden Villen. Selbst der Lärm des Helikopters ist verstummt. Vom Gipfel der Trosa geht der Blick über die umliegenden Täler, Berge, Seen, anmutige, über die grünen Hänge verstreut liegende Flecken: Es könnte das Bild aus einem Faltprospekt des Tourismusvereins sein. So stellt man es sich vor, dieses Tessin, die »Sonnenstube der Schweiz«. Zu meinen Füßen – als wäre es nur zwei Schritte entfernt – liegt Mergoscia mit seinem azurblauen Stausee und den an den Hängen klebenden Häusern. Doch der Abstieg ist noch lang. Über zwei Stunden dauert der Weg über die *monti*, die Maiensäße, am linken Talhang: Faedo, Bresciadiga, Campigliai, Lissoi und schließlich die Benitt im oberen Teil von Mergoscia, wo Bianconis Vorfahren lebten. Sieht man von einigen wenigen in Stand gesetzten Rustici ab, glaubt man sich in die Welt der Alten zurückversetzt – eine Welt, die das verinnerlichte und gleichzeitig gern zelebrierte Bild des Elends des alten Tessins genährt hat. *Es war ein entsetzliches Leben – heißt es im Stammbaum –, hätte man nicht die Gewissheit gehabt, in den Himmel zu kommen.* Nichtsdestotrotz finden sich bei Bianconi wie bei Kauer auch stark idealisierende Darstellungen, wie in der Beschreibung der engelhaften Tante Nina: *Über dem Feuer stand andauernd der bronzene Kaffeetopf. Und dort flüsterte sie ihre Requiem eterna und ihre Gebete für die Lebenden und Toten und räusperte sich und spann dabei – arm und gütig, wie sie war – ihren Rocken leer. Sie erzählte, als ihre Mutter (...) im*

Sterben lag, hätte sie sie gebeten, ihr eine Erinnerung zurückzulassen, ein Wort, einen Ratschlag, eine Lebensregel. »Tu allen Leuten Gutes!«, sagte die Großmutter zu ihr. (...) Und das tat sie auch immer. Selber arm und elend, fand sie Mittel und Wege, denen, die noch elender waren, mit einer stets kräftigen Mildtätigkeit zu helfen: mit einer Schüssel voll Minestra, ein wenig Brot, einem guten Wort. Ah die guten, frommen Frauen von früher! Gewiss, die Welt der Väter war rau, unerbittlich, autoritär und eng. Dies hindert Bianconi und Kauer jedoch keineswegs, die gleiche Welt nostalgisch zu verklären.

Nach 1200 Metern Abstieg endlich in Mergoscia. Der Weg führt an den Häusern der Benitt vorbei. *Von dieser Hand voll Häuser, sagt man mir, sind gut fünfzehn im Besitz von tedeschi**, schreibt Bianconi. Ob wir in der Osteria die Limonade wohl auf Italienisch bestellen können? Es ist ein eigenartiges Gefühl, sich im eigenen Haus als Fremder vorzukommen. Wie war es möglich – frage ich mich plötzlich –, dass ich als Jugendlicher die Mahnrufe der vielen Dichter des traditionellen Tessins, zum Beispiel Bianconi, wohl gehört, aber nicht zur Kenntnis genommen habe. Rochen sie zu sehr nach dem Muff der Sakristei unserer Dorfkirche? Oder lag es daran, dass die Generation eines Bianconi, ja selbst jene von Kauer, nicht wusste, wie sie mit ihren Söhnen sprechen sollte – oder dies vielleicht auch gar nicht wollte?

Technikkritik und Generationenkonflikt In *Spätholz* und in *Stammbaum* ist der Konflikt mit der Moderne in Wirklichkeit auch ein Konflikt mit den Söhnen. In Kauers Roman nimmt dieser Konflikt dramatische Züge an: Giancarlo, der ältere Sohn, verlässt seinen Vater, um auf dem Staudamm zu arbeiten. Giancarlo hat eine Beziehung mit einem Mädchen. Sie wird schwanger, doch er widersetzt sich dem Willen des Vaters und heiratet sie nicht. In einem Anfall

Alles im Griff Die Kommandozentrale des Staudamms, 1966.

von Wut schlägt der Vater seinen Sohn mit dem Ochsenziemer. Giancarlo schlägt zurück. Schließlich verlassen beide Söhne den Vater. Endgültig.

Bianconi zeichnet einen weniger dramatischen, aber nichtsdestoweniger tragischen Konflikt: *Aber so wie Lorenzo [der Sohn – Anm. d. H.] jenen sommerlichen Klang nicht mehr kennt, so kenne ich mich nicht aus in Dingen, die ihm vertraut sind. Das steigert das Gefühl der Einsamkeit, der Vereinzelung in jedem von uns. Die Alten stehen auf der einen Seite und die Jungen auf der anderen. Wände, Abdichtungen, unübersteigbare, trennen sie.* Zu schnell vollzog sich der Wechsel, allzu erschütternd war der Wandel. Die Väter sehen zu, verstört, verloren, suchen nach einer Erklärung, um sich *endlich zu erkennen* und sich im *verwirrten Dasein zu begreifen*. Sie bleiben gleichsam verhaftet in der Welt *ihrer* Väter und *ihrer* Mütter, unfähig, mit ihren Söhnen zu reden. Oder ist es Selbstgefälligkeit? Kauer und Bianconi inszenieren jeder auf seine Weise die selbst gewählte Einsamkeit mit Pathos und melancholischer Schönheit. Bianconi beginnt sein 1967 erschienenes Buch über Francesco Borromini vielsagend mit einem Zitat von Proust: »Und nennt man Sie UNE NERVEUSE, lassen Sie es sich gefallen. Sie gehören jener wunderbaren und bedauernswerten Art an, die das Salz der Erde ist. Das Große, das wir kennen, rührt von den NERVEUX. Sie waren es, nicht die anderen, die Religionen gestiftet und Meisterwerke geschaffen haben. Nie wird die Welt erfahren, was sie ihnen verdankt, geschweige denn, wie sehr sie gelitten, um es ihr zu geben.« O süßer Trost! Einsamkeit bedeutet also Schmerz, aber auch Balsam. Bianconi wählte lieber die stolze Vereinsamung, als dass er sich dem in der Welt der Söhne pragmatisch Möglichen geöffnet hätte.

Tedeschi und Terroni *Es gibt keinen Pfarrer mehr. Und der Lehrer der wenigen Knaben ist ein Süditaliener, aus Caltagirone oder Catanzaro oder sonst woher* soll er stammen. Und das ist der, fast möchte man sagen sinnbildliche Zustand vieler, allzu vieler unter den Dörfern unseres Tales. Wenn das so weitergeht, werden wir uns innert kurzem nicht mehr daheim fühlen, sondern im Exil zwischen tedeschi* und terroni* [abschätzig für Süditaliener – Anm. d. H.].* Was schert es den leidenschaftlichen Liebhaber der Heimatgeschichte, ob der Lehrer aus Caltagirone in Sizilien, aus dem kalabresischen Catanzaro oder aus einem anderen Zentrum althergebrachter Traditionen stammt? Was kümmert es ihn, dass dank dieses Lehrers die Kinder noch im Ort zur Schule gehen können? Er bleibt ein *terrone*. Dieselbe verächtliche Geringschätzung findet sich auch bei anderen Intellektuellen der Generation Bianconis. So schrieb Guido Locar-

Traubensaft *Süß oder sauer, das ist hier die Frage.*

nini 1955, ohne mit der Wimper zu zucken: »Die eingebürgerten Italiener stellen selten ein wertvolles kulturelles Element dar.« Ist das Leben in holder Einsamkeit und erhabener Isolation also vorzuziehen? Ist es besser als das Unumgängliche: mit unerwünschten Zuwanderern – *tedeschi* und *terroni* – zusammenzuleben?

Dieser Unwille, sich dem Neuen zu öffnen, ist letzten Endes der Grund für die Sterilität des oft moralisierenden Traditionalismus bei Bianconi und Kauer. Gemahnt haben sie wohl, die Väter, doch schließlich wählten sie die Melancholie, die dichterisch ästhetisierte Einsamkeit. So konnten alle Ermahnungen nicht verhindern, dass das Tessin mit Staudämmen, Seen und Kraftwerken übersät wurde, dass immer mehr Häuser, Straßen und Tunnels gebaut wurden, dass *tedeschi* und andere Zuzügler das Tessin als Wohn-, Ferien- oder Arbeitsort gewählt haben – was immerhin dazu beitrug, dass sich der Südkanton nicht drastisch entvölkerte.

Die Kinder ergriffen die Möglichkeit, der Härte, oft auch der Enge der traditionellen Welt zu entfliehen. Sie gingen nach Zürich, Genf, Lugano oder ins Ausland, um zu studieren, zu arbeiten, ein anderes Leben zu leben. Doch auch dies ist nichts Neues, entspricht die Auswanderung aus den kargen Bergtälern doch einer jahrhundertelangen Tradition. *Gutes Blut verleugnet sich nicht* – vermerkt denn auch Bianconi am Ende seinen Romans – *(...) Nach so vielen Vorfahren ist nun mein Sohn Filippo kurz nach seinem Doktorexamen in Geologie nach Yukon gereist, (...) um dort mitten unter den Bären zu arbeiten.* Schon früher sind unzählige Söhne und Töchter gegangen, oft genug zum Missfallen der Eltern. Zum Teil wanderten sie aus Not aus, um der drückenden Armut zu entkommen; ebenso oft waren sie aber vom Wunsch beseelt, Neues zu sehen, neue Länder, neue Menschen kennen zu lernen und wohl auch freier leben zu können. Vom Willen, den Anschluss an eine Welt nicht zu verlieren, die sich schon immer schnell veränderte.

Auch für uns ist es nun Zeit geworden, uns von diesem Ort der Nostalgie zu verabschieden. Das Postauto nach Locarno steht bereit. Und morgen bringt mich der Zug zurück auf die andere Seite des Gotthards. *(deutsch von Cyrill Benz)*

Literatur
PIERO BIANCONI: Der Stammbaum: Chronik einer Tessiner Familie, (Deutsch von Hannelise Hinderberger), Werner Classen: Zürich/Stuttgart 1971 (ital. Originalausgabe 1969)
PIERO BIANCONI: Der Stammbaum, (mit einem Vorwort von Alice Vollenweider), Suhrkamp: Frankfurt a. M. 1990
WALTHER KAUER: Spätholz, Rowohlt Taschenbuch: Reinbek b. Hamburg 1981 (Erstausgabe: Benziger, Zürich/Köln 1976)
PIERO BIANCONI/ALBERTO FLAMMER: Blick aufs Tessin (Deutsch von Trude Fein), Armando Dadò editore: Locarno 1978
PIERO BIANCONI: Francesco Borromini. Vita, opere, fortuna, Dip. della pubblica educazione: Bellinzona 1967

LiteraTour-Info

Einstufung 📖 📖 📖 📖
Gehzeit 7½ h (4½ h Aufstieg; 3 h Abstieg)
Höhendifferenz Aufstieg 1730 m (ab Locarno); Abstieg 1200 m (bis Mergoscia; weitere 260 m bis zum Staudamm)
Beste Jahreszeit Mai bis November
Karten Landeskarte 1:25 000, Blatt 1312 Locarno und 1313 Bellinzona

An-/Rückreise Zu Fuß, mit der Standseilbahn zur Madonna del Sasso (Fahrplanfeld 2620) oder mit dem Bus (Fahrplanfeld 630.40, 630.41) bis Orselina. Zurück nach Locarno mit dem Postauto ab Mergoscia (Fahrplanfeld 630.41) oder mit der Postautolinie Sonogno–Locarno (Fahrplanfeld 630.55) ab Staudamm (Diga Verzasca), auf der anderen Talseite.

Route *Aufstieg:* Von Locarno (198 m) zu Fuß zur – übrigens mehrfach literarisch verewigten – Kirche Madonna del Sasso in Orselina (378 m). Vom oberen, westlichen Ende des Dorfes Orselina (546 m) steigt ein gut markierter steiler Weg zur Häusergruppe San Bernardo (1028 m) hoch und führt etwas sanfter bis zur Seilbahnstation Cardada (1332 m). Über das Plateau der Wintersportstation gelangt man zu einem Wald und von dort weiter Richtung Osten zur Alpe di Cardada (1490 m), wo ein gemütliches Bergrestaurant fast alle Wünsche eines Bergwanderers erfüllt. Dem Waldrand entlang geht es recht bequem weiter zur Cimetta (1671 m). Hinter dem Gipfel steigen wir einige Meter zu einem schmalen Bergpfad unterhalb des Grates ab, über den wir in einer guten halben Stunde die Cima della Trosa (1869.4 m) erreichen. Hier ist eine Pause angebracht. (Es ist jedoch davon abzuraten, dem Beispiel von Walther Kauers Rocco Canonica zu folgen und bei jeder Gelegenheit die Grappaflasche aus der Tasche zu ziehen. Der Abstieg ist nämlich noch lang.)
Abstieg: Vom Gipfel steigt der Pfad am kahlen Hang der Trosa zur Alpe di Bietri (1499 m) ab. Der Weg führt nun, nicht mehr so steil, an den Maiensäßen Faedo (1351 m), Motta, Bresciadiga (1128 m), Campigliai und Lissoi vorbei nach Mergoscia (731 m), wo am Dorfplatz die Osteria

wartet. Vom Dorf ist es noch eine halbe Stunde auf der Kantonsstraße bis zum Staudamm. Über den Damm zur Postautohaltestelle Diga Verzasca der Linie Sonogno–Locarno.

Varianten Von Locarno mit der Standseilbahn zur Madonna del Sasso in Orselina, von dort in sechs Minuten mit der Luftseilbahn auf den Cardada (Fahrplanfeld 2621) und mit der Sesselbahn weiter zur Cimetta (Fahrplanfeld 2622). Die Bahnen werden im Juni 2000 wiedereröffnet (Halbtaxabo ist nicht gültig). Von der Alpe di Bietri führt ein Weg am linken Hang der Valle di Mergoscia zum Maiensäß Porchesio (1350 m) und von dort hinunter nach Mergoscia (–4 h).

Essen/Schlafen Auf dem Hausberg Locarnos, nahe der Seilbahn-Bergstation Cardada, im Colmanicchio (091-751 18 25), auf der Alpe di Cardada (nur zu Fuß erreichbar) im Berghaus Alpe Cardada (091-743 77 37) oder in Lo Stallone (091-743 61 46), auf der Cimetta im Berghaus Cimetta (091-743 04 33). In Mergoscia – nur zum Essen – in der Osteria della Posta (091-745 15 09). Die nächsten Übernachtungsmöglichkeiten im Verzascatal befinden sich in Corippo oder Vogorno. Auskünfte beim Verkehrsbüro in Tenero.

Information Ente Turistico Lago Maggiore Locarno, Largo Zorzi 1, 6601 Locarno, Tel. 091-751 03 33, Fax 091-751 90 70, E-Mail locarno@ticino.com, Internet www.lagomaggiore.org
Tenero & Valle Verzasca Turismo, Via Campagne, 6598 Tenero, Tel. 091-745 16 61, Fax 091-745 42 30, E-Mail tenero@etlm.ch

Tipps Das Elektrizitätswerk beim Staudamm bietet für Gruppen ab 10 Personen öffentliche Führungen an. Jeweils von Montag bis Donnerstag, während der Arbeitszeit und nur nach Voranmeldung (091-745 16 91).

»La Baronata« Herrschaftlicher Sitz Michail Bakunins für den Vorabend der Revolution.

Hans M. Eichenlaub, geboren 1951, Journalist und Filmredaktor bei Schweizer Radio DRS, lebt in Niedererlinsbach.

LiteraTour 16: Locarno–Tenero

Beim Barte des Anarchisten

Eine imaginäre Besichtigung von Bakunins »Baronata« mit Riccardo Bacchelli und Ricarda Huch

»BAKUNIN, Michail, russ. Begr. u. Theoretiker des Anarchismus, geb. Prajamuchino (Kalinin) 18. 5. 1814, gest. Bern 1. 7. 1876. Anarchist. Anhänger, dann Gegenspieler von K. Marx in der 1. Internationale, aus der er 1872 ausgeschlossen wurde.« Der Abspann im Universallexikon ist kurz und knapp. Gibt es weitere Spuren?

Spurensicherung Die erste Begegnung mit Bakunin liegt weit zurück. Mitte der siebziger Jahre, es ist Nacht und trotz des Mondes nicht viel zu sehen. Wenige Kilometer außerhalb Locarnos, in Minusio, biegen wir spitzwinklig links ab, hinein in eine steile Zufahrt. Auf einer ersten Anhöhe wird parkiert. Die untere »Baronata«, eine Pension, liegt im Dunkeln. Zu Fuß steigen wir einen schmalen Weg hoch, durch einen schier undurchdringlichen Park, um nicht zu sagen Wald. Da und dort liegen mächtige Baumstämme quer über den Weg. Plötzlich stehen wir vor einem Haus, einem kubisch wirkenden Palazzo mit vorgelagerter Terrasse, umgeben von mächtigen Palmen und anderen alten Bäumen, mit einem prächtigen Blick auf den nächtlichen See. Die obere »Baronata« ist seit Jahren unbewohnt.

Michail Bakunin hat die Villa 1873 bauen lassen, weil es ihm unten in der Pension nicht wohl war. Eine Art anarchistisches Zentrum hätte hier in den siebziger Jahren des letzten Jahrhunderts entstehen sollen.

Ein paar Tage später besuche ich die »Baronata« bei Tageslicht. Die steile Einfahrt praktisch auf der Höhe des See-Endes zwischen Minusio und Tenero ist unscheinbar. Nur ein kleines Schild dient als Wegweiser. In roter Zierschrift steht zu lesen: »La Baronata«. Das gelb getünchte Pensionsgebäude scheint sich in eine Geländefalte zu ducken. Auf die Seeseite hinaus wirkt es mit den hohen Bogenfenstern herrschaftlich, und der kleine turmartige Anbau auf der Ostseite macht auf den Ankömmling einen fast burgähnlichen, wehrhaften Eindruck. Auf dem gewunden Weg nach oben zur unbewohnten Villa präsentiert sich der Park als wilde, verwachsene, fast urweltlich anmutende Landschaft. Üppiges Grün überwuchert Sträucher, Büsche und Bäume bis hinauf in die Kronen. Lianenartiges Gewächs hat sich da über Jahre ungestört breit machen können. Dann das verlassene Haus: blinde Fenster, Scherben am Boden, schräg hängende Fensterläden, Moos- und Grasteppiche zwischen und über den Terrassenplatten. Die Fassade des architektonisch schlichten und doch mächtig wirkenden Baus scheint im Licht der Morgensonne irgendwie unwirklich: Gelb dominiert auch hier, Gelb in allen nur denkbaren Schattierungen. Die Türe ist unverriegelt. Im Innern zeugen vornehme Parkettböden, Stofftapeten mit Ornamenten, jetzt zum Teil in Fetzen von den Wänden hängend, und große Cheminées von früherer Wohnkultur. Im Keller steht ein riesiger Ofen, Herzstück eines Dampfheizsystems von damals. Und in den früheren Stallungen, seewärts von Arkadenbögen eingefasst, stoße ich in einer muffigen Ecke auf Überreste einer Kutsche. Lederteile hängen herunter, das Holz ist verwurmt und vermodert. Nur die Eisenbeschläge halten das seltsame Wrack zusammen. Und heute?

Literarische Spuren Bakunin hätte die Kutsche genommen. Wir gehen zu Fuß, der Seepromenade entlang, wo sich Fußgänger, Skater und Velofahrer den Weg teilen. Auf einer der zahlreichen Bänke am See setzen wir uns nieder und lesen, was Riccardo Bacchelli in dichterischer Freiheit über die »Baronata« geschrieben hat. Sein Roman *Il diavolo al Pontelungo* (Der Teufel auf dem Pontelungo) erschien in der italienischen Originalausgabe 1927, in deutscher Übersetzung 1972, bei Manesse. *Die Baronata lag eine knappe Wegstunde von Locarno entfernt an einem in einsamer Gegend etwa dreißig Meter über dem See gelegenen Ort. (...) Seit Menschengedenken war die Baronata fast immer zum Verkauf ausgeschrieben gewesen. Sie war im Winter allzu sehr den Winden, im Sommer allzu sehr der Sonne ausgesetzt, und die Erben des Erbauers hatten sie unbewohnbar und unergiebig gefunden. Die alten Leute in Locarno erinnerten sich noch daran, wie viel Geld der einstige Besitzer, ein wohlhabender lombardischer Kaufmann, der sich zurückgezogen hatte, beim Versuch vergeudet hatte, aus diesen kahlen Abhängen und dieser schmalen, steinigen Ebene ein Mustergut zu machen. (...) Die Villa neben dem Eingang zum Besitztum war ein bescheidener, kleiner, aber bequemer Bau, nach italienischer Art breiter als hoch gebaut, mit vier Eckzimmern im Erdgeschoss und fünf Räumen im ersten Stockwerk. Das Landhaus lag, von Süden nach Norden ausgerichtet, mit der Fassade nach Süden. Viele Fensterscheiben waren zerbrochen, aber die Aussicht war herrlich.* Riccardo Bacchelli zeichnete gut fünfzig Jahre nach Bakunins Tod mit blühender Fantasie und fernab belegbarer Fakten ein grelles historisches Gemälde. Bereits 1923 hatte Ricarda Huch ihren historischen Roman *Michael Bakunin und die Anarchie* mit dem Kapitel »Die Tragödie der Baronata« veröffentlicht. *Es waren gewiss frohe Tage, wenn man gemeinsam zur Baronata hinaufstieg, um über die neuen Einrichtungen in Haus und Garten zu beratschlagen. (...) Einige Monate, so darf man anneh-*

men, vergingen Bakunin fröhlich in Vorbereitungen und Vorfreude. Für den Sommer 1874 wurde seine Frau Antonia aus Sibirien zurückerwartet in Begleitung ihrer Eltern. Für Russen und Italiener hat der Gedanke, die Familie durch Schwiegereltern und Geschwister erweitert zu sehen, nichts Erschreckendes; im Gegenteil, das erwärmende Gefühl von Weite des Zusammenhangs wird dadurch gesteigert. Anders als sonst wollte Bakunin diesmal die Seinigen empfangen. Er war immer der Unstete gewesen, den Schulden und revolutionäre Rücksichten von Ort zu Ort jagten, der ängstlich auf irgendeine entlehnte oder geschuldete Summe wartete, um die nächsten Tage zu fristen. Jetzt erwartete die nach zweijähriger Abwesenheit heimkehrende Frau ein eigenes, bequemes Heim, wo ein reichlicher Zuschnitt des Lebens herrschte, wo man endlich einmal ohne die drückende Sorge für die nächste Zukunft atmen konnte.

Friedhofsspuren Nach einem guten Kilometer auf der heutigen Seepromenade zweigt der Weg zum Friedhof von Minusio ab. Hier liegt Stefan George (1868–1933), der aus Protest gegen die nationalsozialistische Politik in die Schweiz emigrierte und in Minusio gestorben ist. Auch Michail Bakunin lebte seine letzten Lebensjahre in Minusio, gestorben aber ist er in Bern. Sein Grab liegt auf dem Berner Bremgarten-Friedhof. Als die Grabstätte 1966 aufgelassen werden sollte, pachtete sie ein Basler Werbefachmann für weitere 50 Jahre und erhielt sie so der Nachwelt. Günter Eich, der das Grab kurz darauf besucht hatte, beschrieb es so: »Wir sind zu fünft unauffällig rasiert und versammelt. Der Wiedererwerb der Grabstelle ist gelungen, das feiern wir mit einer kleinen frauenlosen Andacht. Nachdem durchreisende Revolutionäre sich angewöhnt haben, leere Patronenhülsen als Gruß niederzulegen, auch verrostete Dolche fand man im Efeu, versuchen wir jetzt, die Fremdenverkehrswerbung zu unterwandern, planen eigene anarchistische Reisepros-

Die Revolution ist abgesagt *Verrammelt, verwüstet, verkauft. Die »Baronata« hundert Jahre nach Bakunin.*

pekte. Die Andacht ist still. Wir meditieren über unseren verehrten Vorgänger, zum Teil auch über andere Dinge (…) Später, bei einem düsteren Bier, wollen wir unsere Meditationen vergleichen, wobei wieder unsere Spaltung in Marx-Freunde und Marx-Gegner deutlich werden wird. (…) Uns liegt es, hundert Jahre zurück oder hundert Jahre voraus zu sein. Wir halten es mit den Wissenschaften und mit der Utopie, meditieren nur an Gräbern, sonst sind wir tätig. Resolutionen lassen wir aus, wir feiern die Narren auf verlorenem Posten. Aber wer mag an Bakunin gedacht haben? Nicht einmal ich, nicht an seine Gefängnisse, nicht an sein Sibirien, nicht an sein verlassenes Locarno. Hoffentlich hat er dort wenigstens ein paar schöne Tage gehabt, die ihm den Bart gewärmt haben.«

Spuren der Zerstörung Zurück auf der Seepromenade. Erinnerungen werden wach. Bei meinem dritten Besuch der »Baronata«, immer noch in den siebziger Jahren, ist der Serpentinenweg zur oberen Villa bereits zugesperrt. Am Eisengitter hängt unter Plastik ein Karton: »Attenti ai Cani«. Statt auf Hunde stoße ich allerdings auf Schafe und Ziegen. Der Park, in einer der klimatisch mildesten Zonen der Schweiz gelegen und mit mächtigen Kamelien, Magnolien, Eichen, Zedern, Koniferen, Thuja, Pinien und anderen Exoten bepflanzt, ist inzwischen brutal ausgelichtet und abgeholzt worden. Nach einem weiteren Jahr ist auch die Haustüre verriegelt. Die Fenster der Doppeltüre sind eingeschlagen. Auf der Terrassenseite sind die meisten Scheiben in Brüche gegangen. Ein Fenster lässt sich öffnen. Doch das scheinen auch andere entdeckt zu haben. Überall Scherben am Boden, zerschlagene Lavabos, ausgeleierte Fensterläden. Im oberen Stock hat sich die Gipsdecke teilweise gelöst. Feuchtigkeit muss eingedrungen sein. Auch der Parkettboden ist zerstört. Einzelne Riemen haben sich aufgebäumt. Ein tristes Bild. Auf Fragen nach dem Besitzer der beiden Villen kommen nur unbestimmte Antworten. Irgendeine Gesellschaft in Lugano habe das ganze Areal von fast 40000 Quadratmetern vor Jahren gekauft – für eine knappe Million, heißt es, mit der Absicht, alles abzureißen und Neubauten zu erstellen. Abbruchverbot und Baustopp in den sechziger Jahren scheinen diese Pläne durchkreuzt zu haben. Später dann der Hinweis auf neue Besitzer, eine Immobilienfirma mit Adresse in Liechtenstein.

Erst 1978 wird Bakunins »Baronata« wieder ein Thema. Im Zusammenhang mit Harald Szeemanns Ausstellung zum Monte Verità. Einige Fakten kommen jetzt ans Licht. Danach kam Michail Bakunin 1869 nach Locarno. 1873 kaufte der Marchese Carlo Cafiero, ein begüterter Verteter der italienischen Internationale, für Bakunin und auf dessen Namen die untere »Baronata«. Laut Kaufvertrag, der im Archivio Storico Cantonale in Bellinzona aufbewahrt wird, für 14 000 Franken. Zudem erhielt Bakunin von Cafiero eine Blankovollmacht über sein gesamtes Vermögen. Der edle Spender stellte sich die Villa als heimliche Zentrale der damaligen europäischen Revolutionsbewegungen vor. Max Nettlau (1865–1944), der wohl früheste Bakunin-Biograf, verfasste in den Jahren 1896 bis 1900 in London eine umfassende Lebensbeschreibung im Umfang von über 800 Seiten mit weiteren rund 200 Seiten Anmerkungen. Das von Hand geschriebene Werk erschien, autokopiert, in einer Auflage von nur 50 Exemplaren. 1971 brachte der italienische Verleger (und Anarchist) Feltrinelli einen Reprint heraus, Faksimile, in zwei Bänden, mit leuchtend rotem Ledereinband. Auflage: wiederum 50 Stück! Ein Exemplar befindet sich im Sozialarchiv in Zürich. Diesem Text entnehmen wir nicht nur detaillierte Angaben über den regen Besuch von Freunden aus Italien, Spanien, Frankreich und Russland, die in der »Baronata« ein- und ausgegangen sind. Auch über die Baupläne für die obere »Baronata« wird ausgiebig berichtet. Obwohl erst knappe 60 Jahre alt, war Bakunin schwer krank und schlecht zu Fuß. Deshalb ließ Cafiero Pferde und zwei Kutschen anschaffen, ja selbst eine Barke durfte nicht fehlen. Cafieros Frau, Olimpia Kutusov, beschrieb den Alltag auf der »Baronata« so: »Das Leben hatte sich hier scheinbar von selbst nach kommunistischen Prinzipien organisiert. Die unerlässlichen Arbeiten wurden so weit wie möglich gleichmäßig aufgeteilt: Die Männer arbeiteten im Wald, sägten Holz, mähten, kümmerten sich um den Gemüsegarten, der uns genügend Rohkost, grüne Gemüse, Beeren, Kastanien und Früchte lieferte. Wir hielten auch Hühner und Kühe. (…) Wir ernährten uns fast ausschließlich von den Produkten der ›Baronata‹. Fleisch kam selten auf den Tisch. Zwei Schiffsstunden auf dem Lago Maggiore von der italienischen Grenze entfernt, war die ›Baronata‹ ein bequemer Ort, um Versammlungen abzuhalten und von der Po-

Neue Perspektive? Der Palazzo gehört heute einer Schweizer Großbank.

lizei verfolgte Revolutionäre aufzunehmen; sie konnten sicher sein, hier einen provisorischen Unterschlupf zu finden.« Doch die glücklichen Tage Bakunins in der »Baronata« waren von kurzer Dauer. Im Verlauf eines Jahres in der neu erbauten Villa zerstritt sich Bakunin mit seinem Gönner, vor allem der hohen Ausgaben für Lebenshaltung und Hausbau wegen. Der alte Anarchist wandte sich 1874 noch einmal dem realen revolutionären Kampf zu, auf den Barrikaden in Bologna, bevor er zwei Jahre später in Bern sterben sollte.

Schmalspur Nachdem wir den Geländevorsprung bei der Villa Roccabella passiert haben, erreichen wir beim See-Ende die Sportanlagen von Tenero. Hier lohnt sich ein kurzer Blick zurück: Etwas oberhalb der beiden Tunneleingänge der Autobahn, die nach Locarno führt, erblicken wir endlich die gelbe Fassade der »Baronata«. Allerdings, weit entrückt und unzugänglich wie eh und je. Der Bau wurde inzwischen umfassend renoviert und für kurze Zeit auch bewohnt, heute steht Bakunins Palazzo aber wieder leer. Besitzerin ist zu Beginn des 3. Jahrtausends eine Schweizer Großbank.

Unsere Wanderung auf der Spur des russischen Anarchisten in Richtung Tenero führt uns weiter, vorbei an der großen Open-Air-Modelleisenbahn-Anlage der ATAF, der Associazione Ticinese Amici della Ferrovia (Spur 184–227 mm), vorbei am Eingang zum ersten der großen Zeltplätze, dem Campeggio Mappo, der 1997 sein 40-Jahr-Jubiläum feiern konnte. Dann folgt der Campeggio Tamaro und schließlich die Schiffsstation. Wer nicht zu Fuß zum Ausgangspunkt zurückkehren will, besteigt in Tenero das Schiff, wie einst Bakunins Gäste.

Literatur
RICCARDO BACCHELLI: Der Teufel auf dem Pontelungo, Manesse: Zürich 1972 (ital. Originalausgabe 1927)
RICARDA HUCH: Michael Bakunin und die Anarchie, Suhrkamp Taschenbuch 1493: Frankfurt a. M. 1988 (Originalausgabe 1923)
MICHAEL BAKUNIN: Die Berner Bären und der Bär von Petersburg, Edition Arche Nova, 1970
HORST BIENEK: Bakunin – eine Invention, Hanser 1970
ROMANO BROGGINI: Anarchie und Befreiungsbewegungen um 1870 in der Gegend von Locarno, in: Monte Verità – Berg der Wahrheit, Electa Editrice: Milano 1978, S. 14–25
FRITZ BRUPBACHER: Marx und Bakunin, München 1913
FRITZ BRUPBACHER: 60 Jahre Ketzer, Zürich 1973 (Originalausgabe 1935)
MADELEINE GRAWITZ: Bakunin – Ein Leben für die Freiheit, Edition Nautilus: Hamburg 1999
SILVANO PEZZOLI/GIANFRANCO PAGANETTI: Saluti da Minusio, Armando Dadò editore: Locarno 1998

LiteraTour-Info

Einstufung 📖 📖
Gehzeiten 1 h
Höhendifferenz unbedeutend
Beste Jahreszeit ganzes Jahr
Karten Landeskarte 1:25 000, Blätter 1312 Locarno, 1313 Bellinzona

An-/Rückreise Rückreise mit der Bahn ab Tenero (Fahrplanfeld 630) oder mit dem Schiff (Fahrplanfeld 3630.1).

Route Vom Bahnhof Locarnos zur Schifflände und von dort immer der Seepromenade entlang ostwärts. Der Uferweg ist durchgängig ausgeschildert. Biker, Skater und Fußgänger teilen sich den Weg. Die »Baronata« ist auf der Landeskarte (Blatt 1313) eingezeichnet. Sie liegt auf der punktierten Linie des Eisenbahntunnels. Feldstecher und Badehose mitnehmen.

Essen Die Seepromenade ist gesäumt von Hotels, Cafés und vereinzelt Osterien. Schön gelegen sind Osteria La Riva (091-743 20 93) und das Albergo Navegna (091-743 22 22) an der Via alla Riva 19 resp. 2 in Minusio.

Schlafen In Tenero auf einem der Campingplätze (was Bakunin mit Sicherheit als zu unbequem abgelehnt hätte) oder in einem der einfachen Hotels, dem Ristorante dei Ferrovieri, direkt beim Bahnhof (091-745 66 59), oder im Albergo Motta an der Via Brughiera (091-745 10 21).

Information Ente Turistico Lago Maggiore Locarno, Largo Zorzi 1, 6601 Locarno, Tel. 091-751 03 33, Fax 091-751 90 70, E-Mail locarno@ticino.com, Internet www.lagomaggiore.org
Tenero & Valle Verzasca Turismo, Via Campagne, 6598 Tenero, Tel. 091-745 16 61, Fax 091-745 42 30, E-Mail tenero@etml.ch

Tipps »Edizioni La Baronata« nennt sich in Lugano ein Kleinverlag, der 1978, im Jahr der Monte-Verità-Ausstellung, gegründet worden ist. »La Baronata« verlegt historische und politische Schriften zum Anarchismus, zur antiautoritären und Freidenker-Bewegung. Michail Bakunin ist gewissermaßen der ideologische Pate des Verlagsprogramms. Bisher erschienen 16 Titel, darunter »Le case dei pagani« von

Mosè Bertoni, »Guerra alla Guerra – Abasso l'esercito« von Jules Humbert-Droz oder »Gli orsi di Berna e l'orso di Pietroburgo« von Michail Bakunin. Noch in Planung ist ein Band mit Briefen Bakunins an italienische und Tessiner Freunde, herausgegeben vom italienischen Cafiero-Kenner Pier Carlo Masini. Ausführliche Informationen zum Verlagsprogramm sind im Internet abrufbar:
www.anarca-bolo.ch/baronata

Kamelienblüten, Wein und Boccalino *Das Klischeebild stammt aus einem aktuellen Postkartenständer Locarnos. Hermann Aellen hätte auch zugegriffen.*

Gerhard Lob, geboren 1961, ist Redaktionsleiter der deutschsprachigen »Tessiner Zeitung«. Er lebt seit 1989 in Locarno.

LiteraTour 17: San Nazzaro–Indemini

Kennst Du das Land, wo die Kamelien blühen?

Von literarischen und anderen Blüten des Wahltessiners Hermann Aellen

Im Garten der sanften Maria Adamina mit den müden Augen, die einen Schmerz und eine Seele bergen, leuchten die ersten Kamelien, wiegen die Köpfe im Winde, bedächtig die einen, heftig die anderen. Die roten sind wie das laute begehrende Ja des Tages, die weißen wie das stille fromme Amen des Abends zu schauen. Aber da ist auch das schwere, süße Düften von Mimosen über den Wegen. Schön formuliert, Herr Aellen. Schön auch, dass Sie heute dabei sind, auf unserer Wanderung. Oder besser gesagt: uns wenigstens in Gedanken begleiten; Sie weilen ja nicht mehr unter den Lebenden, starben 1939 in Minusio, auf der gegenüberliegenden Seeseite, gerade mal 52-jährig. Die Kamelie, diese Ikone südlicher Befindlichkeit, hatte es Ihnen angetan. 1927 – die Welt vergisst so schnell – erschienen im Busentaschenformat Ihre Tessiner »Novelletten« mit dem Titel *Rote und weiße Kamelien*. Und jetzt – welch ein betörendes *Düften*, mein Dichter – stehen wir gemeinsam mitten im Parco Eisenhut in Vairano oberhalb von San Nazzaro, tauchen ein in das Blütenmeer von Kamelien und Magnolien und lassen das Auge schweifen über den See, aufs Locarnese und seine Täler. Hatten Sie dieses Bild vor Augen, als Sie über Ihre Ankunft im Tessin zu Beginn dieses Jahrhunderts schrieben? *See, Licht, Sonne, Wärme, Leben, alles floss zusammen zu einem gerundeten Bild, darum die sanften Hügelrücken jener Berge Wache standen.* So heißt es in Ihrer Schrift *Briefe an eine Tessinerin*, 1930 erschienen, die auch *Liebesbriefe an eine Tessinerin* heißen könnte. *Es war vor mehr als zwei Jahrzehnten. So lange schon währt dieses Lieben nun. Und wenn ich trotzdem noch schwärmen, und jubilieren, und mich erwärmen kann an jedem neuen Wandertag an den Seen, dann ist das sicherlich zu loben, auch von Ihnen, liebe Spröde!*

Traum vom Häuschen im Tessin Sicher, Ihre Tessinbegeisterung ist nachvollziehbar. Der kalte, nicht enden wollende Winter im Norden, darunter leiden doch alle Abkömmlinge aus der Deutschschweiz. Die Sonne und Wärme im Süden als ewige Verlockung. *Nach dem Herbst ist Talfahrt. Dann muss mich der wärmere Süden des Landes locken, dann entfliehe ich dem Winter und lebe in Lenzesdüften und bei meinen Träumen von ewiger Friedsamkeit der Erde an meinem in paradiesischer Verzückung daliegenden See der Seele und in seligen Gesängen.* Das faszinierte damals – Sie haben es in Ihren Elogen an das Tessin unzählige Male beschrieben. Und auch heute ist es nicht viel anders. »Ferienwohnung zu vermieten« heißt es hier überall an den Häuschen im Gambarogno, die sich wie Würfel den Hang hinauf türmen. Die Telefonnummern auf den Schildern verweisen nach Zürich, Luzern oder Basel. Zweitresidenzen eben, fest in Deutschweizer Händen.

Viel wissen wir nicht über Sie, Herr Aellen. Ihre Werke sind heute nicht mehr verbreitet, in den Bibliotheken lagern vereinzelt Exemplare, die meisten werden nur in die Lesesäle verliehen. Immerhin hat »Ihre« Zeitung, die »Südschweiz«, am 30. April 1939 zu Ihrem Tod einen langen Nachruf veröffentlicht. Sie waren demnach in

Kamelienkavalier Hermann Aellen in einer empfindsamen Radierung.

verschiedenen Zeitungsredaktionen tätig; Sie wurden vom Journalismus *schon vor dem Sekundarlehrerexamen in Bern mit erst 21 Jahren weggeholt und in die Praxis gestellt.* Zuerst beim »Oberländer Tagblatt«, später beim »Berner Tagblatt« und beim »Freien Rätier« in Chur. Vor allem aber gründeten Sie 1921 die »Südschweiz«, als Nachfolgerin der eingegangenen deutschsprachigen »Tessiner Zeitung« (1908–1919). »Ihre« Zeitung existiert im Übrigen bis heute, auch wenn sie 1987 wieder den ursprünglichen Namen »Tessiner Zeitung« angenommen hat. Gewohnheiten sind schwer zu ändern: Für viele Tessiner ist und bleibt das Blatt schlicht die »Südschweiz«.

Kulturkampf der Stämme *Den Tessiner seiner Rückständigkeit oder Armut wegen geringer einzuschätzen, ist grundverkehrt und* *nichts steht übrigens dem Deutschschweizer schlechter an als etwa hochnäsig über ein Volk zu lächeln, das lange genug in unwürdiger Untertanenschaft lebte.* Dass Sie das Tessin und seine Probleme gut kannten, haben Sie oftmals unter Beweis gestellt. Die heutige Kantonsregierung könnte Sie problemlos zitieren, wenn sie in Bern auf gewisse Schwierigkeiten des Kantons aufmerksam machen will. Ein Blick auf die Landkarte genüge doch, um die exponierte Lage des Südkantons augenfällig erscheinen zu lassen, sagten Sie. *Gemeinhin kommen aber doch dem uninteressierten Miteidgenossen ennet den Bergen die Folgen einer solchen Ungunst der geografischen Lage für das Tessin nicht zum Bewusstsein,* schrieben Sie 1915 (»Zur Tessiner Frage«). Und *man wird verstehen, warum Handel und Industrie im Kanton mit ganz besonderen Schwierigkeiten zu kämpfen haben.* Dies ist auch heute noch so, trotz Gotthard-Autobahn.

Als Gründer und Chefredaktor der »Südschweiz« setzten Sie sich besonders für eine Verbesserung des Verhältnisses zwischen Tessinern und Deutschschweizern ein, zwischen den verschiedenen Stämmen, wie Sie sagten. Denn das Verhältnis war getrübt: Daran hatte auch die Vorgängerin der »Südschweiz«, die »Tessiner Zeitung«, einigen Anteil. Sie verstand sich in ihrer Gründungszeit als Organ und Interessensvertreterin der Deutschschweizer im Tessin. In einem regelrechten Kulturkampf glaubten die Tessiner darin eine »Germanisierung« des letzten Landeszipfels italienischer Kultur zu sehen, während den Tessinern von der deutschsprachigen Zeitung umgekehrt eine »fremdeidgenössische Haltung« vorgeworfen wurde. Erst infolge des Eidgenössischen Schützenfestes in Bern 1910 konnten die Gräben wieder zugeschüttet werden.

Apropos: Immer wieder setzten Sie sich kritisch mit der Herrschaft der Deutschschweizer in den ennetbirgischen Vogteien auseinander. Als der Stefan, der Sohn des Bürgermeisters, in Ihrem Roman *Die Lawine von Gurin* dem Landvogt in Cevio Bericht über die 43 Toten der Naturkatastrophe erstattet, in der Hoffnung Hilfe zu erhalten, antwortet dieser spottend: *Er gehe zum Vater, sage ihm, der Vogt sei zum Regenten da, nicht zum Betteln für Bettler.* Um schon im nächsten Satz daran zu erinnern, dass die Guriner schleunigst ihre Steuergelder zu bringen hätten ...

Später schrieben Sie, Herr Aellen: *Wo ein schweigendes Nebeneinanderleben war, ist jetzt gutes Verstehen und Liebe zu des anderen Wesensart.* Das war vielleicht etwas übertrieben, denn die Harmonie zwischen den Bewohnern der beiden Landesteile war und ist keineswegs perfekt. Aber man muss Ihnen zugute halten, dass sie bei Ihren Landsleuten immer wieder dafür warben, den südlichen Landesteil wirklich kennen zu lernen: *Es genügt daher auch nicht, dass der Deutschschweizer etwa auf seiner Hochzeitsreise mit dem Schnellzug das Tessin bis Lugano hinunterfährt und den Nostrano süffig und billig, die Spaghetti schmackhaft findet.* Für dieses Anliegen setzt sich die »Tessiner Zeitung« bis heute ein, auf Ihren Kamelienzauber verzichtet sie jedoch.

Kamelien im Sehnsuchtsland In Ihrer Vergötterung des Tessins haben Sie ab und zu über das Ziel hinausgeschossen, die Realität verklärt. Wie ein Paradies auf Erden erscheint da die Südschweiz. Ein Land, wo Milch und Honig fließen. *Siehe, du hast einen Teil bestes, innerstes Leben nicht gelebt, wenn du nicht das tröstliche Angesicht unserer Seen im Sehnsuchtsland des kalten nordischen Schweizers geschaut hast.* Die Kamelien sind Embleme dieses Sehnsuchtslandes, sind frühe Boten neuen Lebens.

Die Liebe zu den Kamelien ist bei den Deutschschweizern tatsächlich tief verwurzelt. Bis heute. Wo ist dies besser zu sehen als in Vairano? Der Gärtner Otto Eisenhut hat hier vor 44 Jahren seinen Lebenstraum verwirklicht und einen prächtigen botanischen Garten angelegt. Zwischen zwei wild zu Tal stürzenden Wildbächen tum-

Kamelienfest Locarno *1923 als Touristenfolklore erfunden, in den achziger Jahren als Kitsch abgeschafft, im Jahre 2000 als botanisches Projekt einer Kamelienblütenschau wieder erfunden.*

meln sich rund 400 Arten Kamelien und Magnolien, flankiert von Azaleen, Pfingstrosen, Rhododendren und anderen exotischen Pflanzen. Ein florales Feuerwerk in der Blütezeit zwischen April und Juni. Wie Gärtner Eisenhut sind auch die Besucher des Parks vor allem deutschsprachig. Die Tessiner sind hier die Minderheit. Schade nur, dass sich die öffentliche Hand nicht besonders engagiert, um die Anlage finanziell zu unterstützen. Denn Eisenhut kann den Unterhalt alleine nicht mehr bestreiten und hat selbst die Schließung des Parks nicht ausgeschlossen.

Zu Anfang des Jahrhunderts hat man die Bedeutung der Kamelien für den Fremdenverkehr erkannt und entsprechend ausgenutzt. So entstanden in den 20er Jahren Kamelien- und Winzerfeste, die nicht Teil der Tessiner Tradition waren, sondern inszenierte Folklore für Touristen. Als touristische Subkultur bildeten sie den Ausgangspunkt für die Verbreitung von Klischees über das Tessin, die sich bis heute hartnäckig halten. Das Tessin als Land der fröhlichen und singenden Leute mit der Kamelienblüte im Haar. Nachdem sich der ehemalige Verkehrsvereinsdirektor Marco Solari dafür einsetzte, mit dieser überholten Art der Folklore von *zoccoli* und *boccalini* aufzuräumen, verschwanden die Feste in den 1980er Jahren tatsächlich von der Bildfläche. Aber inzwischen ist eine kleine Renaissance festzustellen. So versucht sich Locarno wieder mit einer Kamelienausstellung.

Von der Schönheit mühseliger Arbeit Zu dieser überholten Folklore haben auch Sie, Herr Aellen, einiges beigetragen. *Und da so viel Schönheit bei Reben und Sonne und Kastanie, so viel Gesang von Mandolinen und schwermütigen Liedern und rhythmischen Tänzen in unsere Sinne kam, singt es nun auch bei uns überall...*, schreiben Sie in der Weihnachtsausgabe der »Südschweiz« am 24. Dezember 1921. Daran denken wir, wenn wir auf unserer Wanderung die Alpe

Cedullo erreichen. Die ersten 1000 Höhenmeter haben wir inzwischen hinter uns. Hier zweigt der alte Saumweg direkt über den Sattel Sant'Anna nach Indemini ab. Erst seit 1920 ist das Dorf durch eine 17 Kilometer lange Passstraße mit dem Gambarogno-Ufer verbunden. Bis zu diesem Zeitpunkt musste alles von und nach Indemini getragen werden. Kaum vorstellbar, wie mühsam diese Zeiten waren. Die Männer schaufelten im Winter den Weg frei, erzählt man im Dorf, die Frauen folgten mit Lasten von bis zu 40 Kilo auf dem Rücken.

In Ihren Fantasien, Herr Aellen, war die schwere körperliche Arbeit aber eine schöne Sache. Selbst eine alte Frau lacht, wenn sie eine schwere Gerla, den Rückenkorb, trägt. *Die alten Frauen lachen immer im Tessin und sind zu Späßen gelaunt.* Was ist die Last körperlicher Arbeit im Süden gegen die Last des schwermütigen Lebens im Norden? Sie halten sich schon fast klassisch an diesen Topos: *Und es ist noch sehr die Frage, ob eine verkrümmte Seele in der Stadt nicht schwereres Kranksein ist, als arbeitsverstreckte Glieder zu haben.*

Schatten über dem Sonnendorf Indemini Endlich sind wir angekommen. Indemini, 930 Meter hoch, eines der einsamsten Dörfer im Tessin. Das hätte Ihnen bestimmt gefallen. *So ein Eiland des stillen Glückes und der Abgeschlossenheit von Verkehr und der Brandung des neuen Lebensstromes,* schrieben Sie über das Tessiner Walserdorf Gurin. Und hätten es auch über Indemini gesagt. Wie ein ovaler Steinhaufen liegt dieser Ort im grünen Wald. Man sei an Korsika erinnert, schwärmen Wanderführer, wenn sie den Weg von der Alpe di Neggia Richtung Indemini beschreiben. Im Wappen von Indemini: ein Strich für die nahe Grenze, eine Axt und eine Sichel, die Werkzeuge der Waldarbeiter und Bauern, der beiden wichtigsten Berufsvertreter vor Ort, und schließlich die Sonne. Natürlich: Indemini liegt am Sonnenhang. Im Sonnenland Tessin, würden Sie anfügen, Herr Aellen. Doch auch hier werden die Schatten immer länger. Nur noch 61 Menschen leben hier. Das Dorf ist vom Aussterben bedroht. Zu Beginn dieses Jahrhunderts war das noch anders. 340 Einwohnerinnen und Einwohner und halb so viele Milchkühe zählte Indemini. Heute hat es keine Kühe mehr. Daran hat auch die Zuwanderung von Deutsch- und Westschweizern in den 80er Jahren nichts geändert. Sie träumten vom glücklichen Leben auf dem Lande im Sehnsuchtsland Tessin. Doch nur wenige Familien sind geblieben. Die Realität hat die Sehnsucht in den meisten Fällen besiegt. Deutschschweizer gehören aber nach wie vor ins Erscheinungsbild dieses Dorfes. Am Wochenende besuchen sie es, spazieren durch die Hausreihen wie durch ein Freilichtmuseum.

Für Gemeindepräsident Franco Domenighetti ist dies keine Perspektive. Leben wie in einem Museum? Gedankenversunken sitzt er am Tisch seines Restaurants »Indeminese«. Die Abwanderung stoppen, neues Leben für Indemini! Davon träumt er. Doch die Wirklichkeit holt ihn schnell ein: »Auch meine Kinder werden das Dorf wohl verlassen.«

Literatur
HERMANN AELLEN: Briefe an eine Tessinerin, Locarno 1915
HERMANN AELLEN: Die Lawine von Gurin, Chur und Leipzig 1923
HERMANN AELLEN: Rote und weiße Kamelien. Tessiner Novelletten, Weinfelden 1926
HERMANN AELLEN: Zur Tessiner Frage. Hoffnungen und Wünsche eines Patrioten, Weinfelden 1926
VIRGILIO GILARDONI: Le immagini folcloriche del »popolo allegro« nella prima età del turismo ferroviario, in: Archivio Ticinese 88/1981
GUIDO LOCARNINI: Die literarischen Beziehungen zwischen der italienischen und der deutschen Schweiz, Bern 1946
OTTAVIO LURATI: Tourismus und Folklore. Der Fall Tessin, in: Schweizerisches Archiv für Volkskunde, Jg. 77, Basel 1981

LiteraTour-Info

Einstufung 📖 📖 📖 📖
Gehzeiten 6 h (4½ h Aufstieg, 1½ h Abstieg)
Höhendifferenz Aufstieg 1540 Meter, Abstieg 760 Meter
Beste Jahreszeit April bis November (wegen des weitgehend schattigen Aufstiegs auch im Hochsommer)
Karten Landeskarte 1:25 000, Blatt 1332 Brissago

An-/Rückreise Am schönsten und schnellsten ist die Anreise ab Locarno mit dem Schiff (Fahrplanfeld 3630) in einer halben Stunde. Möglich sind aber auch der Zug (umsteigen in Cadenazzo; Fahrplanfelder 630 und 631) oder ab Magadino Schiffländle das Postauto, Linie Indemini (Fahrplanfeld 630.80). Aussteigen jeweils in San Nazzaro. Rückreise im Postauto ab Indemini bis Magadino, dort wieder Anschluss an den (staufreien) Pendelschiffskurs nach Locarno (Fahrplanfeld 3630.2).

Route *Aufstieg:* Auf der Hauptstraße in San Nazzaro (194 m) kurz südwestwärts, bis links die markierte Route nach Vairano abzweigt. Auf einem Treppenweg an der evangelischen Kirche und vielen Wohnhäusern vorbei, schließlich wieder auf einer Straße ins Dörfchen Vairano (392 m). Vom Dorfplatz geht es hangaufwärts, zuletzt über einige Treppen von Terrassenhäusern, dann ist der Wanderweg erreicht. Über die Monti di Vairano (934 m) geht es auf die bestoßene Alpe Cedullo (1287 m), wo man im Sommer auch einkehren kann. Der Weg verläuft nun ostwärts, erst im Wald, später in freiem Gelände über den NW-Grad des Monte Gambarogno. Etwas unterhalb des Gipfels (1734 m) befindet sich eine geschlossene Hütte.

Abstieg: Auf dem Grat zum Ostgipfel (1687 m) und hinab zum Straßenpass Alpe di Neggia (1395 m), wo eingekehrt werden kann. Westwärts oberhalb der Straße (an Holzhaus orientieren) führt ein Höhenweg an der Südostflanke des Monte Gambarogno entlang bis zum Ortseingang von Indemini. Die Route führt am Ende auf den Weg, der von der Alpe Cedullo über den Sattel Sant'Anna kommt.

Varianten Zwischen Vairano und Monti di Vairano über die Sass da Grüm (660 m), wo mitten im Kastanienwald ein Restaurant und Hotel als »Ort der Kraft« liegt. Die Geranten sagen, dass sich hier ausschließlich

Alpe Cedullo Geißenkäse oder lieber Coca-Cola?

positive Erdstrahlen konzentrieren (nur wenige Minuten Umweg). Wer die Tour um gut zwei Stunden abkürzen will, kann von der Alpe Cedullo über den Sattel Sant'Anna (1342 m) direkt nach Indemini gelangen; es ist dies der historische Weg ans Gambarogno-Ufer.

Essen Im Albergo Sass da Grüm (091-794 28 50) gibt es vegetarische Vollwertkost. Traditioneller und einheimischer isst man auf der Passhöhe im Ritrovo Alpe di Neggia (091-795 19 97) sowie in Indemini in den Ristoranti Indeminese (091-795 12 22) und Martini (091-795 14 67).

Schlafen Im Gambarogno-Gebiet gibt es eine Reihe von Hotels (Liste beim regionalen Verkehrsbüro erhältlich). Unterkünfte am Weg sind in San Nazzaro das Hotel Sass da Grüm (091-794 28 50), auf der Alpe di Neggia das Ritrovo di Neggia (091-795 19 97, Zimmer und Matratzenlager) und in Indemini das Ostello La Genziana (091-795 15 98, Gruppenunterkunft, abends telefonieren). In Locarno kommt für Aellen-Reisende eigentlich nur ein Hotel in Frage: das Albergo Camelia. Details unter www.camelia.ch

Information Gambarogno Turismo, Via Cantonale, 6574 Vira, Tel. 091-795 18 66, Fax 091-795 33 40, E-Mail: gambarogno@etlm.ch

Tipps Im Frühjahr lohnt sich ein Abstecher in den botanischen Park von Otto Eisenhut in Vairano (zirka 800 Meter vom Dorfplatz entfernt). Neben Magnolien, Rhododendren, Pfingstrosen und Azaleen blühen dort rund 950 Arten von Kamelien. Öffnungszeiten: täglich 9.00 bis 19.00 Uhr.

Man sieht sie oft zusammen Giorgio Orelli und sein Fahrrad.

Ulrich Suter, geboren 1961, ist freischaffender Autor. Er lebt in Schongau.

LiteraTour 18: Locarno–Bellinzona

Die Panne als poetisches Erfordernis
Eine Fahrradtour zu Giorgio Orellis »Reifenpanne in Giubiasco«

Keiner, der Fahrräder flickt? fragt Giorgio Orelli, der Rad fahrende Dichter, der eben am Rand der Magadino-Ebene, diesem touristischen Nichtort, gestrandet ist. Velofahrer, dein Schicksal: Pannen erleidest du allein. Stehst mit plattem Reifen verlassen da, ohne Flickzeug (das du nie besessen). Niemand, der auch nur gaffte. Und stößt du, vulgo, deinen Fluch aus – niemanden interessiert's. Doch besser zu Hause geblieben?

Locarno Die Fahrt nach Bellinzona beginnt stimmungsvoll. Regen, eine Luft wie Samt, dem See entlang. Gleichmütig tropft's in den See. Auch bei schlechtem Wetter entfaltet diese Hügel-Ebene-See-Landschaft eine reiche Polyphonie. Anders als in Joris Karl Huysmans' Roman »Gegen den Strich«, dessen Protagonist bei strömendem Regen in einer Kutsche zu einer Londonreise aufbricht und es doch nur bis zum nächsten englischen Café schafft, wo er sich mit dem Imaginären als dem Besseren der Reise zufrieden gibt, erfahren wir die Reise durch die nasse Tessiner Landschaft als aufschlussreichen viaggio piacevole. Eine Frage der Einstellung? Wir ergründen's nicht und glauben doch, im Regen »den Dingen« näher zu sein. Als geis-

Foratura a Giubiasco

I

Nessuno che raggiusti biciclette?
Da un muro all'altro In gremio Matris sedet
sapientia Patris. L'immigrato
manovra seriamente le occlusive
dense della sua bella: ah che Carlo! Ah che Porta!
Qui CELLE DI CONGELAZIONE, DO
IT YOURSELF CON TAPPETI,
là misericordine (giusto adesso
che, cauto, m'avvicino, scatta
la serratura dell'ingresso),
ed ecco DA QUI MOSSE I PRIMI PASSI
BERTA EDOARDO (amico
del Chiesa,
Chiesa Francesco, però:
un sì, un no ch'esitano sull'onda)
PER LE VIE LUMINOSE DELL'ARTE.
Ah, LAVASOL, con signora Scerpella.
Uno schianto? Ma l'occhio della vecchia
dalla panchina mi guarda, le ortensie
hanno raggiunto tutto il loro blu.

II

Per dire in contropelo lo strazio
patito da una piazza
fra le più miti del mondo: ampio prato in pendìo
che tra castagni d'India e platani (danno ombra
ora a vuote automobili) allontanava
dolcemente le case verso i monti,
paese da scomporre e ricomporre
come un Bruegel, ad ogni stagione;
ed ora bello come un cesso nuovo,
una di quelle belle soluzioni
definitive
che i cervelli asfaltati dei nostri Consigli Comunali
trovano senza ombre di dubbi
nel sozzobosco dell'incultura.
E allora tu, cagnino, alza l'anca, irrora a lungo il frivolo
tappeto verde.

Reifenpanne in Giubiasco

I

Keiner, der Fahrräder flickt?
Von einer Mauer zur andern In gremio Matris sedet
Sapientia Patris. Ernsthaft
manövriert der Fremdarbeiter die dichten Verschlusslaute
seiner Schönen: ach, welch ein Carlo! Ach, welch ein Porta!
Hier GEFRIERZELLEN, DO
IT YOURSELF MIT TEPPICHEN,
dort Barmherzigkeitsschwestern (gerade jetzt,
da ich mich vorsichtig nähere, schnappt
das Eingangsschloss zu),
und siehe von HIER TAT DIE ERSTEN SCHRITTE
BERTA EDOARDO (Freund
von Chiesa,
Chiesa Francesco, jedoch:
ein Ja, ein Nein, auf der Welle verweilend)
AUF DEN LEUCHTENDEN WEGEN DER KUNST.
Ah, LAVASOL, mit Madame Scerpella.
Einen Platten? Doch das Auge der Alten auf der Bank
schaut mich an, die Hortensien
sind auf dem Höhepunkt ihrer Bläue.

II

Ums gegen den Strich zu sagen,
die Verschandelung eines der lieblichsten
Plätze der Welt: eine breite Wiese im Anstieg
zwischen Rosskastanien, zwischen Platanen (leeren Autos
geben sie Schatten) entfernte die Häuser
sacht gegen die Berge,
Dorf, auseinander und wieder ineinander zu legen
wie ein Bruegel, zu jeder Jahreszeit;
jetzt aber schön wie blitzblanker Abtritt,
eine dieser schönen, definitiven
Lösungen, welche
die asphaltenen Hirne unserer Gemeinderäte
ohne Hauch eines Zweifels sich ausdenken im schmutzigen
Unterholz ihrer Unkultur.
So heb also, Hündchen, den Schenkel und bespritz den koketten
grünen Teppich noch lange.

(Auszug aus dem Gedicht »Foratura in Giubiasco« von Giorgio Orelli,
Deutsch von Christoph Ferber)

tige Wegzehrung führen wir Giorgio Orelli im Gepäck. Genauer, sein Gedicht *Reifenpanne in Giubiasco:* einen Pannen-Text, der den Leser gleichfalls auf Tempo 0 befördert.

Die Ausgangslage des Textes ist bekannt. Luft raus, was dann? Der Dichter rät: zur Sprache finden. Die Panne nicht als Defekt begreifen, sondern als Chance – als Möglichkeit, der Wirklichkeit um ein Jota ver-rückt zu begegnen. Pannen, man bedenke, frischen unsere Wahrnehmung auf. Sie werfen einen null Komma plötzlich auf den Moment zurück, sind reine Gegenwart. Sie befördern das Denken, lassen es sich neu organisieren. Hellhörig versteht es Giorgio Orellis Protagonist, die Situation, in die er geworfen ist, zu reflektieren. Auf der Suche nach einem, der Fahrräder flickt, schiebt er das Rad durch Giubiasco und liest den Ort als Text. *Hier GEFRIERZELLEN, DO IT YOURSELF MIT TEPPICHEN*. Parataktisch listet er Inschrift um Inschrift, Reklametafel um Reklametafel auf. Er hört und sieht. Das Resultat der Bestandesaufnahme freilich ist unbarmherzig. Zu dissonant schweigen Vergangenheit und Gegenwart einander zu.

Tenero Velo fahren bei einem Hauch Tristezza. Eine fantasielose Wegführung ruft in Erinnerung, dass man als Velofahrer für Automobilisten auf immer leidiges Verkehrshindernis bleibt. Und es beschleicht uns, angesichts des brausenden Verkehrs, einmal mehr das Gefühl, außer Haus den größten Teil der Zeit damit zuzubringen, dem Straßenverkehr auszuweichen. Horribile dictu! Nichts anderes zu vermögen, als ein Leben lang an den Rand gedrängt Hauswänden und Trottoirs entlangzuschleichen… Da steht, wie im Tableau, das uns Giorgio Orelli von Giubiasco zeichnet, jenes Mädchen, das mit *seinem kleinen Bruder im Arm nicht weiß, wohin, und sich dreht und sich dreht um sich selber* – auf der Kreuzung und kennt, einzig, diese Herzlosigkeit des Verkehrs. Wir bleiben mit unserem Unmut

Piano di Magadino *Spazierfahrt zwischen Mais, Tomaten und Auberginen.*

nicht allein. Auch Orellis Radfahrer kommentiert die architektonische Miseria mit deutlichen Worten. Er schilt die Umgestaltung der einstigen Piazza zur Asphaltwüste eine *Verschandelung eines der lieblichsten Plätze der Welt;* nennt das Geschäft der Gemeinderäte *schmutzige Unkultur…*

Piano di Magadino Auf der Fahrt durch die Magadino-Ebene kreuzt uns ab und zu ein landwirtschaftliches Vehikel. Kilometer um Kilometer folgen Maisfelder, weite Tomaten- und Peperonikulturen. Auch Kürbisse und Auberginen werden entlang der Plantagen im Direktverkauf angeboten. Wie nicht: Wiederkommen, des Glanzes dieser Auberginen wegen!

Hochspannungsleitungen knistern über den Kulturen. Auf die Frage, was ihn denn dieses Jahr am meisten beschäftigt habe, meint ein Gemüsebauer lakonisch: l'acqua. Zu viel Wasser; es war ein regenreicher Sommer. Das Wetter stimmt ihn missmutig. Alle Tage sortiert er Tomaten: zum Verkauf, zur Pürierung, zur Kompostierung. Ein Campingwart wundert sich über holländische Touristen, die sogar ihre Kartoffeln mit in die Ferien brächten. Und auch er: So einen Sommer habe er noch nie erlebt. Bald beginne die Weinlese; ob bei dem Wetter... Vom Regen geplatzt ist auch die Traube in Giorgio Orellis Gedicht. Ein Abgesang. *Es ist nun zu spät, in Ruhe / die schönste Traube zu betrachten...* Literarische Tradition und Lautmalerei spielen bei unserem Dichter eine zentrale Rolle. Wer ihn je lesen gehört hat, weiß, wie unnachahmlich er Dichtung beschwört. Und mit welchem Witz und Scharfsinn; die *bella zona* meint da sein vertrautes Bellinzona mit.

Giubiasco   So tauchen wir ein in den Ort, für den uns der Text nun Aug und Ohr geöffnet hat. Führen Gespräche mit einer Wirtin, der Dame am Kiosk. Und tatsächlich – vor fünf Minuten sei er da gewesen, per Velo, am Kiosk. Gerne hätten wir den Dichter noch davonfahren sehen. So rekapitulieren wir den Text vor Ort allein und bewundern, wie akkurat Orelli die Situation erfasst und verdichtet hat. Er beklagt die Panne nicht über eine Zeile hinaus; sondern nutzt, *Kata-strophe* im wörtlichen Sinn, den Vorfall der Radpanne, um der Welt am Zeug zu flicken. Sein Verhältnis zur Panne ist ein symbiotisches. Wir behaupten – und führen als weitere Exempel gemeisterter Radpannen seine Gedichte *Sinopie* und *Riva San Vitale* an –, die Panne sei ihm recht eigentlich poetisches Erfordernis.

Bellinzona   Bis zum Wohnort unseres Rad fahrenden Dichters sind es noch drei Kilometer. Hinter uns liegen Do-it-yourself-Zentren,

Poesie am Wegrand Altpneus, Profilstangen und neugierige Schafsnaturen.

Piazza in Giubiasco Alles dreht sich um den Verkehr.

Tankstellen, Shoppingmalls, Lagerhallen und Schuhmärkte. Ob die *Foratura* als Anspielung auf das Rad der *Fortuna* zu verstehen sei, wer weiß. Als eine mit rhetorischem Kalkül zu einer Poetik der Panne verquickte Allegorie des Aufstiegs und Falls einer Stadt, einer Landschaft.
Wir werden Giorgio Orelli wieder lesen. Der Schönheit und der Geheimnisse seiner Dichtung wegen.

Giorgio Orelli, geboren 1921 in Airolo, lebt als Lyriker und Literaturwissenschaftler in Bellinzona. Für sein Schaffen wurde er u. a. 1988 mit dem Großen Schillerpreis ausgezeichnet.

Literaturhinweise

GIORGIO ORELLI: Rückspiel/Partita di ritorno, Limmat Verlag: Zürich 1998
GIORGIO ORELLI: Poesie. Una retorica profonda (Audio-CD), Arsmedia 1999
    (ISBN 3 909188 07 9)
DANIEL ANKER: Radtouren im Tessin, Bruckmann: München 1997
La tattica del salame. Sconcertanti rivelazioni sul Piano di Magadino, Cadenazzo 1991

LiteraTour-Info

Einstufung 📖 📖 📖
Fahrzeit 2 h (Distanz 24 km)
Höhendifferenz unbedeutend
Beste Jahreszeit ganzes Jahr
Karten Landeskarte 1:25 000, Blatt 1313 Bellinzona

An-/Rückreise Von Locarno mit dem Fahrrad nach Bellinzona, zurück mit dem Zug. Die Züge verkehren im Halbstundentakt (Fahrplanfeld 630). Bei Nordföhn empfiehlt sich eine Fahrt in umgekehrter Richtung. Fahrräder können an den Bahnhöfen von Locarno, Tenero und Bellinzona gemietet werden.

Route Der Radweg Locarno–Bellinzona ist durchgängig gut ausgeschildert. Vom Locarneser Bahnhof führt die Route bis Tenero direkt dem See entlang (Achtung Fußgänger), anschließend weitgehend auf wenig befahrenen Landwirtschaftsstraßen durch die Magadino-Ebene.

Variante Die offizielle Route umfährt im Abschnitt Tenero–Gudo die am Weg liegenden Dörfer (und Beizen). Abstecher sind aber jederzeit möglich.

Essen An Gelegenheiten unterwegs fehlt es nicht. Einige Restaurants bieten im Rahmen des noch jungen Agrotourismus in der Magadino-Ebene einen »piatto del piano« mit regionalen Produkten an. So in Gerra-Piano das Ristorante del Ponte (091-859 11 06, Sonntag geschlossen), in Cugnasco das Ristorante Romantica, Camping Riarena (091-859 16 88, geöffnet April bis Mitte Oktober) oder in Gudo das Ristorante Camping Isola (091-859 32 44, geöffnet März bis Oktober), um nur drei der Möglichkeiten zu nennen. Als Kontrast bietet sich in San Antonino das Einkaufszentrum Centro San Antonino an, das seine Gäste in wunderbarer postmoderner Einfalt in der Kulisse einer nachgebildeten Tessiner Dorfpiazza empfängt und verköstigt.

Schlafen Wie in alten Zeiten im Zelt auf einem der Campingplätze in Tenero, Cugnasco oder Gudo. Über das Hotelangebot informieren die regionalen Verkehrsbüros in Locarno, Tenero oder Bellinzona.

Information Ente Turistico Lago Maggiore Locarno, Largo Zorzi 1, 6601 Locarno, Tel. 091-751 03 33, Fax 091-751 90 70, E-Mail locarno@ticino.com, Internet www.lagomaggiore.org
Tenero & Valle Verzasca Turismo, Via Campagne, 6598 Tenero, Tel. 091-745 16 61, Fax 091-745 42 30, E-Mail tenero@etlm.ch
Bellinzona Turismo, Palazzo Civico, 6500 Bellinzona, Tel. 091-825 21 31, Fax 091-825 38 17.

In den Verkehrsbüros ist die Dokumentation »Ticino Bike« zu erhalten, mit sämtlichen Informationen rund ums Radfahren. Darin enthalten ist auch das Faltblatt »Piano di Magadino« mit Angaben zum agrotouristischen Lehrpfad in der Magadino-Ebene.

Tipps Die Magadino-Ebene ist mit ihren 2000 Hektaren die wichtigste zusammenhängende Landwirtschaftsfläche des Kantons Tessin. Das war nicht immer so. Bis 1918 gehörte der Talboden dem Ticino-Fluss. Sumpfgebiete, Malaria und regelmäßig Überschwemmungen prägten das Leben in der Flussebene. Die 1918 einsetzende Melioration und Trockenlegung brachte den Dörfern an den Rändern der Ebene bessere Lebensqualität und vor allem neues Landwirtschaftsland. Ursprünglich als Tessiner Kornkammer gedacht, entwickelte sich die Magadino-Ebene immer mehr zur Schweizer Gemüsekammer. Mit dem Bau der Autobahn ist die Landwirtschaftsfläche allerdings unter Druck geraten. Industriebauten und Lagerhäuser breiten sich immer mehr in der Ebene aus. Nutzungskonflikte und der von Orelli angeprangerte zunehmende Agglo-Siedlungsbrei sind die Folge davon. Der erst wenige Jahre alte agrotouristische Lehrpfad versucht die agrarische Seite der Ebene bewusster zu machen. Interessierte Besucher werden direkt an Produzenten, ihre Höfe und Produkte herangeführt. Im Faltblatt »Piano di Magadino« sind über 40 Adressen von Landwirtschaftsbetrieben genannt, darunter auch die Weinkellerei von Giubiasco; Besuche bitte voranmelden. Auf Anfrage organisiert die Unione Contadini Ticinesi auch geführte Rundgänge für Gruppen und Schulen (091-850 27 90).

Schauplatz I *Der Friedhof von Olivone, wo sich die einheimischen Namen studieren lassen.*

Jost Auf der Maur, geboren 1953, ist Reporter bei »Facts«.
Der Autor lebt in Luzern und Basel.

LiteraTour 19: Olivone–Acquarossa

Todsicher ein verschwiegenes Tal
»Guntens stolzer Fall« – Werner Schmidlis
Krimiabstecher ins Bleniotal

Für einen Fahnder wie Gunten ist das Bleniotal zu steil, es ist zu wild, zu gefährlich. Es heißt zwar, eine Katze könne über die Reben-Pergolen das ganze Tal durchwandern, ohne einmal mit den Pfoten die Erde zu berühren. Das klingt so mild. Aber es stimmt nicht mehr. Und *Camill Gunten* ist keine Katze, sondern ein älterer Herr, dem über Abgründen schnell einmal schwindelig wird, der trotz seiner aufrührerischen Galle gerne Grappa trinkt und den man gelegentlich am Stock gehen sieht.

Still und verschwiegen   Wer von Süden her, also durch das Portal von Biasca, ins Tal des Flusses Brenno reist, sieht in Malvaglia die letzten großflächigen Weingärten. Vor den Ruinen der von finsteren Überlieferungen umwobenen Befestigung Serravalle zwischen Malvaglia und Semione wächst der beste Wein. Aber viele Fässer lassen sich mit ihm nicht füllen. In den Blenieser Wirtshäusern ist der einfache Barbera aus dem Piemont ohnehin der meist bestellte Wein; er hat alles, was ein Tischwein braucht, und der Liter kostet weniger als zwanzig Franken. Gunten, der eigensinnige Pensionierte vom Mur-

Schauplatz II Der Dorfrand, den es erst einmal zu entdecken gilt.

tensee, Fahnder durch Zufall und aus eigener Berufung, er will im Bleniotal – sozusagen im Auftrag seines Erfinders, des Basler Schriftstellers Werner Schmidli – zwei Wochen Ferien verbringen. Das ist gut so. Im Bleniotal ist die Neugierde eine hilfreiche Begleiterin. Es ist ein verschwiegenes Tal mit verschwiegenen Dörfern, sie geben ihre Geschichten nicht einfach preis, die müssen ihnen entrissen werden, so wie jenes Gestein aus den Bergen herausgebrochen werden muss, aus dem die Häuser sind. Das Bleniotal und Gunten passen zueinander.

Man muss sich eine Landschaft erwandern, wenn man darin heimisch werden will, sagt Gunten. *Sie müssen sich zuerst mit leichten Wanderungen an die Höhe gewöhnen, in Ihrem Alter,* antwortet ihm Selina, die Wirtin des »Venezia« in Camperio. Selina hat recht, denn bald einmal sind die Wege steil und lang im Bleniotal. Das ist der Preis des Unverfälschten. Das Bleniotal ist keine Freiluft-Diskothek, es ist bis heute verschont geblieben von Aufgeregtheiten der Tourismusindustrie. Hier kann der Wanderer staunen über die dunkle Schönheit des Trauermantel-Falters, über die mächtigen Steinpilze, die kleinen würzigen Kastanien und das weiß blühende

Salomonssiegel, das bekanntlich verschlossene Türen öffnet und aus den Felsen Wasserquellen springen lassen kann.

In dem Klima zwischen Subtropen und Alpen wird extensiv gebauert. Rinderweiden, kleine Maisfelder, Gemüsegärten und Nussbaumhaine sind im Talboden angelegt, auf den Rücken des Vorgebirges produziert die gut ausgebaute Alpwirtschaft qualitativ hoch stehende Produkte wie Ziger, Käse und Fleisch von Weideschweinen. Korn, das früher zur Nachreifung auf den hochbeinigen »Roggenleitern« der Spätsommersonne ausgesetzt werden musste, wird keines mehr angebaut. Die Dörfer beidseits des Brenno sind geprägt von der strengen Architektur des Nordtessins, den Steindächern, den romanischen Kirchen. Dazwischen finden sich die Sommerfrische-Villen, die zu Beginn des 20. Jahrhunderts in südlich-romantisierendem Stil gebaut worden sind und unverblümt Luxus darstellen. Sie konkurrieren mit jenen Villen, die sich Blenieser nach ihrem Erwerbsleben im Ausland bauen ließen. Ihr eigentümliches Stilgemisch ist eine Besonderheit des Bleniotals.

Die Menschen im Bleniotal sind sich ihrer agrarischen Wurzeln bewusst, die meisten wohnen noch auf eigenem Boden, wenn auch der Lebensunterhalt auswärts, etwa in Bellinzona, verdient wird. Die geschichtliche Vergangenheit zwischen Unterwerfung, Aufbegehren und dem Dasein entlang einer der ehemals wichtigsten alpinen Nord-Süd-Achsen hat Spuren hinterlassen. So halten sich Gastfreundschaft und Zurückhaltung die Waage. Gravierend bis heute ist der schicksalhafte Zwang zur Emigration. Die Arbeits- und Ausbildungsplätze reichen nicht für alle aus.

Der Kater lässt das Mausen nicht Die Ruhe, die dramatisch schöne Landschaft und die Aussicht auf gute Küche haben Fahnder Gunten angelockt. Aus den zwei Wochen Erholung im Bleniotal wird für Freizeitfahnder Camill Gunten aber nichts. Er sieht sich nämlich

Schauplatz III Das »Venezia«, das leider nicht mehr Hotel ist.

schon unmittelbar nach seiner Ankunft genötigt, zwei Mordfälle zu lösen. Gunten durchbricht dabei, und da muss er alle seine Menschenkenntnis einsetzen, die im Tal des Brenno sprichwörtliche Mauer des Schweigens – deren Steine sind weit zurückliegende Familienfehden, und der Mörtel ist der alte Hass.

Gunten hat ein Zimmer im »Venezia« bezogen, ein Hotel von faszinierender Hässlichkeit, erbaut oberhalb von Olivone, in Camperio, an der alten Lukmanierstraße. Selina, die Wirtin im Kriminalroman *Guntens stolzer Fall,* heißt im wirklichen Leben Nives, sie hat das »Venezia« inzwischen verlassen; das Hotel ist verkauft worden und nicht mehr öffentlich zugänglich. Nach Camperio führen zwei Wege von Olivone her, links und rechts vom Flüsschen Ri di Piera, und länger als eine Stunde braucht zu Fuß niemand. Das sind genau jene Spazierwege, auf denen sich die nötige Souplesse für längere Wanderungen aneignen lässt.

In Camperio braucht der Wanderer nicht zu darben, denn im Gegensatz zum »Venezia« gibt es das »Ospizio Camperio« noch, *wo die Tische mit bunten Tüchern gedeckt waren, die Stühle standen ausgerichtet im Schatten eines Kirschbaumes, der winzige rote Früchte*

Schauplatz IV *Die Bar Rex, die den optimalen Überblick auf den Dorfplatz bietet.*

trug. Hier erzählen sich die Jäger ihre Erlebnisse, und die Waldarbeiter und die Männer vom Passstraßendienst wissen alles, was am Fuß des Lucomagno geschieht. Also lohnt es sich, hier ein Glas Wein zu trinken, den Alpkäse zu probieren und die Ohren zu spitzen.

Tatorte   Es ist sinnvoll, das Bleniotal und die Schauplätze von Guntens Aktionen von Olivone aus zu erkunden. Olivone ist ein kleiner Knotenpunkt, hier gabelt sich das Tal. Nach Norden führt es nach Campo Blenio, nach Westen zum Lukmanier. Olivone ist ehemalige Pferdewechselstation. Da steht denn auch prompt, neben der Poststelle und der Busstation, ein »Posta«, ein Hotel der gehobenen Klasse, wo sich die Reisenden aus dem Bündnerland nach der Lukmanierüberquerung erholen, die Reisenden aus dem Süden sich stärken können. Wer vom »Posta« aus die 150 Meter zum Brenno geht, am kleinen Coop und dem Lebensmittelladen Da Erminio vorbei, zwischen der Marcelleria Vescovi und der Carrozzeria Lucomagno due hindurch die Brücke erreicht – wo Gunten beinahe ums Leben gekommen ist – und den Fluss überquert, stößt unweigerlich auf so etwas wie den Dorfplatz von Olivone. Da steht der Allerweltsladen

Deposita Poglia, das Fotogeschäft, der einzige Kiosk im Dorf und natürlich die »Bar Rex«: *Die Terrasse war kleiner, als Gunten erwartet hatte, nur ein Tisch und vier Stühle hatten Platz und alle waren frei; das überraschte Gunten, denn es war ein guter Platz, schattig, mit Blick über den Platz und ins Tal, und die Geranien am Geländer schützten vor der Neugier der Leute.* Der Espresso ist erstklassig und kostet einen Franken achtzig. Hier verkehren die Jungen, und manchmal ist Militärpersonal da. Dann wird Tischfußball gespielt. Und Bier getrunken, Luzerner Eichhofbier. Das Bleniotal, eine ehemalige Vogtei, untersteht nur noch am Zapfhahn dem Diktat der Innerschweiz.

Er spazierte über den Platz, der eigentlich eine Sackgasse mit zwei Zufahrten von der Hauptstraße her war, denn um ins Dorf zu gelangen, musste man am »Albergo San Martino« vorbei. Das »San Martino« ist nicht zu übersehen, da es unmittelbar an der Straße liegt, und es ist bekannt für seine Pizzas. Die Fremden, die sich im Bleniotal nicht auskennen, sind froh um die leicht zu machende Entdeckung. Abends sitzen die Gäste gerne auf der gedeckten Terrasse, wo man sich über die laut und viel zu schnell Auto fahrenden Einheimischen wundern kann. Vom »San Martino« sind es nur zwei Fußminuten ins obere Dorf: *Zwei Wege führten von der Hauptstraße ins Dorf, und der eine war eine Abkürzung, steil und mit Kopfsteinen gepflastert; der andere führte ums Ca Cumünal, das Gemeindehaus, herum.* Von dort blickt Plinio Bolla mit Bronzeaugen das Tal hinunter, in Richtung Bellinzona, wo er als erster Präsident der Tessiner Regierung geamtet hat, und seine Büste gibt dem Gouvernementsgebäude erst die richtige Würde.

Gunten wählt die Abkürzung, er sieht also den Plinio Bolla nicht, *und stand dann mit schmerzenden Füßen vor der »Osteria Centrale«, die ihm sogleich gefiel: ein maisfarbiges, einstöckiges Haus mit Geranien vor den Fenstern; auf der angebauten Terrasse*

Schauplatz V *Die Osteria Centrale, wo es bei gutem Essen viel zu erfahren gibt.*

sonnte sich eine schwarze Katze. (…) Er hatte, den Stimmen nach, mehr Gäste erwartet; einen Augenblick meinte er, die vier Männer würden sich streiten, aber sie unterhielten sich nur lebhaft. Gunten setzte sich an einen Holztisch am Fenster. Es gab hausgemachte Ravioli; Gunten war einverstanden, ohne Salat wegen seiner kranken Galle, aber ein Zweier Barbera würde dazu passen. Un bicchiere di Barbera fügte er hinzu. Hie und da meinte er, ein Wort der Unterhaltung zu verstehen, aber von ihrem Sinn blieb er ausgeschlossen.

Im »Centrale« mittendrin Der Dialekt im Bleniotal ist schwer zu verstehen. Im »Centrale« ist er oft zu hören, denn da sitzen die Alteingesessenen gerne, zumal hier mit Annemarie eine hervorragende Köchin am Herd steht. Ihr Mann Tiziano pflegt einen eigenen Käsekeller und eine Wurst- und Schinkencantina. Das »Centrale« in Olivone darf also getrost als Operationsbasis für Gunten-Forscher und Blenio-Expeditionistinnen empfohlen werden. Hinter dem »Centrale« erhebt sich der allgegenwärtige Sosto, dieser »unnatürlich« geometrisch geformte Berg. *Gunten war beeindruckt vom Sosto, der das Tal abschloss und ihm, sichtbar schon vom Weg aus, eine Grenze*

Schauplatz VI Die Schlucht nach Campo Blenio, wo sich Abgründe auftun.

setzte. *Ein bedrohlicher Berg, von Guntens Standort aus mit stumpfer Spitze; die Sonne leuchtete jede Felsnase und Rinne aus, jeden möglichen Aufstieg – und, wie zur Warnung, jeden Abbruch.*

Zur Vorbereitung für große Wanderungen ist ein Besuch in Campo Blenio geeignet. Das alte Sträßchen von Olivone nach Campo Blenio – es ist heute den Fußgängern vorbehalten – führt zwischen Sosto und Pizzo Rosetto in die spektakuläre Schlucht des Brenno della Greina. *Er sah tief in die Schlucht, in der die Mauer, die er vom Bachbett aus gesehen hatte, das Wasser staute, der Wasserfall stürzte nicht vom Sosto, sondern aus einer Höhle. (…) Aus der Felswand gehauen, zog sich der gefährliche alte Verbindungsweg links der Schlucht nach Campo Blenio. (…) Der Weg führte ungesichert am Abgrund entlang.* Gunten stürzt hier beinahe ab, verstaucht sich den Fuß; in der Tat wirkt der Weg gefährlicher, als er ist. Im dreihundert Meter höher gelegenen Campo Blenio winkt nach einer Wegstunde zur Belohnung ein Aufenthalt in der Trattoria »Genziana«. *An den Wänden hingen Geweihe von Rehböcken, verfärbt vom Rauch, im Kamin war Holz aufgeschichtet, und auf jedem Tisch stand ein Glas mit Wiesenblumen.*

Schauplatz VII *Die Trattoria Genziana, wo es sich unter Rehbocktrophäen rasten lässt.*

Des Fahnders Camill Gunten Arbeitsmethoden sind erprobt: *Wenn du etwas über die Menschen in einem Dorf erfahren willst, musst du die örtlichen Zeitungen lesen, in die Wirtschaften und auf den Friedhof gehen und dir auf den Abfallhalden ansehen, was sie wegwerfen.* Um jedoch einen Überblick auf das Aktionsgebiet des Fahnders zu bekommen, ist der neugierige Gast gehalten, sich in die Höhe zu begeben. Die achtstündige Königswanderung von Olivone via Campo nach Acquarossa mit insgesamt 2450 Höhenmetern (1000 hinauf, 1450 hinunter) belohnt die Anstrengung mit unvergesslichen Aus- und Einblicken. Gunten ist dem Pfad, der bis auf 1960 Meter hinaufführt, nicht so weit gefolgt; zweifellos hätte er die Wanderung selber nicht bewältigt mit seiner Kurzatmigkeit und dem verstauchten Fuß.

Übersicht ist alles Nach der Aufwärmstrecke von Olivone nach Camperio ist ein Entscheid fällig: Entweder wird der offizielle »Sentiero alto Blenio« gewählt, der in Camperio beim Punkt 1193 von der Straße abgeht, oder man wählt die etwas abenteuerlichere Variante und steigt in Camperio beim Punkt 1221 in die Wanderung ein.

Wir beginnen sachte und folgen zuerst einem bequemen Waldsträßchen. In der Serpentine beim Punkt 1332 beginnt dann der alte und nur noch selten begangene Sentiero alto. Da ein kleines Felssturzgebiet zu überwinden ist, begehen ihn heute oft nur noch Jäger und Pilzsammler – und Romantiker, denn der Wald ist hier märchenhaft schön. Beide Wege treffen sich jedenfalls nach anderthalb Wegstunden.

Der eigenartige Fels, der die Lichtung zum Tal hin begrenzt, scheint von überirdischen Kräften in der Mitte gespalten worden zu sein, an dem Ort mit dem Namen Sgianaresc di sotto geht ein mysteriöser Wind, um Mitternacht fällt hier Sternenstaub und gelegentlich sollen sich hier Faun und Feen treffen, mannshohe Steinpilze seien schon gefunden worden, und wenn Verliebte sich auf dem Fels küssen, bleiben sie einander ein Leben lang verbunden. Still verlassen wir die geheimnisvolle Lichtung. Durch den Nadelwald und über Alpweiden geht es weiter hinauf nach Piano Cassinella und Gorda, von wo aus ein tiefer Einblick ins Val Soi sich eröffnet, auf die Adulahütte und die Dörfer Dangio und Torre. Weit unten auszumachen ist die Cima Norma, die Schokoladefabrik. *In der stillgelegten »Cima Norma« hatte sich Militär einquartiert, das Gelände mit Stacheldraht gesichert und Wachposten aufgestellt.* Nassera auf 1880 m. ü. M. ist in vier Stunden zu erreichen; die baumbestandenen Weiden laden zum Rasten, die Sicht ins südliche Bleniese ist berückend. Die Ruhe hier und der in jeder Jahreszeit in unterschiedlicherweise würzige Geruch der Pflanzen tun einem wohl.

Der schmale Weg ist gut markiert. Er führt über Nassera nach Foiada, schlängelt der Bergflanke entlang und eine Stunde später haben wir den höchsten Punkt der Wanderung erreicht. Auf Campo, einer zerklüfteten Alp unter den abweisenden Zinnen des Sasso Bianco, mündet der Pfad nach einem kurzen, ruppigen Aufstieg in den breiten Weg, der vom Passo Bareta herunterkommt. Von jetzt an geht's bergab, sanft zuerst, über die Pian Laghetto und Cambra, hinein in den Bosco Negro. Beim Punkt 1772 verlassen wir den Höhenweg Richtung Pro Marsgial und Piede del Sasso, wo die Route direkt und steil nach Acquarossa hinunter zielt. Kurz vor Acquarossa gibt's noch einen Leckerbissen: San Carlo di Negrentino, eine der wertvollsten und vielleicht die schönste romanische Kirche der Schweiz. Eine halbe Stunde weiter, beim Busplatz Acquarossa, winkt ein Bier im »Rubino« oder im »Stazione«. *Noch gab es den Bahnhof, sogar ein Personenwagen stand auf dem Gleis, aber Züge verkehrten nicht mehr zwischen dem Dorf und Biasca: Es rentierte nicht.*

Alle Fotos sind von Werner Schmidli. Er fotografierte die Schauplätze seines Romans bei seinen Recherchen in den achtziger Jahren. Die Bilder sind eine kleine Auswahl seiner »Tatort«-Sammlung.

Literatur
WERNER SCHMIDLI: Guntens stolzer Fall, Nagel & Kimche: Zürich 1989
SANDRO BERETTA: Die armen Seelen der Chiara, Limmat: Zürich 1988
GUIDO BOLLA (HRSG.): Storia di Olivone, Edizioni Jam S. A.: Prosito 1983
GASTONE CAMBIN: Sui sentieri dell'arte in Blenio, Acquarossa 1992

LiteraTour-Info

Einstufung 📖 📖 📖 📖
Gehzeiten 8 h (4½ h Aufstieg, 3½ h Abstieg)
Höhendifferenz Aufstieg 1000 m, Abstieg 1450 m
Beste Jahreszeit Mai bis Anfang Oktober
Karten Landeskarte 1:25000, Blatt 1253 Olivone; ergänzend: Wanderplan »I nostri sentieri, 500 Kilometer Wanderwege zwischen Natur, Kunst und Gastlichkeit« (für 2 Franken erhältlich in Gasthäusern oder im Ente Turistico).

An-/Rückreise Via Gotthard: Bis Biasca mit dem Zug (Fahrplanfeld 600), dort direkte Anschlüsse an die Buslinie Biasca–Olivone (Fahrplanfeld 600.72). Via Lukmanier: Bis Disentis mit der Rhätischen Bahn (Fahrplanfeld 612 und 920), in Disentis Anschluss ans Postauto Disentis–Lukmanier Passhöhe (Fahrplanfeld 920.80, im Winter geschlossen). Auf der Passhöhe umsteigen auf den Bus nach Olivone (Fahrplanfeld 600.73).

Route *Aufstieg:* Von Olivone auf Wanderwegen über Scona und Sommascona nach Camperio und – notgedrungen – für 400 m auf der Lukmanierstraße zum Punkt 1221. Wir folgen dem Waldsträßchen, dann ab Punkt 1332 dem alten, nur noch selten begangenen Sentiero alto. Bei Punkt 1499 queren wir die sagenhafte Lichtung. Durch Nadelwald und über Alpweiden geht es hinauf nach Piano Cassinella (1738 m), Gorda (rund 1800 m) und Foiada (1837 m). Bei Campo (zirka 1960 m) ist der höchste Punkt der Wanderung erreicht. Nach einem kurzen, ruppigen Aufstieg mündet unser Pfad in den breiten Weg, der vom Passo Bareta herunterkommt.

Abstieg: Von jetzt an geht's bergab. Zuerst sanft über Pian Laghetto (1912 m) und Cambra (1908 m), hinein in den Bosco Negro. Beim Punkt 1772 verlassen wir den Höhenweg und zweigen nach Pro Marsgial (1563 m) und Piede del Sasso (1541 m) ab und von dort mehr oder weniger direttissima hinunter nach Prugiasco und Acquarossa.

Essen und Schlafen In Campo Blenio in Rosalba Balmellis Trattoria Genziana (091-872 25 98; günstige Zimmer). Hervorragend: Polenta und Wild. In Olivone im gastrokriminalistischen Treffpunkt, der Osteria Centrale von Annemarie Emch und Tiziano Canonica (091-872 11 07; günstige

Zimmer). Empfehlenswert aus der kalten Küche: eigene Salami, Mortadella, Rohschinken und Käse, aus der warmen Küche: Ricotta-Gnocchi al burro e salvia und Lasagne. In Acquarossa wartet das Grotto Rubino von Giorgio Giardelli auf müde Wanderer (091-871 19 95; günstige Zimmer). Wunderbare Pizzas.

Informationen Ente Turistico Valle di Blenio, 6716 Acquarossa, Tel. 091-871 17 65, Fax 091-871 25 45.

Tipps In der Cà da Rivöi, im ehemaligen Pfarrhaus, hat Olivone sein Dorfmuseum eingerichtet. Es gibt Einblicke ins Brauchtum und die traditionellen Lebensformen des Bleniotals (Informationen beim Ente Turistico Blenio). Neuzeitlicher sind die für Besucher geöffneten Kraftwerkanlagen bei Olivone in den Kavernen im Berg Sosto (Anmeldung für Gruppen, 091-756 66 66) oder das bittersüße Industrie-Denkmal der stillgelegten Schokolade-Fabrik Cima Norma in Dangio-Torre (Anmeldung bei Carlo Antognoni, 091-923 78 55 oder 091-871 12 08). Wer die Kirche San Carlo di Negrentino nicht nur von außen bestaunen, sondern auch betreten möchte (und sie nicht schon offen vorfindet), erhält den Schlüssel im Ente Turistico in Acquarossa oder in der Bar Passo del Nara in Prugiasco.

Sagenhaft Mosè Bertoni, der Universalgelehrte aus dem Bleniotal, errichtet sein Lebenswerk im Urwald Paraguays. Seine Forschungen reichen von den Legenden um die »Heiden« in den Tessiner Bergen bis zu den Guaraní im Regenwald.

Danilo Baratti, geboren 1954, publizierte verschiedene Forschungsarbeiten zu Leben und Werk von Mosé Bertoni. Der Autor ist Historiker und unterrichtet Geschichte an der Kantonalen Handelsschule in Bellinzona. Er lebt in Soragno bei Lugano.

LiteraTour 20: Lottigna–Malvaglia

Heidenrespekt vor den Höhlen in den Felsen
Auf den Spuren der Cröisch im Bleniotal,
mit Mosè Bertoni und Walter Keller

Am Abhang des schönen Gebirges Toira, das sich nordöstlich von Olivone erhebt, gibt es eine Höhle im Felsen, La Cetta genannt. (…) Sie wurde von Heiden bewohnt, die man im Volksmund als Cröisch bezeichnete und die als Hexenmeister und Zauberer gefürchtet waren. Die von Walter Keller überlieferte Sage *Die Heiden von Olivone* macht auf einen Schauplatz aufmerksam, der im Bleniotal – und nicht nur dort – mehrfach anzutreffen ist. Im Tessin werden die rätselhaften Höhlenbehausungen an den Felswänden des Tales »Case dei Cröisch«, »Case dei Grebel« oder »Case dei Pagani« – »Heidenhäuser« – genannt. Der Bau oberhalb von Olivone erinnert allerdings eher an eine befestigte Grotte als an eine *Art Katakombe*. In der Fachsprache werden diese Befestigungen etwas umständlich »Höhlungsburgen« genannt. Sie sind von Menschenhand gebaut, aber in natürliche Felshöhlungen eingepasst. Die »Case dei Pagani« thronen scheinbar unerreichbar über senkrecht abfallenden Wänden, haben kühn gezogene Mauern und dienten den Talbewohnern vermutlich als Zufluchtsstätten in Notzeiten. Im Unterschied zu Katakomben sind die »Heidenhäuser« gut sichtbar über den Dör-

Unnahbar Die »Casa dei Pagani« in den Felsen oberhalb von Dongio.

fern gelegen. Die beiden besterhaltenen »Case dei Pagani« im Bleniotal liegen oberhalb von Dongio und Malvaglia. In Dongio ist der Bau zwei Meter tief, vierzehn Meter lang und drei bis vier Stockwerke hoch. Das Dach und das Gebälk sind längst eingestürzt. Erhalten sind dagegen weite Teile der äußeren Hauptwand mit einigen gut sichtbaren Öffnungen und einer inneren Trennwand. Der Bau von Malvaglia ist annähernd gleich groß und ebenfalls halb zerfallen. Beiden Bauten kann man sich ohne Risiko nähern, der Zutritt hingegen ist schwierig und gefährlich. Insbesondere die letzten Meter, wo der Weg auf engsten Felsbändern am Rande des Abgrundes verläuft, haben es in sich. Wir überlassen das Kraxeln lieber den Sportkletterern und halten uns an den Talweg mit freier Sicht auf die »Heidenhäuser« in den Felsen.

Zwerge und Hexen   Über Ursprung und Zweck der Bauten ist wenig bekannt. Es gibt keine Quellen, die klare Angaben machen. Verständlich, dass sich umso mehr Legenden und Sagen um die rätselhaften Bauten ranken. Einer, der diese Geschichten früh gesammelt und überliefert hat, ist der Deutschschweizer Walter Keller (1882–1966). Er darf als eigentlicher Wegbereiter im Sammeln von Sagen und Märchen im Tessin gelten; so wie sein Zeitgenosse Hans In der Gand, der sich einen Namen als Sammler von Volksliedern machte. Gewiss, das Vorgehen von Keller und In der Gand lag näher bei den Volkskundlern des 19. Jahrhunderts als bei den Methoden heutiger Ethnologie. Doch den beiden Deutschschweizern kommt das Verdienst zu, die mündlichen Überlieferungen des Tessins als Erste systematisch erkundet und festgehalten zu haben.

Kellers Sage von Olivone ist schneller nachgedruckt als nacherzählt: *Eines Tages geschah es, dass einer dieser Höhlenbewohner erkrankte und einer seiner Gefährten sich nach Sommascona begeben musste, dem höchst gelegenen Weiler der Gemeinde Olivone. Dort sollte er eine Frau herbeirufen, damit sie den Kranken heile. Die Frau getraute sich nicht, die Bitte abzulehnen, denn sie wusste, dass die Heiden rachsüchtige Leute waren, die einem leichthin einen bösen Streich spielen konnten. Sie folgte also dem Cröisch, der sie zu der sonderbaren Felswohnung emporführte. Dort hielt sie sich als Krankenpflegerin einige Tage auf, bis der seltsame Patient sich wieder besser fühlte. Danach wollte sie sich verabschieden. Die Heiden suchten sich ihr aber erkenntlich zu zeigen und schenkten ihr Kohlen, die sie jedoch aus Angst nicht zurückweisen mochte. Sie füllte sich damit die Zipfel ihrer Schürze. Als sie dann nicht mehr weit von ihrem Dorf Sommascona entfernt war, warf sie die Kohlen, mit denen sie nichts anzufangen wusste, weg. Daheim angelangt, suchte sie in ihrer Handtasche den Hausschlüssel und zog gleichzeitig damit ein Stücklein Kohle hervor, das aus Versehen in diese Tasche gefallen war und das sich in gediegenes, glänzendes Gold verwandelt hatte. Ganz entzückt über diesen Fund, kehrte sie schleunigst an den Ort zurück, wo sie die Kohlen weggeworfen hatte, fand sie jedoch nicht mehr.*

Variationen über ein Thema Die Sage, die Keller um 1930 von Arcadio Polti aus Olivone erzählt worden ist, brachte die Bewohner der merkwürdigen Felsbauten mit Magie und Hexerei in Verbindung. In einem Dorf wie Olivone, wo der Hexenglaube verbreitet war, erstaunt dies kaum. Erstaunlich ist eher, dass die für den Hexensabbat typische Umwandlung von Gold in Kohle (»Der Teufel gab mir ein Taschentuch mit Gold darin, doch als ich zu Hause ankam, waren nur noch Kohlestücke da«, wie viele Angeklagte in Hexenprozessen erklärten) in Kellers Sage eine Umkehrung erfährt: Scheinbar wurde die Kunst dieser Cröisch nicht als teuflisch erachtet. Es ist eine typische Erscheinung der mündlichen Überlieferung, dass die Themen mit mehr oder weniger bedeutenden Varianten in verschiedenen Regionen des Alpenraumes anzutreffen sind, zuweilen in ganz Europa. Dies trifft auch auf andere Sagen des Bleniotales zu, die sich auf die »Case dei Pagani« beziehen. In diesen Erzählungen handelt es sich bei den Hauptfiguren meistens um Zwerge, Kobolde, Hexer oder Hexen. So kommt auch im Bleniotal eine Kinder fressende Hexe vor, die wie bei Hänsel und Gretel die Kinder in einem Käfig gefangen hält und immer wieder den angesetzten Speck am ausgestreckten Finger prüft. Am Ende wird auch diese »Heidin« gar gekocht, allerdings nicht im Ofen, sondern im Kochtopf, in den sie von einem der Kinder flink gestoßen wird. In einem Dokumentarfilm aus den sechziger Jahren erzählte eine Frau aus dem Bleniotal, die zweifelsohne das Märchen der Brüder Grimm kannte, ihre eigene Version der Erzählung und behauptete mit unerschütterlicher Überzeugung, es habe sich bei der Hexe um die letzte wahrhaftige »Heidin« gehandelt: Die Sage wird so zur historischen »Wahrheit«. Gegen den Hexenzauber halfen in den Sagen bestenfalls Heilige (so etwa der Kardinal Carlo Borromeo). Oder dann die Madonna höchstpersönlich.

Mosè Bertoni und die »Heiden« Früher oder später mussten die sagenumwobenen Bauten Gegenstand wissenschaftlicher Studien werden. Als Erster beschäftigte sich 1883 ein Mann aus dem Tal, Mosè Bertoni (1857–1929), mit den »Heidenhäusern« und wagte eine historische Interpretation. Das ist auch der Grund, die Wanderung in Lottigna, Bertonis Heimatdorf, zu beginnen und über Dongio nach Malvaglia ein Stück weit seiner Forschungsspur zu folgen – wenn auch nicht bis Paraguay, wohin Mosè Bertoni schon kurz darauf emigrierte, um nie mehr ins Bleniotal zurückzukehren.

Wer weiß, ob Keller die Schriften von Bertoni gekannt hat. Auch der junge Bertoni erzählt am Ende seines kurzen Aufsatzes über die Cröisch eine Sage: *In Aquila, unter den Cröisch von Sass Pidana, war eine Frau, die ein Kind hatte. Sei es, dass die Mutter das Kind durch ein schöneres austauschen wollte, sei es – wie andere vielleicht zu Recht berichten –, dass das Kind krank war und sie keine Mittel hatte, ihm zu helfen, stieg die Mutter heimlich talwärts, näherte sich einer Wiege mit einem anderen Kind, nahm dieses, ließ ihres zurück und enteilte schreiend, ohne das heidnische Kind anzurühren. Der Aberglaube mehrte jedoch die Grausamkeit, denn niemand kümmerte sich um das zurückgelassene Kind, das in den Feldern weinte und sogar die Steine zur Rührung brachte. Bald darauf wäre es gestorben, wenn die Mutter, deren Herz durch die Schreie zerrissen war, die des Nachts bis zu ihr drangen, nicht ihr Leben aufs Spiel gesetzt hätte und zurückgekehrt wäre, das entführte Kind zurückzubringen und ihres wieder mitzunehmen. Wer handelte grausamer? Es ist nicht schwer zu sagen.*

Über dem Abgrund Noch einmal Dongio. Was man sähe, wenn man hochkletterte.

Das Thema der Hexen und Kobolde, die ein Kind entführen bzw. vertauschen, ist in anderen Alpentälern ebenfalls anzutreffen, beispielsweise in der Val Varaita. Doch Bertoni verleiht der Überlieferung eine konkrete Aussagekraft, einen fast wörtlichen Wert. Er zitiert die Sage, um seine These zu untermauern, jene befestigten Felsspalten seien von »Heiden« im eigentlichen Sinn des Wortes bewohnt worden, von einer Minderheit von Talbewohnern, die durch die Jahrhunderte hindurch der christlichen Bekehrung widerstanden hatten. Verfolgt, verachtet, vielleicht gefürchtet, hätten sie ein gefährliches Leben auf jenen steilen Felsen geführt, in der Nähe der Dörfer zwar, aber ausgeschlossen von der Gemeinschaft. Die Sage berichtet, die »Heiden« seien immer dann ins Tal hinabgestiegen, wenn eine Gruppe von ihnen vom Aussterben bedroht gewesen sei, und hätten die Kinder der Christen entführt, um sie wie ihre eigenen aufzuziehen. Wir können uns den traurigen und harten Lebenskampf, wie ihn sich Bertoni ausgemalt hat, geradezu bildlich vorstellen (heute würde man darüber einen Film drehen). Doch Bertonis Ausführungen sind trotzdem nicht stichhaltig, zuweilen auch erfunden. Außer jener Sage zitiert Bertoni zwei Texte aus dem 16. und 17. Jahrhundert, die angeblich das Überdauern heidnischer Kulte im Tal belegen. Nur, die eine Schrift ist eine barocke Spottschrift, in der sich Mailänder Akademiker über den Dialekt der in Mailand zahlreichen Bleniesi mokierten, wobei die Gelehrten das Tal nie gesehen hatten. Die zweite Schrift, ein in Versen, von einem gebildeten Geistlichen verfasster Text, spielt auf einen Bacchuskult in einem Dorf des Bleniotals an. Wahrscheinlich eine rein literarische Erfindung. Grundsätzlich richtig ist nur die Feststellung, dass sich in diesem und in anderen Tälern das Christentum spät ausbreitete. Dies reicht jedoch als Erklärung für die »Case dei Pagani« nicht aus.

Von den Bauten, die um das Jahr 1000 entstanden, nimmt man heute aufgrund der Bauweise an, dass es sich um Zufluchtsorte gehandelt haben musste, die die Talbewohner selbst errichtet hatten, um sich gegen die im Hochmittelalter häufigen Überfälle zu schützen. Dass jene Bauten von Menschen bewohnt waren, ist bis in die erste Hälfte des 14. Jahrhunderts belegt. Erst die Mailänder Herrschaft beendete die Epoche häufiger politischer Wirren und Unsicherheit.

Von den »Pagani« zu den »Guaraní« Als Mosè Bertoni seinen Artikel schrieb, war er Atheist und fühlte sich zum Anarchismus hingezogen (in Genf, wo er Naturwissenschaften studiert hatte, suchte er den Kontakt zu Kropotkin). Bertonis Interpretation der »Case dei Pagani« muss in diesem ideologischen Umfeld verstanden werden. Sie war aber auch Ausdruck eines großen Interesses für die Geschichte, Kultur und Natur seines Tals. Dennoch stand Mosè unmittelbar davor, sich von seinem Tal für immer zu trennen: Nie mehr sollte er jene Felsen und eigenartigen Mauern wieder sehen. Bertoni fühlte sich wie seine alten Heiden, als Fremder im eigenen Land. Nicht nur im Tessin, das jetzt von Katholiken und Konservativen regiert wurde, sondern generell in der Schweiz, in Europa, in jener »syphilitischen Gesellschaft, die nur Bomben heilen werden«, die Bertoni auch »eine herumhurende Gesellschaft« nannte, »die wie ein Unflat schwelgt, über unseren humanitären Aberglauben herzieht und uns modriges Brot zum Preis der Erniedrigung und Verrohung verkauft«. »Schlimmer als hier wird es uns nirgends ergehen!« schrieb er 1882 seiner Frau Eugenia. Anders als die Talbewohner von einst entschied sich Bertoni nicht dafür, in einer Grotte Widerstand zu leisten, sondern er wanderte nach Argentinien aus. Mit weitreichenden Plänen: Er wollte Landwirtschaft betreiben, sich der Wissenschaft widmen und eine Arbeitsgemeinschaft gründen, die den Grundsätzen der Gleichheit und Solidarität verpflichtet sein sollte. Im März des Jahres 1884 reiste er ab, 27-jährig, gefolgt von seiner schwangeren Frau, vier Kindern, seiner Mutter und einigen Landsleuten. Den sozialpolitischen Anspruch musste er bald aufgeben, nicht zuletzt weil ihn seine Freunde im Stich gelassen hatten. Am Ende gelangte Bertoni nach Paraguay, wo er am Ufer des Paraná, nahe der Iguazú-Wasserfälle, die Kolonie »Guillermo Tell« gründete. Die Stelle heißt noch heute Puerto Bertoni.

Mosè Bertoni hatte mit seiner Frau Eugenia dreizehn Kinder, deren Namen die unterschiedlichen, vielfach gegensätzlichen Orientierungspunkte in Bertonis Lebens spiegelten: die schweizerische Heimat (mit den Söhnen Reto Divicone, Arnoldo di Winkelried, Guillermo Tell, Walter Fürst und Werner Stauffacher), den jugendlichen Anarchismus (mit den Töchtern Vera Zasulic und Sofia Perovskaja, den Namen zweier russischer Anarchistinnen), die Wissenschaft (mit Carlos Linneo und Aristóteles Eugenio, Letzterer war auch als Hommage an seine Frau gedacht), die Hoffnung einer strahlenden Zukunft (Tochter Aurora), den Wunsch, seinen Namen fortleben zu lassen (Sohn Moisés Santiago). Ines war der einzige Name, der keine spezifische Bedeutung hatte, den aber zwei seiner Töchter trugen (die erste starb in jungen Jahren).

Universalgelehrter im Urwald Mosè Bertoni gründete mit ähnlicher Kühnheit, wie sie die Erbauer der »Case dei Pagani« bewiesen hatten, mitten im Urwald einen landwirtschaftlichen Betrieb. Er stellte agronomische und meteorologische Forschungen an, baute eine Bibliothek mit zwölftausend Bänden auf, unterhielt eine eigene Druckerei, wo er 1922 und 1927 zwei Bände über die *Civilización Guaraní* publizierte. Er beschäftigte sich aber auch mit Botanik, Phytopathologie, Agronomie, Geologie sowie Klimatologie und verfasste Hunderte von wissenschaftlichen Schriften, die in Paraguay wie auch im Ausland auf Anklang stießen. Gegen Ende seiner Schaffenszeit kehrte Bertoni zu den Geisteswissenschaften zurück, zur Geschichte und zur Ethnologie.

In diesen Disziplinen erwies sich der naturwissenschaftlich gebildete Bertoni als eher naiv. Nicht zufällig hat jener Teil der *Civilización Guaraní* bis heute Bedeutung, der von Heilpflanzen und der Medizin der Eingeborenen handelt. Mit der an sich edlen und mutigen Absicht, die Guaraní und ihre historische Bedeutung aufzuwerten, griff er auf Begriffe und Methoden zurück, die dem wissenschaftlichen Rassismus Ende des 19. Jahrhunderts entlehnt waren. Er vertrat die Vorstellung einer Hierarchie der Rassen, nahm Betrachtungen der Gesichtswinkel und Nasenformen vor und stützte sich im Allgemeinen auf die Kraniometrie ab. Als Ergebnis waren die Guaraní eine überlegene Rasse, genauso wie der Homo Alpinus. Und nicht nur das: Die Volksstämme der heimischen Räter (die er als Abkömmlinge der Etrusker verstand) und jene der Guaraní (hervorgegangen aus dem sagenhaften Atlantis) hatten laut Bertoni gemeinsame Vorfahren; sie stammten beide von den alten Ägyptern ab. Wie schon in seinen jugendlichen Schriften interpretierte Bertoni die Quellen mit großer Leichtfertigkeit. Unter anderem nahm er wiederum auf mündliche Überlieferungen Bezug und interpretierte die Mythen der Guaraní, indem er die eingeborenen Gottheiten mit der christlichen Dreifaltigkeit in Verbindung brachte, ähnlich wie dies die jesuitischen Missionare schon praktiziert hatten. Mosè war inzwischen nicht mehr Atheist, sondern wurde auf seine Weise leidenschaftlicher Christ. Das Vorhandensein von religiösen Vorstellungen, die mit den christlichen vereinbar waren, war ihm bereits Beweis genug für die Zugehörigkeit der Guaraní zu den »überlegenen Rassen«. Trotz wissenschaftlicher Unzulänglichkeit steht Bertonis Werk im Zeichen seines edlen Wunsches, den Besiegten zu ihrem Recht zu verhelfen: den würdigen Guaraní im Urwald wie den zähen »Heiden« in seinem Felsental.

(Deutsch von Massimo Romano)

Literatur
WALTER KELLER: Tessiner Sagen und Volksmärchen, Olms: Zürich 1981 (Neuauflage der Originalausgabe von 1940)

Über die Heidenhäuser:
MOSÈ BERTONI: Le Case dei pagani, La Baronata: Lugano 1996 (kommentierte Neuauflage, hrsg. von Peter Schrembs)
LUKAS HÖGL: Burgen im Fels, Walter: Olten 1986
ELY RIVA: Ticino sconosciuto, Fontana: Pregassona 1981, S. 61–71

Über Mosè Bertoni:
DANILO BARATTI E PATRIZIA CANDOLFI: L'arca di Mosè. Biografia epistolare di Mosè Bertoni (1857–1929), Casagrande: Bellinzona 1994
DANILO BARATTI E PATRIZIA CANDOLFI: Vida y obra del sabio Bertoni. Moisés Santiago Bertoni (1857–1929): un naturalista suizo en Paraguay, Asunción 1999
DANILO BARATTI: Fare libri nella selva. Mosè Bertoni e la tipografia ex Sylvis (1918–1929), Casagrande: Bellinzona 2000 (Reihe »Quaderni bleniesi«, Nr. 6)
STEFAN HARTMANN: Ein Tessiner in Paraguay: Wie der Naturforscher Mosè Bertoni (1857–1929) neue Anbaumethoden und Lebensreformen erprobte, in: Weltwoche, 16., 23. und 30. Mai 1996

LiteraTour-Info

LiteraTour 📖 📖 📖
Gehzeiten 3 h
Höhendifferenz Abstieg 260 m
Beste Jahreszeit ganzes Jahr
Karten Landeskarte 1:25 000, Blätter 1253 Olivone, 1273 Biasca

An-/Rückreise Ab SBB-Bahnhof mit dem Postauto Biasca–Lottigna (Fahrplanfeld 600.72). Rückfahrt von Malvaglia-Orino oder Malvaglia-Chiesa nach Biasca SBB.

Route In Lottigna (632 m) biegt man nach dem Museo in den »sentiero basso« nach Acquarossa ein. Von dort aus setzt man die Wanderung immer auf der linken Uferseite des Brenno fort, fast bis nach Dongio. Wenn der Saumpfad die Kantonsstraße erreicht (auf der Karte steht der Hinweis 488 m), überquert man die Brücke und biegt gleich links ab, weiter geht es auf dem Saumpfad, der nach San Remigo und zum Kloster führt. Von hier aus ist die größte »Casa dei Pagani« in Dongio, auf der gegenüberliegenden Seite des Tals, gut zu sehen. Wir folgen dem Weg weiter in Richtung Ludiano, wo wir zunächst zum Castello di Serravalle gelangen. Vom Schloss aus kann man auf der rechten Seite der Schlucht, oberhalb Malvaglias, die Mauer der »Casa dei Pagani« sehen (am besten mit einem Feldstecher). Unterhalb des Schlosses setzen wir talauswärts die Wanderung auf der Straße Semione–Malvaglia–Rongie fort.

Begibt man sich auf der alten Kantonsstraße von Malvaglia-Rongie nach Malvaglia-Chiesa, ist der Wildbach Orino zu überqueren (nicht auf der direkten Brücke, sondern auf jener aus Stein, die sich etwas weiter im Inneren des Tals befindet): an der Südwand der Schlucht ist die »Casa dei Pagani« von Malvaglia zu sehen, wenn das Laub nicht die Sicht verdeckt.

Variante Wer sich der »Casa dei Pagani« von Dongio nähern möchte, sollte den Brenno nicht vor Dongio überqueren, sondern auf der linken Seite weitergehen bis zum Friedhof (hier befand sich einst das Dorf): Das Haus liegt dort oben. Man kann sowohl zur rechten wie zur linken Seite aufsteigen. Vorsicht bei den letzten Schritten!

Wer sich dem Haus von Malvaglia nähern möchte, muss bis zur Kapelle von San Nicolao gehen. Von dort aus ist der Zugang möglich, aber sehr gefährlich.

Dieser Ausflug kann unter Umständen durch die Route Nr. 5 (Comprovasco–San Carlo di Negrentino–Leontica–Comprovasco), Nr. 2 (Ludiano–Navone–Semione-Serravalle) und Nr. 1 (Malvaglia-Rongie–Ponte di Laú–Malvaglia-Chiesa) der Broschüre Valle di Blenio (siehe unten) erweitert werden. Es handelt sich um Ausbauvarianten, die 2–3 h beanspruchen.

Essen und Schlafen Zahlreiche Möglichkeiten in den Dörfern am Weg. Etwa die lauschigen Grotti Milani (091-870 21 97) und al Sprüch (091-870 10 60) in Ludiano oder das Grotto della Ganna (091-870 15 07) in Malvaglia. Über Hotelbetten verfügen die Familienbetriebe Della Piazza in Dongio (091-871 28 98) und Notari in Malvaglia (091-870 11 30).

Information Ente Turistico Valle di Blenio, 6716 Acquarossa, Tel. 091-871 17 65, Fax 091-871 25 45.

Im Verkehrsbüro ist für 5 Franken die informative Broschüre der »Associazione archeologica ticinese« zu kaufen: Le vie del passato: itinerari storici e archeologici nel Canton Ticino. Valle di Blenio, 1998.

Tipps In Lottigna befindet sich das alte Haus der Landvögte, die Casa dei Landfogti, deren Fassade mit Wappen bemalt ist. Es beherbergt das Talmuseum. Öffnungszeiten: von Ostern bis 1. November jeweils Dienstag bis Freitag, 14 bis 17 Uhr; Samstag, Sonntag und Feiertage 10 bis 12 und 14 bis 17 Uhr (091-871 17 65 und 871 19 77 für Besichtigungen außerhalb der Öffnungszeiten). Auf der Strecke von Dongio nach Malvaglia gibt es mehrere sehenswerte kirchliche Bauten: die Kirche von San Remigio, das Oratorium von San Martino beim Kloster, die Kirche von San Pietro in Motto, die Pfarrkirche von San Martino in Malvaglia. Ferner das bereits erwähnte Schloss von Serravalle.

Blickkontakt Deutschschweizer Soldaten und Tessiner Frauen nach dem sonntäglichen Kirchgang irgendwo im Südtessin zur Zeit des Ersten Weltkriegs.

Kathrin Däniker, geboren 1970, Historikerin, arbeitete zu geschlechtergeschichtlichen Aspekten des Militärs in der Schweiz. Die Autorin lebt in Bern.

LiteraTour 21: Bellinzona–Lugano

Vom emotionalen Ernstfall an der Südgrenze
Mit Hermann Weilenmanns »Befreier« entlang der Befestigungslinie

Füsilier Sonderegger, inmitten der Soldaten aufgestellt, weitete die Brust und zog die Schultern nach hinten. Fröstelnd schaute er über seine Kameraden hin. Er freute sich und fand seinen Trost daran. Das Land war schön; in der Schweiz blühten die guten Hoffnungen Europas auf. Volk und Regierung waren dasselbe. Gewalttat fand keinen Platz. Wenig fehlte, und die Freiheit und Gleichheit leuchteten aus allen Augen. Hier war die Zukunft vorbereitet. Die vorbildliche Haltung von Füsilier Sonderegger sticht der Leserin ins Auge. Doch wer nun einen vaterlandstriefenden, manneskraftstrotzenden Roman aus dem Aktivdienst des Ersten Weltkrieges erwartet, wird enttäuscht. Kaum hat der Füsilier die Achtungstellung eingenommen, lässt er sein Gewehr fallen. – Hermann Weilenmann (1893–1970) legte mit seinem Roman *Der Befreier* 1918 ein unzweifelhaft patriotisches Werk vor, wahrte aber eine gewisse ironische Distanz zu seiner Hauptfigur. Das beschert den Spätgeborenen heute noch ein herrliches Lesevergnügen.

Auslegeordnung Grenzdienstromane aus der Zeit des Ersten Weltkriegs sind schon fast eine eigene literarische Gattung. Heute noch bekannt ist Robert Faesis verfilmte Geschichte vom »Füsilier Wipf«. Grenzbesetzungsromane wenden ein stereotypes, literarisch nicht immer sehr ausgereiftes Muster an: Die Hauptfigur, oft ein weichlicher, zaghafter Jüngling, wird dank des Militärdienstes zum entschlossenen, tapferen Soldaten und Mann und findet – zurück im Zivilen – als pflichtbewusster Bürger auffallend rasch die passende Gattin. Unser Held entspricht diesem Klischee ebenfalls: Sonderegger ist von feiner Statur und sensiblem Charakter; immer zweifelnd und suchend, ein Künstler eben. Auch er durchläuft den militärischen Initiationsritus zum Mann, doch – und das ist bei Weilenmann das Überraschende – er scheitert.

Bevor wir die Geschichte unseres Füsiliers weiterverfolgen, machen wir uns selber auf den Weg. Unsere Route, die von der Alpe di Gesero über den Passo San Jorio führt, folgt der alten Befestigungslinie ob Bellinzona. Während beider Weltkriege befürchtete man den Einfall der Italiener am San-Jorio-Pass, was zum Bau einer Befestigungslinie führte. Die Straße, auf der wir die Alpe di Gesero erreichen, wurde von den Soldaten um 1915 fahrbar gemacht. Die Wanderung endet je nach Kondition nach drei Tagen auf dem Monte Bré oberhalb Luganos oder auf dem Waffenplatz von Tesserete.

Füsilier Sonderegger ist ein talentierter Geiger. Er leistet Aktivdienst im Tessin, dessen Sinn er nicht in Frage stellt, den er aber als immergleichen Stumpfsinn empfindet. *Die Zeit starb langsam und fand kein Ende. Staub, Dreck, Schweiß verklebte die Wangen. Gleichgültigkeit stieg mit der Sonne herauf. Tote Flüche wurden ins Gras geworfen. Das Üben nahm jede Stunde neuen Anfang wie alle Tage, wie alle Tage.* Der Schweiß verklebt auch unsere Gesichter, als wir den steilen Weg hinter Bellinzona erklimmen, doch die toten Flüche suchen wir vergebens im Gras. Dafür lohnt sich der Blick zurück: *Ermüdet vom frühen Marsch, heimatlos, in der täglich gleich laufenden Ausbildung wie ein Untertan, wurde er von der*

Gesero Gebirgstruppen im Gesero-Gebiet, 1916.

Schönheit der Erde und all den vielen Erscheinungen der Fröhlichkeit gerührt und ergriffen. Er schaute verwirrt hinunter ins Tal, wo sich in grüner Wiese gegen den See hin unzählige kleine Dörfer aneinanderreihten und wo Ketten von braunen Hügeln sich still erhoben, mit artigen Bäumlein besteckt. In einem dieser kleinen Dörfer ertappen wir Sonderegger, wie er sich mit einer braungelockten Tessinerin, Angiuletta, unterhält. Bei ihr vergnügt er sich nach dem stumpfsinnigen Dienst. Doch viel Zeit zum Flirten bleibt ihm nicht; der Dienst ruft. Bis zum Umfallen übt er die Achtungstellung, reißt die Füße zusammen, bläht die Brust mit zurückgedrängten Schultern und drückt die Knie durch. Dennoch gerät er ins Wanken, wenn sein Blick auf die Alpen fällt: *Sie waren wie ein weißes Band zwischen Himmel und Erde, den menschlichen Dingen weit erhaben. Sie strahlten Licht in alle Höhen. Bei ihnen war Ruhe und Glück und Freiheit.* Je höher der Weg steigt, umso mehr gibt er uns den Blick auf die Alpen frei. In der mächtigen Kette erkennen wir die Dufourspitze im mächtigen Monte-Rosa-Massiv.

Sturm und Drang *Sonderegger erkannte in tiefem Entsetzen, dass rings um ihn vielfältige Knechtschaft die Schweizer verdarb und kränkte.* Zweifellos teilte Weilenmann die Vaterlandsliebe und das Pflichtgefühl seiner Zeitgenossen, doch er beschrieb seinen Helden im Zwiespalt zwischen bürgerlicher Freiheit und soldatischem Gehorsam. Weilenmann, 1893 in Veltheim bei Winterthur geboren und 1970 in Zürich gestorben, leistete wie viele Deutschschweizer Teile seines Aktivdienstes im Tessin. Der Grenzdienst war für die Schweizer Wehrmänner »patriotischer Anschauungsunterricht, besser und eindringlicher, als ihn jemals ein Staatsbürgerkurs wird lebendig machen können«, wie der Zeitgenosse Hermann Aellen 1916 formulierte (→ LiteraTour 17). Für den Historiker und Schriftsteller Weilenmann, der Direktor der Zürcher Volkshochschule war und sich zeitlebens für die Erwachsenenbildung eingesetzt hatte, war der Grenzdienst die Gelegenheit, seine Erinnerungen als Lehrstück in Worte zu fassen. Weilenmann lässt seinen Füsilier den Dienst als Knechtschaft empfinden. Nach und nach erkennt dieser, dass es die Unterordnung unter einen gemeinsamen Willen braucht, um das Wohl der Gemeinschaft zu erhalten und zu fördern. *Er wusste, was unter allen Schweizern gemeinsam war: nicht der Boden und nicht die Sitte, auch nicht die Gewöhnung, sondern nur die Freiheit.* Unser Held beschließt, ein Buch über die Freiheit zu schreiben, um damit die Schweiz aus ihrer Knechtschaft zu befreien.

Wir folgen inzwischen weiter der alten Befestigungslinie und erreichen den Stützpunkt Biscia. Der kleine Hügel thront über dem

Val Morobbia. Ein kurzer Abstecher lohnt sich: Der Hügel ist vollständig befestigt und ist in unzählige Gänge und kleine Räume unterteilt. Durch eine Schießscharte beobachten wir die Grenze. Nichts regt sich, und da keine Feinde in Sicht sind, machen wir uns wieder auf den Weg. Auf dem berüchtigten San-Jorio-Pass erblicken wir zum ersten Mal »Feindesland« und – die Europafahne, die hoffnungsvoll über dem Passrestaurant flattert.

Unterdessen ist Sonderegger von der Idee der Befreiung immer besessener. Eines Wochenendes will der Füsilier seine Freundin, Fräulein Irminger, aufsuchen, die in einem noblen Hotel im Tessin logiert. Als Sonderegger in frischer Uniform das Hotel betreten will, wird er vom Portier an den Hintereingang verwiesen. Dies empört unseren Helden. Seine Freundin teilt seine Entrüstung jedoch nicht und meint lakonisch, es könnten schließlich auch nicht Fischfrauen und Kohlenträger durch die Hotelhalle spazieren. Da fühlt sich unser Befreier dermaßen verkannt, dass er seine Freundin auf der Stelle verlässt. *Er durfte nicht bei ihr bleiben. Er hatte die Freiheit gewählt.*

Die Überzeugung Sondereggers, dass die Schweiz als Idealstaat die Trägerin einer geistigen Sendung sei, zieht sich durchs ganze Werk. Doch der hochgesteckte Jünglingsidealismus wird rasch demaskiert: Er trifft die reizende Tessinerin Anguiletta, verliebt sich in sie und ist zufrieden mit der Welt. Seine Befreiungsidee erschöpft sich im Liebestaumel, und der vaterländische Roman Weilenmanns entpuppt sich als die banale Geschichte der Sehnsucht des Mannes nach der Frau.

Liebe und vergiftetes Blut Sonderegger findet in der Hitze der Gefühle keinen Schlaf und will sich in der frischen Nachtluft kühlen, als ein erleuchtetes Fenster seinen Blick gefangennimmt. *Der Körper einer Frau stand dort, ohne Tücher, nackt, trostreich… Das Mädchen stand im Licht wie eine weiße Blume, unschuldig, verborgen.*

Mannschaftszelt – Männerzelt Schlafen im Heu, aber ohne Angiuletta.

Sie stand frei, ohne Fesseln, als ob ihr Leib von keinen Kleidern wüsst. Ihre Fingerspitzen berührten die Brust. Die Frau im Fenster ist Angiuletta. An dieser Stelle ist die Leserin geneigt, die Lektüre abzubrechen, will sie sich nicht beim männlichen Blick auf die Frau und den damit verbundenen Rollenklischees langweilen. Doch es lohnt sich, dem patriarchalen Romanschreiber eine zweite Chance zu geben; nicht nur, weil sein Werk im Kontext der Zeit verstanden werden muss, sondern weil Weilenmann süffisant ironisch wird. Sosehr sein Frauenbild zu wünschen übrig lässt, wagt er es doch, am Ideal des vaterländischen, starken Mannes zu kratzen. Er lässt seinen Helden jämmerlich scheitern.

Zwischen Sonderegger und Angiuletta entwickelt sich eine zarte Freundschaft. Die gemeinsame Idylle dauert, bis die Kompanie zur Grenzwacht in die Berge geschickt wird. Auf der Wache gibt sich Sonderegger rosa Träumereien hin, bis die Verliebtheit zum Verlangen nach dem Weibe wird. Als Sonderegger endlich von der Grenzwacht heimkehrt, sinkt er in seinem Liebestaumel mit Angiuletta ins Gras; er, männlich drängend, sie, weiblich weichend. Doch die beiden werden durch den hässlichen Krüppel Johannes gestört. Dieser feixt den Füsilier an: *Die Soldaten machen die Mädchen dick.*

Zweifellos war der Grenzdienst nicht nur patriotischer Anschauungsunterricht und die Soldaten lernten nicht nur die Berge und den Nostrano lieben. Für viele bot der Aktivdienst die Gelegenheit einer Liebelei. Im Nachhinein werden die Liebschaften meist sehr harmlos beschrieben. In seinen Erinnerungen schwärmt Aellen von einer »glutäugigen Tessinerin«, die ihr Glück in den Armen eines Offiziers fand. So romantisch haben wohl die wenigsten Liebschaften geendet. Nicht alle saßen brav in den Soldatenstuben, in denen zahllose Frauen in unzähligen Fronstunden den Wehrmännern ein wohliges Zuhause zu bieten versuchten, und schrieben Briefe an ihre Frauen zu Hause. Weilenmann hält sich hier dicht an die Realität.

Sonderegger wird nur noch von einem einzigen Gedanken getrieben: Angiuletta seine große Liebe zu gestehen und sie sein eigen zu machen, bevor er ins große Manöver muss. Doch unser Verliebter ist unfähig, seine Gefühle in Worte zu fassen, und fällt schließlich wie ein Stier über Angiuletta her: *Er legte all seine Gewaltsamkeit und Schwäche in sie und befreite sich an ihrem Körper.*

Als nachts darauf das Manöver beginnt, dauert es nicht lange, bis sich unser Held im »Kampf« den Arm an einem rostigen Stacheldraht blutig schrammt und sich in seiner Wut den Knöchel vertritt. Wie er am Boden liegt, bricht auch seine Freiheit zusammen. *Er war verlassen, er hatte ja alles verloren. Da ihn nun auch Angiuletta nicht mehr trösten wollte, fiel alles wieder auf ihn, und er spürte wieder das Elend der Erde.* Weilenmann lässt Sonderegger in der Rolle des Verlassenen aufgehen. Und einmal mehr wird die Frau für die mangelnde Selbstbeherrschung des Mannes verantwortlich gemacht; die Leserin ist ein zweites Mal geneigt, die Lektüre abzubrechen. Aber das Weiterlesen wird belohnt mit der Schadenfreude und Genugtuung über den Ausgang der Heldengeschichte. Noch während der Füsilier im Dreck liegend seine Wunden leckt, distanziert sich der Autor von seiner Hauptfigur und lässt Sonderegger – es sei hier verraten – in eine Schlucht hinunterstürzen. Der Füsilier kann zwar ohne große Verletzungen geborgen werden, dafür scheint sich das Blut in seinem aufgerissenen Arm vergiftet zu haben. Sonderegger glüht vor Fieber. Auf den letzten Seiten führt unser Held den heroischen, aber vergeblichen Kampf gegen die Blutvergiftung und durchläuft alle geistigen Stadien der Wut, Verzweiflung, Reue und schließlich des Erkennens. Doch zu spät. Der Tod obsiegt, nachdem sich die Blutvergiftung bis ins Herz durchgefressen hat.

Über das jähe Ende schrieb NZZ-Feuilletonchef Eduard Korrodi in Anerkennung der literarischen Fähigkeiten Weilenmanns: *Dass dieser Füsilier ein Buch über die Freiheit schreiben will und am Ende leidzerbrochen das Buch ungeschrieben ins Grab nimmt, macht nicht den Lehrwert des Romans aus. Sein schönster Zug ist vielmehr der Typus des feldgrünen Werthers, der in seiner gesteigerten Empfindsamkeit die große Passion ahnen lässt, indem er die kleine Passion selber erlebt. Diese kleine Passion ist ein typisches Kriegserlebnis der Schweizer. Dieses innere Knirschen des beleidigten »gemeinen Soldaten«, der sich in seinen Hoheitsrechten als Mensch ständig beleidigt fühlt.*

Wir lassen noch ein wenig die Sohlen knirschen und wandern weiter auf dieser Gratwanderung zwischen fantastischen Landschafts- und aufwühlenden Lektüreerlebnissen. Wer den Abgang

Pas de deux *Zu zweit wandert's sich besser. Bei den Denti della Vecchia, vor dem großen Abstieg nach Lugano.*

über den Monte Bar nach Tesserete wählt, landet thematisch gestimmt bei einem echten Waffenplatz der Schweizer Armee.

Literatur
HERMANN WEILENMANN: Der Befreier. Eine Prosadichtung, Frauenfeld und Leipzig 1918

HERMANN AELLEN: Die Giuseppina von Astano, in: Schmid-Itten, M./ Meili-Lüthi, R./ Wyler, E.: Grenzdienst der Schweizerin 1914–18, Bern 1934

HERMANN AELLEN/ULRICH AMSTUTZ: Grenzwachtzeit. Erzählungen und Skizzen, Locarno 1916

ROBERT FAESI: Füsilier Wipf. Eine Geschichte aus dem schweizerischen Grenzdienst, Frauenfeld 1917

EDUARD KORRODI: Schweizerdichtung der Gegenwart, Leipzig 1924

WERNER RUTSCHMANN: Befestigtes Tessin. Burgen, Schanzen, Werke, Stände, Zürich 1994

LiteraTour-Info

Einstufung 📖 📖 📖 📖 📖
Gehzeiten 1. Tag: 5 h (4 h Aufstieg); 2. Tag: 8 h (längste, anstrengendste Etappe!); 3. Tag: 5½ h
Höhendifferenz 1. Tag: Aufstieg 1530 m; 2. Tag: Aufstieg 700 m, Abstieg 500m; 3. Tag: Aufstieg 220 m, Abstieg 1580 m
Beste Jahreszeit Mai bis Oktober (unterschiedliche Präsenzzeiten der Hüttenwarte beachten)
Karten Landeskarte 1:25000, Blätter 1313 Bellinzona, 1314 Passo S. Jorio, 1333 Tesserete, 1334 Porlezza

An-/Rückreise Mit der Bahn bis Bellinzona (Fahrplanfeld 600). Zurück mit dem Postauto ab Tesserete nach Lugano (Fahrplanfeld 633.30) oder ab Brè mit der Standseilbahn nach Cassarate (Fahrplanfeld 2653) und mit dem Stadtbus an den Bahnhof Luganos. Ab Brè verkehren auch direkt Stadtbusse an den Bahnhof.
Route *1. Tag, Aufstieg:* Unmittelbar hinter dem Bahnhof Bellinzona (241 m) führt der markierte Weg durch die Häuser von Daro und steigt dann steil durch Artore (390 m) hinauf zum Motto d'Arbino (1694.6 m). Der Weg verläuft auf dem Bergrücken zur Alpe della Costa (1615 m). Von dort ist es auf der ehemaligen Befestigungsstraße nur noch eine halbe Stunde bis zur Alpe di Gesero (1706 m).
2. Tag: Hinter dem Rifugio Gesero windet sich der Weg hoch bis zum Passo San Jorio, vorbei an der Stellung Biscia (2045 m), die unmittelbar hinter den Gebäuden der Alpe Biscia auf einem Hügel liegt (lohnenswerter Abstecher). Auf dem Passo San Jorio (2012 m) öffnet sich der Blick nach Italien. Wir steigen ab bis Il Giovo (1714 m; etwas tiefer liegt das Rifugio Il Giovo des italienischen Alpenclubs) und genießen die Aussicht auf der alten italienischen Militärstraße. Nach einem kurzen Anstieg erreichen wir über die Bocchetta di Sommafiume (1925 m) den Motto della Tappa (2078 m). Bevor wir den gut ausgebauten Weg ins Tal hinunter erreichen, zweigt ein kleiner, schlecht markierter Weg nach rechts ab und führt als Ziegenpfad auf den Punkt 2026 hinauf, nördlich vorbei am Monte Stabbiello bis zur Gazzirola (2116 m). Nun wendet sich der Weg südlich auf dem Grat hinab zum Rifugio Garzirola

Auf EU-Boden *Der Blick vom Passo San Jorio zurück in die Schweiz.*

(1974 m) oder – 3 km weiter auf dem Grat – zur Capanna di San Lucio.

3. Tag, Abstieg: Der Weg führt jetzt auf dem Grenzgrat entlang über die Cima di Fojorina (1809.6 m), hinunter zur Capanna Poirolo der Società Alpinistica Ticinese (1347 m) und schließlich auf der Krete durch die einmaligen Steinformationen der Denti della Vecchia. Auf waldigem Weg vorbei an der Alpe Bolla (1129 m), der nach dem Monte Boglia nach Brè (800 m) hinunterführt.

Variante Zurück auf der Gazzirola wenden wir uns westwärts, wo ein guter Weg über dem Valle Colla an der Alpe Pietrarossa (1549 m) und unterhalb des Monte Bar (1816 m) vorbeiführt, bis er unterhalb des Caval Drossa (1632.1 m) in einer engen Linkskurve von der ausgebauten Straße abzweigt und steil über den Motto della Croce (1380 m) in den Wald eintaucht und nach Roveredo abfällt. Wir umgehen auf kleinen, aber markierten Wegen Roveredo westwärts und steigen durch Lopagno, Cagiallo hinunter bis nach Tesserete (522 m).

Essen Grundsätzlich aus dem »Brotsack« und je nach Saison und Wochentag in den Hütten am Weg: Capanna Gesero (091-827 12 71), Rifugio Il Giovo, ehemaliges Zollhaus (0039-344-8 16 95, Selbstversorgerhütte, 40 Plätze), Capanna di San Lucio (091-944 18 29, die Polenta ist auf beiden Seiten des Passes talbekannt), Capanna Pairolo (091-944 11 56, Hüttenwart Juni bis September, 50 Plätze).

Schlafen 1. Nacht: Capanna Gesero (1774 m), UTOE (091-827 12 71, immer offen, Hüttenwart von Mitte Juni bis Mitte Oktober, 60 Plätze); 2. Nacht: auf Schweizer Seite des Grates: Capanna di San Lucio (1541 m), private Hütte (091-944 18 29, Hüttenwart in den Sommermonaten und von Juni bis Oktober an den Wochenenden, 22 Betten) oder auf italienischer Seite: Rifugio Garzirola (1974 m), ehemalige Hütte der Guardia di Finanza (0039 34-46 32 53, Hüttenwart von Juni bis Oktober, 43 Plätze).

Information Ente Turistico Valli di Lugano, Piazzale Ex-Stazione, 6950 Tesserete, Tel. 091-943 18 88, Fax 091-943 42 12, E-Mail etvl@swissonline.ch, Internet www.ticino-info.ch

Weiterführende Wanderliteratur mit Informationen zu Wegen, Bergen und Hütten: Maurice Brandt und Giuseppe Brenna: Dal Passo S. Jorio al Monte Generoso, Bd. 5, Bellinzona 1997.

Tipps In Airolo lässt sich eine ehemalige militärische Festung von innen besichtigen. Gezeigt werden Waffen, Pläne und historische Dokumente über die »Festung Airolo«. Sie liegt 1,5 km oberhalb von Airolo an der Gotthard-Passstraße. Auskünfte: 091-869 10 81. Geöffnet Juli bis Oktober.

In Biasca gibt das 1999 eröffnete »Museo di fanteria Forte Mondascia« Einblick in die Festungslinie Lodrino/Ossogna, die zu Beginn des Zweiten Weltkriegs gebaut wurde. Das Museum zeigt vor allem Waffen aus der Zeit. Geöffnet: April bis Oktober, Samstag und Sonntag 9 bis 16 Uhr (Besuche außerhalb der Öffnungszeiten nach Absprache). Auskünfte: 091-942 86 30.

Felice Filippini An seinem Arbeitsplatz bei Radio Monte Ceneri, um 1945.

Hanspeter Gschwend, geboren 1945, Schriftsteller und
Journalist bei Schweizer Radio DRS, lebt in Roveredo/GR,
acht Kilometer von der Moësa-Mündung entfernt.

LiteraTour 22: Arbedo–Rivera

Weg über dem Riss

Begegnungen mit Felice Filippini und seinem
Roman »Herr Gott der armen Seelen«

Sie können abkürzen. Felice Filippini hätte abgekürzt – vielmehr: Er hätte den Weg gar nicht unter die Füße genommen. Er hat sich geweigert, mehr als zehn Schritte zu Fuß zu gehen, und gesetzt, er hätte Sie an der Postautostation »Molinazzo« oder (je nach Linie) »Vecchia Posta« abgeholt, um Ihnen seinen Geburtsort Arbedo zu zeigen, er wäre die paar hundert Meter im alten Dorfkern im Auto gefahren (wie heute sein Vetter Ninetto Menghetti, der mich an Stelle des 1988 Verstorbenen freundlich herumführt). Vermutlich hätte er Ihnen auch alles auszureden versucht: die Besichtigung des Dorfes, den Abstecher zum Delta der Moësa beim Zusammenfluss mit dem Ticino und überhaupt die ganze folgende Wanderung, die seiner urbanen Lebensweise ein Gräuel gewesen wäre. Er hätte Sie mitgenommen nach Bellinzona oder noch lieber gleich nach Lugano, denn nicht nur das Dorf, auch die Stadt seiner Kindheit hat er gehasst. Wenn Sie aber darauf bestanden hätten, zu wandern, hätte er Sie beim »Pirata Night Club« zum Kopf der Brücke über den Ticino geführt und Sie mit einer gewissen Verachtung angewiesen, auf dem Damm flussabwärts den Wegweisern »Sentiero Riviera« zu folgen, um dann in seinen riesigen amerikanischen Ford zu steigen und ins Radiostudio zu brausen oder in sein Atelier. Filippini hatte zwei Autos: das Sportcoupé von MG, das er sich mit dem allerersten Geld gekauft hatte (später ersetzt durch einen Alfa Romeo), und den Caravan mit dem seinerzeit größten Kofferraum für den Transport seiner großformatigen Bilder. Denn Felice Filippini hat viel mehr gemalt als geschrieben, und als Maler ist er zunächst auch viel bekannter geworden. Intime Kenner seiner Werke vermuten allerdings, dass die Qualität seiner schriftstellerischen Arbeit dem Vergessen länger standhalten wird.

Zum Strudel des Ursprungs Wenn Sie mit Filippini davongefahren wären, hätte er erfolgreich vermieden, sich mit den Orten zu konfrontieren, an denen die Traumata seines Lebens stattfanden, die aber auch sein Künstlertum und insbesondere seinen größten literarischen Wurf geprägt haben, *Herr Gott der armen Seelen*. Das kleine Geburtshaus steht heute wie ein baufälliges Denkmal allein an der Via Molinazzo 9 (wenn es noch steht, wenn Sie diese Zeilen lesen). Zum Haus der bewusst erlebten Kindheit können wir dem Bildhauer und Grabsteinmetzen Battista Ombra des Romans folgen. Er geht von der Piazza ex Municipio aus einige Meter die Via Cantone hoch, dann links in die schmale Carrale delle Fontane, an deren Ende rechts die Nummer 101 steht. Das Haus ist heute renoviert und rosa getüncht, die Ställe sind abgerissen, der Blick fällt auf die moderne Schulhausanlage und eine mittelständische Wohnsiedlung. Zur Zeit des Romans war hier der Rebberg, in den sich Marcellino bzw. Felice vor den tyrannischen Eigenarten des Vaters zurückzog, um zu träumen und, selber unfähig zur Trauer, die Gefühle der Schuld am Tod des kleinen Bruders zu versteinern. Der Vater, Arbeiter in den Officine, den Werkstätten der SBB, war verschlossen, stur, gleichzeitig autoritär und schwach – »ein richtiger Ochse«, sagt einer, der ihn gut kannte, und der Grafiker Carlo Berta, der wohl nächste Freund in der zweiten Lebenshälfte Filippinis, Gestalter seiner Bücher und vieler Ausstellungsplakate, berichtet, der kleine Felice, lesehungrig in der Enge seiner Kindheit, habe den Vater gebeten, ihm zu Weihnachten ein Buch zu schenken. »Was brauchst du wieder ein Buch«, habe der Vater geknurrt, »ich habe dir schon letztes Jahr eins geschenkt!«

Im tiefsten Grund unsensibel kann dieser Vater allerdings nicht gewesen sein. Am oberen Ende der Via Cantone zweigt wiederum links ein Gässchen, die Via Taiadà ab und führt unter dem – im Roman an die Carrale delle Fontane versetzten – Torbogen durch. In diesem Winkel mit Wohnhäusern und Ställen haben die Eltern und ein Bruder der Mutter Rosa, geborene Menghetti (der Vater meines Führers Ninetto), gelebt. Hierhin, vor allem zur warmherzigen Großmutter, hat nicht nur Felice sich gerne zurückgezogen, sondern seltsamerweise auch der Vater beziehungsweise Schwiegersohn, wenn er mit der Frau nicht zurechtkam, obwohl diese ihrerseits liebevoll und sanft war. (Sie schrieb im Alter das Erinnerungsbuch »Confessioni paesani«, das 1959 in der Überarbeitung des Sohnes herauskam). Im mütterlichen Großelternhaus scheint überhaupt die Nestwärme der Sippe erhalten geblieben zu sein. Felice kehrte mit seiner Familie gelegentlich dorthin zurück und malte im kleinen (nicht öffentlichen) Grotto eine niedliche Freske. Und selbst nach der Trennung sind Felices Frau Dafne Salati und ihre Kinder an Festtagen dort aufgetaucht.

Das eigentliche Trauma Filippinis (und in anderer Weise seines Vaters) war in der an sich schon drückenden Atmosphäre des dörflichen Familienlebens der Tod des siebenjährigen Bruders Diego am 26. August 1927 (in der Sekundärliteratur steht verschiedentlich das falsche Jahr 1929). Felice war damals zehn. Sie gelangen an den Ort des Geschehens, wenn Sie dem Wanderwegweiser »Sentiero Riviera« kurz flussaufwärts folgen und dann ans Ufer der Moësa gehen. Bei einer der noch heute vorhandenen Kiesinseln des Deltas (und nicht im Ticino, auch hier irrt die Sekundärliteratur) ist der Bruder in einem Strudel ertrunken. Felice hat ihn an dem schwülen Tag nach ausgiebigen Regengüssen überredet, gegen seinen Willen und gegen das Verbot des Vaters im reißenden Fluss zu schwimmen. Dass er den Kleinen allerdings mit brutaler Gewalt zum Baden gezwungen hätte, wie er dies im Roman beschreibt, halten alle, die ihn kennen, für unmöglich, und gegenüber Carlo Berta hat Filippini einmal gesagt, er habe das Ereignis dramatisiert. Der Schock war auch so groß genug. *Plötzlich, inmitten all dieser unbewussten Dramen* [des Dorflebens, Anm. d. A.], *die Tragödie: Mein Bruder ertrank zwei Wellen von mir entfernt in einem Graben des Flusses.* So schreibt er 1950 in der autobiografischen Skizze »Confessione di qualcuno« im Buch über sein malerisches Jugendwerk. Und dann folgt der ominöse Zusatz: *Während einer Stunde glaubten alle, ich sei der Ertrunkene. Es gab einen, der dies vorgezogen hätte.* Der eine ist nach Felices Überzeugung unzweifelhaft der Vater.

Anregungen zur Evasion Nicht nur im Roman wurde die Atmosphäre unerträglich, die der unverarbeitete Verlust schuf. Die Familie zog nach Bellinzona, um Distanz zu gewinnen. Damals allerdings war diese Stadt nicht viel weniger provinziell als ihr Vorort Arbedo, und Felice floh mit 16 an die Zeichenklasse des Technikums in Fribourg, um dann ein Jahr danach am Kollegium Schwyz und dann im Lehrerseminar von Locarno zu studieren. Heute aber ist Bellinzona eine attraktive und quicklebendige Stadt geworden, kommerziell ebenso wie kulturell, mit städtebaulichen Akzenten aus der Glanzzeit der neuen Tessiner Architektur – allen voran der von Aurelio Galfetti restaurierten Burg Castelgrande über dem norditalienisch anmutenden Zentrum. Von daher kann ich mich dem Vorschlag Fi-

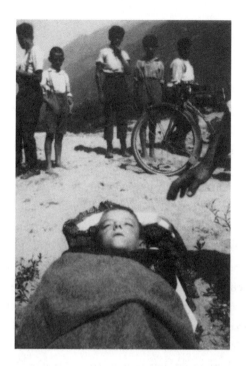

Trauma der Jugend *Der ertrunkene Bruder Diego, 1927 am Flussufer der Moësa.*

lippinis durchaus anschließen, Ihnen die Besichtigung der Stadt zu empfehlen – als Variante zu dem etwas eintönigen Weg entlang dem begradigten Ticino. Übrigens finden Sie im Gebäude der Kantonsregierung aus dem Jahr 1957 eine Freske des Vierzigjährigen – *Festa di nozze nel Ticino* (Hochzeitsfest im Tessin.) Sie können mehrmals vom Wanderweg abzweigen: erstmals bei der Baraca Canonisti Ticinesi in die Via Ripari tondi, letztmals dem Radweg entlang, der beim baumbeschatteten Sitz- und Parkplatz mit Brunnen neben dem Armeemotorpark beginnt.

Von hier an wird aber auch der Wanderweg romantischer, vor allem wenn Sie bei erster Gelegenheit vom Damm rechts hinabsteigen und den parallelen Weg durch die Auenwäldchen gehen. Bei der Transformatorenanlage der SBB haben Sie Giubiasco erreicht. Sie folgen dem links abzweigenden Wanderweg ins Zentrum Giubiasco

Piazza (→ LiteraTour 18) und erleben dabei typische Tessiner Anticittà – das bereits aus Arbedo bekannte, an ein kleines Amerika erinnernde Vorstadtgemisch aus Landwirtschaft, Industrie, Gewerbe und kleinbürgerlichem Wohnwesen, viel Straße, viel Eisenbahn, wenig Planung –, Zivilisation der unerfreulichsten Art, wenn man von Slums und nackter Zerstörung absieht. Doch schon in der oberen Spitze der dreieckigen Piazza finden Sie eine von alter Idyllik durchsetzte Oase: das Ristorante Morisoli, und danach, an dem für Autos theoretisch gesperrten Sträßchen nach Camorino, gleich nach der alten Steinbogenbrücke einige Grotti. Es wird unterdessen Nachmittag geworden sein, und Filippini hat bis zum Mittag streng gearbeitet, vermutlich vor allem im Atelier in Lugano (ab 1970 in einem modern-faszinierenden Bau des Architekten Campi in Muzzano). Vermutlich ist er auch kurz im Radiostudio aufgekreuzt, wo er Chef der Wortsendungen ist, hat seinen drei oder vier Sekretärinnen in Stichworten ein paar Briefe diktiert, ein paar Telefonanrufe aufgetragen, ein paar improvisierte Befehle erteilt, in der Art moderner Manager (wie Carlo Berta schildert) jene Unruhe gestiftet, die ebenso kreativ wie zerstörerisch sein kann. Jetzt aber sitzt er mit Berta vor dem Ristorante Morisoli, trinkt Weißwein und winkt Sie grinsend heran. Berta hat Entwürfe zu einem Ausstellungsprospekt ausgelegt, Filippini skizziert auf einer Papierserviette die Umrisse des Bildes, das er einfügen möchte, und versucht Berta auch gleich seine Vorstellungen vom Layout aufzudrängen – keineswegs fachkundig und nur darauf bedacht, eine eigenwillige Wirkung zu erzielen. Filippini fordert Sie auf, sich hinzusetzen, mitzuhalten, zum Weißwein »salati« zu genießen – Salametti, Prosciutto crudo nostrano, Coppa, Alpkäse, Zwiebeln usw. – und dann den Abend in einem guten Esslokal ein- und ausklingen zu lassen. »La serata è la festa del giorno!«, ruft er mit seiner vollen, virilen Stimme, der Abend ist die Feststunde des Tages, und er zieht den Stuhl heran, auf den Sie sich setzen sollen. Der Mann, der in unheimlicher Geschwindigkeit malt, wie nebenher Romane, Erzählungen und gelegentlich Gedichte und Essays schreibt, der auf dem Klavier improvisiert und den Wortprogrammen von Radio Monte Ceneri vor allem durch seine Beziehungen zur Geisteswelt Italiens eine überregionale Dimension verleiht – ein Arbeitswütiger mit dem Horror vacui, füllt seine Abende mit üppigem Genuss. Guter Wein, gutes Essen, anregende Gesellschaft – das heißt für ihn *la festa del giorno*. Und anregend ist für ihn die Gesellschaft vor allem dann, wenn sie zuhört – sie regt ihn zum Reden an, und er muss seine Stimme nur erheben, um gleich alle in Bann zu schlagen, »oft mit Anekdoten«, sagt Carlo Berta, »die ich zum zwanzigsten Mal höre und die mich jedes Mal neu fesseln.« Mit diesem Freund übrigens hat er eine seltsame Buchhaltung geführt: Von den Beträgen, die er ihm für seine grafischen Arbeiten schuldete, zog er fortlaufend Bertas Anteil an den Zechen der Mahlzeiten ab, bis der Betrag aufgebraucht war. Den Metzger wiederum hat er gelegentlich mit Bildern bezahlt, bis dies zu Auseinandersetzungen über die Qualität des Fleisches beziehungsweise der Bilder führte. Zu erwähnen ist dabei, dass gegen Ende seines Lebens »Filippinis« für über 70 000 Franken verkauft wurden.

Die Versuchung ist groß, sich hinzusetzen, den kühlen Weißen zu schlürfen (von dem es mittlerweile im Tessin nicht nur Merlot gibt, sondern auch besonders im Sommer mundenden Vino bianco di uva americana) und sich von Filippini unterhalten zu lassen. Doch ich rate Ihnen dringend ab, wenn Sie heute noch in die Capanna Cremorasco gelangen wollen. Die Höhendifferenz von 850 Metern müssen Sie vorwiegend auf einem steilen (immerhin durchwegs schattigen) Zickzackweg ersteigen. Er ist gut markiert, besonders, wenn Sie ein Auge auch für die verblicheneren unter den rotweißroten Zeichen auf Steinen und Baumstämmen haben. Aber Sie müssen doch aufpassen, besonders auch nach dem Wegweiser beim Maiensäß Bedrina, denn die Abzweigung nach links wenige Minuten danach ist an Ort und Stelle weder mit einem Wegweiser noch mit einem Zeichen markiert. (Wenn sich linker Hand wieder eine Lichtung mit Hütten öffnet, sind Sie schon zu weit). Überlassen Sie Filippini also dem kreativen Palaver mit Carlo Berta und stehen Sie noch die Viertelstunde auf der Teerstraße zum Ristorante Centrale von Camorino durch, wo der Schlüssel zur Hütte bereitliegt, wenn Sie ihn rechtzeitig bestellt haben.

In Gegenwelten Cremorasco lohnt den Aufstieg. Die Hütte ist vortrefflich eingerichtet für bis zu zehn Personen (nebst Kochherd ist auch eine Dusche vorhanden), und im Keller können Sie guten und preiswerten Tischwein beziehen. Vor allem aber ist die ehemalige Alp ein kleines Naturparadies: Auf dem satten Alprasen stehen Ebereschen, Tannen und eine große Buche; und von der Sitzbank auf dem Felsvorsprung blicken Sie vom Schweizer Becken des Lago Maggiore über die blinkenden Gewächshausfolien der Magadinoebene bis zu den Dörfern nördlich von Bellinzona und auf die zersiedelte Landschaft des Sopraceneri, die sich bei fortschreitender Dämmerung in ein feingeädertes Lichtermeer verwandelt, durchzogen vom Tatzelwurm der Scheinwerfer und Schlusslichter auf der Nationalstraße. Sie schauen in die Gegenwelt Ihres Standortes – und Ihr Standort ist eine Gegenwelt zu jener, die Sie in *Herr Gott der armen Seelen* treffen. Denn das Tessin, das er dort beschreibt, ist vorwiegend grau und feucht, kalt und unwirtlich, von Wind und Schnee durchzogen – ein schwermütiges Stück Welt. Von dieser Welt, die sich auch in gewissen Bildern spiegelt, vor allem Darstellungen von Liebespaaren oder Porträtstudien, die Filippini von Alberto Giacometti geschaffen hat, ließ der Künstler im alltäglichen Umgang nichts aufscheinen. Nur in der literarischen und malerischen Arbeit hat er sich auf die Thematik Tod, Schuld und existenzielle Einsamkeit eingelassen. Im äußerlichen Leben aber hat er diese Realität verdrängt: Mit seiner Arbeitssucht zum einen, mit einer Leidenschaft (oder Sucht) andererseits, zu der sein kritischer Biograf, der Kunsthistoriker Pierre Courthion, schrieb: »Läuft er nicht Gefahr, sich in der vielfachen Wiederholung von Abenteuern zu verlieren, in welchen er von einer Frau zur nächsten den Wunsch zu besitzen verfolgt, hinter dem letztlich eher der Jäger als der Liebende steht?« Doch auch dazu steht wiederum im Kontrast die träumerische Weichheit und Wärme, mit welcher er im Roman die Liebes- und Lebenspartnerin des alternden Bildhauers beschreibt...

Der Felice Filippini, dem Sie am nächsten Morgen zu Ihrer großen Überraschung begegnen, ist der Abenteurer. Ihr Weg nach Cremorasca suggeriert, dass Sie hier auf einem Fleckchen Erde weilen, das nur Berggänger und Helikopter erreichen. Nachdem Sie aber (an Werktagen auf einem kleinen, gut markierten Umweg um das Schießgelände des Waffenplatzes Isone) eine Viertelstunde Richtung Cima di Dentro gegangen sind, stoßen Sie plötzlich auf einen großen Parkplatz, militärische Gebäude und eine Kurzwellen-Senderanlage. Auf dem Parkplatz aber sitzt er strahlend in seinem MG, das Gesicht der aufgehenden Sonne zugewandt und neben sich eine junge Frau, »una ciccia di quelle donne magnifiche«, wie sie ständig um ihn herum waren, um wieder den Freund Berta zu zitieren. Er sieht Sie von weitem kommen, wendet sich zur Frau, sie lacht – vermutlich hat er einige seiner beliebten Spottworte über Ihre Wanderleidenschaft fallen lassen. Filippini konnte im Gespräch vernichtend sein, und es gab viele, die ihn hassten, weil er für viele nur Hohn und Spott übrig hatte. Doch Gästen gegenüber ist er sehr charmant, und Sie sind in gewissem Sinn sein Gast. Deshalb ruft er einen frohen Morgengruß, fragt verschmitzt, wie Sie die Nacht verbracht haben, und lädt Sie ein, ihn nach der Ankunft an der Kantonsstraße auf dem Monte Ceneri beim »Santuario del ciclista« zu erwarten, um sich

Niklaus von der Flüe *Das erste Fresko des Malers Filippini auf dem Monte Ceneri, fotografiert im Jahr seiner Entstehung, 1941.*

dort seine erste Freske zeigen zu lassen und wenigstens nach den überstandenen Strapazen mit ihm in einem Grotto zu schlemmen.

Diesmal stimmen Sie zu. Denn der Weg von der Cima di Dentro auf die Cima di Medeglia ist angenehm zu gehen, mit wenig Steigung, oft einem angenehmen Lüftchen, umgeben von Bäumen zuerst und dann über der Baumgrenze mit weiter Aussicht nicht nur ins Sopra-, sondern auch ins Sottoceneri – in einen großen Teil jenes Kantons, über den Filippini schrieb: *Es ist nicht immer einfach, mit einer brennenden Seele in die Welt zu treten und in eine Landschaft geboren zu werden, die nicht Landschaft ist, sondern eine Art Riss im Gebirge, ausgewaschen von der Emigration, und doch, da ein Riss, erfüllt von den stehenden Giften aller.* Sie kommen, wenn Sie nicht zu lange in dem fast feenhaften, nordisch wirkenden kleinen Moorgebiet am Rande des Militärgeländes des Monte Ceneri picknicken, früh am Nachmittag auf der Passhöhe an und finden das ehemalige Militärkirchlein links von der Kantonsstraße auf einer kleinen Anhöhe, mit einem Radfahrwegweiser unübersehbar markiert. Filippini hält Wort. Er wartet auf Sie, diesmal wieder mit dem großen Ford, und wird Ihnen den Weg links von der Kantonsstraße zum Bahnhof Rivera ersparen. Und er wird Sie mit einem Bild des heiligen Niklaus von der Flüh überraschen, das wohl kaum mit Ihren Vorstellungen von dem radikalen Asketen übereinstimmt, entstanden 1941, zwei Jahre bevor er zum literarischen Wort gefunden hatte.

Literatur

FELICE FILIPPINI: Herr Gott der armen Seelen, mit 50 Federzeichnungen des Verfassers und einem Nachwort von Giovanni Bonalumi neu herausgegeben von Charles Linsmayer, übersetzt von Adolf Saager, Verlag Huber: Frauenfeld 1991

DERS.: Signore dei poveri morti, Bellinzona 1943 (Originalausgabe; eine vom Verfasser revidierte Neuausgabe erschien 1968)

FELICE FILIPPINI: opere giovanili 1940/1950, Locarno 1968 (mit autobiografischem Essay »Confessione di qualcuno«)

FELICE FILIPPINI: Autoritratto di una pittura, Centro Internazionale per gli Studi per le Arti figurative, Italia, 1977 (Großformatige Reproduktionen mit Gedichten von F.)

FELICE FILIPPINI: mio padre, Interview mit Rocco Filippini, in: Bollettino dell'archivio Prezzolini, Lugano, Nov. 1988, S. 12–26

PIERRRE COURTHION: Felice Filippini, Torino 1971 (Monografie mit repräsentativer Auswahl aus dem malerischen Werk)

LiteraTour-Info

Einstufung 📖 📖 📖
Gehzeiten 1.Tag: 6 h (3 h Aufstieg; Gesamtzeit ohne Rundgang in Arbedo bzw. Bellinzona); 2.Tag: 4½ h (Aufstieg 2½ h, Abstieg 2h)
Höhendifferenz 1.Tag: Aufstieg 900 m; 2.Tag: Aufstieg 150 m, Abstieg 800 m
Beste Jahreszeit Mai bis Oktober (beste Sicht und angenehmste Temperatur im September und Oktober)
Karten Landeskarte 1:25 000, Blätter 1313 Bellinzona und 1333 Tesserete

An-/Rückreise Ab Bellinzona mit lokaler Postautolinie Castione Villaggio nach Arbedo Vecchia Posta oder mit Linie Bellinzona–Mesocco (Fahrplanfeld 940.30) oder Bellinzona-Airolo (Fahrplanfeld 625.09) nach Molinazzo. Falls Sie Bellinzona besichtigen, können Sie von dort auch mit dem lokalen Postauto nach Camorino fahren und dort den Aufstieg beginnen. Rückfahrt SBB ab Rivera nach Bellinzona oder Lugano (Fahrplanfeld 600).

Route *1.Tag, Aufstieg:* Ab Brückenkopf bei Molinazzo (Arbedo) gegenüber Night Club Pirata dem »Sentiero Riviera« auf dem Damm des Ticino flussabwärts folgen; auf der Höhe von Bellinzona können Sie parallel zum Damm im Auenwald gehen. Bei der Transformatorenanlage der SBB auf der Höhe von Giubiasco links (Wegweiser zum Bahnhof), durch Bahnhofunterführung Richtung Zentrum, den Wegweisern Cima di dentro bzw. Camorino folgen, wo Sie im Zentrum oberhalb von Coop und Post das Ristorante Centrale mit großer rebenbedeckter Terrasse finden und wo der Schlüssel zur Hütte Cremorasca deponiert wird. Hier beginnt der eigentliche Aufstieg, zuerst zum Biotop Parco Bosco Motto (mit einem schönen Teich) und von dort den rotweiß markierten Bergweg hinauf, zuerst durch dichtes Unterholz und immer im Wald zum Maiensäß Bedrina. Nach dem Wegweiser (immer Richtung Cima di dentro) nach ca. 3–5 Minuten die nicht markierte Abzweigung nach links (bergauf) nicht verpassen – nach einigen Metern wird die rot-weiße Markierung weitergeführt, und nach ca. 2 Stunden taucht die Hütte Cremorasca (1095 m) unversehens vor Ihnen auf. (Sollten Sie es vorziehen, einen weniger steilen Umweg zu machen, so können Sie auch Richtung Cima di Dentro weitergehen und dann auf der Krete zurück zur Hütte).

2.Tag, Aufstieg/Abstieg: Am höchsten Punkt 1120.8 vorbei über Monti del Tiglio (1052 m) zur Cima di dentro (1005 m) und zu den auf einer Hinweistafel angegebenen Zeiten dem Alternativpfad folgen (Schießplatz Isone). Ab Parkplatz den Wegweisern Cima di Medeglia folgend auf einer Militärstraße langsam ansteigend und mit (zeitweise durch Bäume und Gebüsch verdeckter) Aussicht auf die Magadinoebene und die Berge ringsum zur Cima di Medeglia (1260.1), auf der Sie nicht nur eine großartige Rundsicht, sondern auch eine metallene Panoramakarte finden. Der Abstieg Richtung Prato grasso und Monte Ceneri ist wenig steil und gut markiert, aufpassen müssen Sie lediglich, sich vom Weg nicht zu den Ruinen von Artilleriestellungen führen zu lassen, sondern gleich am Beginn der kleinen Ebene rechts den Wanderweg suchen (2 Birken). Nach der (empfohlenen) Besichtigung des »Santuario del ciclista« mit Filippinis Freske ist es zu empfehlen, statt der (direkteren) Kantonsstraße linker Hand dem Veloweg nach Rivera zu folgen.

Essen In Arbedo beispielsweise im Ristorante Filippini (091-829 14 46), in Giubiasco im bereits erwähnten Ristorante Morisoli (091-857 15 71), in Camorino im Ristorante Centrale (091-857 07 97). Ab Camorino Verpflegung aus dem Rucksack. In der Cremorasca in und vor der Hütte Kochgelegenheit und für Fr. 15.– kann man sich im Keller der Hütte auch einen Liter Tessiner Tischwein holen.

Schlafen Den Schlüssel zur perfekt eingerichteten Capanna di Cremorasco mit 10 Schlafplätzen auf Zivilschutz-Matratzen und Wolldecken (Hüttentelefon 091-857 75 74) reservieren Sie bei Giulio oder Carlo Margnetti (091-857 27 88 bzw. 857 26 85).

Information Ente Turistico Bellinzona e dintorni, via Camminata 2, 6500 Bellinzona, Tel. 091-825 21 31, Fax 091-825 38 17.

Tipp Die Freske im »Santuario del Ciclista« kann durch das Türfenster erspäht werden. Für vertiefte Studien wenden Sie sich im Voraus an den Präsidenten der »Associazione ex-corridori ciclisti ticinesi«, Romano Quattrini (091-994 84 75).

Fabio Pusterla Seine Dichtung beginnt, wo der Birkenwald aufhört.

Danilo Baratti

LiteraTour 23: Monte Ceneri–Breno

Kanoniere, Konsumenten, Kirchgänger

Über den Freizeitberg Tamaro in den Malcantone,
inspiriert von Fabio Pusterla

Da wären wir also: Monte Ceneri. Ein unspektakulärer Berg, dessen Höhe und Anblick sich unscheinbar ausnehmen. Hier liegt der Nabel des Tessins. Topografisch und kulturell eine Wasserscheide, nach der zwei getrennte Gebiete benannt sind: Sopra- und Sottoceneri. Zwei Regionen, die gegenseitig das Gefühl der Andersartigkeit hegen und wegen ihrer unterschiedlichen Geografie und Mentalität auch unterschiedlich verstanden werden wollen. Da dem Ort eine Scharnierfunktion zukommt, werden der Ceneri-Pass und die etwas unterhalb gelegene Ortschaft Rivera vielfach als Veranstaltungsorte für kantonale Anlässe ausgewählt. Zum Beispiel für anstrengende und immer gleiche Gewerkschaftsversammlungen, wo der Schreibende zuweilen Zeuge und Mitstreiter war.

Hexen, Kasernen und rote Mortadella Auf dem Monte Ceneri fanden sich früher ganz andere Gestalten ein: Hexenmeister, Hexen, Wegelagerer. An Donnerstagen wurde hier des Nachts der wichtigste Hexensabbat der ganzen italienischen Schweiz gefeiert. Fliegend kamen die verschiedensten Gestalten zusammen, so Giacomo da Semione aus dem Bleniotal, den man 1627 hinrichtete, und Giovannina da Rodi aus der Leventina, die 1650 mit dem Tode bestraft wurde. In jenen Zeiten wimmelte es auf dem Pass von Wegelagerern und Banditen. Die Reisenden des 18. Jahrhunderts vermerkten in ihren Tagebüchern die vielen Galgen entlang des Weges, an denen nur noch die Köpfe der Übeltäter baumelten; die Zeit und die Greifvögel hatten den Rest besorgt. Einer dieser Reisenden war Hans Conrad Escher von der Linth, der am 8. Juni 1795 schrieb: »Zur Abschreckung der Räuber, aber wahrlich auch nicht zur Beruhigung der Wanderer, sind die Schädel von allen hingerichteten Räubern längs der Straße an den Stellen aufgesteckt, wo sie ihre Gewaltthaten ausübten.«

Nachdem Hexen, Hexenmeister und Banditen ausgerottet wurden, zeigt sich heute der düstere Berg von seiner scheinbar beruhigenden Seite. Transitreisende – rasende Auto- und keuchende Radfahrer – werden von militärischen Bauten und verlassenen Tankstellen empfangen. Nicht weit von der Tankstelle haben Fahrende (Jenische), deren Mobilität langsamer und vor allen unbeliebter ist, ihren Standplatz. Ein geradezu tiefsinniger Widerspruch zum schnellen, Energie verzehrenden Reisen unserer Tage. Und da steht auch der Säulenstumpf, Mahnmal für die im Spanischen Bürgerkrieg gefallenen Tessiner. Nicht weit davon die ausgediente Kanone beim Eingang zum Kasernengelände. Ähnliche Bilder, verschiedene Kämpfe.

Monte Ceneri, dieses No-Man's-Land, wird bei näherem Hinsehen zu einem kleinen Universum, prall gefüllt mit Symbolen, die unsere komplexe Welt spiegeln. Das bescheidene Denkmal zu Ehren der Freiwilligen für die spanische Republik befindet sich auf dem Areal des Grotto al Ceneri, mit vollem Namen »Centro culturale e ricreativo Guglielmo Canevascini«. Canevascini war ein halbes Jahrhundert der herausragendste Vertreter der Sozialistischen Partei des

Val Trodo

Scende aguzza e incassata dal Tamaro
Val Trodo, con scossoni di pietra ferrigna,
rossastra (scoscesa ripa prima, poi bosco
    fitto, deserto), solcata,
di scure righe laterali, quasi a picco,
senz'acqua. Nascosti in agguato:
i bunker, le sagome automatiche,
    gli obici pesanti.
    Qui si insegna la guerra.

Spitz und vom Tamaro-Rücken bedrängt,
senkt sich Val Trodo, mit Stößen eisernen Steins,
rötlich (Absturz zuerst, dann Wald,
    öde und dicht), eingefurcht, beidseits
mit finsteren Striemen, wasserlos, nahezu
senkrecht. Im Versteckten lauernd:
die Bunker, die automatischen Ziele,
    die schweren Haubitzen.
    Hier lehrt man den Krieg.
(Deutsch von Christoph Ferber)

Tessins gewesen, die eben dort, auf dem Ceneri, im August des Jahres 1900 gegründet worden war. Und so führt die Partei, die in ihren Reihen immer einen bedeutenden Anteil an Pazifisten und Antimilitaristen gezählt hat, jedes Jahr in diesem Grotto ihre Versammlungen durch; nur wenige Schritte von jenem Schild entfernt, das ein Betreten der »Zona militare« untersagt. Die Versammlungen sind politische Zusammenkünfte und Tafelrunden in einem. Reden mischen sich mit dem Klang von Weingläsern. Man beruft sich auf die Identität und beißt in die einheimische Mortadella. Hier erklingt die populäre Tessiner Variante der berühmten sozialistischen Hymne »Bandiera rossa«: *Bandiera rossa l'è 'l culur dal vin / e quel che l'a inventada l'è 'l Canevascin.* (Rot wie die Fahne ist die Farbe des Weins, der die Fahne erfunden hat, ist Canevascini). Hier beginnt unsere Wanderung.

Val Trodo – vaterländische Töne Nach zehn Minuten asphaltierter Straße finden wir auf der rechten Seite die Anzeige »Alpe Foppa. 2 ore e 30«. Das ist unser Pfad: 900 Höhenmeter ununterbrochen aufwärts. Während des Aufstiegs, meist im Schatten von Birken und später Buchen, fallen Schüsse. Ratternde Garben, mal verhaltener, mal dreister, dann auch laute Knalle: Minenwerfer? Granaten? Nach einer Viertelstunde öffnet sich eine weite Schneise mit Blick auf die Gegend, die uns diesen Soundtrack beschert: Val Trodo, Übungsgelände und Schießplatz der Schweizer Armee auf dem Monte Ceneri. Dort also lehrt *man den Krieg* oder zumindest, wie man ins Schwarze einer Zielscheibe trifft.

Kurz danach gelangt man zur Flanke des Trodo-Tals: *spitz und vom Tamaro-Rücken bedrängt, senkt sich Val Trodo*. Man nimmt es wahr oder sieht es, je nach Dichte der Vegetation. Nicht zu erkennen sind hingegen *die Bunker, die automatischen Ziele, die schweren Haubitzen*, die weiter unten stehen, *im Versteckten lauernd*. Man sieht sie nicht, doch der Dichter, der in den frühen achtziger Jahren in der Gegend Militärdienst geleistet hat, bricht unverschämt ein Militärgeheimnis und verrät uns ihre Anwesenheit. Auch von hier aus steigt in guten Tagen das Krachen der Schüsse munter den Berg hinauf. Der zweite Teil des Anstiegs bietet einen traurig verführerischen Anblick. Auf der linken Seite des Pfades ein grüner Buchenwald, auf der rechten – fast wie die Vorwegnahme einer drohenden Zukunft – Tausende von nackten Stämmen, verkohlten Strünken, offenen, geplatzten Baumrinden, dürren Ästen. Nur das zarte Gras vermag den gespenstischen Anblick zu mildern. Nicht der Krieg hat das Desaster verursacht, auch nicht das Kriegsspiel, sondern ein heftiger Waldbrand vor einigen Jahren. Wegen der vorübergehenden Nacktheit des Waldes erkennt man, dass die andere Seite des Tals wirklich *eingefurcht, beidseits mit finsteren Striemen, wasserlos, nahezu senkrecht* ist. Außer den Kriegern, weiter unten im Tal, wagen sich wenige in jene unwirtlichen Gegenden vor. Es ist schon vorgekommen, dass Pilzsammler nicht mehr zurückgekehrt sind. Nicht einmal jene, die Canyoning treiben, wagen es, in die Schluchten einzudringen, obschon dieser Sport zum Freizeitangebot der Monte Tamaro S. A. gehört. Val Trodo ist bisher von Extremsportarten verschont geblieben.

Nach einigen Stunden Wanderung gelangen wir zur Alpe Foppa, zur wirklichen Alp. Von Ziegen umgeben, bewundern wir das erholsame Panorama, das die Magadino-Ebene, den Camoghè, die Val d'Isone umfasst. Wendet man jedoch den Blick gegen den Berg, sieht man die Vorhut dessen, was nachher folgt: Skiliftmasten und die Erosionsspuren der schweren Pistenraupen.

Alpe Foppa – Ort der Gegenwart Etwas höher nimmt das Bild der Landschaft genauere Konturen an: Die Zahl der Masten nimmt zu. Man erkennt drei oder vier Skilifte. Man sieht ein hässliches Gebäude, das von einer finsteren Festung überragt wird. Und alles zusammen wird im Hintergrund von einer übergroßen Telekommunikationsantenne dominiert. Auf einer Strecke von hundert Metern ist die Landschaft nur noch durch einen rund sechs Meter hohen Gitterzaun zu sehen. Die Beschriftung an zwei Bauten klärt uns über die Natur des ungewöhnlichen Geheges auf: »Mufflon (ovis musimon) Wildschafartiges Tier aus Korsika und Sardinien stammend«. Und dann: »Steinbock (capra ibex)«, »Damhirsch (dama dama)«. Wir stehen also vor einem Bergzoo. Der Steinbock ist heute abwesend, welch ein Glück für ihn. Das Gehege umfasst ein kleines Tal, dessen steile und bröckelige Abhänge durch das Getrampel der unfreiwilligen Gäste vollkommen erodiert sind: Death Valley in den lombardischen Voralpen. Eine Mondlandschaft: Wie eine Verheißung nimmt sich die Bezeichnung Valle Luna aus, die schon auf der Landkarte vermerkt war, bevor die eingeschlossenen Huftiere ihr gewissenhaftes und verzweifeltes Werk vollbracht hatten. Beim Aufstieg möchte das Auge bei der Architektur von Mario Botta verweilen – es ist nun klar, dass die ungewöhnliche Festung die Kirche von Santa Maria degli Angeli ist –, doch ständig wird es durch ein erstaunliches Sammelsurium kleinerer und größerer Artefakte abgelenkt: nach dem Zoo das Restaurant, weitere Skiliftmasten, die Bergstation der Seilbahn, dann ein Spielplatz. Ja, ein Spielplatz, auf den im Prospekt auf geeignete Weise hingewiesen wird. Denn in den Bergen kann sich das postmoderne Kind nicht auf der Wiese tummeln, Purzelbäume schlagen oder auf kleinere Felsen klettern. Auch das Kind braucht ein Gehege, wo ein kleiner Berg aus Kunststoff für das Climbing nicht fehlen darf. Auf der Spielanlage steht außerdem eine kleine Kanone. Eine echte. Vielleicht aus Schamgefühl hat man das Bodenstück entfernt. Auch *hier lehrt man den Krieg*, von klein auf. Bald werden weitere Kanonen dazustoßen: Schneekanonen, die der Besitzer der Skianlage seit Jahren verlangt, ungeachtet der tropischen Zukunft, die die Voralpen wegen des Treibhauseffektes ereilen wird.

Vom Anstieg erhitzt, durch das unsägliche Spektakel verblüfft, möchte sich der Wanderer das Gesicht und womöglich die Kehle erfrischen, bevor er mit der nötigen Ruhe Mario Bottas Werk in Augenschein nimmt. Doch einen Brunnen gibt es nicht. Der Wasserhahn auf der Toilette des Restaurants spendet nur warmes Wasser. Vielleicht nicht zufällig gehört auch das Quellwasser San Clemente – das aus den Hängen des Tamaro sprudelt und im Restaurant in Flaschen abgefüllt verkauft wird –, dem Besitzer der Transportanlagen.

Es ist bekannt, dass der Tessiner, durch die feine Bergluft stimuliert und von der Landschaft gerührt, Lust zu singen verspürt. Mir fällt nur ein Tango ein: »Cambalache« (Trödelhaufen), von Enrique Santos Discépolo: »Igual que en la vidriera irrespetuosa de los cambalaches / se ha mezclao la vida, / y herida por un sable sin remaches / ves llorar la Biblia contra un calefón. / Siglo veinte, cambalache problemático y febril...« (So wie im Schaufenster des Trödelladens / hat sich das Leben respektlos vermischt, / siehst Du eine Bibel, verwundet von einem Säbel ohne Knauf, / an einen Boiler gelehnt weinen. / Zwanzigstes Jahrhundert, Trödelhaufen, problematisch und fiebrig...). An dieser Stelle kann einem auch eine der verkümmerten Landschaften von Pusterla in den Sinn kommen, wo sich teerverschmierte Koffer, Kaninchenzähne, vergessene Waggons, Schubkarren und verrottende Eimer aneinander reihen. Aber jene sind »Dinge ohne Geschichte«. Ihre Aneinanderreihung ist zufällig. Hier auf dem Tamaro hingegen ist die Unordnung beabsichtigtes Resultat jener, die die Geschichte gestalten wollen. Die »Kunden« des Tamaro widerspiegeln diese pittoreske Unordnung: Deutschschweizer Rentner in kurzen Hosen und mit Stock, ergebene Ordensschwestern in schwarzen Strümpfen und Sandalen, Damen mit

Freizeitberg Tamaro Biken, Hängegleiten, Bergbahnfahren, Gratwandern. Die Botschaft auf dem Plakat von Häfliger/Szemere, Studio Milani (1990), ist treffend.

tiefen Ausschnitten, die nach Sonne lechzen, behelmte Mountain-Bikers mit Arm- und Knieschonern, Architekturstudenten und Gleitschirmflieger. Zu diesen gesellen sich im Winter noch die Ski- und Snowboardfahrer.

Botta sei Dank Endlich betreten wir den Tempel. Der Bau weckt die Neugierde und fasziniert; er verdient aufmerksame Besichtigung von innen und außen. Einen Augenblick lang vergisst man das Umfeld, oder man stellt sich die Kirche frei von allem vor: Die kleine Terrasse mit der Glocke öffnet die Sicht auf den Abhang und auf ein wunderbares Panorama. Die Fenster der Kapelle zeigen weite, ausgesparte Wiesenausschnitte. Doch die Rundfenster der gedeckten Promenade fassen Masten und Räder von Skiliften, Liftkabel und geduldig auf den nächsten Winter wartende Pistenfahrzeuge ein. Die obere Promenade, die wir in die andere Richtung gehen, treibt uns wieder mitten in den »Cambalache«. Kein Zweifel: »Das erste Problem war das Finden des geeignetsten Platzes für den Kirchenbau«, wie uns der Prospekt belehrt. »Mario Botta entschied sich für den Abhang, neben der Hochebene mit dem Restaurant«. Gerade dort, wenige Schritte von der Kabinenbahn entfernt. Doch wenn der anfängliche Antrieb »der Wunsch einer Gegenüberstellung des Menschen mit der Unermesslichkeit des Berges« war, hätte der Architekt mehr wagen müssen. Er hätte den Abbruch des Restaurants und die Verlegung der Bergstation fordern sollen. Nur er hätte dies verlangen können. So führt die Kirchenarchitektur ihren »Dialog« weniger mit der Unermesslichkeit des Berges als mit der Endlichkeit der Infrastruktur des Homo technologicus.

Es könnte sich aber auch um gewollte Bescheidenheit handeln, die dem flüchtigen Betrachter entgeht. Das zumindest lässt eines der marianischen Loblieder vermuten, die über den zweiundzwanzig kreisförmig angeordneten Fenstern im Innern stehen: »Ave monte sublime / cui fanno corona / la nube dell'altissimo / un coro d'angeli in volo.« (Sei gegrüßt, erhabener Berg / der umkränzt wird / vom Gewölk des Allerhöchsten / von einem fliegenden Engelschor.) Es ist klar: der »erhabene Berg« ist nicht der Tamaro, sondern die Jungfrau Maria. Die geschäftige, verschandelte und im Wesentlichen menschliche Natur der Alpe Foppa – in die sich Bottas Tempel bescheiden einfügt – lässt die wahre Erhabenheit umso stärker hervortreten. Das verblüffende Chaos des Tamaro steht beispielhaft für die Verdorbenheit der Welt, die nach aristotelischer und scholastischer Vorstellung zur Vollkommenheit der himmlischen Welt im Gegensatz steht.

Das »Produkt Tamaro«, wie das heute so schön heißt, verkauft sich gut. 1998 betrug der Umsatz rund vier Millionen Franken. Die Seilbahn schaufelte im Betriebsjahr 1997/98 132000 Personen auf den Berg. Dafür gebührt der Dank den Freunden des Wintersports, den Botta-Architektur-Wallfahrern, den jungen Katholiken, die sich auf Einladung des Bischofs zur jährlichen Versammlung der Diö-

Wallfahrtsort für Architekturtouristen Mario Bottas Chiesa di S. Maria degli angeli, auf dem Tamaro.

zese auf dem Berg einfinden (inzwischen erfolgt der Aufruf per Fernsehspot), den Bikern, Gleitschirmpiloten, Reitern, Sonntags- und Feiertagsausflüglern und – last, but not least – den Teilnehmern des Strom-Cups Monte Tamaro. Und natürlich, in Zukunft: den Literaturwandernden.

Eine Fortsetzung, die sich lohnt Auch der zweite Teil unserer Wanderung, die berühmte Gratwanderung Tamaro-Lema, ist Bestandteil des »Produktes Tessin«. Zwischen Januar und Oktober 1998 sind 8800 Bergtouristen über diesen Kamm gewandert. Vier Jahre vorher waren es erst halb so viele. Dies bedeutet, dass man mit großer Wahrscheinlichkeit noch anderen »Konsumenten« begegnen wird. Trotzdem, man wird belohnt. Während rund dreier Stunden abseits von Übertragungseinrichtungen, Hochspannungsleitungen, Skiliften und künstlichen Touristenattraktionen wird man einen entspannenden und leichten Pfad genießen können (einzig der Poncione di Breno kann allen, die nicht schwindelfrei sind, Probleme bereiten). Der Ausblick auf die Seen von Lugano und Locarno, die Alpenkette und die Dörfer der Val Veddasca ist großartig. Im Spätfrühling blühen in den Hängen die Alpenrosen. Man wird sanft auf- und vor allem absteigen: Richtung Gradiccioli, Monte Pola, Magno, Poncione di Breno und Lema. Wer die erneute Begegnung mit Masten, Seilbahnen und Gittern am Ende der Wanderung, auf dem Monte Lema, vermeiden möchte, nimmt den Weg nach Breno und landet in einem der schönsten Dörfer des Malcantone.

(Deutsch von Massimo Romano)

Fabio Pusterla, geboren 1957 in Chiasso, lebt als Dichter, Übersetzer, Essayist und Lehrer in Albogasio und Lugano. Er ist Mitglied der Gruppe Olten und Redaktor der literarischen Zeitschrift Idra. »Val Trodo« erschienen 1985 im Gedichtband »Concessione all'inverno«.

Literatur
Von Fabio Pusterla sind erschienen:
Concessione all'inverno, Casagrande: Bellinzona 1985 (Neuauflage 2000)
Bocksten, Marcos y Marcos: Mailand 1989
Le cose senza storia, Marcos y Marcos: Mailand 1994
Pietra sangue, Marcos y Marcos: Mailand 1999

Ein Gedichtband in deutscher Übersetzung ist im Limmat Verlag, Zürich, für 2001/02 in Planung. Eine Auswahl von Gedichten in deutscher Sprache erschien 1998 in »Metaphorá. Zeitschrift für Literatur und Übersetzung«, Heft 3/4, S. 156–170.

MARIO BOTTA/ENZO CUCCHI: La cappella del Monte Tamaro, Società editrice Umberto Allemandi & C.: Turin 1994

LiteraTour-Info

Einstufung 📖 📖 📖 📖
Gehzeiten 8½–9 h (auf einen oder zwei Tage verteilt): 2½ h um vom Ceneri zur Alpe Foppa aufzusteigen, 1½ h um den Tamaro zu erreichen; 3–3½ h bis zum Lema, 1½ h um nach Breno abzusteigen
Höhendifferenz Aufstieg: Ceneri–Tamaro 1400 m, Abstieg auf dem Kamm: Tamaro-Lema 340 m (mit mehreren sanften Gegensteigungen), Abstieg Lema–Breno: 820 m
Beste Jahreszeit Mai bis November
Karten Landeskarte 1:25 000, Blätter 1313 Bellinzona, 1333 Tesserete

An-/Rückreise Der Ceneri ist nicht mehr mit dem Postauto zu erreichen. Mit den öffentlichen Verkehrsmitteln gelangt man bis Rivera (SBB-Bahnhof) und von der Talstation der Tamaro-Bahn zu Fuß in 1½ h auf den Ceneri. Für die Rückfahrt ab Breno: Postautolinie Miglieglia-Breno-Lugano (Fahrplanfeld 633.25) oder Breno–Magliaso (Fahrplanfeld 635.21) mit Anschluss an die Bahn Ponte Tresa–Lugano (Fahrplanfeld 635). Von Juni bis Oktober verkehrt am Spätnachmittag der Touristen-Bus Miglieglia–Rivera–Miglieglia.

Route Wenn man von Süden anreist, befindet sich das Ceneri-Grotto auf der linken Seite des Passes (554 m), 5 Minuten von der Kantonsstraße entfernt. Von dort aus rund 10 Minuten weiter auf einer asphaltierten Straße (in diese mündet die landwirtschaftliche Straße von Rivera) bis zum Wegweiser Alpe Foppa/Nagra zur Rechten, dem wir fortan folgen. Auf der Alpe Foppa (1530 m), nahe des Bergrestaurants, den zahlreichen Wegweisern entlang in Richtung Capanna Tamaro UTOE (1867 m), Monte Tamaro (1961 m), Monte Lema (1620 m). Vom Gipfel des Lema rund 10 Minuten zurück zur Forcora di Arasio (1481 m) und Abstieg Richtung Breno (798 m) via Alpe Tramboschino. Nach Miglieglia führt auf der rechten Seite der Hochebene von Nadro eine Naturstraße. Wer den Lema bereits kennt oder müde ist, kann Breno unmittelbar vom Zottone aus, vor dem Poncione di Breno, über die Alpe di Mageno erreichen.

Die Strecken Rivera–Alpe Foppa und Monte Lema–Miglieglia können auch mit der Kabinenbahn zurückgelegt werden.

Variante Wer lediglich die Alpe Foppa sehen möchten, kann zur Abwechslung über die Monti di Spina zum Ceneri (oder nach Rivera) zurückkehren. Wenn man die eine oder andere Kurve etwas abkürzt, benötigt man für den Abstieg ca.1½ h. Insgesamt rund 4 h.

Essen Unterwegs im Grotto del Ceneri (091-946 40 60, Montag geschlossen), im Selbstbedienungs-Restaurant der Alpe Foppa (091-946 22 51), in der Capanna Tamaro (091-946 10 08, warme Küche in den Sommermonaten) oder im Bergrestaurant auf dem Monte Lema (091-967 13 53). In Breno in der Osteria La Ticinella (091-609 17 19) oder in der Trattoria Vittoria (091-609 11 57).

Schlafen In Rivera im Elvezia (091-946 46 27), auf dem ersten Berg in der Capanna Tamaro UTOE (091-946 10 08, Juni bis Oktober), auf dem letzten Berg, in der Lema-Herberge (091-967 13 53). In Miglieglia, bei der Talstation der Gondelbahn, im Garni San Stefano (091-609 19 35). In Breno gibt es keine Übernachtungsmöglichkeit.

Information Ente Turistico Valli di Lugano, Piazzale ex-Stazione, 6950 Tesserete, Tel. 091-943 18 88, Fax 091-943 42 12, E-Mail etvl@swissonline.ch
Ente Turistico del Malcantone, Piazza Lago, 6987 Caslano, Tel. 091-606 29 86, Fax 091-606 52 00, E-Mail: etmalcantone@tinet.ch, Internet: www.tinet.ch/malcantone
Direkte Informationen zu den Ausflugsbergen Tamaro und Lema erhältlich bei Monte Tamaro S.A., Tel. 091-946 22 53, www.montetamaro.ch, und Seggiovia Monte Lema S.A., Tel. 091-609 11 68.

Tipps Im Cambalache der Alpe Foppa findet man natürlich Bücher und Videokassetten über Bottas Kirche. Ferner Standuhren (aus Stein) und Armbanduhren mit einer Abbildung der von Cucchi bemalten Apsis auf dem Zifferblatt. Wer nach Miglieglia absteigt, sollte in der romanischen Kirche von Santo Stefano die spätgotischen Wandmalereien aus dem 16. Jh. bewundern. Die Kirche ist auch von Breno aus zu erreichen, indem man der Naturstraße folgt.

Den Blick zurück in das rurale Leben im Malcantone wirft das Museo del Malcantone in Curio (091-606 31 72). Es erinnert insbesondere an die Bergbau-Vergangenheit des Malcantone (Hammerschmiede von Aranno).

Postkartenimage Und wo bleiben die Banken?

Annetta Ganzoni, geboren 1958, Romanistin, arbeitet als wissenschaftliche Mitarbeiterin im Schweizerischen Literaturarchiv. Sie lebt in Bern.

LiteraTour 24: Lugano

Piazza und Finanzplatz

Mit Giovanni Orellis »Monopoly« durch die City von Lugano

Statt am Bahnhof die Drahtseilbahn zu besteigen, die direkt auf die Piazza Cioccaro, ins Herz der Altstadt, führt, blinzle ich in die Januarsonne und blicke über die Stadt und den von einem Nebelschleier leicht verhüllten See. *Von oben her gesehen liegt sie wundervoll zwischen den Bergen, eingebettet zwischen den zwei großen Erhebungen, den Hügeln, den Tälern, am Ufer des Sees. Sie sieht aus wie eine ganz normale Stadt: Da gibt es einen bescheidenen Friedhof, da erkennt man die grüne Kuppel der Post, das Stadion, die imposanten Gebäude der Banken.* Ich nehme den Fußweg zwischen Palmen und Tannen, wo rot-weiße Pflastersteine die Passanten zu ruhigen, behäbig luxuriösen Hotels mit urschweizerischen Namen weisen. Von der Terrasse der Cattedrale S. Lorenzo aus blicke ich auf bunte Ziegeldächer. Sie erinnern mich an die begeisterten Berichte der ersten Tessinreisenden, die die Sicht auf die gedrängte Siedlung von Häusern, Klöstern, Kirchen und sich im See spiegelnden Kirchtürmen schilderten.

Sitzbänke Wenig später stehe ich mitten im gepflegten Einkaufsparadies der Altstadt, wo nur Straßennamen wie die Via Nassa

(Fischreuse) an die vielfältige und bewegte Geschichte eines malerischen Ortes am See erinnern. Die internationalen Labels von Bijouterien und mondänen Parfümerien, von eleganten Schneiderateliers und ausgesuchter Spitzenunterwäsche prägen das Straßenbild. Cafés und Restaurants ziehen zahlreiche Touristen und hungrige Geschäftsleute an. Schülerinnen und Schüler schlendern über die sauber gekehrte Piazza della Riforma. *Mich ergriff die Besorgnis, äußerlich einer der vielen Bankbeamten zu werden, innerlich aber eine Ware, ein Titel im Wertpapiergeschäft, im An- und Verkauf. Ich sah schon verächtliche Blicke ringsum. Wieviel verdienen Sie im Monat? Besitzen Sie Grundstücke, die im Grundbuch eingetragen sind? Wie viele Verwaltungsratssitze haben Sie? Vermieten Sie? Was tun Sie, um Ihre Ertragslage zu verbessern? Warum versuchen Sie es nicht im Kunsthandel?*

Il giuoco del Monopoly, wie Giovanni Orellis Roman im Originaltitel heißt, ist eine Wirtschaftssatire mit humanistischem Hintergrund. Ihr Protagonist Cornelius Agrippa ist zuständig für die Public Relations eines der wichtigsten Bankiers im Land. Agrippa ist ein Intellektueller, der zwischen Anpassung und Auflehnung einen unsicheren Weg geht, der seine Kenntnisse dem Kapital verkauft und nur in seinen Tagebuchblättern, dem Roman, sein eigentliches Ich hinter der beruflichen Maske zeigt. *Das Ergebnis ist eine Mischung von Liebedienerei, Begierde, Anarchie, vagem Liberalismus und Opportunismus, wie es oft bei Menschen in Erscheinung tritt, die aus der Gosse kommen und mühselig bis zu den mittleren Ästen des Baumes emporgeklettert sind, um sich einen Platz an der Sonne zu sichern.* Giovanni Orelli bezeichnet seine manchmal recht bissige Parodie auch als »fröhliche Schweizerreise«. Er stehe seiner Natur nach auf der Seite derer, die das Schlechte in der Welt von der lachenden Seite sehen, er sei für das Lachen gemacht, und so habe er die Satire und nicht die Tragödie als Ausdrucksform gewählt.

Giovanni Orelli Kam vom Land in die Stadt – und blieb in Lugano.

Nach einem erholsamen Besuch in der stimmungsvollen romanischen Chiesa di Santa Maria degli Angioli mit ihren bedeutenden Malereien schlendere ich an Zeitung lesenden Passanten vorbei, der Uferpromenade entlang, zurück in Richtung Piazza Manzoni. Die Seebucht, die wegen ihrer Schönheit schon mit dem Golf von Napoli verglichen wurde, wird in Giovanni Orellis *Monopoly* nicht gerade gelobt: ... *der See, der blau und rein wie der Himmel ist – und doch sagt man, er sei voller Schmutz und Gift, und die Fische vertilgen das alles, und wir vertilgen die Fische, die [in vergangenen Jahrhunderten bis nach Mailand beliebten] Blaufelchen, und wir baden sie in Weisswein, den wir aus kristallenen Gläsern trinken, und wir müssen uns damit beeilen, denn wenn wir sie nicht so rasch wie möglich essen, dann sterben sie, denn das Wasser ist ungesund und faul. Schon hat man den Touristinnen aus dem Norden verboten, in den See zu steigen und dort Pipi zu machen, während sie Brust- und Rückenschwimmen üben und sich wie Tote treiben lassen.*

Gegenüber dem Kasino zieht der hölzerne Nachbau der Kirche San Carlo in Rom, 1999 zum 400. Jahrestag der Geburt Francesco Borrominis auf einem Floß erstellt, die Spaziergänger an. Eigentlich zöge es mich jetzt weiter dem See entlang, um die Villa Ciani und den 1940 von Rino Tami erbauten, Epoche machenden Bau der Biblioteca Cantonale zu besichtigen oder um im großartigen Park auf einer Bank zu sitzen und die alten Bäumen zu bewundern. Stattdessen biege ich stadteinwärts, lasse Fussgängerzone und *die besten Hotels, die man mit Kunstverstand in reizvollem Jugendstil wieder hergerichtet hat,* hinter mir und tauche in die schattigen Schluchten des schachbrettartig angelegten Banken- und Versicherungsviertels ein.

Bankensitze Wenige Schritte von der Villa Saroli mit ihrer Gartenanlage, die als letzte von einem anderen Unternehmertum am Anfang des 20. Jahrhundert erzählt, bin ich plötzlich von modernistischen Fassaden aus Stahl, Glas, grauem und rosafarbenem Granit und einem »Autosilo« aus Beton umgeben. Nur mittendrin steht – quasi als Sinnbild des *lembo di terra italiana fatto nostro, pulito e ordinato (Zipfel Italiens, der uns gehört, so sauber und ordentlich)* – ein *Ristorante Bar Pizzeria Mediterraneo*. Giovanni Orelli meint dazu im Gespräch: »Hier müsste man eine Diskussion über Architektur führen. Nötig wäre jedenfalls das Programm Blairs: ›Zerstört die Peripherien der Welt, die eine Verstümmelung darstellen, einen Gräuel‹. Auch in der Ministadt Lugano gibt es viel Grauenhaftes und man könnte viel Neues zerstören, das die Landschaft verunstaltet. Aber es gibt auch einige neue Bauten, die mir gefallen, zum Glück. Ich habe gute Beziehungen zu verschiedenen Architekten, die ich bewundere, denn sie haben versucht, das Schöne zu verteidigen. Da ist das Geld sehr gut investiert. Der Schriftsteller, der ein Außenseiter ist, sollte nicht apriori schlecht über das Geld reden; das könnte den Verdacht wecken, er sei neidisch und frustriert. Eher sollte er sich ernsthaft fragen, wie das Geld verwendet wird. Und bei einem Bau wie der Banca del Gottardo von Mario Botta muss ich einfach sagen: ›gut gemacht, wirklich!‹« Der 1988 erbaute Hauptsitz der Bank, benannt nach dem symbolträchtigen Berg *zum Schutz Helvetiens und des grünen Tessin, beiden ihr schicksalbestimmendes Bollwerk*, ist ein für hiesige Verhältnisse monumentaler Bau mit Restaurant und Kunstgalerie inmitten anderer, teilweise durchaus sehenswerter Gebäude moderner Architektur. In diesen Straßen jedenfalls sind die Zeiten vorbei, als *die letzten grünen Flächen geopfert, die letzten Kastanienwäldchen gerodet [wurden]. Man verkauft[e] sie zu enormen Preisen, um Platz zu schaffen für einen Neubau, einen Wohnblock, eine neue Bank, denn der wahre Bewohner der Stadt ist das Geld*. Ich kann mir ohne weiteres vorstellen, dass hier *zu abendlicher und nächtlicher Stunde das Gold der einzige*

Bewohner des Stadtzentrums ist – in den Banktresoren an allen Ecken, unter allen Plätzen – das Gold, das vom Sekuritaswächter an der Strassenecke bewacht wird. (...) Im übrigen leert sich das Stadtzentrum sofort nach Geschäftsschluss. Die Männer von Rang, die höchsten Bankfunktionäre, die Mittelsmänner, die Chefs der internationalen Schmugglerringe, die Importeure fremder Gelder, die dem Fiskus ihres Ursprungslandes entzogen werden – alle diese tüchtigen Leute haben ihre Villa an den Berghängen über der Stadt.

Der Tessiner Bankensektor ist im Laufe der letzten dreißig Jahre enorm gewachsen und hat eine internationale Bedeutung erlangt. Im Tessin haben 65 Banken ihre Niederlassungen, sie beschäftigen rund 9000 Personen, davon arbeiten rund 70 Prozent in Lugano. Hinter Zürich und Genf ist Lugano der drittgrößte Finanzplatz der Schweiz. Wie die Wirtschaftsforschung festgestellt hat, löste die rasante Entwicklung in der Region aber auch Verunsicherung und Ohnmachtsgefühle aus. Das Tessin ist zu einem internationalen sozioökonomischen Kontaktraum geworden. Um im konkurrenzreichen Wirtschaftsmarkt der Zukunft zu bestehen, muss sich auch dieser Finanzplatz durch hervorragende fachliche Fähigkeiten ausweisen können. Zunehmend wird auch die Bedeutung der Stützfunktionen außerökonomischer Bereiche beobachtet: Dazu gehören unter anderem die Beziehungen zu öffentlichen Institutionen und die sozialen und kulturellen Werte des umliegenden Territoriums. Dazu gehört aber auch die staatliche Finanzkontrolle, welche angesichts der Wirtschaftskriminalität, die immer raffiniertere Methoden anwendet und sich in immer neue Bereiche drängt, ein anpassungsfähiges und griffiges Instrumentarium benötigt.

Giovanni Orelli dazu: »Wenn ich über die Banken von Lugano spreche, muss ich sofort vorausschicken, dass dies aus einer instinktiv ländlichen Einstellung geschieht, die dieser Welt mit Ablehnung begegnet. Das kommt daher, dass ich wegen fehlender Sachkenntnis

Bankenstadt Die City ist klein. Die Banken stehen dicht gedrängt im Fußgängerradius der Innenstadt.

die Mechanismen der Banken nicht kenne. Im Kapitel über Lugano spielt das Geld eine zentrale Rolle, es wird zur hervorgehobenen Figur. Die Ablehnung wird konkretisiert und gewissermaßen personifiziert. Diese Ablehnung hat auch mit den zynischen und unmenschlichen Aspekten zu tun, die das Geld mit sich bringen kann. Jedoch, wenn ich das Problem der Banken, das in Lugano ein grundlegendes Problem ist, von einem anderen Standpunkt aus angehe, so sage ich mir: Wenn es hier keine Banken gäbe, wäre Lugano eine kleine, bedeutungslose Ortschaft. Die Banken geben Tausenden von Leuten Arbeit, und ich wünsche mir, dass die Banken weiterhin prosperieren, denn sonst würden wir unsere Beschäftigung verlieren, und die Arbeitslosigkeit ist ein großes Unglück für ein Volk.

Müsste ich einen Stadtführer von Lugano machen, würde ich mich in erster Linie mit der, trotz zahlreicher zerstörerischer Eingriffe der Menschen, immer noch sehr schönen Landschaft auseinandersetzen. Aber es versteht sich von selbst, dass man nicht von einer Landschaft allein leben kann. Um es mit einer derben leventinischen Redensart zu sagen, die auch Piero Bianconi gefiel: ›Dal bel us mai sgiü nota‹ (›Vom Schönen isst man nichts runter‹). Es genügt nicht, eine schöne Landschaft zu haben, es braucht auch eine Produktion von Gütern, und das Gut der Güter ist das Gold, das Geld. Mit anderen Worten also: ›Erst leben, dann philosophieren.‹«

Kultur zwischen Stuhl und Bank(en) *Die alten Damen verbringen den Nachmittag auf der Terrasse, haben ein Auge auf den betagten Gatten, der noch immer sein tägliches Fitnessprogramm in der Schwimmhalle absolviert, und behalten gleichzeitig die Bank im Blickfeld, wo in den Safes die Wertpapiere reifen. Viele Menschen verlieben sich in die Stadt, kaufen sich eine Eigentumswohnung, ein Haus, eine Familiengruft. Keine Streiks, keine Volksbewegungen, kein Krieg, keine Gewalt, keine Entführungen, keine Hitzköpfe,* *keinerlei Unordnung.* Giovanni Orelli hat als halboffizieller Kulturattaché schon viele Gäste im Tessin empfangen: »Ich finde es mehr als verständlich, dass jemand, der von Hamburg, Frankfurt, Berlin kommt, Lust hat, sich aus dem Norden abzusetzen, die Luft des Südens zu atmen, und dass er sich in der Sonne in dieser etwas idyllischen Welt ausruhen will, ohne alles zu hinterfragen. Ich verstehe es sehr gut, dass diesem Menschen Lugano mit seinen vielen Ausflugsmöglichkeiten gefallen kann. Würde ich in einem Tourismusbüro arbeiten, verteidigte ich diese Idee. Aber ich lebe in Lugano, nicht nur eine Saison, nicht nur zwei Ferienwochen lang, sondern ein ganzes Leben. Deshalb wäre es mir doch sehr wichtig, dass das Geld, das Kapital, die Bank, die Macht mit der kulturellen Entwicklung etwas besser harmonisieren würde. Denn ich bin mit meinem ehemaligen Philologieprofessor Giuseppe Billanovitch darin einig, dass die Kultur eine nachgiebige Kreatur ist, wie eine Taube: ein Vogel, der in der Ackerfurche des Wohlstandes der Macht lebt und gedeiht. Um Kultur im wahren Sinne des Wortes zu machen, muss man Geld haben. Kultur kostet. Im starken Finanzplatz Lugano hingegen kann ein Auseinanderdriften zwischen Macht und Kultur festgestellt werden. Es gibt wohl etwas Sponsoring, vor allem im Sport, einem Vergnügen, das, wie die Erholung am Wochenende, der Eros usw., einem natürlichen Bedürfnis entspricht. Trotzdem wünschte ich mir auch im kulturellen Bereich mehr Engagement. Ich denke da an einzelne Beispiele von Kulturförderung aus Italien: Hervorragend war die von Hans Magnus Enzensberger vor Jahren den deutschen Mäzenen als Beispiel präsentierte Firma von Adriano Olivetti in Ivrea, welche ein bedeutendes Kulturengagement sowohl in die Firmenpolitik integrierte als auch im verlegerischen Bereich realisierte. Wenn ich also etwas negativ über Lugano spreche, ist das nicht in einem individuellen Sinn. Ich beziehe mich vielmehr auf das schwache soziale Gewebe zwischen einer, sagen wir mal, höheren Kultur und

Ein Lieblingsthema Giovanni Orelli und das Sprechen über das Dreieck von Macht, Geld und Kultur.

dem alltäglichen Benehmen der Leute, auf eine fehlende Entwicklung in menschlichen, kulturellen, gefühlsmäßigen, politischen, moralischen Belangen, auf einen gewissen intellektuellen Mangel. Und da machen die Banken keine großen Anstrengungen, um diesen Tendenzen entgegenzuwirken.«

Der zwiespältige Protagonist im *Giuoco del Monopoly*, Cornelius Agrippa, wird wegen einiger biografischer und physischer Übereinstimmungen als das *alter ego* seines auch als Politiker im Partito Socialista Autonomo aktiven Autors bezeichnet. Wie sieht Giovanni Orelli das Spannungsfeld zwischen Anpassung und Widerstand? »Wenn ich mich als Schriftsteller, als Intellektueller mit diesen Beziehungen zwischen Macht und Kultur auseinandersetze, dann ist die Sache insofern verzwickt, als ich mich von Anbeginn an wissentlich in einen Zwist einlasse: Jede Macht in der Welt tendiert dazu, sich als solche zu erhalten. Der Auftrag des Schriftstellers hingegen wäre es, seinem Publikum eine neue Brille aufzusetzen, somit begibt er sich fast zwangsläufig in einen Konflikt zum Bestehenden. Wenn die Macht hingegen in einer mutigen Geste sagen würde: ›Ich ernähre in meinem Innern den Wurm der Opposition‹, dann wäre das gewissermaßen eine ideale Situation. Stattdessen entsteht ein Phänomen, das wir nicht erst seit dem 20. oder 21. Jahrhundert kennen, sondern schon seit der Antike, nämlich die Gefahr, dass wir während des Schreibens unter dem Druck der Macht und des Geldes die Wahrheit verschweigen.«

Leben in der Bankenstadt Giovanni Orelli treffe ich im *Caffè Bar Liceo* an der Via Cattaneo, dem Treffpunkt von Schriftstellern und Intellektuellen ganz in der Nähe des Gymnasiums, wo Orelli viele Jahre unterrichtet hat. In dem modernistischen Lokal mit dem poppigem Klangteppich verkehrt ein eher jugendliches Publikum. Die Zeit des »pensionierten« Literaten ist kostbar. Das kulturpolitische

Engagement, die journalistische Arbeit, seine schriftstellerischen Projekte halten ihn in Atem. Während sich die ersten beiden Romane mit den Problemen des Herkunftsortes, des bäuerlichen Bergdorfs Bedretto, auseinandersetzten, ist *Monopoly* in einer völlig urbanen Welt angesiedelt. *Es liegt in der Natur des Monopoly-Spiels, die Wirklichkeit zu verzerren. Da gibt es keine Landschaften, nicht einmal unfruchtbare Landstriche, man trifft weder auf Dörfer noch auf Vorstädte oder armselige Bergtäler.* Giovanni Orelli meint dazu: »Die Entscheidung zwischen Stadt und Bergland habe ich schon vor langem gefällt. Ich habe in meiner Jugend zu viel Schnee gesehen, und ich hatte genug davon. Mir gefällt es, in der Stadt zwischen den Menschen zu leben. In den Bergen, da ist die Einsamkeit. Es ist zwar schön, vor dem Feuer zu sitzen, aber es hat auch etwas Magisches, Hypnotisches, das dich einschläfert. Ich ziehe das dynamische und kämpferische Leben vor. Ich bin überzeugt – der Satz ist nicht von mir, aber ich brauche ihn sehr oft, ich glaube, er ist von Paul Valéry –, dass das Denken auf der Wegkreuzung wächst. Ich hatte es schon im *Anno della valanga* geschrieben: ›Du musst nicht in einem einsamen Tal leben, sondern nahe bei einem Bahnhof, wo sich die Wege kreuzen‹. Deshalb gefällt mir Olten: der Knotenpunkt der Eisenbahnlinien ist zur Metapher geworden für den Meinungsaustausch zwischen den verschiedenen Kulturen der Welt. Folglich bin ich dagegen, dass die Grenzen geschlossen werden, ich bin gegen die kleinen Nationalismen usw., und es freut mich, wenn ein Leventinese eine Kubanerin heiratet.

So sehe ich die Stadt, und aus diesem Grund gehe ich manchmal lieber nach Milano als ins Bedretto, obwohl das wirklich ein sehr schönes Tal ist.«

Auch im verzerrenden Monopoly-Spiel kommen die verschiedenen Gesichter des Finanzplatzes zum Vorschein: Neben den reichen verschwenderischen Italienern gibt es die Unterschicht der

Gastarbeiter und Pendler, neben dem ehrbaren Bürgermeister einer ehrbaren Stadt *die Dirnen, die selbstverständlich versuchen, sich dem geschäftlichen und ökonomischen Gefüge der Stadt nach Möglichkeit anzupassen.*

»Addio Lugano bella ...« Vieles habe ich nicht gesehen, spare es mir für einen längeren Besuch auf: Geschichte und Kunstgeschichte, die Villa Malpensata mit dem Museo d'Arte Moderna, die Aussenquartiere und die empfohlenen Aussichtspunkte. Für heute schließt sich die enge Schlaufe, es eilt. Mein Glück, dass Luganos facettenreiche Innenstadt auf eine so kleine Fläche konzentriert ist. Ich möchte nur noch schnell in der bekannten Confiserie Vanini ein Geschenk kaufen, »prima ch'io corra zu den Ziegen, pardon, zu den Zügen« (Giorgio Orelli), bergauf nun mit der allzeit bereiten Funicolare.

Literatur
GIOVANNI ORELLI: Monopoly, Roman, Ammann: Zürich 1986 (ital. Originalausgabe: Il giuoco del Monopoly, Mondadori: Milano 1980)
MARIO AGLIATI: Lugano del buon tempo, Locarno 1989
PAOLO BERNASCONI: Finanzunterwelt: gegen Wirtschaftskriminalität und organisiertes Verbrechen, Zürich 1988
PIERO BIANCONI: Lugano nostra, Lugano 1972
MARIO CAMPI (HRSG.): Lugano – städtische Architekturen, ETH, Zürich 1992
RENÉ CHOPARD: Il sistema bancario ticinese e la piazza finanziaria svizzera, Lugano 1992
Materialsammlung zum Werk Giovanni Orellis im Schweizerischen Literaturarchiv, Bern
LUCA MERISIO: Lugano: guida alla città e dintorni, Lugano 1998
Ticino: the perfect business climate, Lugano 1996

LiteraTour-Info

Einstufung 📖 📖
Gehzeiten 1 h oder mehr
Beste Jahreszeit ganzes Jahr
Karten Stadtplan (erhältlich am Bahnhofkiosk oder beim Verkehrsbüro)

An-/Rückreise Lugano liegt am Weg nach Milano, wie Giovanni Orelli sagen würde. Erreichbar mit dem Zug (Fahrplanfeld 600), dem Flugzeug (Agno), dem Postauto (St. Moritz-Lugano, Fahrplanfeld 940.75), mit dem Schiff (Fahrplanfeld 3609) oder zu Fuß (→ LiteraTouren 21 und 26).
Route vgl. Planskizze
Essen Typische Businesslokale, wo das geschäftige Lugano verkehrt, sind das Caffè Olimpia, Piazza della Riforma 1 (091-922 74 88), und das Business Break Pub, Via Balestra 20/22 (091-923 39 97).
Schlafen Ein aktuelles Hotelverzeichnis ist beim regionalen Verkehrsbüro erhältlich.
Information Lugano Turismo, Palazzo Civico/Riva Albertolli, 6901 Lugano, Tel. 091-921 46 64, Fax 091-922 76 53, E-Mail: info@lugano-tourism.ch, Internet: www.lugano-tourism.ch
Tipps Ein Architekturrundgang durch die City von Lugano ist weniger exotisch, als es scheint. Ticino Turismo publizierte bereits Anfang der 90er Jahre eine Faltblatt-Serie, die den Spuren moderner Tessiner Architektur folgte. Die City Luganos ist darin prominent vertreten. Nicht überall sind touristische Schalterhallenbesuche aber gleich üblich wie in der Banca del Gottardo, Viale Stefano Franscini 8. Mario Bottas Bau entstand 1988. 200 Meter lang, gleicht die Bank von außen einer Geldfestung. Innen überrascht die Architektur mit einer raffinierten Lichtführung, die das Monumentale aufbricht. In der Bank befindet sich als öffentliche Zone die Galleria della Banca del Gottardo, die regelmäßig Kunstausstellungen veranstaltet. Aktuelle Informationen, auch zur bankeigenen Gemäldesammlung, sind abrufbar im Internet: www.gottardo.ch

Orlando Spreng *Mit seinen Kindern Sergio und Liliana vor dem neu erworbenen Ruderboot am Ufer des Luganersees, im Frühling 1946.*

Beat Allenbach

LiteraTour 25: Rundfahrt auf dem Luganersee

Als den Fischen die Luft wegblieb
Orlando Sprengs düstere Vision »Il lago« vom Schiff aus betrachtet

Das Kursschiff gleitet über den fast windstillen Luganersee. Der Fahrtwind bringt den Ausflüglern Erfrischung. Der Blick zurück auf Lugano mit seiner Bucht, eingerahmt von den zwei Wahrzeichen Monte Brè und Monte San Salvatore, ist stets von neuem faszinierend. Die prächtige, kontrastreiche Landschaft ist stärker als die Wunden, welche die vielen Bausünden in und um die Stadt geschlagen haben. Die Badanstalten von Lugano, wo Klein und Groß im Wasser Kühlung sucht, sind in der Ferne kaum auszumachen. Doch man darf wieder mit gutem Gewissen schwimmen! In den siebziger und Anfang der achtziger Jahre konnte man davon nur träumen. Damals war an den Badestränden des Ceresio, wie die Einheimischen den Luganersee meist nennen, die immer gleiche Badeverbotstafel zu sehen.

Ein altes Problem Bereits vor fünfzig Jahren enthielt das Wasser zu wenig Sauerstoff, es war überdüngt und schmutzig, das biochemische Gleichgewicht gestört. Es gebe nur ein Mittel, die schreckliche Entwicklung zu stoppen: »Die Abwässer der Haushalte und der Industrie von Lugano und den Dörfern am See dürfen nicht länger di-

Baden verboten *Das war einmal. 1996 wurden die Verbote, hier beim Damm von Melide, aufgehoben.*

rekt in den See fließen, sie müssen zuerst geklärt werden«, schrieb der Schweizer Gewässerschutzexperte und ETH-Professor Otto Jaag im Jahre 1958. Erstaunlich nur, dass Professor Jaag die Meinung vertrat, es sei besser, über den Zustand des Sees nicht öffentlich zu sprechen, da dies möglicherweise den guten Ruf des Ceresio gefährden könne. Eine öffentliche Warnung wäre aber umso dringlicher gewesen, als seit 1940 mehrere Seegemeinden wie Gandria, Paradiso, Vico Morcote ihr Trinkwasser dem See entnahmen. Die Bevölkerung rund um den Luganersee wuchs stark an, immer mehr Abwässer gelangten ungefiltert in den See, die Verschmutzung verschlimmerte sich. Die Fischer erlebten, wie Algenteppiche sich ausbreiteten, das Wasser trüb und Edelfische seltener wurden. Sie schlugen Alarm, unterstützt von Fachleuten, doch die Politiker wollten nicht hören, die Behörden von Kanton und Gemeinden nicht handeln.

Im Frühling 1971 musste der Kanton Tessin eine drastische Maßnahme treffen: Er verbot das Baden im Lido von Lugano und an mehr als der Hälfte der Badestrände rund um den Ceresio. Die Nachricht ging um die halbe Welt und löste nicht nur im Tessin einen Schock aus. Die Negativpropaganda für den Ferienkanton zwang die Behörden, etwas zu tun: Sie begannen zu planen und im Jahr 1976 nahmen zwei bedeutende Kläranlagen in Lugano und in Mendrisio den Betrieb auf. Allmählich schlossen sich weitere Gemeinden an Kläranlagen an, und nach dreizehn Jahren, im Mai 1984, entfernten Gemeindearbeiter im Lido von Lugano sowie in mehreren andern Badeanstalten die Verbotstafeln. Vor allem in der Bucht von Agno, wo sich mehrere Campingplätze aneinanderreihen, blieb das Baden verboten. Die Feriengäste schien das kaum zu kümmern, Kinder wie Erwachsene plantschten im Wasser, und niemand lief Gefahr, gebüßt zu werden. Als schließlich die vierte Klärstufe der Anlage von Lugano und Umgebung in Funktion war und das bei Agno in den See geleitete Wasser nur noch wenige Fäkalkoliforme enthielt, hob der Kanton zur Badesaison 1996 die letzten Badeverbote auf: Nach 25 Jahren durften Einheimische und Gäste erstmals wieder überall am Schweizer Ufer des Ceresio ins Wasser tauchen. Am italienischen Ufer bleibt das Baden wegen teils noch fehlender oder ungenügender Kläranlagen fast überall verboten.

Bis Ende 1998 sind im Tessin rund um den Luganersee Kläranlagen im Wert von über 700 Millionen Franken gebaut worden. Bakteriell hat sich die Wasserqualität stark verbessert, zum Baden und als Trinkwasserreservoir ist der Ceresio nach Auskunft der Fachleute bestens geeignet, doch der See ist weit davon entfernt, gesund zu sein. Er ist überdüngt, sein Phosphorgehalt ist viel zu hoch, was einen empfindlichen Mangel an Sauerstoff zur Folge hat. Zwar ist vor allem dank der Kläranlagen und des Verbots von Phosphaten in Waschmitteln die Zufuhr in den See von etwa 280 Tonnen Phosphor pro Jahr auf rund 70 Tonnen gesunken, doch das genügt für eine echte Gesundung des Sees nicht. Ab einer Tiefe von 80 Metern gibt es im Wasser keinen Sauerstoff mehr, der See ist biologisch tot. Da das Wasser im nördlichen Becken von Lugano durch den Damm von Melide gestaut wird, dauert es über dreizehn Jahre, bis sich das Wasser erneuert hat. Im südlichen Becken mit dem Ausfluss der Tresa, die in den Langensee mündet, beträgt die Umlaufgeschwindigkeit nicht ganz eineinhalb Jahre; dort könnte noch einiges verbessert werden, wenn die Abwässer der letzten Gemeinden des Malcantone und der italienischen Gemeinden geklärt würden.

Fischsterben im Roman – eine Vorahnung? Unser Kursschiff hat den Damm von Melide passiert und bald sehen wir Maroggia, wo eine Reihe neuerer Wohnblöcke die Sicht auf den alten Dorfkern verdeckt. Dort lebte der Schriftsteller Orlando Spreng (1908–1950), der von Fischern erzählt, die bereits in der ersten Hälfte des 20. Jahrhunderts ihre Beute schwinden sahen. Entsprach es der Wirklichkeit oder war es eine Vorahnung dessen, was sich später ereignen sollte, wenn wir in seinem Roman *Il lago* (Der See) lesen: *Es schien ein sonderbares, unerklärliches und unabänderliches Sterben im Wasser zu herrschen. Die Egli verschwanden, Aale gab es nur noch wenige, die Schleien wurden selten, und in den Netzen glänzte das Wasser anstelle der Fische. Und wie die Jahre vergingen, wurde das Elend härter und rauer und wurde zum Hunger.*

Vor dem Hintergrund jener schweren Zeit webt Schriftsteller Spreng das Thema der Industrialisierung in seinen Roman ein. Eine Nachricht geht von Mund zu Mund: Deutschschweizer Unternehmer wollen ein großes Landstück neben dem Dorf am See kaufen,

Warten auf Fische *Berufsfischer gibt es auf dem Lago di Lugano keine mehr. Auch ohne Chemiewerk am See.*

um eine chemische Fabrik zu errichten. Die meisten inzwischen arbeitslosen Fischer sind bereit, ihr Land zu verkaufen. Nur einer verhält sich störrisch, erhält umgehend ein viel besseres Angebot, aber der Fischer bleibt beim Nein. Die Fabrik wird gebaut, die ehemaligen Fischer erhalten eine Arbeit gegen einen kleinen, aber regelmäßigen Lohn. Nino, der Sohn eines Fischers, will von der Fabrik nichts wissen, legt weiterhin die Netze aus und arbeitet in der Nacht in der Backstube des Dorfbäckers, während sein Bruder Francesco, der als ausgebildeter Mechaniker aus Paris zurückkehrt, zum Werkmeister befördert wird. Doch er hat kein Glück. Obschon seine Frau aus Paris nachreist, ist das Familienglück gestört. Die Frau fühlt sich im Dorf am See wie ein Fisch auf dem Trockenen: Die Ehe geht in Brüche. Düster wie die Felsbänder des Monte Generoso bei

Gewitterstimmung ist dieses Buch auch in den übrigen Handlungssträngen. Orlando Spreng lässt kaum einen Hoffnungsschimmer aufkommen, wenn der heimgekehrte Francesco über das Los seiner Landsleute nachdenkt. Eine papierene, von Selbstmitleid überquellende Passage, die im Fluss der Erzählung wie ein Fremdkörper wirkt: *Sie hatten das Land, und sie haben es sich wegnehmen lassen, sie hatten eine bescheidene Industrie, und sie haben sie sich wegnehmen lassen. Sie hatten Gelegenheit, mit der Tourismusindustrie Geld zu verdienen, doch die Hotels sind jetzt alle in den Händen der andern. Nicht einmal als Küchenburschen wollen sie uns in diesen Hotels. Auch das schöne Kupfer hatten sie in ihren alten Küchen, aber auch das Kupfer ist fast überall verschwunden, weggetragen von den andern, von jenen, die in die Ferien kommen von der Alpennordseite, mit großen Banknoten, und die sagen: »Schön, schön, wie viel kostet es?« Und sie singen und sagen.« »Ihr im Tessin habt Glück, ihr habt die Sonne, ihr habt ein herrliches Klima, ihr habt den Nostrano, ihr habt viele schöne Sachen.«*

Wer ist dieser Schriftsteller mit Berner Namen? Sein Vater war als Käser aus dem Kanton Bern nach Italien ausgewandert, hatte es dort zu Ansehen gebracht und eine Bauerntochter geheiratet. Zu Beginn des Ersten Weltkriegs, Orlando war siebenjährig, sah sich die junge Familie veranlasst, in die Schweiz zurückzukehren; wegen der Sprache wählte sie das Tessin und ließ sich in Maroggia nieder. Der junge Spreng ging nach der Handelsschule zur Post, musste zeitweise als Schalterbeamter in Bern arbeiten, bis für ihn eine Stelle in Lugano frei wurde. Seine Leidenschaft war das Schreiben: Es entstanden viele Kurzgeschichten, und sein erster Roman »Rekrut Senzapace«, in dem er das Soldatenleben eines jungen, etwas unbeholfenen Burschen beschrieb, erschien just vor Beginn des Zweiten Weltkriegs. Das Buch schlug ein, wurde alsbald ins Deutsche und Französische übersetzt: Spreng wurde als Soldatendichter in der ganzen Schweiz bekannt, und nun waren mehrere Verlage und Zeitschriften bereit, einige seiner Kurzgeschichten zu veröffentlichen. Sein nächster Roman, »Il reduce/Der Heimgekehrte«, spielte in Sprengs erster Heimat, einem Bauerndorf bei Cremona. Trotz Übersetzungen nahm dieses Werk kaum mehr jemand zur Kenntnis, wie Charles Linsmayer in einem ausführlichen biografischen Essay zum 1988 wieder aufgelegten »Reduce« festhält.

Die Dreckschleuder im Roman hatte ein Vorbild Der dritte Roman erschien 1952 nur noch in italienischer Sprache, zwei Jahre nach dem Tod des erst 42-jährigen Schriftstellers. *Il lago* erzählt von Fischern, die ihren brotlos gewordenen Beruf aufgeben. Doch auch alte Fischer, die schon zu Zeiten der im Roman erwähnten Tanninfabrik die Netze ausgelegt hatten, hörten nie von diesem Buch, nicht einmal jene, denen sein Erfolgswerk »Rekrut Senzapace« vertraut ist. Eine Fabrik, wie im Roman beschrieben, befand sich im Nachbardorf Melano. Zwar waren es nicht Deutschschweizer, sondern eine Industriellenfamilie aus Frankreich, die ein Gerbstoffwerk errichten ließ: In einem längeren, komplexen Prozess wurden Kastanienschnitzel ausgelaugt und wurde mittels Dampfdruck das fürs Gerben von Leder notwendige Tannin gewonnen. Der Bau der Tannini Ticinesi S.A. war ein interessantes Vorhaben, denn die 1930 eingeweihte Betonkonstruktion wurde von Fabrikdirektor Ingenieur Ettore Brenni in Zusammenarbeit mit dem Schweizer Betonpionier und Brückenbauer Robert Maillart errichtet. Die Belegschaft von rund 90 Personen verarbeitete in guten Jahren über 35 000 Tonnen Kastanienholz zu 3500 Tonnen Gerbstoff. Infolge der scharfen Konkurrenz durch italienische Fabriken und synthetische Produkte stellte das Werk Ende 1964 den Betrieb ein. Die Gebäude wurden in den achtziger Jahren abgerissen, nur der 63 Meter hohe Kamin, das wir vom Schiff deutlich sehen, erinnert an die Tannini S.A.

Überrest Nur der Kamin der Tanninfabrik in Melano ist stehen geblieben.

Die Fabrik, so liest man in Sprengs Roman, entleerte jeweils am Samstag die Schmutzwasserbehälter in den See. Das scheint der Wirklichkeit entsprochen zu haben. Der Sohn des Direktors der Tanninfabrik erinnert sich, dass vom Monte Generoso jeweils ein großer rotbrauner Flecken vor der Fabrik zu sehen war. Aber der See sei nicht verschmutzt worden, beschwichtigt er; die Arbeiter hätten stets das Wasser aus dem See getrunken, das in 60 Metern Tiefe gefasst wurde. Ob das Seewasser durch die Tanninfabrik vergiftet wurde, ist schwer auszumachen. Oder war die Ende des 19. Jahrhunderts gegründete Gerberei im Nachbardorf Maroggia, wo Spreng die Jugend verbracht hatte, die Ursache der Seeverschmutzung? Alte Fischer und Einwohner der Seegemeinden mögen sich nicht erinnern und betonen, damals habe sich niemand darüber beklagt; die in den See geleiteten Abwässer waren kein Thema. Der langjährige Fischereiverbandspräsident und ehemalige sozialdemokratische Großrat Paolo Poma erinnert sich, sein Vater habe in den vierziger Jahren gegenüber der Tessiner Regierung darauf gepocht, die Gerberei müsse aufgrund des italienisch-schweizerischen Vertrags über die Benutzung des Sees ihre Abwässer reinigen. Die Aufforderung des Kantons, eine Kläranlage zu bauen, soll der Gerbereibesitzer mit der Bemerkung beantwortet haben, eher werde er den Betrieb einstellen – und leitete die schmutzigen Abwässer bis zur Schließung der Gerberei Anfang der siebziger Jahre weiter in den See. Ob eine ähnliche Forderung auch an die Tanninfabrik herangetragen worden ist, lässt sich nicht mehr herausfinden.

Strahlende Fische nach Tschernobyl In den zwanziger Jahren zählte man am Schweizer Ufer des Luganersees noch etwa zwanzig Berufsfischer. Durch den See waren die Dörfer beidseits der Grenze miteinander verbunden. Heute gibt es noch ein halbes Dutzend Fischer, die im Nebenerwerb ihre Netze auslegen, und man lebt getrennt von der italienischen Nachbarschaft. Das hängt nicht nur mit der allgemeinen wirtschaftlichen Entwicklung zusammen, sondern ebenso mit dem Fischbestand, der sich infolge der Verschmutzung stark verändert hat. Die beliebten kleinen Alborelle, die gebacken mit Stumpf und Stiel gegessen werden, sind praktisch verschwunden – dieser Fisch ist mit der Laube der Alpennordseite verwandt. Die

Agone, ähnlich dem Maifisch, schien ausgestorben, tauchte aber in letzter Zeit wieder auf. Die Rötel, die Salmerini, welche die Wirte den Fischern gerne abkaufen, werden kaum mehr gefangen. Dieser Fisch wurde 1896 erstmals im Ceresio ausgesetzt wie ebenfalls die Felchen. »Der Rötel fühlt sich bei uns im Luganersee wohl, doch jetzt dürfen wir junge Fische aus Zuchtbetrieben der Deutschschweiz nicht mehr aussetzen«, ärgert sich Aldo Ortelli, Präsident der Tessiner Netzfischer. Er versteht nicht, dass die Behörden darauf beharren, keine Fische aus andern Seen zuzulassen, da sich die Rötel im Tessin gut entwickelten. Würden Rötel aus dem Ceresio gezüchtet, könnten sie ohne weiteres ausgesetzt werden, heißt es bei den Bundesbehörden, doch es gibt heute im Ceresio offenbar zu wenige, um eine Fischzucht von einiger Bedeutung aufzubauen.

Einschneidende Folgen hatte die Reaktorkatastrophe im ukrainischen Tschernobyl im Frühjahr 1986. Vier Monate später, Anfang September, erließ der Bundesrat für den Luganersee das einzige Fischereiverbot der ganzen Schweiz; der Cäsiumgehalt der Fische war mit 48 Nanocurie pro Kilogramm Lebendgewicht dreimal so hoch wie der zulässige Grenzwert der EU. Der Grund: Die heftigen Regenfälle im Frühling hatten die vor allem nach Südwesteuropa verfrachtete Radioaktivität Tschernobyls in den Luganersee eingeschwemmt. Den patentierten Netzfischern, die im Nebenerwerb Fische fangen und sie vorab an Gaststätten verkaufen, vergütete der Bund den Ertragsausfall. Erst zwei Jahre später, am 9. Juli 1988, durften die Fischer am Ceresio wieder ihrem Hobby frönen. Nach der Zwangspause waren die Netze überdurchschnittlich voll – vor allem Egli und Zander wurden aus dem Wasser gezogen. Inzwischen sind die Erträge etwas gesunken. Das Gleichgewicht der Fische ist labil. Mit dem Verschwinden der Alborelle ging dem Egli die bevorzugte Nahrung verloren. Das weniger geschätzte Rotauge dient dem Egli nur im ersten Jahr als Nahrung, danach ist es zu groß. Deshalb sind Zander jetzt verbreiteter als Egli, und von diesen zwei geschätzten Fischen werden pro Jahr 10 bis 20 Tonnen an Land gezogen. Das Rotauge, ein ursprünglich auf der Alpennordseite heimischer Weißfisch, dominiert heute im Luganersee; von den pro Jahr 40 bis 65 Tonnen gefangener Fische entfallen drei Viertel auf diesen Weißfisch.

Netzfischer drängen darauf, den Luganersee, diesen schwerkranken Patienten, zu kurieren. Alberto Barbieri, Leiter des Tessiner Umweltlabors, sieht verschiedene Möglichkeiten. So könnte man Sauerstoff in die tieferen Lagen des Sees pumpen, das stark phosphorhaltige Tiefenwasser ans Ufer emporholen, reinigen und wieder zurückfließen lassen oder aber Kies und Aushubmaterial in den See verfrachten, damit der schlammbedeckte Seegrund mit sauberem Gestein »aufgefrischt« wird. Ob der seit Jahren dauernden Studien verlieren manche Fischer die Geduld, denn sie möchten Taten sehen. »Wir haben Studien vorgeschlagen, um herauszufinden, welche Sanierungsmethode am wirksamsten und gleichzeitig finanziell verkraftbar ist«, entgegnet »Seedoktor« Barbieri. Seit im Tessin die Badeverbote aufgehoben sind und sich viele der Illusion hingeben, der See sei wieder gesund, und seit die Fischer wie Umweltschützer kaum mehr öffentlich Alarm schlagen, fühlen sich weder die italienisch-schweizerische Gewässerkommission noch die Tessiner Behörden zu entschlossenem Handeln genötigt. Der See indes bleibt krank.

Literatur
ORLANDO SPRENG: Il Lago, Artigrafiche: Lugano 1952
ORLANDO SPRENG: Der Heimgekehrte, Verlag Huber: Frauenfeld 1988
RAIMONDO LOCATELLI: La pesca nel Cantone Ticino, Armando Dadò editore: Locarno 1997
GIUSEPPINA ORTELLI TARONI: Il Ceresio e la sua gente, Lugano 1989

LiteraTour-Info

Einstufung 📖
Fahrzeit 2 h
Beste Jahreszeit Fahrplan-Sommer
Karte Prospekt der Schifffahrtsgesellschaft (an der Schifflände Lugano oder im Verkehrsbüro erhältlich)

Route Seerundfahrt: Von Lugano mit dem Schiff vorbei an Maroggia und Melano, wo keine Kursschiffe halten, nach Capolago und zurück via Morcote nach Lugano. Es gibt am Vormittag und am Nachmittag je ein Kursschiff, allerdings nur während des Sommerfahrplans (Fahrplanfeld 3609). In Capolago hat der Vormittagskurs Anschluss an die Schmalspurbahn auf den Monte Generoso. Möglich ist die Rückfahrt mit dem Nachmittagsschiff oder mit der Eisenbahn (Fahrplanfeld 600).
Essen In Capolago im Ristorante Svizzero (091-648 19 75), in Caslano im Batello (091-606 16 50), im Quadrifoglio (091-606 19 22), Grotto Streemadone (091-606 24 85) oder im Arcobaleno (091-606 42 62).
Schlafen Ein aktuelles Hotelverzeichnis ist beim regionalen Verkehrsbüro erhältlich.
Information Lugano Turismo, Palazzo Civico/Riva Albertolli, 6901 Lugano, Tel. 091-921 46 64, Fax 091-922 76 53, E-Mail: info@lugano-tourism.ch, Internet: www.lugano-tourism.ch
Tipps Museo della Pesca (Fischereimuseum) an der Via Campagna in Caslano, erreichbar mit dem Schiff oder der Lugano-Ponte-Tresa-Bahn (Fahrplanfeld 635); geöffnet von April bis Oktober jeweils Dienstag, Donnerstag und Sonntag von 14 bis 17 Uhr (091-606 63 63).

Ausfahren Das Kursschiff unterquert den Damm von Melide. Die Fischerboote müssen wir uns denken.

Antonio Fogazzaro *Der Dichter und sein Sohn Mariano in Oria.*

Jürg Oehninger, geboren 1960, ist Redaktor bei Schweizer Radio DRS. Er lebt in Aarau.

LiteraTour 26: Oria–Bré

Schwarz über die grüne Grenze

Ein Abstecher in Antonio Fogazzaros
»Piccolo mondo antico« der Valsolda

Oria, Albogasio, Puria, Castello, San Mamette, Cressogno. Klingende Namen, die wir schon einmal lesend angetroffen haben. Hier also, am italienischen Ufer des Lago di Lugano, in den engen Dörfern und in den Bergen der Valsolda, spielten sich die zum Teil dramatischen Szenen ab, die Antonio Fogazzaro (1842–1911) in seinem Roman *Piccolo mondo antico* (Entschwundene kleine Welt) minuziös und liebevoll beschrieben hat. Im Roman ist die Valsolda eine enge Welt – geografisch wie auch psychologisch; eine Welt von Spitzeln und Bespitzelten, von Intrigen und Verrat. *Diese ausgezeichnete, gefühlvolle Dame war bekannt wegen der unermüdlichen Wachsamkeit, die sie von ihren Fenstern aus über die ganze Valsolda ausübte. Sie konnte an einem einzelnen Tag sagen, wer mit dem Bootsmann Pin (...) nach Lugano gefahren war; sie beobachtete die Zusammenkünfte (...) auf dem Kirchplatz von Albogasio auf einen Kilometer Entfernung (...).*

Als wäre es gestern gewesen   Nahe beim Hotel Riviera steigt der schmale Weg an, von Albogasio inferiore nach Albogasio superiore. Wir gerieten schon bald ein erstes Mal außer Atem. Das pittoreske Dorf klebt förmlich am Hang, so wie die anderen Dörfer in der Nachbarschaft, beispielsweise Castello. *In Castello stehen die Häuser dicht nebeneinander gedrängt dem Kamm des Berges entlang, um die Sonne und den Blick auf den See in der Tiefe genießen zu können. Gegen die offene Landschaft zu sind sie alle weiß und lachend; aber gegen die andere, unglückliche Häuserreihe zu, die hinter ihnen ein freudloses Dasein fristet, sind sie ganz dunkel und gleichen jenen vom Glück begünstigten Menschen, die angesichts des allzu nahen Elends eine feindselige Haltung einnehmen und eng aneinander rücken, um es sich vom Leib zu halten.* Einen Augenblick lang bleibt unklar, ob diese kleinen, engen Wege hier in Albogasio nur in einen Hinterhof oder hinauf zur Kirche führen. Kein Geräusch dringt an diesem Sonntagmorgen aus den steinernen Häusern nach draußen. Wie mühsam muss wohl das tägliche Leben vor hundert Jahren gewesen sein, als es nur diese verschlungenen Wege gab und keine großzügigen, geteerten Straßen außen herum. Wir können den Aufstieg genießen, denn mehr und mehr wird der Blick auf die Landschaft frei.

In diesem Ambiente spielt Antonio Fogazzaros berühmte Liebesgeschichte zwischen der bürgerlichen Luisa Rigey und dem adligen Franco Maironi, einem liberalen Katholiken. Fogazzaro stellt die Valsolda mit herzlicher Wärme dar. Er lässt eine Fülle von Alltagsfiguren auftreten, die er mit Pathos und Komik zeichnet. Und er malt wunderbare landschaftliche Tableaus. Zwei Welten prallen aufeinander: Luisa, die aktive, kämpferische, ungläubige Frau, und Franco, der religiöse Ästhet und Zauderer, der zu entschlossenem Handeln unfähig ist. Der Glaube an den wissenschaftlichen Fortschritt, an die Evolution, prallt auf die ewige, christliche Glaubens-

Albogasio *Aufstieg durch enge Gassen in die Valsolda. Weit hinten im Dunst liegt das Ziel: Lugano.*

wahrheit. Und die Ehe zwischen der besonnenen Frau und dem aufbrausenden Mann stößt in ihren Familien auf Widerstand. Fogazzaros Liebesgeschichte, einer der populärsten Romane der italienischen Literatur überhaupt, wirkt heute mit ihren großen Gefühlen eine Spur zu überschwänglich. Anders die zum Teil detailgetreue Beschreibung der Landschaft.

Unser Wanderweg zum Monte Boglia hinauf ist steil. Schlechtes Wetter könnte unsere Trittsicherheit schnell einmal gefährden. Auch der schmale Weg auf der Schweizer Seite hinunter Richtung Brè ist kein Zuckerschlecken. Und der See, der im Moment so ruhig uns zu Füßen liegt, kann sich durchaus in ein ungestümes Wellental verwandeln. Im Roman ertrinkt die kleine Tochter Maria an einem stürmischen Abend. *Der Himmel war jetzt auch über dem Picco di Cressogno und der Galbiga bedeckt. (...) Der fürchterliche Gewittersturm, den man in der Valsolda »Caronasca« nennt, kündigte sich drohend an. (...) und auch der Boglia fing an, gefährlich auszusehen. Der See lag unbewegt und bleiern da.* Der Tod durch Ertrinken der Tochter bewirkt, dass Franco Maironi, der Zauderer, seine passive Haltung aufgibt und zum Tatmenschen wird. 1859 nimmt er am Krieg gegen Österreich teil – und stirbt an den Folgen einer Verwundung.

Der richtige Weg ist das Ziel Politischer Hintergrund der Liebesgeschichte ist die Zeit zwischen der Revolution von 1848 und den Kämpfen des Risorgimento von 1852 bis 1859. Für Fogazzaro ein zentrales Thema. Es ist die Zeit des erwachenden italienischen Patriotismus in einer damals noch österreichischen Provinz. Politisch verfolgt, da anders denkend, ist auch Franco. Als politischer Flüchtling emigriert er aus seiner geliebten Valsolda ins Piemont. Und unter größter Gefahr gelangt er heimlich immer wieder zurück. *»Laufen Sie durch die Felder, dann nehmen Sie den Weg über den Boglia und den Pfad unter der Madonnina-Buche nach links.« Franco bedankte sich und stürmte mit seinen Gefährten den steilen Weg weiter, der in die kleine Dorfstraße von Albogasio Superiore einmündet.* Auf unserer Wanderung folgen wir diesem Weg, so gut es geht. Die Trampelpfade im Wald oberhalb der Alpe Bolgia irritieren sehr. Angestrengt suchen auch wir den richtigen Weg zur Pian di Scagn. Doch das braucht uns nicht zu stören. Nur wer in der Valsolda lebt, kennt alle Wege wie seine Westentasche. Franco *konnte zwischen zwei Wegen wählen: Entweder stieg er (...) auf der Schweizer Seite den Boglia hinan, kam an der Alpe della Bolla vorbei (...) und (...) über Albogasio Superiore nach Oria hinunter. Oder er schlug den Weg längs des Sees bis Gandria ein.* Wir sind inzwischen glücklich auf dem Grat zum Gipfel angelangt. Eine Zeit lang bewegen wir uns exakt auf der Landesgrenze Schweiz–Italien. *Er war zweimal auf dem Colmaregia gewesen, diesem stolzen, schmalen, grasbewachsenen Gipfel des Boglia, durch dessen Mitte die Grenze verläuft, und wusste, dass man von dort nach dem Schweizer Dorf Brè absteigen kann.*

Illegale Einwanderung Die nahe Grenze zur Schweiz prägt die Geschichte der Valsolda seit Jahrhunderten. Grenzübertritte politischer Flüchtlinge, vor allem aber der Schmuggel gehören zu den Spuren unserer Wanderung von Italien in die Schweiz. Von den 1998 rund 12 700 in der Schweiz aufgegriffenen illegalen Einwanderern – 1998 waren dies kriegsbedingt vor allem Kosovo-Albaner – wurden 10 300 an der Grenze zum Kanton Tessin angehalten. Für die Überwachung der Zollstationen und der grünen Grenze der ganzen Schweiz sind dem Grenzwachtkorps für das Jahr 1999 1909 Stellen bewilligt. Rund fünfzehn Prozent davon sind im Kanton Tessin stationiert. Hinzu kommen im Kanton Tessin rund hundert Soldaten des Festungswachtkorps der Schweizer Armee. Und an einigen, wohl bekannten Schlupflöchern kommen zusätzlich Videoüberwachungskameras zum Einsatz. Der kritische Grenzstreifen liegt allerdings nicht an der Grenze zur Valsolda, sondern weiter südlich, bei Chiasso. Greifen die Grenzorgane illegal Eingewanderte auf, werden sie nach Italien zurückgeschoben. Der italienische Staat lässt diese meist umgehend frei. Gegen neunzig Prozent versuchen es erneut. Ein ewiges Katz-und-Maus-Spiel. Zwischen 1500 und 6000 Dollar blättern illegale Migranten für die Hilfe von Schleppern hin. Mittlerweile gibt es regelrechte »Reisebüros«.

Die neuen Schmuggelwaren »Die Schokolade. Der Tabak. Der Kaffee. Das Gold. Chiasso hat immer von der Grenze gelebt. Und vom Schweigen«, wird ein alter Schmuggler, der nicht namentlich genannt sein möchte, in einem Tages-Anzeiger-Magazin von 1998 zitiert. Das Gold: Drei Goldraffinerien im Tessin verarbeiten jährlich 600 Tonnen Gold, einen Viertel der gesamten Weltjahresproduktion. Da liegt die Vermutung nahe, dass nicht alles legal ein- und ausgeführt wird. Rund hundert Tonnen Gold werden denn auch jährlich nach Italien geschmuggelt.

Früher waren Kaffee, Zucker, Reis und vor allem Zigaretten das begehrteste Schmuggelgut im Tessin und im benachbarten Italien. Auf unserer Wanderung über die grüne Grenze des 1516 Meter hohen Monte Boglia kann man sich das realistischerweise nur mit einem nicht allzu großen Rucksack vorstellen. Die Bricolla, der Schmugglersack, wog allerdings bis vierzig Kilogramm. Die Reise konnte fünfzehn bis zwanzig Stunden dauern. Heute sind diese Rucksackschmuggler verschwunden. Und mit ihnen auch der Ruf des Schmuggelns als eines »ehrbaren Gewerbes«. Geschmuggelt wird heute im großen Stil, per Flugzeug, Auto oder Schiff. Dies aus rein wirtschaftlichen Gründen, denn die Preisdifferenz der Waren in Italien und der Schweiz ist kleiner geworden. Heute sind das bevorzugte Schmuggelgut illegale Drogen, Silber und – immer noch – Zigaretten. Die Schweiz ist Drehscheibe für die internationale Zigarettenmafia. Ein Milliardengeschäft. Offiziell sind die Zigaretten als Transitgut deklariert, meistens mit Geld aus dem Waffen- und Drogenhandel eingekauft, in der Schweiz zwischengelagert und werden dann weitertransportiert. Damit einher geht das Waschen der daraus gezogenen Erlöse. Schlussendlich landen die Zigaretten unversteuert auf den Schwarzmärkten der EU-Länder.

Dies alles kümmert uns auf unserer Wanderung wenig. Die Aussicht vom Monte Boglia hinunter ist grandios. Es sei denn, Dunst oder Nebel, der im Herbst manchmal aus der Tiefebene der Lombardei nach Norden drückt, trübe die Sicht. Auf dem Weg hi-

Grüne Grenze *Über die Graskuppen des Monte Boglia in die Schweiz.*

nunter nach Bré überlegen wir uns kurz, ob wir noch ganz an den See hinunter möchten. In Gandria steht das Zollmuseum, eine Außenstelle des Schweizerischen Landesmuseums. Bequemer ist die knieschonende Busfahrt nach Lugano. Antonio Fogazzaro kehrte in reiferen Jahren immer wieder an den Schauplatz seines Erfolgsromans zurück – allerdings nicht, um über die grüne Grenze zu wandern. Er logierte in Oria, in seiner Villa am See. Dort, wo unsere Wanderung ihren Anfang genommen hat.

Literatur
ANTONIO FOGAZZARO: Piccolo mondo antico, 24. Auflage, Arnoldo Mondadori
    Editore: Milano 1998 (Originalausgabe 1896)
ANTONIO FOGAZZARO: Entschwundende kleine Welt, Manesse Verlag: Zürich 1962
ROMANO AMERIO: Introduzione alla Valsolda, Lugano 1970

LiteraTour-Info

Einstufung 📖 📖 📖 📖
Gehzeiten 5½ h (3¼ h Aufstieg, 2¼ h Abstieg)
Höhendifferenz Aufstieg 1210 m, Abstieg 1180 m
Beste Jahreszeit April bis Oktober
Karten Landeskarte 1:25 000, Blätter 1333 Tesserete und 1353 Lugano

An-/Rückreise Von Lugano führt eine italienische Buslinie nach Oria/Albogasio. Die unscheinbare Haltestelle befindet sich an der Via Campo Marzio. Der Bus verkehrt unter der Woche regelmässig, am Sonntag nur sporadisch. Mit dem Schiff ist Oria von Lugano aus nur einmal täglich, nachmittags, erreichbar; es verkehrt von April bis Oktober (Fahrplanfeld 3607). Identitätskarte nicht vergessen.
Route *Aufstieg:* Wir starten in Oria/Albogasio (304 m) beim Hotel Riviera. Nach rund fünfzig Metern auf der Hauptstraße in Richtung San Mamette zweigt links ein Weg ab, die Via dei ceroni, die mitten durch das Dorf steil zur oberen Kirche hinaufführt. Rechts der Kirche geht der Weg zu einem schönen Teil durch den Wald Richtung Monte Boglia. Nach rund 1¼ h erreichen wir die Sosta (837 m), eine offene, für das Vieh bestimmte Schutzhütte, die dem Wanderer einen willkommenen Unterstand bietet und mit einem Kamin versehen ist. Nach einer weiteren ½ h gelangen wir zur kleinen Kapelle Zocca della Nave (1100 m). Wir gehen unter ihrem ausladenden Dach hindurch und treten damit aus dem Wald auf eine Weide, die wir queren. Ein Weg wird sichtbar, der durch lockeren Tannenwald zu einem Haus führt, wo der Weg eine scharfe Rechtskurve macht und unterhalb des Hauses weiterführt. Wir folgen dem Weg, der auch einmal einen Bach quert, bis zur Alpe Bolgia (1121 m). Dort gabelt sich der markierte Weg. Wir aber gehen die Weide hinauf, entlang der mächtigen Bäume, die auf der Alpe Bolgia wachsen. Im Wald verliert sich der Wanderweg in verschiedenen Viehwegen. Wir halten uns Richtung Norden, bis wir die Pian di Scagn (1174 m) erreichen. Der Sattel zwischen Monte Boglia und Denti della Vecchia liegt genau auf der Landesgrenze. In südwestlicher Richtung absteigend gelangen wir zu Alpe Bolla (1129 m) mit einer Alpwirtschaft.

Bei den Hütten nehmen wir den Weg nach Osten und wandern auf dem schmalen Gratweg, der direkt auf den Monte Boglia hinaufführt (1516 m), exakt der Landesgrenze entlang.

Abstieg: Auch der Abstieg ist steil. Wir halten uns an die Wegweiser Richtung Bré. In Bré (800 m) nach 1¼ h angekommen, queren wir das hübsche Dorf, bis wir zur Hauptstraße gelangen. Der Abstieg nach Gandria (340 m) beginnt an der Hauptstraße und ist mit einem Wegweiser markiert.

Variante *Abkürzung 1:* Wer die etwas aufwändige Wegsuche ab der kleinen Kapelle Zocca della Nave scheut, geht dem Waldrand links entlang bis zur Kapelle Madonna del Faggio und folgt dort dem gut markierten Weg direkt auf den Monte Boglia (–1 h).

Abkürzung 2: Wer in Bré vom Abstieg weiche Knie hat, nimmt den Bus nach Lugano (–¾ h).

Essen In Oria (I) im Hotel/Ristorante Ombretta (0039-344-68 275) oder im Hotel/Ristorante Riviera (0039-344-68 156). In S. Mamette (I) im Hotel/Ristorante Mimosa (0039-344-68 130).

In Brè (CH) und in Gandria (CH) diverse Möglichkeiten.

Schlafen In Oria und San Mamette in den erwähnten Hotels. In Brè zum Beispiel in der Osteria Monti (091-971 57 51). In Gandria in diversen Hotels möglich, günstig in der Locanda Gandriese (091-971 41 81) oder im Miralago (091-971 43 61).

Information Lugano Turismo, Palazzo Civico/Riva Albertolli, 6901 Lugano, Tel. 091-921 46 64, Fax 091-922 76 53, E-Mail info@lugano-tourism.ch, Internet www.lugano-tourism.ch

Tipps Das Zollmuseum von Gandria liegt am gegenüberliegenden Ufer und ist von Gandria aus nur mit dem Schiff erreichbar. Es ist im einstigen Zollhäuschen am östlichsten Zipfel des Luganersees untergebracht und gibt Einblick in das Zoll- und Schmuggelwesen der Region. Gezeigt werden traditionelle Ausweis-, Geld- und Warenfälschungen, aber auch ein »Unterseeboot«, das trickreichen Schmugglern als Transportmittel diente. Das Boot inspirierte Ernst D. Niederweiler zu seinem Film »Der Schmuggler von Gandria«. Das Museo Doganale ist von April bis Oktober von 13.30 bis 17.30 Uhr geöffnet (091-923 98 43; Saisonstart rund eine Woche vor Ostern).

Lungensanatorium Agra *Ausgeweidet wie ein Thorax.*

Hans Ulrich Glarner, geboren 1959, ist Leiter des Stapferhauses Lenzburg und lebt in Lenzburg.

LiteraTour 27: Rundwanderung Collina d'oro

Totentanz an bester Aussichtslage

In Sven Stolpes »Wartezimmer des Todes« dem Zerfall auf der Spur

Der Wagen war gerade an einem halb verfallenen Madonnenbild am Straßenrand vorbeigekommen, als der Kutscher mir durch einen gutturalen Laut zu verstehen gab, dass wir uns dem Ziel näherten. Ganz richtig: einige hundert Meter entfernt lugte der Giebel eines großen weißen Gebäudes hervor, das merkwürdig still und friedlich in der mörderischen Mittagssonne glänzte. Alles ist in diesen beiden Sätzen schon da: die Vergänglichkeit, illustriert am ramponierten Heiligenbild, die urtümlich-kehlige Erdverbundenheit der Eingeborenen, der erhabene Bau, das unbefleckte Weiß über den Wipfeln und über allem die Ruh. Aber es ist eine *merkwürdige* Stille. Das will Unheil verheißen. Und die sich subtil einschleichende Mulmigkeit wird kraft der *mörderischen* Mittagssonne schlagartig zur Gewissheit. Hier geht es um nichts weniger als um Leben und Tod. *War das ein Sanatorium?* Was für eine Frage, nachdem der literarische Code bereits geknackt ist, wird sofort klar: Das kann unmöglich Hans Castorp sein, der sich dem magischsten Ort aller Rehaklinik-Literatur nähert. Es ist ein namenloser junger Herr Doktor, der Schöpfer seiner selbst, der an lichtüberströmter, jedoch todgeschwängerter Hanglage erste literarische Gehversuche wagt. Nicht der »Zauberberg« also beschwert unser Reisegepäck, sondern ein belletristisches Leichtgewicht aus dem hohen Norden: *J Dödens Väntrum – Im Wartezimmer des Todes (Stockholm 1930)*. Sechs Jahre nach dem Erscheinen von Thomas Manns monumentalem Tbc-Welttheater wagt es erneut einer, Sven Stolpe (1905–1996). Schließlich hat er in den Jahren 1927/28 einen Sanatoriums-Aufenthalt in der Deutschen Lungenheilanstalt Agra verbracht und dabei nicht nur den kranken rechten Lungenflügel kuriert, sondern auch *den ersten persönlichen Kontakt mit dem lebendigen Christentum* gefunden.

Lebenshunger Hors sol So werden wir denn auf unserer Wanderung um die Collina d'Oro auf die Begleitung von Madame Chauchat verzichten müssen. Statt des russischen Originals begleitet uns ihre finnische Zweitausfertigung, Vellamo Toivonen. Immerhin mit dem Vorteil, dass der junge Herr Doktor schließlich doch erreicht, wovon Hans Castorp kaum zu träumen wagt. Es sei hier aber nicht zu viel versprochen: »Die verzweifelten Ausbrüche eines fast animalischen Lebenshungers«, so der Klappentext, locken bloß zwischen den Zeilen. Im Moment, als der tuberkulöse Liebhaber nächtens auf die Frauenabteilung schleicht und in Vellamos Zimmer dringt, fühlte er sein *Herz schwellen und die Blutwogen kräftig durch die Adern pulsen*. Er gewahrt *eine Kerze auf dem Nachttisch*, riecht ein *schwaches Parfum* und hört nur noch einen *halberstickten Ruf*, als ihn die Schwindsüchtige erkennt. Dann ist das Kapitel aus und das Leben der heißblütigen Finnin vertan. Nur wenige Seiten später erfährt man von einer feinen Rauchsäule, die aus dem Krematorium hinter den Büschen unterhalb des Sanatoriums in den tiefblauen Himmel steigt. Sven Stolpe meißelt dieses Bild in der Mitte seines Romanerstlings zum Wendepunkt. Er gesellt seinem Helden den *mageren Theologen* Siegfried Walter und die geläuterte Schöne

Gisèle zur Seite und jagt ihn über die letzten 150 Seiten unerbittlich der Katharsis zu. Schließlich hat ein Ich-Erzähler zu überleben, und zwar als ein durch die Anfechtungen von Krankheit und Sünde gestählter, hoffnungsvoller Bannerträger eines *nach sittlich verpflichtetem Gesetz geordneten Lebens.* So wird es kaum überraschen, dass das Ableben Vellamos mit dem Schwinden des Lesevergnügens Hand in Hand geht.

Aber immerhin: Sven Stolpes nur noch antiquarisch greifbarem Roman haftet die Frische und Unbekümmertheit des Erstlingswerkes an, und es ist nicht gering zu schätzen, dass wir ihm hier im Sottoceneri eine Rundwanderung zu verdanken haben, die ihresgleichen sucht. Leicht gerät man ins Schwärmen ob der sich darbietenden Aussicht, wo »die Schöpfung alle Schönheiten einer südlichen Welt zusammengetragen hat«, wie ein ehemaliger Patient in einer Jubiläumsschrift der Heilstätte Agra bekennt. Wir lassen uns von Stolpes Metaphernreichtum anstecken und wählen den Friedhof von Agra als sinnigen Ausgangs- und Endpunkt der Wanderung und suchen nach Zeugen der Sanatoriumszeit. Vellamo? Gisèle? Liegen hier die Gebeine ihrer realen Vorbilder?

Braune Schatten auf der Lunge Nach Chefarzt *Lautensack* alias Prof. Hanns Alexander (1881–1955) – und Gemahlin – braucht man zwischen den Adaminis, Vivianis oder Berettas nicht lange zu suchen. Die große Granitplatte ist Blickfang an vorteilhafter Lage. Alexander hatte sich nicht nur als Lungenspezialist, sondern auch als eifriger Nazi hervorgetan und dafür gesorgt, dass sich ab 1935 in Agra eine Ortsgruppe der NSDAP etablierte, dass das Sanatorium die Hakenkreuzfahne hisste und fortan in der Bibliothek ein Porträt des »Führers« prangte. Die »Deutsche Zeitung in der Schweiz« bringt Agra regelmäßig ins Spiel. So berichtet ein Leser in der Ausgabe vom 25.10.41, wie die Freude auf den Gesichtern der Patienten

Chefarzt... Eine Granitplatte erinnert an den Chefarzt, Professor Hanns Alexander.

leuchtete, als sie beim Erntedankfest im Deutschen Haus erfahren durften, dass ihnen niemand »den Glauben an unseren Führer rauben« könne und »ein neues Europa auferstehen« werde. Einen Monat später, am 29. 11., ist in einer Laudatio zum 60. Geburtstag des Chefarztes zu lesen: »Professor Alexander ist in den langen Jahren seines Aufenthaltes in der Schweiz stets ein aufrechter Deutscher geblieben. Es war ihm eine Selbstverständlichkeit, dass er als überzeugter Nationalsozialist trotz der großen beruflichen Arbeitslast die Leitung der Ortsgruppe Agra übernahm.« Seine Überzeugung trieb er so weit, dass er lungenkranken Juden die Aufnahme ins Sanatorium verwehrte. *Sein kugelrunder Schädel war wie blank poliert, seine Schnurrbartspitzen standen martialisch nach oben, und er konnte kein Wort sprechen, ohne dass es wie ein Kommando klang.* Ende der 20er Jahre war die Klientel aber noch alles andere als homogen und politische Diskussionen scheinen die Ruhe der Liegehallen gestört zu haben: Der Romanheld liegt erstmals mitten unter den Patienten in der offenen Halle im Wald hinter dem Sanatorium.

...und Patientin *Ganz in der Nähe die Marmorstele der 23-jährigen Studentin Bogdana Lambi Wladkowa. Beide Gräber befinden sich auf dem Dorffriedhof von Agra.*

Ein kleiner hässlicher Student mit vergrämtem Gesicht – Stolpe macht jeweils schnell deutlich, wem seine Sympathie nicht gehört, und in diesem Fall gewinnt er die Sympathie des heutigen Lesers – *erklärt, er sei Nationalsozialist; er schimpfte über die verdammten Franzosen und nannte die Versöhnungspolitik Stresemanns eine reine Schweinerei.* Eine Diskussion entbrennt. *Wahrlich, das waren noch nicht die Stimmen des Todes, aber auch nicht mehr des Lebens. Feucht glühten die Wangen, und die rauen Töne schlugen allzu leicht ins Falsett über, als dass man meinen konnte, man sei unter Gesunden.*

Der Niedergang des Deutschen Hauses in Agra war nach dem Krieg nicht mehr aufzuhalten. Der Sturz des braunen Chefarztes erschütterte den Ruf der Klinik, und der Siegeszug der Antibiotika trug das seine dazu bei, dass sich die Reihen der besetzten Liegestühle in den glycinienumrankten Hallen mehr und mehr lichteten.

Doch bis es so weit war, mussten noch einige ihr Leben in Agra lassen. Auf dem Friedhof sind Namen und Lebensdaten der hier beigesetzten »Minderbemittelten des gebildeten Mittelstandes« – für die das Sanatorium 1914 als Ableger der Deutschen Heilstätte Davos gegründet worden war – unter wucherndem Efeu nur noch schwer zu entziffern. Noch findet man rund zwei Dutzend Braun, Kraus, Meyer oder Albers. Die Schenkel der Holzkreuze sind angefault, die Schrift ist verblasst oder lückenhaft. Beim Grab Nr. 3 hielt einzig der Buchstabe I der Witterung stand. Sieben identische Lettern sind über die Grabplatte verstreut. Nur an einem Grab ist das Efeu sorgfältig gestutzt: Bogdana Lambi Wladkowa, stud. phil an der Universität München, 1905–1928. Die trauernden Eltern widmen ihr ein kunstvoll behauenes Marmorgrabmal mit dem emaillierten Bild einer jungen, schönen Frau. – 1928. Etwa doch Gisèle? *Dann sah ich verwirrt auf und konnte den unendlich freundlichen Ausdruck ihres blassen Gesichts erkennen, das nicht lächelte, doch in wehmütiger Teilnahme gleichsam erstrahlte. (...) Aus dem Meeresschaum geboren, denke ich. Vom Spiel der Wellen geschaffen.*

Keine Haftung abseits markierter Wege Durchs Dorf, leicht talwärts geneigt, führt der Weg vorbei am Café Ristorante »San Gottardo«, wo Erich Kästner während seines Sanatoriumsaufenthaltes Anfang der 60er Jahre täglich seinen Spaziergang für eine halbe Stunde unterbrach. Von Agra aus sandte auch er Briefe und Geld an seine Angehörigen. *Heute ist's wieder sonnig. 25° auf der Loggia. Drei Tage war's hässlich.* Das genügte dem Arche-Verlag, daraus ein Bändchen zu machen.

Jetzt kann es nicht mehr weit sein, das *weltberühmte Sanatorium, schön und einladend wie ein vornehmes Hotel. Breite Weinterrassen lagen zu seinen Füßen, und dahinter stand dicht der Wald. Das ganze Haus schimmerte weiß in der Sonne mit Ausnahme der Balkone und Balustraden, die aus grauem Granit gemeißelt waren.*

Eine große Informationstafel erhöht die Spannung: Palazzo

»Sesso è naturale« Grafitti zeugen von den letzten (illegalen) Besuchern.

Fondazione Centro Agra. 150 Jahre Sitz einer Tessiner Patrizierfamilie. Zentrum für Begegnung, Bildung und Erholung. Von moribunden Insassen, Pneumothorax, Tuberkel oder Streptomycin ist nicht mehr die Rede, sondern von aktiven Senioren, Töpfern, Meditationswochen oder Wollefärben. 70 Betten und ein Veranstaltungssaal stehen im ehemaligen Kinderheim, einer Gründung von Hanns Alexander, von Frühling bis Herbst zur Verfügung. Die Wanderer werden dazu angehalten, auf dem privaten Gelände den Weg nicht zu verlassen, »Eltern haften für ihre Kinder«. Die Gefahr lauert noch immer an diesem so paradiesisch scheinenden Ort. Mutig machen wir uns auf den Weg. Und schon *lugt der Giebel* hinter den Wipfeln hervor. Doch das strahlende Weiß ist einem stumpfen Ocker gewichen. Die Silhouette ist ausgefranst, Dachtraufen ragen seitlich in die Tiefe, ein marodes Balkenwerk wird sichtbar, zerfetzte Blachen eines Notdaches hängen schlaff in der *Mittagssonne*. Näher kommend, öffnet sich der Blick immer weiter auf eine Ruine gigantischen Ausmaßes. Bei der Einbiegung zur ehemaligen Vorfahrt versperrt eine mehrfach durchbrochene Bauabschrankung den Zugang. Würden wir rechtswidrig durch den Zaun schlüpfen, magisch angezogen vom literarischen Schauplatz und von medizinhistorischen Fährten, dann würden wir uns unvermittelt Stolpes beklemmender Botschaft von der Vergänglichkeit alles Irdischen hingeben, wie sie schon den kranken Romanhelden trotz schimmernder Fassade bei der Ankunft überfiel. *Ich stieg aus dem Wagen und betrat vorsichtig die schweigende Halle.* Wir würden es ihm gleichtun und durch die zerborstenen Flügel des Hauptportals eintreten. Still, aber nicht *merkwürdig still,* sondern unheimlich still. Tastenden Schrittes würden wir uns durch die Gesellschaftsräume zur Rechten bewegen, zwischen Stucktrümmern hindurch. Eine geländerlose Treppe würde uns immer höher hinauf in das labyrinthische Gebäude führen, vorbei an graffitibedeckten Wänden. »Kids Wanna Rock«, »La morte vive« steht auf schimmliger Wand über einer zerborstenen Badewanne. Das heftige Gewitter der letzten Nacht hat im obersten Geschoss einzelne Zimmer knöcheltief mit Wasser gefüllt. Unablässiges Tropfen überall, Rinnsale, die sich in den unteren Stockwerken verlieren. Sprießendes Grün da und dort. Rückeroberung. Und von den gedeckten Hallen aus der Blick auf die Landschaft. *Kaum konnte ich einen Ruf der Überraschung und des Entzückens unterdrücken. Tief unten zu meinen Füßen lag wunderbar blau der Luganer See mit seinen weißen Häusern an den Ufern der italienischen Seite und den bewaldeten Höhen, die sich in dem vollkommen ruhigen Wasser spiegelten.* »Love«, gesprayt an die Wand eines nach Süden gerichteten Zimmers. *Ich sah schon an der Tür, wie weiß ihre Brust aus der Halsöffnung ihres Nachthemds hervorleuchtete, und trat schnell näher (...) und ich fühlte, wie mir der Duft von Weiblichkeit und Puder entgegenwehte, den ich so lange entbehrt hatte.*

Und wir würden in den ehemaligen Operationsräumen, wo *Lautensack* ohne Narkose die Nadel in den Brustkorb bohrte, um den Pneu zu setzen, vollends von der Vergangenheit eingeholt und ein hingeschmiertes Hakenkreuz mit »Sieg Heil« vorfinden.

Der Blick zurück Doch weil wir keinen Hausfriedensbruch riskieren und unsere Kinder nicht der Gefahr einer einstürzenden Ruine aussetzen wollen, bleiben wir dem Gestalt gewordenen *Wartezimmer des Todes* selbstverständlich fern und halten uns strikt an den markierten Rundweg. Die terrassierte Parkanlage lässt sich vielerorts noch ablesen. Überwucherte Schattengänge, jahrzehntelang gestutzte Bäume, die seit 30 Jahren ungehindert ausschlagen dürfen, die Reste einer Pergola. Hier ein Trampelpfad, der zu einem Hintereingang führen muss. *Wie seine Kameraden arbeitete er in der Hitze bloß in kurzen Hosen und war von der Sonne schwarzbraun gebrannt. Er kam einmal mit einem Korb Obst, das ich bestellt hatte,*

Hakenkreuz Heute an die Fassade gesprayt, in den 30er und 40er Jahren hochoffiziell am Fahnenmast.

in mein Zimmer, und seine katzenhafte Geschmeidigkeit faszinierte mich. (...) Er bewegte sich auf bloßen Füßen geschmeidig und lautlos – ein junges, königlich schönes Tier, unbekümmert und von triebhaftem Leben erfüllt ... Genau hier muss er durchgegangen sein, Giacomo, der Gärtnerbursche. Die *Behausung für Todeskandidaten* im Rücken, geht der Weg über sanft abfallendes Gelände bis hin an die steile, dicht bewaldete Bergflanke. Doch seltsam: Der Blick wandert immer wieder zurück, fasziniert vom Anblick des rasanten Niedergangs, den man hier auf teurem Tessiner Boden stattfinden lässt. Und leicht beklommen angesichts des Tempos, mit dem sich der Zerfall vollzieht. Und man schaut noch einmal aus der Ferne hinüber, um sich zu vergewissern, dass da nicht eben jemand im zweiten Stock des Westflügels am Fenster gestanden ist. Nein, es muss eine optische Täuschung im flirrenden Mittagslicht gewesen sein. Statt einer Rückkehr auf dem direkten Weg über Montagnola würde bei einem Abstieg hinunter nach Carabietta der Spaziergang zur Wanderung anwachsen. *Immer wieder taucht das blaue Wasser des Sees zwischen den Stämmen auf. Wir denken nicht darüber nach, wie wir zurückkommen werden, sondern laufen unbekümmert, fast springend den Hang hinab (...) Zum ersten Male bin ich bis zum See huntergekommen, und plötzlich sehne ich mich nach meinem Boot und den Stockholmer Schären.* Das Ende des Romans rückt nach dieser Aussage in greifbare Nähe. Keine 30 Seiten später *rast der Zug nach Norden (...) Jetzt erfasst zwar das Auge dasselbe märchenhafte Panorama, aber ich selbst bin ein anderer geworden.* Wir sind es nicht, zumindest nach der bloßen Lektüre nicht. Aber die Erinnerung an den Anblick des Sanatoriums Agra, vielmehr dessen, was von diesem übrig geblieben ist, lässt sich nicht mehr tilgen. Wie eine Folie legt sich das ausgeweidete, monströse Bauwerk über Stolpes Roman. Und wie unter dem Binokular quellen die eben noch blutarmen Figuren plötzlich dreidimensional auf und heben an zum grotesken Totentanz.

Literatur
Sven Stolpe: Im Wartezimmer des Todes, 258 S., Frankfurt a. M. 1959 (schwedische Originalausgabe Stockholm 1930)
Erich Kästner: Briefe an die Doppelschätze, Arche: Zürich 1977
Hans Kades: San Salvatore. Ein Ärzteroman, München 1946 (ein weiterer Sanatoriumsroman, der Agra als Schauplatz wählte)
Thomas Mann: Der Zauberberg, Berlin 1924

LiteraTour-Info

Einstufung 📖 📖
Gehzeiten 1½ h (ausgeschilderte Rundwanderung Collina d'Oro, Agra – Montagnola, ohne Schauplatzbesichtigungen). Weitere 90 Minuten bei einem Abstecher nach Carabbietta.
Höhendifferenz Abstieg: knapp 100 m (zwischen Agra und Montagnola resp. 220 m nach Carabietta)
Beste Jahreszeit ganzes Jahr
Karte Landeskarte 1:25 000, Blatt 1353 Lugano

An-/Rückreise Mit dem Postauto ab Lugano via Montagnola nach Agra (Bushaltestelle hinter dem Bahnhof SBB, Fahrplanfeld 633.55).
Route Ausgangspunkt ist der Friedhof Agra, nordwestlich oberhalb der Busstation, eingangs Dorf. Der Rundweg um die Collina d'Oro ist gut beschildert und führt direkt am ehemaligen Sanatorium vorbei. Der Zutritt zur Ruine ist offiziell untersagt. Ein Seitenweg führt oberhalb des Sanatoriums direkt an der ehemaligen Liegehalle im Wald vorbei, in der Stolpe die hitzigen politischen Diskussionen miterlebte. Der frisch angelegte Wanderweg führt entweder über einen Vita Parcours direkt zurück nach Agra oder in weiterem Bogen über Montagnola zurück zum Ausgangspunkt. Im Wald westlich des Sanatoriums kann man die Abzweigung nach Carabietta wählen.
Essen Die Patienten sind aus Agra längst abgezogen, aber die Pensione Agra (091-994 13 71) und das Café Ristorante San Gottardo (091-994 46 51), wo man bekam, was Alexander und seine Gehülfen verboten hatten, sind in der Sommersaison geöffnet. Hors Saison sollte man sich die Verpflegung besser in den Rucksack packen.
Schlafen Günstig in der Pensione Agra, direkt am Dorfeingang (091-994 13 71). Ganz im Grünen im Palazzo Agra, dem Ferien- und Tagungszentrum der Fondazione Centro Agra (091-994 26 24). Und auch das San Gottardo bietet Zimmer an (091-994 46 51).
Information Ente Turistico del Ceresio, Via Pocobelli 14, 6815 Melide, Tel. 091-649 63 83, Fax 091-649 56 13, E-Mail ceresio@ticino-info.ch, Internet: www.ticino-info.ch

Betreten verboten Doch der Zugang zum Park ist erlaubt.

Tipps Der Zürcher Dokumentarfilmer Theo Stich hat einen aufschlussreichen Film über die Geschichte des Sanatoriums Agra, insbesondere über dessen politische Aktivitäten in den dreißiger und vierziger Jahren, produziert. Der Film existiert in deutscher und italienischer Fassung: »La casa dei Tedeschi. Agra: tuberculosi, pasticcini e croci uncinate«. Im Kirchlein auf dem San Salvatore, von Lugano aus mit der Bergbahn erreichbar, ist eine Ausstellung über die »Erzbrüderschaft des Guten Todes« eingerichtet, eine Vereinigung von Weltlichen, die sich barmherzigen und religiösen Aufgaben widmen. Zu sehen sind Reliquien, Kunstwerke und Manuskripte aus 300 Jahren Geschichte der Vereinigung. Auskünfte: 091-921 46 64.

Der Dichter und seine Landschaft Hermann Hesse in Montagnola, wie ihn seine Lesegemeinde gerne sah.

Ulrich Weber, geboren 1961, ist Germanist und wissenschaftlicher Mitarbeiter im Schweizerischen Literaturarchiv. Er lebt in Muri bei Bern.

LiteraTour 28: Montagnola–Morcote

Und voll tönt's aus dem Orchestergraben
Mit Hermann Hesse und »Klingsors letzter Sommer«
auf Späh- und Hörtour

1919, *nach den Erschütterungen und Verlusten der Kriegsjahre, die mein Leben nahezu vollkommen zertrümmert hatten,* nach dem Auseinanderfallen seiner Familie und dem Verlust seines Vermögens sucht der 42-jährige Hermann Hesse einen Ort, wo er *allein und in vollkommener Stille von vorn beginnen* kann. Er findet Montagnola als ein *kleines verschlafenes Dorf inmitten von Rebbergen und Kastanienwäldern* vor und schreibt hier innerhalb von wenigen Wochen die Geschichte vom Maler Klingsor nieder.

Den letzten Sommer seines Lebens brachte der Maler Klingsor, im Alter von zweiundvierzig Jahren, in jenen südlichen Gegenden in der Nähe von Pampambio, Kareno und Laguno hin, die er schon in früheren Jahren geliebt und oft besucht hatte. Es ist ein Sommer größter Lebens- und Schaffenskraft. Hermann Hesse hat, wie der Autornotiz in der Taschenbuchausgabe zu entnehmen ist, selbst »in der Haut seines Protagonisten gesteckt«, hat sich »zum Maler Klingsor gehäutet«. Doch während der Maler Klingsor in der Intensität dieses Sommers verglüht, kühlt sich sein Autor wieder ab und lebt neu auf, er bleibt weitere 43 Jahre in Montagnola und schreibt dort Werke wie *Siddhartha, Der Steppenwolf* und *Das Glasperlenspiel.*

Hesses literarischer Code in der Klingsor-Erzählung ist leicht zu knacken. Pampambio ist Pambio, Kareno ist Carona und Laguno ist Lugano. Die Begleiter des Malers auf seiner Wanderung nach Kareno, ein Paar aus Barengo sowie Agosto und Ersilia, waren in Wirklichkeit der Arzt Hermann Bodmer und seine Frau Anny aus Sorengo sowie das Künstlerpaar Paul und Margherita Osswald, mit denen Hesse am 24. Juli 1919 in Carona die Familie Wenger besuchte. Sich selbst hat der Autor in den Maler Klingsor und den Schriftsteller Hermann verdoppelt.

Wir sind nicht die Ersten Das gelbe Postauto, das wir an der Via Sorengo hinter dem Bahnhof von Lugano besteigen, vermittelt uns das Gefühl, aufs Land zu fahren. Nach zehn Minuten Fahrzeit stehen wir indessen auf dem Dorfplatz von Montagnola. Wir sind nicht die Ersten. Schon Thomas Mann grüßte Hesse in einem Brief als »auf Ihren Spuren wandelnder Tourist«, mittlerweile sind ein paar andere dazugekommen. »Montagnola ... Schon das Wort Montagnola ist Gesang. Und Gesang ist diese einzigartige Landschaft. Ein vielstimmiger Gesang ... So zog es mich nach Montagnola, weil ich mich sehnte, dort zu atmen, wo die Luft erfüllt ist von dem Herzschlag der Dichter und Maler, wo man ihr Sehnen und Trachten fühlen kann«, schreibt ein von echter Begeisterung ergriffener Hesse-Adept. So streben denn auch wir danach, sein Sehnen und Trachten zu fühlen, und stimmen in den Chor ein, der die Weise des Meisters nachsingt.

Am Rande des alten Dorfkerns, wenige Schritte vom unteren Ende des Dorfplatzes entfernt, steht die Casa Camuzzi, eine Villa aus dem 19. Jahrhundert mit südlich barockem bröckelndem Charme, ein Ort für Künstler. Hier bewohnte Hesse in den ersten Jahren in Montagnola ein paar Zimmer. Das 1997 – nicht zuletzt dank der Initiative des Freundeskreises zur Erhaltung der Hermann-Hesse-Stätten e.V. – neu eröffnete Museo Hesse in der Torre Camuzzi, gleich neben der Casa Camuzzi, stimmt einen auf die Spurensuche ein. Es zeigt ein lieblich-buntes Hesse-Bild: Seine Aquarelle und sein Malkasten neben kunsthandwerklichen, von seinem Werk inspirierten Gobelins, japanische Fanpost neben Briefen von Schriftstellerkollegen. Ein Gedicht über die Lebensstufen kommentiert die Treppenstufen im Haus. Der Schreibtisch mit der alten Schreibmaschine, authentische Kleider und die Überseetruhe von der Indienreise sowie ein paar seiner 36 Brillen deuten pittoresk Hesses Leben und Werk an. Und Andy Warhols smokender Hesse ruft in Erinnerung, dass nicht zuletzt dank des Hesse-Kults in den USA Hesses Bücher heute eine Gesamtauflage von mehr als 100 Millionen erreicht haben. An der Kasse kann man Hermann-Hesse-Farbstifte kaufen.

Am Anfang war die Aussicht Klingsor steht wie sein Alter ego Hesse auf dem *schmalen Steinbalkon seines Arbeitszimmers* in der Casa Camuzzi, von dem aus der Künstler die Welt, gefiltert durch den Zaubergarten, betrachtet. Hesse hat *vom Balkon, von den Fenstern, von der Terrasse aus ... alle Blicke gezeichnet, und viele von den wunderlich schönen Winkeln und Gemäuern im Garten.* Seine Blickpunkte sind heute jedoch Proprietà privata, so bemühen wir uns statt dessen, Einblicke von außen zu gewinnen. Von der Via dei Gilardi unterhalb der Villa her lugen wir über den Zaun in den überwachsenen Garten und zur Fassade mit dem Balkönchen hinauf.

Keine Steppenwölfe an der Via Hermann Hesse, deren Nummer 12 Hermann Hesse einst bewohnte. Die Grenzgänger des Bür-

Hesse-Lehrpfad *Mit den eigenen Augen sehen, was schon Hesse sah. Im Hintergrund die Casa Camuzzi, in der das heutige Hesse-Museum untergebracht ist.*

gertums haben sich rar gemacht, umso mehr gibt es wehrhafte, den Besitzstand der *Collina d'Oro* sichernde Hunde und »Attenti al cane«-Schilder an diesem Villensträßchen, das zum Haus führt, das Hesse vom Mäzen Martin Bodmer finanziert wurde und wo er 1931 mit Ninon Ausländer einzog. Doch zunächst stoßen wir auf das Denkmal »Montagnola a Hermann Hesse nel centenario della nascita 2. VII. 1977« mit Efeuarrangement auf eingeebnetem Rasenterrain. Auf dem Gedenkstein das rührende Zitat *Und dann betrachtete ich unser Dorf, dieses kleine warme Genist, worin jede Linie und Fläche mir so lang und genau bekannt ist.* Wir sehen linker Hand vor allem einen gut bestückten Spielplatz und das ausladende Schulhaus, das von der gesunden Steuerlage der Gemeinde zeugt. Ein Spaziergänger mit Hund kommt vorbei, der Hund zerrt an der Leine, schnüffelt am Gedenkstein, der Herr, wohl ein einheimischer Rentner, zerrt ihn weg, doch auf drei Beinen hüpfend gelingt es dem Hund von unbestimmter Rasse doch noch, dem Gedenkstein seine Reverenz zu erweisen und den Katzenliebhaber Hesse in effigie etwas anzubrünzeln. Unser Blick richtet sich in die Weite, die Aussicht ist immer noch schön: Zwischen dem grünen Monte Bré und dem grünen Monte San Salvatore die Bucht von Lugano, gegen Norden Fernsicht bis in die Alpen.

Mit der Eröffnung des Museums wurde ein neuer Pfad »Sulle orme di Hermann Hesse« gelegt, der einem erlaubt, mit eigenen Augen zu sehen, was Hermann Hesse mit eigenen Augen gesehen und mit eigener Feder beschrieben hat. Dieser Weg führt, mit Wegweisern und Zitaten auf Schildern versehen, vom Hesse-Haus bis zum Friedhof bei der Kirche Sant'Abbondio, wo sich der Autor auf dem letzten Schild wünscht, die Erde von Sant'Abbondio werde ihn freundlich beherbergen, was sie auch tut, zumal Hesse in geselliger Nachbarschaft mit seinem ersten Biografen Hugo Ball, dessen Frau und weiteren kulturellen Berühmtheiten liegt. – Doch wir wenden uns nicht diesem Hesse-Pfad zu, sondern nehmen den längeren Weg des Malers Klingsor am »Kareno-Tag« unter die Füße.

Klingsors Kareno-Tag oder das Getöse aus dem Orchestergraben
Noch können wir einen Blick auf die Hesse-Villa erhaschen, der wir uns nun vom Gedenkstein her nähern, doch alle im ordentlichen Hesse-Reiseführer empfohlenen Spähpunkte auf dieses heute von einem italienischen Industriellen bewohnte Haus werden demnächst wohl durch die sprießenden Hecken verwehrt sein. Einst stemmte sich vor Hesses Haus die Tafel »Bitte keine Besucher« gegen die ärgsten Konsequenzen seiner nobelgepriesenen Berühmtheit. Heute wehren eisernes Tor, Videoauge und Gegensprechanlage den Hesse-

Jüngern. Entschädigt wird man dafür durch Angebote wie »Das Tessin von Hermann Hesse, Landschaften der Seele, Fotos, 6 Postkarten mit Zitaten von Hermann Hesse sFr. 12.–« am Zaun eines benachbarten Hauses.

Doch Klingsor sah diese Villen und Angebote noch nicht, und wir folgen ihm und seinen Freunden nach der Villa Hesse in den Wald hinunter Richtung Vignino. Haben wir uns schon in Montagnola von der dichterischen Atmosphäre antörnen lassen, so suchen wir nun mit Klingsor jenen *Augenblick, in dem Natur und Herz neu und laut zusammenklingen.* Wir tauchen in den Wald und zugleich in eine einzigartige Klangwelt ein, eine eigentliche Soundscape. Zuerst erfasst das Ohr ein dumpfes Rauschen, das mit dem Hinuntersteigen allmählich zu einem Brausen, Tosen und Heulen wird, das zugleich fein abgestimmt ist in seinen kühnen Harmonien und durchdringend in der opulenten Orchestrierung: Es ist offensichtlich jene *ganze volle Symphonie mit allen hundert Stimmen und Instrumenten zugleich,* die schon Klingsor auf seiner Wanderung erahnte. Wo der Weg aus dem Wald hinausführt, weitet sich das Blickfeld. Wer sich mehr auf das historische Erlebnis von Hermann Hesses Tessin konzentrieren will, verdeckt mit dem zwischen gestreckten Armen ausgespannten Blatt 1353 der Schweizerischen Landestopografie die Talsohle, um den richtigen Landschaftsausschnitt vor Augen zu haben, und erhebt den Blick zur rechter Hand hoch oben im waldigen Hang leuchtenden Wallfahrtskapelle Madonna d'Ongero. Dazu stülpt man sich den Walkman über die Ohren und hört sich vom Schauspieler Gert Westphal gelesene Ausschnitte aus der Kareno-Wanderung an. – Doch wer sich wie wir mutig den Wandlungen der Landschaft und der Literatur in der Geschichte zuwendet, öffnet die Ohren und senkt den Blick von dieser Waldeinsamkeit in den Orchestergraben, wo es rauscht und singt und klingt, zum glitzernden und fließenden Band der Autobahn

Schöner sehen *Wie hätte wohl Hesse die Tanklager von Grancia gemalt? Der Maler Hesse im Gelände.*

hinter der Industriezone von Noranco und Grancia, und erlabt das Auge am unerschöpflichen Quell, am *flutenden Zauber*, jenem doppelten Loch im bewaldeten Berghang, das die Fahrzeuge verschluckt und ausspeit und dazu den betörenden Sirenengesang ertönen lässt. Ein Schauspiel von mythischer Kraft.

Unser Weg mit Klingsor zieht uns hinunter zu den Industriebauten, vorbei an Swiss Dental Products, Carozzeria und einem etwas verlorenen Fischgroßmarkt, und unter der Autobahn hindurch ins Dörfchen Grancia, wo dank Schallschutz das Singen und Schwingen der Automobile verstummt und dank der neuen Pflästerung der beschauliche Eindruck eines ursprünglichen Tessiner Dorfes erzeugt wird. Am oberen Ausgang des Dorfes wählen wir den rechten Weg Richtung Carona.

Bald stoßen wir im steilen Wald auf Warnschilder eines Schießstandes, die wir links liegen lassen, während wir im Geiste den Raum in *Steppenwolfs* magischem Theater betreten, an dessen Tür die verheißungsvolle Einladung steht: »Auf zum fröhlichen Jagen! Hochjagd auf Automobile.« Doch wir lassen uns von der Erinnerung an die zerstörerischen Fantasien des Steppenwolfs und seine abwegigen Gedanken, *dass vielleicht das ganze Menschenleben nur ein arger Irrtum, eine heftige und missglückte Fehlgeburt der Urmutter, ein wilder und grausig fehlgeschlagener Versuch der Natur sei*, nicht lange beirren, sondern klettern weiter den steilen Wald hoch und lauschen den leiser werdenden Stimmen der mobilen Symphonie.

Der Hang wird allmählich flacher und mit dem Verstummen der Sphärenmusik nähern wir uns einer neuen Welt. Mit Klingsor rufen wir: *Das Paradies ist hier, da oben liegt es auf dem Berge,* und begeben uns frohen Schrittes ins fein herausgeputzte Feriendorf Carona, wo wir auch gleich auf den schönen, kleinen, lieben Platz mit dem nach einer Fassadenzeichnung als »Papageienhaus« bezeichneten Gebäude stoßen, in dem sich Klingsor in die Königin der Gebirge verliebte und Hermann Hesse in Ruth Wenger, die er – im Gegensatz zu Klingsor – für einige Zeit heiratete.

Schöner sehen Man verbringt den Nachmittag in Hesses Klingsor-Erzählung nahe von Kareno im Walde in Gras und Moos liegend und causierend. Wir begeben uns heute vielleicht zur Abkühlung lieber ins Schwimmbad am oberen Ausgang von Carona mit seinem 10-m-Sprungturm, um dann frischen und forschen Ganges weiterzuwandern und, die Künstlernovelle hinter uns lassend, mehr das Tessinbild des Aquarell- und Feuilletonisten Hesse zu suchen. Er hat *oft und oft das Lied dieser Berge, Wälder, Rebenhänge und Seetäler gesungen*, er hat dabei *Hunderte von Bogen guten Malpa-*

piers und viele Farbtuben verbraucht. Hesse beherrschte nicht nur, wie er in seinem *Dank ans Tessin* sagt, die *Kunst, schön zu wohnen,* sondern auch die Kunst, schön zu sehen. Wir folgen den Wegweisern zur Kirche Madonna d'Ongero, und schon *steht da die alte Marienkirche schlafend mitten im schweigenden Walde, einsam am endlosen waldbewachsenen Berghang.* Wir wecken sie nicht, sondern lassen uns von Hesses Bemerkung inspirieren: *Es gibt viel Schönes auf der Erde, Schöneres als dies gibt es nicht,* womit er den Ausblick von der Terrasse meinte, der heute durch die gewachsenen Bäume verdeckt ist, den wir jedoch auf einem Felsvorsprung jenseits des Weges gleich unterhalb der Kirche finden.

Der lange, sanft absteigende Weg durch den Wald, den wir nun, dem Hang des Monte Arbostora um die Spitze der Halbinsel bis nach Morcote folgend, vor uns haben, führt uns bald zu einer Lichtung, wo unvermittelt noch einmal die verlorene idyllische Einsamkeit wiederzufinden ist: Mitten auf der Wiese steht das schlichte romanische Klösterchen Torello mit seinen rohen Mauern, auf denen sich Eidechsen tummeln, längst bewohnt von Leuten, die wenigstens für das Wochenende, so stellen wir uns vor, jene Abgeschiedenheit der unversehrten, unverfälschten Natur und die schöne Aussicht auf den See suchen. Wir runden das synästhetische Erlebnis dieses Kareno-Tags auf der Suche nach der *echten Substanz* und den *wirklichen Bildern* multimedial ab, indem wir die Tonaufzeichnung *Farbe ist Leben: Hesse als Maler* einlegen und im Geiste unser *Malstühlchen, den Freund und Kameraden der Ausflüge,* aufklappen und die Palette und das Fläschchen mit Wasser nehmen, um in der Vorstellung eines seiner hübschen Aquarelle nachzumalen. Müde, aber zufrieden nehmen wir den Rest des Weges nach Morcote unter die Füße, der noch manch liebe Pflanze und manch schweigsamen Stein vor unser empfindsames Auge führt.

Literatur

Primärliteratur

HERMANN HESSE: Klingsors letzter Sommer, Suhrkamp Taschenbuch: Frankfurt a. M. 1985

HERMANN HESSE: Der Steppenwolf, Suhrkamp Taschenbuch: Frankfurt a. M. 1976

HERMANN HESSE: Tessin. Betrachtungen, Gedichte und Aquarelle des Autors. Hrsg. und mit einem Nachwort versehen von Volker Michels, Insel: Frankfurt a. M. 1993 (darin z. B. die Texte »Neubeginn im Tessin«, »Madonna d'Ongero«, »Madonnenfest im Tessin«, »Erinnerung an Klingsors Sommer«)

Tonaufzeichnungen

HERMANN HESSE: Farbe ist Leben: Hesse als Maler. Gelesen von Gert Westphal. Textzusammenstellung: Gert Westphal, Volker Michels. Litraton: Hamburg 1992 (Audio-Kassette, 81 Minuten)

Hermann-Hesse-Sprechplatte. Gelesen von Hermann Hesse und Gert Westphal. Zusammengestellt von Volker Michels. Suhrkamp: Frankfurt a. M. 1982 (Schallplatte, mit Ausschnitten aus »Klingsor«)

HERMANN HESSE: Der Steppenwolf. Gelesen von Will Quadflieg. Deutsche Grammophon, Polygram: Hamburg 1987 (5 Audio-Kassetten)

Sekundärliteratur zu den Schauplätzen

Carona. Un percorso artistico. Seine Künstler, seine Kunstdenkmäler, Carona 1996

HERBERT SCHNIERLE-LUTZ: Auf den Spuren Hermann Hesses von Calw nach Montagnola. Klett Verlag: Stuttgart/Dresden 1991 (Reihe Literaturreisen – Wege, Orte, Texte)

JEAN-PHILIPPE DE TONNAC: Hermann Hesse – Spurensuche im Tessin, Hildesheim 1997

A. MARIO REDAELLI: Storia e storie della Collina d'oro. Gaggini-Bizzozero: Lugano 1977–78 (2 Bde.)

Hermann-Hesse-Homepage mit bibliografischen Angaben und Veranstaltungshinweisen: http://www.mcl.ucsb.edu/hesse

LiteraTour-Info

Einstufung 📖 📖 📖
Gehzeiten 4½ h (Montagnola–Carona: 2 h, Carona-Morcote: 2½ h)
Höhendifferenz 1. Abstieg 180 m, Aufstieg 340 m, 2. Abstieg 350 m
Beste Jahreszeit ganzes Jahr (Öffnungszeiten des Museo Hesse beachten)
Karte Landeskarte 1:25 000, Blatt 1353 Lugano

An- und Rückreise Mit dem Postauto ab Lugano (entweder ab Via S. Balestra im Stadtzentrum oder Via Sorengo, hinter dem Bahnhof SBB) bis Montagnola (Fahrplanfeld 633.55).
Rückreise von Morcote wiederum mit dem Postauto (Fahrplanfeld 633.64) oder mit dem Schiff (Fahrplanfeld 3606).
Route Vom Dorfplatz von Montagnola (nach dem Besuch des Museums) ein paar Meter der Straße nach Agra entlang, bis links die Via Hesse abzweigt, vorbei an Hesse-Gedenkstein (links) und Hesse-Haus (rechts). Beim Waldeingang links hinunter Richtung Vignino, wir kreuzen ein kleines Sträßchen, folgen der Via Vignino. Vorbei am Hof Vignino, unmittelbar nach dem nächsten allein stehenden Haus zweigt der Weg links ab und führt steil hinunter, wieder durch den Wald bis auf die Straße. Ein paar Meter die Straße nach rechts hinunter, beim Ortsschild Cadepiano geht man links und durchquert die Ebene, unter der Autobahn hindurch, bei der Einmündung in die größere Straße in spitzem Winkel nach rechts und dann links hinauf in den Dorfkern von Grancia und gerade hindurch. Am oberen Dorfausgang verzweigt sich der Weg, der authentisch-rekonstruierende Zugriff auf Hesse führt links hinauf nach Carabbia und der Hauptstraße entlang über Ciona nach Carona, doch wir wählen den Weg nach rechts, der direkt nach Carona führt. Der Weg im Wald ist rot markiert. Nach ca. 15 Minuten durchqueren wir die »Zona di tiro a palla«. Beim Schild »Stop/Danger/Alt/Pericolo« gehen wir nach rechts weiter, bald stoßen wir auf einen horizontalen Weg, dem wir nach rechts (Richtung Carona/Torello) folgen. Beim Punkt Rodabbio (503 m) zweigen wir links ab und steigen steil nach Carona hinauf. Wir gelangen bei einem turmartigen Gebäude (Roccolo di Carona, 627 m) aus dem Wald und stoßen auf ein Sträßchen, dem

wir kurz nach links folgen, um dann rechts die Via Canavaa hinunter ins Dorf Carona zu gelangen. Beim Dorfeingang, nach dem ersten Haus, folgen wir einem gepflasterten Gässchen nach rechts zu einem hellen Platz mit der Casa Solari, dem »Papageienhaus«.

Dem Papageienhaus gegenüber, genau am andern Ende des Platzes, gelangen wir wieder auf die Straße und gehen nach rechts. Beim Grotto Del Pan Perdü folgen wir dem gut signalisierten Weg Richtung Schwimmbad und in den Wald zur Wallfahrtskirche Madonna d'Ongero. Wir nehmen den Weg, der unter der Kirche vorbeiführt, nach Torello. Vom kleinen Kloster aus geht es steil hinunter in den Wald, an der nächsten Wegkreuzung zweigen wir links Richtung Morcote ab. Von da aus führt der Weg dem Hang entlang, leicht abwärts, bis wir die Häuser von Vedo und von dort aus den Wanderwegzeichen folgend Morcote erreichen.

Varianten Nur Besichtigung von Montagnola, mit beschildertem Pfad vom Hesse-Haus bis zum Friedhof bei Sant'Abbondio in Gentilino. Gehzeit: ca. ½ h (Busstation beim Friedhof).

Wanderung von Carona nach Morcote via Alpe Vicania/Vico Morcote: Von der Kapelle Madonna d'Ongero ca. 200 m zurück Richtung Carona und bei der Verzweigung den oberen Weg nehmen. Von der Alpe Vicania sehr steiler Abstieg über Treppen nach Morcote. Gehzeit Carona–Morcote auf diesem Weg: 2¼ h.

Essen In Montagnola in der Osteria Bellavista, via Collina d'Oro 72, mit Aussichtsterrasse (091-985 89 00) oder in diversen Grotti, wie dem Circolo Sociale (091-994 69 19) oder dem Grotto Cavicc (091-994 79 95), beide via ai Canvetti (am beschilderten Hesse-Weg). In Carona im Grotto Pan Perdü (091-649 91 92, Mo geschlossen), das schon Hesse erwähnt und auch in E. Y. Meyers Roman »Die Rückfahrt« (1977) anzutreffen ist. Pan perdü übrigens bedeutet »Brot für zwei« und nicht (wie fälschlicherweise oft übersetzt wird) »verlorenes Brot« – trotz der Spatzen unter den Grottotischen. In Morcote diverse Restaurants und Hotels am See.

Schlafen In Montagnola im Bellavista (siehe oben), in Carona in der Casa del 1577 (091-649 58 27, nur mit Frühstück), in Morcote im Ristorante Oasi (091-996 14 97) oder im Ristorante Rivabella (091-996 13 14), um nur zwei der Kleineren zu nennen.

Blick in den Graben *Industrie- und Durchfahrtsland. Der Blick von Montagnola auf Grancia und Carona in der Höh.*

Information Ente Turistico del Ceresio, Via Pocobelli 14, 6815 Melide, Tel. 091-649 63 83, Fax 091-649 56 13, E-Mail ceresio@ticino-info.ch, Internet: www.ticino-info.ch

Tipps Ein Besuch im Museo Hermann Hesse in Montagnola. Öffnungszeiten: März bis Oktober: Di–So 10–12.30 und 14–18.30 Uhr. November bis Februar: jeweils nur Sa/So geöffnet. Eintritt 5 Franken. Auskünfte zu Veranstaltungen und Sonderausstellungen: Tel. 091-993 37 70.

Beim Abstieg nach Morcote bietet sich der verträumt-entrückte Skulpturenpark des Textilkaufmanns Hermann Arthur Scherrer zur Lektürepause an. Der Parco Scherrer ist täglich von 9–17 Uhr geöffnet (November bis März geschlossen).

Diggelmann ist dran Die Künstler Max Marti, Max Weiss, Walter Matthias Diggelmann und Peter Klein (von links nach rechts) 1969 im Grotto »Grassi«. Sie kamen und gingen zu Fuß.

Barbara Rettenmund

LiteraTour 29: Brusino–Arzo

Was vom Künstlerdorf übrig blieb
Eine Grottowanderung mit Walter M. Diggelmanns »Ich und das Dorf«

»Wie bitte? Sie wollen eine Wanderung mit Walter Matthias Diggelmann beschreiben? Der ging doch nie wandern. Allenfalls bis zu den Grotti. Schließlich musste man ohne Auto irgendwie wieder nach Hause kommen.« »Zu den Grotti gingen sie, die Männer, Bocciaspielen, die Kugeln haben sie immer selber mitgenommen. Manchmal sind sie schon morgens um zehn Uhr weggegangen und kamen erst nach Mitternacht zurück, wir Frauen durften nicht mit, so was gebe es heute wohl nicht mehr.« Walter Matthias Diggelmann (1927–1979) ist in Tremona bis heute nicht vergessen. Die alteingesessenen Deutschschweizer Dorfbewohnerinnen und -bewohner sprechen gerne über die große Zeit des »Künstlerdorfes« im Mendrisiotto und »ihren« Schriftsteller.

Um etwas über Tremona zu erfahren, muss man jemanden kennen, der jemanden kennt... Da ist zum Beispiel die »Antica Osteria«, deren Deutschschweizer Wirt erst seit einigen Jahren im Dorf lebt, jedoch schon alle und alles kennt, viel zu erzählen weiß und in einem Nebenzimmer alles aufbewahrt, was je über Tremona geschrieben worden ist. »Tremona hat vierhundert Einwohnerinnen und Einwohner«, erzählt er. »Mitte Juni ist einer gestorben, letzte

Woche einer auf die Welt gekommen; so gleicht sich das aus.« Er gibt mir die Telefonnummern von alten Bekannten Diggelmanns. Und schon sitze ich umgeben von Kunstwerken mitten in einem wunderschönen Garten im Zentrum von Tremona mit Blick aufs Haus, in dem Diggelmann gewohnt hat, und höre mir die alten Geschichten an.

In der Osteria mittendrin In seinem 1972 erschienenen Buch *Ich und das Dorf. Ein Tagebuch in Geschichten* erzählt Walter Matthias Diggelmann von seinem Leben in Tremona. Begebenheiten rund um die damaligen Bewohnerinnen und Bewohner des Dorfes. *Alle in meinen Aufzeichnungen vorkommenden Personen sind erfunden, Ähnlichkeiten mit lebenden sind zum Teil beabsichtigt. Wichtig ist zu wissen, dass jede Person sich aus mindestens neun verschiedenen, möglicherweise lebenden Personen zusammensetzt. Auch der Erzähler ist nicht Ich. Ich möchte vielleicht Ich sein.* Obwohl er sich explizit von seinem Ich-Erzähler distanziert, stechen die Parallelen ins Auge. Er, der freie Schriftsteller, lebt mit seiner zweiten Frau und je einem Kind aus erster Ehe der beiden in einem Tessiner Dorf nahe der Grenze. Es sind skurrile Menschen, die Diggelmann beschreibt. Mit den Menschen, ihren Geschichten und Abenteuern beschreibt er auch sein Leben als zugezogener Deutschschweizer Künstler im Dorf. Die Grenze zwischen autobiografischen und fiktionalen Geschichten ist fließend. »Die einzige Person, die wir wirklich erkannt haben, ist die Wirtin«, erzählen Diggelmanns Bekannte, »ihr Name war Teresa.« Die Osteria war für Diggelmann der wichtigste Ort im Dorf. »Er brauchte die Leute, und das hat seine zweite Frau nie begriffen. Sie wollte ihn davon abhalten, in die Osteria zu gehen, und sah nicht, dass er ohne die Menschen nicht leben konnte.« Die fiktionale Wirtin heißt Tina; sie ist die erste Person, über die eine Geschichte erzählt wird. Tinas Küche ist berühmt im ganzen Umkreis;

von überall her kommen die Leute. Doch Tina kocht nur, wenn sie Lust hat, ansonsten schickt sie die Gäste ins nächste Dorf. *In Tinas Osteria gibt es fünf Fremdenzimmer; vierzig Jahre hat sie Feriengäste und Touristen beherbergt. Im vergangenen Sommer hat sie allen Leuten gesagt, sie könne keines der Zimmer mehr vermieten, weil ihre eigenen Kinder mit Kindern kämen. Aber das war nicht die Wahrheit. Uns sagte Tina, ich mag nicht mehr.* Tina wird krank und will sich nicht helfen lassen; eine andere Frau neben sich in der Küche hätte sie nicht ertragen.

Mikrogeschichten Unterbrochen werden die Geschichten durch *Das schwarze Brett*. Skurril-realistische Mitteilungen eines kleinen Tessiner Dorfes: Verkündigungen, Stellenausschreibungen, Bestimmungen, Bekanntmachungen. Die amtlichen Verlautbarungen stehen kommentarlos zwischen den Geschichten der Menschen und lassen jene teilweise wie Schildbürger erscheinen. *Infolge der zunehmenden Wasserverschmutzung ist es verboten, weiterhin Abfälle auf der westlichen Seite der Schutthalde zu deponieren. Untersuchungen haben ergeben, dass das Grundwasser weniger verschmutzt wird, wenn die Abfälle auf der nördlichen Seite abgelagert werden.*

Diggelmanns Beschreibungen sind phasenweise bitterböse, aber immer wieder liebevoll. So erfahren wir über die Konfliktlösungsstrategie bei der herrschenden Wasserknappheit Bemerkenswertes über das Sozialgefüge des Dorfes. *Wir haben kein Wasser mehr, weil Galli, der auf dem Gebiet von M. einen Marmorbruch besitzt, seinen Rasen jede Nacht mit drei Apparaten besprengt.* Der Bürgermeister weiß das natürlich, kann aber persönlich nichts dagegen unternehmen, weil er gleichzeitig Steuerberater von Galli ist. So beschließen die Ich-Figur und der Bürgermeister, einen Dritten, Plinio, zu schicken, um mit Galli zu reden. Plinio ist jedoch der Präsident der »Filarmonica«, der Galli jedes Jahr 500 Franken spendet.

Also wird Arturo delegiert, der jedoch ist *Chefbuchhalter bei Grassi & Co., und Grassi hat eine Galli zur Frau und außerdem stehe – habe ich gehört – Grassi bei Galli in der Kreide.* Der dies schrieb, wohnte von 1969 bis 1971 in Tremona. »Als das Buch erschien, war er schon weg, hatte gebrochen mit dem Dorf«, erzählen seine Bekannten.

Annäherung an Tremona Unsere Wanderung nähert sich von Serpiano, Meride herkommend der Diggelmann'schen Grottowelt. Am Weg liegen das »Antico Grotto Fossati«, das »Grotto La Guana« und – als wichtigste Koordinate – das »Grotto Grassi«, das eigentliche Dorfgrotto von Tremona. Hier spielten Diggelmann und Freunde ausgiebig Boccia. Obwohl wir uns seit Brusino-Arsizio ständig vom See wegbewegt haben, erwartet uns im Grotto Grassi ein prächtiger Seeblick auf den Lago di Lugano. Unüberhörbar liegt am Fuße des gegenüberliegenden Hanges die fette Autobahn mit dem üblichen Getöse. Nach weiteren zehn Minuten erreichen wir die ersten Weinhänge des Dorfes Tremona, das uns Diggelmann steckbriefartig so vorstellt: *Es liegt an der schweizerisch-italienischen Grenze, hat hundertfünfzig Einwohner, zwei Osterias und einen Grotto, zwanzig eingeschriebene Mitglieder der Liberalen Partei, zwei eingeschriebene Mitglieder der Konservativen Partei und einen, der sich Sozialist nennt und keiner Partei angehört. Die Frauen besitzen das Stimmrecht, die meisten von ihnen können Auto fahren.* Als erstes trifft man im Dorf auf den Laden, in dem Diggelmanns Frau gearbeitet hatte. Die Ehefrau des Erzählers im Buch arbeitet halbtags im Lebensmittelgeschäft, *wo sie zwar miserabel bezahlt wird – für die Stunde bekommt sie drei Franken –, ich bezahle unserer Putzfrau, die aus Italien kommt, sieben Franken die Stunde. Auch wenn es sich nicht lohnt, arbeitet sie, denn sie will etwas für den Unterhalt ihres Sohnes aus erster Ehe beitragen und ist keine ge-*

Tremoneser Tafelrunden Die Kolonie unter sich. Gastgeber Walter Matthias Diggelmann, rechts von ihm der Maler und Plastiker Max Marti, mit Freunden und Kindern.

borene Hausfrau. *Da wir noch nicht wissen, wie wir Männer die Hausarbeit der Frauen mit Geld bezahlen sollen, und die Frauen darum meinen, sie arbeiteten gratis, das heißt, nur wir Männer verdienen Geld, da Marianne mir nicht glaubt, wie sie mir hilft, wenn sie den Haushalt in Ordnung hält und lästigen Besuchern sagt, ich sei nicht daheim – da ich ihr diese Zusammenhänge nicht klar machen kann, lasse ich sie im Lebensmittelgeschäft arbeiten.* Diggelmann soll damals fortwährend im Dorf verbreitet haben, dass Ehefrauen Prostituierten gleich nur wegen des Geldes bei ihren Ehemännern blieben, auch wenn sie diese nicht mehr liebten. »›Nun zeige ich ihm, dass er nicht recht hat‹, sagte seine erste Frau eines Abends an einem Dorffest in Tremona. Wir glaubten, sie scherze, doch am nächsten

Morgen war sie weg, und Diggelmann weinte stundenlang vor Teresas Osteria.« Die zweite Frau fand nie Anschluss im Dorf und fühlte sich unglücklich. *Wenn Marianne einen schlechten Tag erwischt, sagt sie, ich will mein Leben nicht in diesem Kaff verbringen, ich will fort von hier, was hält dich hier? Wohin möchtest du, frage ich, Zürich, Genf, Bern? Wir können auch nach Paris oder Berlin, meinetwegen nach Hamburg oder Frankfurt.* Marianne hat auch kein Verständnis für den Beruf ihres Mannes. *Alle drei Monate sagt Marianne, lass das Schreiben, tu doch eine anständige Arbeit, das Schreiben macht dich ja nur verrückt. Ich antworte jeweils, ich bin nicht verrückt, weil ich schreibe, sondern ich schreibe, weil ich verrückt bin.* Auf Drängen der Frau verlässt die Familie schließlich das Dorf. Die Ehe hält jedoch nicht mehr lange. In einem Interview erklärt Diggelmann 1975: »Es ist wahnsinnig viel schöner mit einer Frau zu schlafen, mit der man auch profund diskutieren kann.« Seine dritte Frau wird die Journalistin Klara Obermüller.

Unser kleiner Dorfrundgang konfrontiert uns zwischen Laden und Post mit weiteren vertrauten Spuren und Schauplätzen. Zur Linken an der Kirchenmauer das schwarze Brett, zur Rechten die Aufschrift der inzwischen geschlossenen »Osteria Torti«, die *Teresa* führte. Auf der kleinen Piazzetta hinter der Kirche befindet sich die »Antica Osteria«, der heutige Dorftreffpunkt. Diggelmanns ehemaliges Haus liegt in der Fortsetzung dieses Weges, zweite Abzweigung rechts, auf einem Platz: ein erst kürzlich renoviertes, mit angebauten Terrassen versehenes Haus. Eine Inschrift sucht man vergebens. Und die Terrassen sollte man sich wegdenken.

Das Dorf ist ein Mythos Was genau dazu führte, dass sich ausgerechnet in Tremona eine Künstlerszene bildete, lässt sich schlecht sagen. Plinio, eine Figur in Diggelmanns Buch, liefert immerhin eine Erklärung. *Plinio sagt immer wieder, die ersten Maler und Bildhauer*

Dorfleben *Die Bandella Tremonese lädt einmal im Jahr zur populären »sagra del filetto«.*

sind schon vor mehr als siebzig Jahren zu uns gekommen. So ein Licht, sagt Plinio, gibt es auf der ganzen Welt nicht mehr. Nur Schriftsteller sind noch nie zu uns gekommen. Die Deutschschweizer und Deutschschweizerinnen, die heute noch dort wohnen, sehen das weniger romantisch. »Um ehrlich zu sein, kamen die Künstler doch vor allem, weil das Leben hier billig war. Der Mendrisiotto ist arm. Ein Kaffee in Mendrisio kostet heute noch 1 Franken 50. Waren Sie etwa schon mal im Sottoceneri? Sehen Sie!« Damals, Ende der sechziger Jahre, zog ein Künstler den anderen an, und es entstand eine kleine Kolonie. Unter dem Titel »Zwischenhalt in T. Wie man an einem schönen Ort hängen bleibt, ohne es wirklich zu wollen« beschrieb der Journalist Patrick Fels für die bunte Illustrierte

»Sie und Er« im Jahre 1969 diese Szene. »Man besucht Diggelmann, und der sagt: ›Komm, wir gehen zu Marti, der hat einen guten Weißen im Atelier‹, und dann trinkt man Weißen im Atelier von Marti, und der sagt: ›Wir könnten doch schnell bei Weiß hineinschauen‹; das ist eine Kettenreaktion, weil Klein auch hier ist, also trinkt man Roten im Atelier von Weiß, dann bei Klein; und da es inzwischen drei Uhr ist, spaziert man gemeinsam die zwei Kilometer zum Grotto, um vom ganz kühlen Weißen zu versuchen und eine Partie Boccia zu spielen, vielleicht um einen Liter oder so.« Eigentlich waren es gar nicht so viele, in Tremona; den immer wieder bemühten Vergleich mit Ascona hört man hier auch deshalb nicht gern. »Von den rund 200 Einwohnern waren vielleicht 15 bis 20 Deutschschweizer. Man sprach immer italienisch im Dorf.« Außer Diggelmann lebten und arbeiteten die Bildhauer Max Weiss, Kurt Metzler und Peter Klein, der Maler und Plastiker Max Marti und der Maler Peter Keller mit ihren Familien in Tremona. Und natürlich zogen diese zuhauf Freundinnen und Freunde, Agenten, Sammler und Kunsthändler und je nachdem auch Schaulustige an, die noch so gerne ins Tessin kamen, um sich von der Atmosphäre beflügeln zu lassen. Szenetouristen waren unter den Künstlern gar nicht beliebt. Diggelmann beschreibt das praktizierte Versteckspiel in seiner eigentümlichen Mischung von Naivität und Zynismus. *Jetzt gehen wir abends wieder zu Tina. Im Sommer müssen wir daheim bleiben. Im Sommer ist Tinas Osteria von Feriengästen belagert. Das Dorf ist ein Mythos. Die Leute kommen von weit her gereist, um bei Tina zu essen und zu trinken. Sie meinen, hier sehe man Künstler, aber wenn die Leute kommen, verkriechen sich die Künstler oder sie verkleiden sich und tun, als ob sie auch Feriengäste wären.* Doch die immer wieder von Künstlern und Journalisten geäußerte Sorge, der Tourismus könnte das Dorf gefährden, war unbegründet. Wer heute in Tremona schlafen will, muss schon jemanden kennen, der dort ein Haus besitzt. Es gibt keine Übernachtungsmöglichkeiten mehr. Vor einigen Jahren hat die Gemeinde im so genannten »Nucleo«-Beschluss bestimmt, dass die Häuser im Dorfkern nur noch an Leute verkauft oder vermietet werden dürfen, die auch hier wohnen. Der Beschluss zeitigte Wirkung, das Dorfzentrum wird wieder bewohnt.

Heute sind die Künstler von damals entweder ausgezogen oder gestorben. Ein paar Journalisten und eine Künstlerin aus der Deutschschweiz wohnen noch in der Gegend. Die international renommierte Keramikkünstlerin Petra Weiß hat ihr Atelier in Tremona und organisiert auch regelmäßig Ausstellungen. Wer das spezielle Flair oder die inspirierende Atmosphäre in Tremona sucht, wird enttäuscht. Inspirieren lassen kann man sich durch Diggelmanns Buch, das nicht vom wilden Künstlerleben der sechziger Jahre erzählt, sondern von den ganz normalen Menschen in einem Tessiner Dorf, das die Künstler und deren Gefolge wie ein Naturereignis über sich ergehen ließ und in Frieden weiter existierte – und das immer noch tut.

Und so ziehen wir weiter über Besazio, wo sich ein Besuch im »Grotto Rubiana« aufdrängt, nach Arzo in die seit kurzem wieder eröffnete Osteria »Al Torchio Antico«. Hier hat auch der Tourismus so weit Fuß gefasst, dass eine Übernachtung möglich ist.

Literatur
WALTER MATTHIAS DIGGELMANN: Ich und das Dorf. Ein Tagebuch in Geschichten. Zürich 1974
PATRICK FELS: Wie man an einem schönen Ort hängen bleibt, ohne es wirklich zu wollen, in: Sie + Er, Nr. 34, 1969.
KLARA OBERMÜLLER: Der Wahrheit auf die Spur kommen. Gedanken zum Werk von W. M. Diggelmann. Nachwort zu: Walter Matthias Diggelmann: Der Tag erzählt seine eigene Geschichte. Zürich 1992, S. 285–296.
GIOVANNI PIFFARETTI: Tremona. Tessere per un mosaico, Mendrisio 1995

LiteraTour-Info

Einstufung 📖 📖
Gehzeiten 3 h (5 h mit Naturlehrpfad)
Höhendifferenz Aufstieg 450 m, Abstieg 600 m (ab Bergstation Funivia via Monte San Giorgio)
Beste Jahreszeit Grottosaison (April bis Oktober)
Karten Landeskarte 1:25 000, Blätter 1353 Lugano, 1373 Mendrisio

An- und Rückreise Ab Lugano mit dem Schiff nach Brusino-Arsizio (Fahrplanfeld 3606), von dort zu Fuß bergwärts oder mit der Funivia nach Serpiano (Fahrplanfeld 2680). Rückreise ab Arzo mit dem Bus nach Mendrisio (Fahrplanfeld 637.10).
Route Von der Bergstation (651 m) ist der Wanderweg nach Meride via Serpiano (608 m), Crocifisso (670 m) und Fontana (592 m) ausgeschildert. Als Variante bietet sich ab Fontana die Naturlehrpfad-Schlaufe Monte San Giorgio an, die nach Fontana zurückführt. In beiden Fällen Fortsetzung Richtung Meride (580 m) mit einem südlichen Grotto-Abstecher Richtung Guana (529 m). Denselben Weg zurück bis zu den Rebbergen bei Punkt 562. Von der Straße zweigt rechts ein Feldweg ab, der sich wenig später in drei Wege gabelt. Der mittlere Weg, Richtung Cantine, Ronco Vassalli, bringt uns an den Grotti vorbei nach Tremona. Ab Tremona ausgeschilderter Weg nach Besazio und Arzo.
Variante Von Lugano mit dem Zug bis Capolago (Fahrplanfeld 600) und mit dem Bus nach Riva S. Vitale (Fahrplanfeld 637.19). Ausgeschilderte Wanderwege Richtung Monte San Giorgio, Meride, Tremona.
Oder von der Bergstation der Funivia direkt auf den Monte San Giorgio (1096 m). Der Weg ist gut markiert, Abstieg über Forello (1032 m), Cassina (902 m), Alboree nach Meride.
Essen Antico Grotto Fossati, Meride (Tel. 091-646 56 06); Grotto La Guana, Meride (Tel. 091-646 47 91); Grotto Grassi, Tremona (Tel. 079-353 94 04); Antica Osteria, Tremona (Tel. 091-646 75 45); Grotto Rubiana, Besazio (Tel. 091-646 36 83).
Schlafen Al Torchio Antico, Via al Fiume, 6864 Arzo (Tel. 091-646 49 94).

Annäherung an Tremona *An klaren Nordföhntagen reicht der Blick vom Monte San Giorgio über den gestutzten Poncione d'Arzo hinweg in die Po-Ebene. Tremona liegt etwas näher.*

Information Ente Turistico del Mendrisiotto e Basso Ceresio, Via Angelo Maspoli 15, 6850 Mendrisio, Tel. 091-646 57 61, Fax 091-646 33 48, E-Mail: etm@tinet.ch, Internet www.mendrisiotourism.ch

Tipps Unterwegs macht der rund sieben Kilometer lange »Sentiero Naturalistico Monte San Giorgio« Spuren suchende Wandernde mit dem besonderen geologischen Untergrund sowie der örtlichen Pflanzen- und Tierwelt bekannt. Der Monte San Giorgio gilt als bedeutende Fossilienfundstelle. Resultate verschiedener Grabungen werden im Museo dei Fossili Monte San Giorgio in Meride gezeigt (Tel. 091-646 37 80). Das Museum wird morgens und abends von einem Gemeindeangestellten auf- und abgeschlossen, ansonsten sich selbst und den neugierigen Besucherinnen und Besuchern überlassen.

Dichter und Pfarrer Gerhart Hauptmann und der Parocco von Rovio am Schauplatz des »Ketzers«, im Frühjahr 1924.

Thomas Achermann, geboren 1962, ist Gymnasiallehrer für Deutsch und Philosophie in Bern. Der Autor lebt in Ostermundigen.

LiteraTour 30: Rovio–Monte Generoso

Stock, Gehrock und Zylinder
Ketzerisches zu Gerhart Hauptmanns
»Ketzer von Soana« am Monte GenEROSo

Haben Sie schon jemals daran gedacht, Literatur nach Merkmalen der Gruppenzugehörigkeit zu betreiben? Sind Sie dabei nicht auch auf folgende Attribute wahrhaft großer Männer gestoßen: den Stock, den Gehrock und den Zylinder? Nach den Grundsätzen dieser neuartigen literarischen Taxonomie müssen jetzt Namen fallen: Franz Kafka, Eduard Kiš, Michail Bulgakow, Dagobert Duck und Gerhart Hauptmann. Sie alle gehören zu dieser längst untergegangenen Spezies (der Einfachheit halber erlaube ich mir, den Erpel als Mann zu behandeln).

Literarische Peergroup-Analytik Aus unserer luziden literarischen Fünferbande, die zwar prima vista etwas konstruiert scheinen mag, wären wohl alle eines Nobelpreises würdig gewesen, aber nur einer hat ihn auch wirklich bekommen: Gerhart Hauptmann – ein Mann, der vom profanen, ungebildeten Volk »in seiner gesunden Beschränktheit« oftmals wie ein Erpel behandelt wurde und bis auf den heutigen Tag wird...

Doch noch mehr als Hut und Stock und Gehrock verbindet die literarische Peergroup: die Liebe zur oberitalienischen Seenlandschaft und zum Tessin als Inbegriff südländischer Lebensart und Kultur im Alpenbogen (Wein, Salami, Polenta). Bevor wir uns aber mit Gerhart Hauptmann auf die Wanderung und die Suche nach Phalluskult-Grotten am Monte GenEROSo und anderem denkwürdigen Allerlei begeben, sollen diese Gemeinsamkeiten doch noch knapp, nüchtern und umschweiflos erläutert werden.

Südwärts sind alle von ihnen schon gefahren, und sei's auch nur im Geiste.

Franz Kafka weilte mehrfach in Riva am Gardasee, um sich zu erholen, und dabei kam er sich wie ein ruheloser Untoter vor, der im geschmackvoll verzierten Sarg auf Charons Barke über den ganzen Erdkreis dümpelte (nachzulesen im »Jäger Gracchus«). Kafkas Ansichten über die Welt und die Menschen in ihr stammen aus einem Jenseits, das in seinem Werk immer wieder feierlich im geordneten Diesseits Einzug hält. Oberwelt und Unterwelt sind stets vermischt, und wandelnde Tote wie Kafka bedürfen zwar noch eines Gehrocks und einer Melone, auf einen würdevollen Spazierstock verzichtete er aber gänzlich.

Eduard Kiš musste das Leben und den Tod leider etwas weniger entrückt durchschreiten. Das schizophrene Genie und Chefredakteur des »immerwährenden jugoslawischen und internationalen Fahrplans für Autobus, Schiff, Eisenbahn und Flugverkehr aus dem Jahre 1938« in Personalunion, der jüdischstämmige Vater des großartigen Schriftstellers Danilo Kiš (1935–1989), reihte sich mit Stock und Hut in der Hand und im Gehrock (»Spazirstok und Gerok«) in die endlose Schlange derer ein, die in Auschwitz vergast wurden. Eduard Kiš, der ahasverische Wanderphilosoph, Muromant (ein Wandfleckenleser) und Luftmensch muss wenigstens in seinen wundervoll verstockten Gedanken als Fantasiereisender im Tessin gewesen sein, was in seinem skurrilen Baedeker-Kursbuch, das uns sein begabter Sohn in seiner Romantrilogie, die er uns als »Familienzirkus« überliefert hat, sicherlich nachzulesen wäre...

Michail Bulgakow durfte das Tessin ebenfalls nicht realiter, sondern bloss spiritualiter bereisen, kettete ihn doch die stalinistische UdSSR im heute fast nur noch historisch existierenden Sozialismus fest. Auf die von Stalin persönlich angeordnete Zensur seiner Werke (»*Sie sind ein großartiger Dichter; gerade deshalb sollten Sie verstehen, dass wir Ihre Texte verbieten müssen*«) reagierte Bulgakow ausgesprochen originell, indem er, eine enteignete großbürgerliche Existenz bzw. der Klassenfeind schlechthin, auf den revolutionären Moskauer Boulevards als Dandy und bourgeoiser Großhans verkleidet mit Gehrock, Spazierstock und sogar mit Monokel flanierte. Das ging denn auch einigen – in Bulgakows Augen dauerbesoffenen – sozialistischen Genossen mit dem neuen, richtigen Bewusstsein über die Hutschnur, so dass der Satiriker mehrfach verprügelt und zusammengeschlagen wurde. Bulgakow hätte die Sowjetunion gerne verlassen (vielleicht ins Tessin; auf den Monte Verità?), Stalin – ein Satiriker von noch größerem Format als Bulgakow – meinte auf dessen Anliegen auszureisen bloß: »Sollte man Sie wirklich rauslassen? Hängen wir Ihnen schon so sehr zum Hals heraus?«

Dagobert Duck ist wohl die berühmteste und bekannteste unter unseren ausgewählten literarischen Figuren. Er ist der unsterbliche Beweis dafür, welchen durchschlagenden Erfolg man unter chefredaktioneller Aufsicht von Dr. Erika Fuchs im deutschsprachigen Raum, aber auch in nahezu allen anderen Ländern der Erde (Nordkorea und Iran vielleicht ausgenommen) als Erpel mit Gehrock, Spazierstock und Zwicker bis auf den heutigen Tag haben kann. Aus meiner Kindheit sind mir noch zwei Storys vage in Erinnerung, in denen die Ducks in Oberitalien leben, nicht im Tessin, dafür aber im Großraum »Bella Venezia«. Einmal in einer entschärften Jugendversion des Mohren von Venedig, mit Donald als Othello, Gustav als Cassio, Daisy als Desdemona und Bertl als ihr geiziger alter Herr. Das andere Mal als Zuckerbäckerfamilie (Donald alias Don Donaldi wird von Don Bartolomeo, einem geldgeilen, millionenschweren Frühkapitalisten, ausgebeutet, geschlaucht und zum Naschwerk Backen gezwungen).

Der letzte in der Gruppe – und mit ihm wollen wir ja schließlich wandern, obschon er vermutlich eher von »wandeln« gesprochen hätte – ist unser verehrter Nobelpreisträger für Literatur (1912).

Gerhart Hauptmann Als gut betuchter Sohn eines schlesischen Hoteliers konnte er sich schon als Jüngling vieles leisten, wovon andere bloß zu träumen verurteilt waren. Der kühl nordische Mann der Stirn, der Faust und des Herzens reiste seit den 80er-Jahren des letzten Jahrhunderts immer wieder in die sinnlichen und lebensfrohen Gefilde des Südens, unter anderem nach Italien, und machte schon bald regelmäßige Zwischenhalte in Rovio, das er in unserer Erzählung klangvoll in Soana umbenannte. Das für die Erzählung »Der Ketzer von Soana« und unsere Wanderung entscheidende Tessinerlebnis dürfte im Jahr 1897 erfolgt sein; in Hauptmanns Tagebuch finden sich zu diesem Aufenthalt auch Angaben über absolvierte Wanderungen zur Kapelle der heiligen Agata und auf den Monte GenEROSo über die Alp von Melano, welche bei ihm in die *Alpe von Santa Croce* verwandelt wird, auf der die Inzüchtlerfamilie *Scarabota* dumpf vor sich hin vegetiert. Einen wesentlichen Ausschlag für die doch eher unfreundliche mythisch-mystisch verbrämte Kritik an der verlogenen christlichen Doppelmoral im Bergnest Soana/Rovio könnte wohl Hauptmanns eigenes schlechtes Gewissen gegeben haben, reiste der Ehegatte und stolze Vater dreier

»Der heilige Gerhart« Karikatur im »Kladderadatsch«, 1905.

germanisch benamter Söhne doch mit einer außerehelichen Konkubine, seiner späteren und wesentlich hübscheren zweiten Ehefrau Margarete Marschalk, im Tessin und in Italien herum, während die von ihm getrennt lebende Noch-Gemahlin Marie Hauptmann-Thienemann in Dresden krampfhaft den Anschein von bürgerlicher Wohlanständigkeit aufrechtzuerhalten suchte. Wie befruchtend der italienische Süden wirkte, schlägt sich auch in der Genealogie nieder. Hauptmann war schon bald danach ein vierter Sohn beschieden, den er, von sonnendurchglühtem Südglück überwältigt, Benvenuto

Dichter-Absteige Das »Albergo Monte Generoso«, hier in einer Aufnahme aus den zwanziger Jahren, ist Hauptmanns Lieblingsabsteige. Der Dichter bewohnt jeweils das Balkonzimmer im 1. Stock.

taufte, was vermutlich ziemlich seltsam anmutete. Als Hauptmann 1911 mit der Niederschrift der Ketzererzählung begann, die er 1918 erstveröffentlichte, hatte er sich schon längst von seinem Ruf als Sprachrohr der Unterjochten befreit. Seine bodenständige Italophilie machte nach und nach einer erhabenen (oder sollte man besser »abgehobenen« oder »überheblichen« sagen?) mythologisch christlich-dionysischen Schauderreligiosität Platz, so dass er seinen vierten Sohn in dieser Phase wohl eher Adeodato, Eros, Dionys oder Lingam Hauptmann getauft hätte.

Doch zur Sache: Der Gehrock und der Spazierstock sind zwei nicht wegzudenkende Alltagsgegenstände, die Hauptmann vom Mief des Profanen entledigte und mit denen er sich über Jahrzehnte

> ‑nung von Ihrer Hand unter dem Bilde erhöhen wollen).
> Das Bild würde ich dann im betreffenden Zimmer aufhängen, welches somit ein persönliches Gepräge erhielt, anstatt wie jedes Andere auszusehen. Wir selbst und sehr viele unserer Gäste würden daran grosse Freude haben.

Hauptmann-Zimmer Seit 1907 existiert im Hotel »Monte Generoso« ein Hauptmann-Zimmer. Die Hoteliersfrau S. Blank-Sapner bittet den Dichter in einem dreiseitigen Brief um den fotografischen Wandschmuck.

hinweg in nahezu jeder Lebenslage zierte. Während beispielsweise der Stock dem alten Duck vorwiegend dazu dient, Donald oder die Panzerknacker zusammenzuhauen, war er für Bulgakow das Mittel zum gelungenen Bluff und für Eduard Kiš der sechste Sinn, ohne den ein Überleben in der Welt außerhalb des Kopfes gänzlich unmöglich gewesen wäre. Herrn Hauptmann diente der Spazierstock – und auf nahezu jeder zweiten Fotografie ließ er sich damit ablichten – zur Kundgabe und Aufblähung seiner Aura des würdevollen Poeta laureatus.

Blühende Fantasie Wenn wir wirklich stilecht mit Herrn Hauptmann wandeln möchten, dann müssten wir uns vermutlich Volkstracht überstülpen, vom lokalen Schnitzlergewerbe einen Priapus als Knauf des Wanderstabes fertigen lassen, das Ränzel schnüren und uns von einem eingeborenen Führer durch die pittoreske Bergwildnis leiten lassen – im Frühling natürlich, denn Hauptmanns Erzählung ist ja proppenvoll mit Flora, Fauna, Pomona, Ceres, EROS, Dionysoszügen, aufknospender Gefühlsübermacht und Lingamkult bzw. nicht mehr ganz befriedigenden Osterfreuden... Der Plot ist schnell zusammengefasst. Mittels einer Herausgeberfiktion, was vermutlich sehr originell sein sollte, gelingt es Hauptmann, aus einer sehr distanzierten Erzählperspektive den Lebensbericht eines intellektuellen Geißhirten mit Nickelbrille kundzutun, der in den luftigen Höhen des GenEROSo haust. Der Herausgeber – wohl ganz zufällig ein souveräner und umfassend gebildeter Gerhart-Hauptmann-Typ –, der, sich auf seinen Reisen selbst suchend, über Tessiner Alpen stolpert, wird vom Hirten in dessen Schmuddelhütte ganz schlicht bewirtet (Salami, italienisches Weizenbrot, Wein vom Feinsten, Oliven, Feigen, Trauben und was das kärgliche Ziegenhirtendasein sonst noch alles zu bieten hat) und in dessen klassisch-tragische Lebensgeschichte eingeweiht. Er ist der Ex-Priester *Francesco Vela*, der sich in die verführerische fünfzehnjährige Tochter *Agata* eines inzestuösen Geschwisterpaares (die *Scarabotas*) verliebt hat, das mit einer nicht genauer bekannten Zahl an weiteren sündigen Leibesfrüchten eine im Dorf *Soana* verfemte Alp bevölkert. Francesco, der christlich gute Hirte der Gemeinde *Soana*, wandte sich, da er in Liebe zur knabenhaften Agata entflammte, von den Schafsnaturen ab, deren geistlicher Führer er bis anhin war, und den lebensfrohen Hochgebirgsgeißen zu, die er seither mit seiner Geliebten als autarker Hirte hütet. Hauptmann über seinen *Ketzer*: »Ich weiß selbst nicht, weshalb ich das Griechentum in seiner ganzen Nacktheit so darstellen musste.« Wissen wir's? Ich fürchte nicht...

Machen wir uns trotzdem auf den Weg. Zuvor sollte man allerdings dem mit Kamelien bewachsenen Pärkchen und dem steinernen San-Marco-Löwen-Plagiat, die beide in der Umgebung des Hotels »Park« zu sehen sind, die notwendige Beachtung schenken, denn das heutige Dreisternhotel war ehedem Hauptmanns Absteige in Rovio, damals unter dem Namen »Albergo Monte Generoso«. So lässt sich auch heute noch ein Gerhart-Hauptmann-Devotionalienkämmerchen im Hotel finden, in dem neben einzelnen Werken des Dichters auch ein handschriftlich signiertes Bild mit dem Konterfei des großen Meisters und einer persönlichen Danksagung zu sehen ist. Am Hauptplatz des Unterdorfes passieren wir die Kirche und begeben uns auf einem Kopfsteinpflastersträßchen mit Fahrrinne ins bergnestartige Oberdorf, auf dessen Armseligkeit Hauptmann im *Ketzer* hinwies. Trotzdem ließ er es sich nicht nehmen, das Oberdorf in einer Anwandlung von dichterischer Freiheit mit wundersamen Marmorsarkophagen auszustatten, die mit antiken Fruchtbarkeitsfriesen verziert sind. Die Sarkophage werden von glutäugigen Tessinerinnen, welche leichtgeschürzten griechischen Quellnymphen gleichen, als Waschtröge zweckentfremdet. Und über allem ist im *Ketzer* immer der Wasserfall der Sovaglia zu vernehmen, der unmittelbar in die Seelen der Dorfbewohner hineinrauscht, die in edler Einfalt und stiller Größe ihren beinharten Alltag im Talkessel des GenEROSo durchstehen. Der Frühlingsdruck, unter dem Hauptmann bei seinen Maiwanderungen 1897 offensichtlich stand, entlud sich nicht nur in wild knospenden Männerfantasien, die schwüle Blütenträume zeitigten (wenn beispielsweise die *Anachoreten des GenEROSo in dessen Grotten den hässlich-erhabenen Phallusdienst antreten* und heutzutage vermutlich sogar der Rabatz der Autobahn *von den herzstarrenden Schmerzensschreien der Priesterinnen übertönt* würde, *die an den Qualen der Lust dahinsterben*), es brachen auch edelgrausliche Stilblüten auf; so können die Menschen *die feine Gärung des Frühlings im Blut in innerem Schwellen* genießen oder

Agatas Wimpern werden von *schwerer, von innerlich gärender edelreifer Schläfrigkeit niedergezogen* usw. Da erstaunt es dann auch nicht mehr sonderlich, wenn der Ketzer *eine klare und ganz große Empfindung von Dasein durch sich hindurchbrausen fühlte* oder wenn *das Flüsschen Sovaglia … nach kurzem, rauschendem Lauf (…) im See von Lugano untergeht.*

Schauplätze Die Kapelle der heiligen Agata auf dem gleichnamigen Berg ist das abgelegene Gotteshaus, in dem *Francesco Vela* für die Inzestfamilie *Scarabota* eine Sühnemesse liest und wo er zum ersten Mal der sündigen Leibesfrucht, der fünfzehnjährigen *Agata*, ansichtig wird. Das Kirchlein bietet bei geeignetem Wetter einen großartigen Ausblick über den See bis hin zum Monte-Rosa-Massiv. Besonders devote Hauptmann-Leser können sich beim Sindaco von Rovio den Schlüssel zur Kapelle holen. Sie werden aber ein weiteres Mal vom Mystagogen genasführt, denn vergeblich späht man in der Apsis nach dem versprochenen *Christus Pantokrator* aus. Ebenso wenig existiert das übrige antikisierte Dekor der Erzählung.

Von der Kapelle steigen wir über die Alp Bogo und den Weiler Cerro wieder bis zur Weggabelung bei der Wegkapelle Soldino hinunter und nehmen den unteren Weg Richtung Alpe di Melano und Bellavista, der Mittelstation der Monte-GenEROSo-Bahn. Man überquert dabei die bei Hauptmann urgewaltig dauerrauschende Sovaglia und bleibt bis Bellavista mehr oder weniger ständig in einem Schatten spendenden Wald, wobei einem aber ebenso urgewaltig die Autobahn aus dem Tale dauerentgegenrauscht. Die Alpe di Melano (917 m), auf der die Geschwister *Scarabota* dauerin- bzw. -unzüchteln, ist bei Hauptmann eine sehr beengende, trostlose Alp. Sie wird noch heute bewirtschaftet. Dem Priester und der Gemeinde *Soana* versucht Frau *Scarabota* weiszumachen, ihre Albinobrut stamme gar nicht von ihrem Bruder, sondern sei von verschiedenen

Schäumende Sovaglia *Akustische Konkurrenz zum tosenden Verkehrsfluss unten im Tal.*

fröhlich an der Alp vorbeiwandelnden Wandergesellen spontangezeugt worden. Doch keiner will's der urgewaltig verlausten Vettel glauben.

Verlassen wir also so schnell als möglich den Hort der Inzucht und schreiten im Zickzack steil bergwärts zur Mittelstation Bellavista (1220 m). Mit dem steilen Stück, das den sinnigen Flurnamen Mostracü (den Allerwertesten zeigen) trägt, wenden wir uns von der literarischen Fährte ab. Während der Hauptsaison können wir in der hübschen »Osteria Stazione« einen kühlen Trunk zu uns nehmen; wir sollten aber nicht versuchen, im protzigen und vor sich hin verfallenden »Hotel Bellevue/Bellavista« (Baujahr 1864) etwas für unser leibliches Wohl zu erhaschen, denn dort gibt's seit Jahren nur noch Completamenteniente zu genießen (inzwischen hat die Nuova Casinò Kursaal Mendrisiotto S. A. den Kasten gekauft, mit der Vision, ihn abzureissen). Ansonsten fühlen sich Schweizer am GenEROSo bald heimisch, denn alles ist feste in Migros-Hand. Wer will, kann zu Fuß von Bellavista auf einem gut markierten Pfad in einer Stunde zum Gipfel wandern, wer genug gewandelt ist, nimmt die Zahnradbahn – sie gehört Migros – bis zur Bergstation. Oben angekommen, kann man im Eternit-Schindeln-Restaurant »Servisol« typische Tessiner Spezialitäten, z. B. Röschti mit Bratwurst oder Schnipo, in einer urgemütlichen Self-Service-Gasthalle genießen.

Das kulturelle Angebot auf dem GenEROSo ist groß, und es gibt zahlreiche Möglichkeiten, sich zu unterhalten, zu bilden oder sportlich zu betätigen, so dass es sich durchaus lohnen kann, im Migros-eigenen Hotel auf dem Berg zu übernachten. Wer aber wieder zu Tale muss, nimmt die Zahnradbahn nach Capolago. Mit etwas Glück sieht man auf der Talfahrt Seeadler über den Felsschründen des GenEROSo kreisen und ahnt für einmal versöhnungsvoll, dass Hauptmann nicht immer alles nur erfunden hat: Wenigstens die Adler, die gibt's wirklich ...

Literatur

GERHART HAUPTMANN: Der Ketzer von Soana, Ullstein TB 23942: Frankfurt a. M. und Berlin 1996

FRANCESCO BIANCHI-DEMICHELI: Le grotte del Monte Generoso/Die Höhlen, Capolago 1993

ARNO HOFMANN: Auf den Spuren von Gerhart Hauptmann am Monte Generoso, in: Tessiner Zeitung, 18./19. 06. 1998

WOLFGANG LEPPMANN: Gerhart Hauptmann – Leben, Werk und Zeit, Fischer TB 5683: Frankfurt a. M. 1989

MARCO MEIER: Nur Dichter werden romantischer, wenn sie südwärts fahren, in: Tages-Anzeiger-Magazin, 44/3. November 1984

KURT LOTHAR TANK: Gerhart Hauptmann, rororo rm 27: Hamburg 1995

ANGELO VALSECCHI: Monte Generoso. 26 Wanderrouten zur Entdeckung des Berges, Capolago 1993

LiteraTour-Info

Einstufung ⌑ ⌑ ⌑ ⌑
Gehzeiten 3½ h auf den Monte Generoso (bis Bellavista 2 h 20); 2¼ h (für die Anwärmschlaufe auf den Monte San Agata)
Höhendifferenz Aufstieg: Monte Generoso 1210 m (Bellavista 730 m); Aufstieg/Abstieg: Monte San Agata 440 m
Beste Jahreszeit April bis Oktober (Geheimtipp: November)
Karten Landeskarte 1:25 000, Blätter 1353 Lugano und 1373 Mendrisio
In der Region erhältliche Wanderkarte Monte Generoso. Valle di Muggio, Basso Ceresio, Lario/Intelvi, 1:25 000, auf der Grundlage der Karten der Landestopografie reproduziert und mit brauchbaren Informationen zum Wegnetz, Wanderzeiten, öffentlichem Verkehr, Sehenswürdigkeiten etc. Herausgegeben von der Monte-Generoso-Bahn und der Vereinigung Regione Valle di Muggio.

An-/Rückreise Von Lugano mit dem Regionalzug bis Maroggia-Melano (Fahrplanfeld 600). Dort umsteigen aufs Postauto nach Rovio (Fahrplanfeld 600.93). Ab Bellavista oder Monte Generoso-Kulm mit der Zahnradbahn zurück nach Capolago (Fahrplanfeld 636) mit Anschluss ans SBB-Schienennetz (Fahrplanfeld 600). Die Generoso-Bahn fährt das ganze Jahr, außer im November, was für Wanderer seinen besonderen Reiz haben kann.

Routen Monte Generoso: *Aufstieg:* Vom Dorfkern Rovios (495 m) auf der bergwärts führenden Fahrstraße westwärts. An einem Rebberg vorbei zur Wegkapelle von Soldino (583 m). Nach der Kapelle wählen wir den markierten Weg (Wegweiser), der rechts abgeht, die Sovaglia quert (571 m) und danach kontinuierlich, zum Teil steil durch schattigen Laubwald zur Alpe di Melano (917 m) ansteigt. Nach der Alp quert man recht steil ein Bachbett und wandert danach meist parallel zum Berghang nach Bellavista (1221 m). Ab Mittelstation Bellavista zu Fuß auf dem markierten Weg zum Gipfel des Monte Generoso (1701 m) oder mit der Bahn berg- bzw. talwärts.
Monte San Agata: *Aufstieg:* Bei der Wegkapelle Soldino den linken Weg einschlagen. Nach einem Waldstück nehmen wir bei der Lichtung

Auf zur Ketzeralp *Dorfausgang in Rovio. Zum Gipfel des Monte Generoso sind es noch 1200 Höhenmeter.*

den Weg, der nach links, bergwärts führt (Wegweiser). Nach wenigen Schritten führt der Weg rechts in den Wald hinein, und wir steigen durch einen Laubwald bis zur Wiesenmulde von Salera auf. Wir durchwandern das schöne Tälchen bis zur Lücke beim kleinen Weideunterstand (796 m) und nehmen linker Hand den schmalen Bergweg bis zur Kapelle.

Abstieg: Zurück bis zur Lücke und dann links über den Sattel zur Alp Bogo (755 m). Auf der Alp wählen wir den links abgehenden Weg über Cerro (673 m) nach Rovio resp. Soldino für jene, die den Monte Generoso noch auf dem Programm haben.

Varianten Es existieren unzählige Aufstiegsvarianten für den Monte Generoso. Einen guten Überblick vermittelt Angelo Valsecchi mit seinem Buch »Monte Generoso. 26 Wanderrouten zur Entdeckung des Berges« (1993). Klettervarianten sind im SAC-Führer von Maurice Brandt und Giuseppe Brenna »Dal Passo S. Jorio al Monte Generoso« (1997) nachzulesen.

Essen In Rovio im Grotto Conza (091-649 74 94) oder stilecht im Park Hotel Rovio (091-649 73 72). Unterwegs in der selten geöffneten, aber gemütlichen Osteria Stazione Bellavista (091-649 76 60) oder in den Gipfelrestaurants Servisol und Vetta auf dem Monte Generoso (091-649 77 22).

Schlafen In Rovio im Park Hotel Rovio (091-649 73 72), auf dem Monte Generoso im Hotel-Restaurant Vetta (091-649 77 22) oder auf der Alpe di Mendrisio, südwestlich von Bellavista, in der Pfadihütte Capanna Monte Generoso (1168 m, 35 Betten, Schlüssel/Reservation: 091-649 89 61).

Information Ente Turistico del Mendrisiotto e Basso Ceresio, Via Angelo Maspoli 15, 6850 Mendrisio, Tel. 091-646 57 61, Fax 091-646 33 48, E-Mail etm@tinet.ch, Internet www.mendrisiotourism.ch
Über das große Angebot an Veranstaltungen, Publikationen, Sportmöglichkeiten usw. auf dem Monte Generoso informiert mehrsprachig die eigene Website: www.montegeneroso.ch

Tipps Wer an den Bären, die uns der Dichter Gerhart Hauptmann in seinem »Ketzer« aufbindet, noch nicht genug hat, kann seit kurzem am Ostabhang des Monte Generoso die »Bärenhöhle« besichtigen. Der Höhlenbär soll vor 18 000–20 000 Jahren am Generoso ausgestorben sein. Jetzt wird die Höhle von der Wissenschaft entdeckt und dem Publikum zugänglich gemacht. Die Ausgrabungsarbeiten sind noch nicht abgeschlossen. Besichtigungen mehrmals täglich in Gruppen, mit Start auf dem Generoso-Gipfel (Auskünfte: 091-649 77 22).

Im Winter noch stiller Blick von Scudellate ins Muggiotal. Es ist tatsächlich ruhig hier.

Barbara Rettenmund

LiteraTour 31: Monte Generoso–Mendrisio

Innenansichten und Panoramaausblicke
Mit Gertrud Leutenegger in die Stille des Muggiotales

Die Beschreibungen des Muggiotals gleichen sich: Zivilisationsmüde Journalistinnen und Journalisten lassen sich im Auto vom hektischen Mendrisio nach Scudellate fahren und erleben die fünfzehn Kilometer Straße bereits als eine Ewigkeit. Manche erfahren sogar eine Art Jetlag, was gemäß den Beschreibungen daran liegt, dass man in der Neuzeit startet und in der Vergangenheit ankommt. Unsere Anreise lässt das Auto beiseite. Wir nehmen die Bergbahn, die auf den Monte Generoso führt, und tauchen gemächlich ins Muggiotal ab.

Rückblenden Gertrud Leuteneggers Erzählung »Die Meduse« (1988) wird von einer Wanderung eingerahmt, die aus der Erinnerung heraus, viele Jahre später, beschrieben wird. Die Geschichte erzählt vom Aufbruch und Abschied der jugendlichen Ich-Erzählerin im (fiktionalen) Dorf *Rovina*, im Muggiotal. Beim Betrachten einer Meduse (oder Qualle) erinnert sich die Erzählerin – als blickte sie in eine Kristallkugel – an die Tage in *Rovina*, als sie mit ihrem Freund Fabrizio zur Nevera – zum Schneekeller – aufbrach, anstatt mit Fabrizios Onkel die Glocken zu läuten. *Wir hatten uns nie um die nur* *in dieser gebirgigen Grenzgegend vorkommende Art von Eiskeller gekümmert, der Konstruktion nach ein runder Brunnen, der aus der Erde herausragte, die Tiefe meterweise mit Schnee gefüllt, in dem die Milch gekühlt wurde, das Seltsamste, Bewunderungswürdigste aber, soll die konische Form des Daches, ganz mit Granitplatten bedeckt, gewesen sein.* Fabrizios Onkel und seine Schwester Giuditta sind die einzigen, die das Dorf auch den Winter über bewohnen. Giuditta hatte die Aufsicht über die Nevera, was ansonsten eine ausgesprochene Männerdomäne war. Fabrizios Onkel und Giuditta hatten sich die wichtigsten Obliegenheiten von Rovina nie nach Geschlecht, sondern stets nach Befähigung zugeteilt. Die Nevera kam jedoch infolge des Aussterbens von *Rovina* und der damit verbundenen Verwilderung großer Alpengebiete außer Gebrauch. Die Erinnerung der Erzählerin an ihren Aufbruch zur Nevera ruft ihr auch die Umstände, das Leben in *Rovina* in Erinnerung. *Aus allen bruchstückhaften Erzählungen über die Nevera hatten wir geschlossen, dass sie sich viele Stunden entfernt von Rovina befinden musste, ein näherer Standort wäre auch zweckwidrig gewesen, da die Nevera doch dazu diente, in den höher gelegenen Weiden die frische Milch bis zur weiteren Verarbeitung aufzubewahren, zudem hatte Giuditta stets behauptet, je einsamer und stiller eine Nevera, desto besser halte sich der Schnee, der Schnee sei äußerst lärmempfindlich, und sie hielt mit solcher Überzeugung daran fest, dass sich niemand darüber zu mokieren wagte.*

Vom Monte Generoso aus erreichen wir nach rund einer Stunde die Alpe Orimento, die von der italienischen Seite her auch per Auto zu erreichen ist. In der Baita di Orimento bietet sich eine erste Gelegenheit, den einheimischen Käse zu genießen. Von dort aus geht es noch rund zwei Stunden sanft hinunter bis zum Aufstieg zur Alpe della Bolla, wo sich das wunderschön in einem Sattel gelegene Rifugio Prabello befindet. Die besondere Lage macht es mög-

Gemauerter Kühlschrank 37 Nevere (Schneekeller) sind es allein im Muggiotal. Die Nevera auf der Alpe Sella, oberhalb von Scudellate, gehört zu den am besten erhaltenen. Der Schneeraum ist vier Meter tief.

lich, die Abendsonne bei einem ausgiebigen Nachtessen zu genießen. Das Rifugio befindet sich in einer ehemaligen Militärkaserne, was darauf hinweist, dass der Ort auch in strategischer Hinsicht bedeutsam war – bietet er doch einen guten Ausblick auf die Schweiz. Die Aussicht vom Bergrücken, der das Muggiotal in zwei Hälften teilt, zeigt ein recht enges, unwegsames, waldiges Tal. Irgendwo dort könnte Leuteneggers *Rovina* gewesen sein.

Die Nevera als Liebeslaube   Die Wanderung der Liebenden in Leuteneggers Roman endet in der Nevera. Fabrizio und die Erzählerin verbringen dort die Nacht zusammen. Dieser Aufbruch in eine neue, erwachsene Welt bedeutet für die Erzählerin gleichzeitig, Abschied zu nehmen. Abschied von der Kindheit, von ihrer Jugendliebe Fabrizio und von *Rovina*, dem Dorf ihrer Kindheit. *Ich wachte auf und sah Fabrizio neben mir liegen, als wären viele Jahre vergangen. Er schien leicht zu frösteln, aber ich spürte keine Kälte. Es wunderte mich, dass ich die Hand nach dem Farn ausstrecken konnte. War ich nicht in der Nevera, dem runden Grab aus Steinen, gestorben?* An jenem Morgen begann der unaufhaltsame Weggang der Erzählerin. *Ich fand in meinem Inneren den Weg zu Fabrizio nicht mehr. Dabei war er nah und keine Stunde von mir gewichen. Was riss mich fort von ihm, zu einem fast stürmischen Aufbruch, weg von allem?*

Unsere Wanderung am nächsten Morgen führt, immer noch auf italienischem Boden, nach Erbonne. Das idyllisch gelegene Dorf mit ortseigener Trattoria liegt nur eine Stunde von Scudellate, dem letzten Tessiner Dorf des Muggiotals, entfernt. Rein topografisch verwundert es schon, dass die beiden abgelegenen Dörfer nicht durch eine Straße verbunden sind. Es gibt nur einen Maultierpfad. Der verwinkelte Weg lässt an Schmuggelgeschichten denken. Drogen, Menschen und Autos sollen hier schon durchgeschleust worden sein, erzählt man sich. Die Wandernden werden gewarnt, wildes Campieren sei gefährlich.

Und wo liegt Rovina? Das Dorf Rovina gibt es nicht, und doch ist man immer wieder versucht, den Ort zu lokalisieren. Die kleinen Dörfer und Weiler am Weg passen allerdings nur schlecht ins Bild. *Rovina*, das ist bei Gertrud Leutenegger ein imaginärer Ort, der das märchenhaft anmutende Stuckzimmer mit den an die Decke gemalten fliegenden Fischen, die Kirche, in der Fabrizios Onkel die Glocken läutet, die Bocciabahn, den von Giuditta betreuten Materialaufzug, Giudittas Haus und die Werkstatt von Fabrizios Onkel mit seinem unermesslichen Maschinenpark umfasst. *Rovina* ist der Ort der Erinnerung an die Kindheit, die unwiederbringlich verloren ist. In *Rovina* scheinen die Menschen und die Plätze seltsam zusammenzugehören. Beide altern und werden gebrechlich. Um den Schein vergangener Zeiten aufrechtzuerhalten, werden die täglichen Verrichtungen weiterhin durchgeführt. So wird zum Beispiel auch die eigentlich unbrauchbar gewordene Bocciabahn weiterhin benutzt. *Je unebener der Kirchplatz wurde, desto mehr Bedeutung maßen wir der Beschaffenheit der Bocciakugeln zu, unsere übertriebene Sorge rechtfertigte allerdings auch allein, dass wir überhaupt auf diesem Platz noch spielten, wo die Wurzeln des alten Feigenbaums heraufdrückten und Gras und Unkraut die Spielfläche überzogen. Aber die Bocciabahn anderswohin zu verlegen, war für sämtliche Bewohner Rovinas undenkbar, hier hatte man sich seit jeher Abend für Abend versammelt.* Genauso ergeht es mit dem Warenaufzug, zu dem Giuditta zwar allabendlich hingeht, um Ware in Empfang zu nehmen. Ihr Zeichen wird jedoch immer seltener beantwortet. *Giuditta wäre bestimmt auch nicht um die Zeit des Glockenläutens vom Materialaufzug wegzubringen gewesen, das Geläute von Rovina war Zeichen für die Talstation, etwaige Ware* *hinaufzubefördern und den Gegentransport abzuwarten, obwohl Giuditta längst keine Milchkannen mehr hinunterschickte. Aber sie begab sich Abend für Abend, sogar wintersüber, zur selben Stunde zum Materialaufzug und beobachtete die dunkle Öffnung des Bretterverschlags der Talstation. Meist, beinahe immer, blieb das Klingelzeichen im Kurbelapparat aus.* Immerhin konnte Fabrizios Onkel von Fabrizio und seiner Freundin dazu bewegt werden, den Glockenturm wieder aufzuschließen, die Seile instand zu stellen und mit Hilfe der beiden Jugendlichen allabendlich die Glocken wieder ertönen zu lassen. *Es wurde unsere allabendliche Leidenschaft, in die oberste Turmöffnung hinaufzuklettern und, im strengen Wechsel, die Schwengel gegen den Glockenrand zu schlagen, nach dem eigentümlichen synkopischen Rhythmus, mit dem uns Fabrizios Onkel bekannt gemacht hatte.* Das Bild des Glockenläutens verbreitet eine Hoffnung des Wiederaufbaus, der mit dem Aufbruch der Jugendlichen zur Nevera und dem damit verbundenen Abschied gleich wieder zurückgenommen wird.

Abwanderung und Wiederbelebung Von Scudellate führt der Weg durch die immer kleiner werdenden Weiler Roncapiano und Muggiasco. Der Wanderweg verläuft inzwischen auf geteerten Sträßchen, was aber nicht sonderlich stört, da diese vor allem von ehrgeizigen Velofahrern genutzt werden. Bereits zum Zeitpunkt, da sich die Erzählerin erinnert, gibt es Rovina, wie sie es beschreibt, nicht mehr. Die Meduse, in der Funktion einer Kristallkugel, weckt Erinnerungen an eine Gegend und vor allem an ein Leben, das vom Aussterben bedroht war. *Auch die letzten Bewohner von Rovina sind gestorben und die jungen sind abgewandert.*

Dieses Stimmungsbild entspricht der Lage des Muggiotales Ende der siebziger Jahre. Die landwirtschaftlichen Betriebe und die Alpwirtschaft rentierten kaum mehr, die Jungen wanderten ab.

Markenprodukt *Die hausgemachten Formaggini (Ziegenkäse) aus dem Muggiotal finden den Weg bis in die Delikatessgeschäfte der Deutschschweiz. Am besten schmecken sie jedoch dort, wo sie herkommen.*

Doch die 1979 gegründete Vereinigung »Regione Valle di Muggio«, die sich der Förderung der landwirtschaftlichen und handwerklichen Betriebe und des sanften Tourismus angenommen hat, setzt sich recht erfolgreich für die Wiederbelebung des Muggiotales ein. So konnte im Verlaufe der Jahre die Abwanderung gestoppt und die Alpwirtschaft erneuert werden. Im nur rund zehn Kilometer langen Valle di Muggio ist man stolz auf das erstellte Wanderwegnetz von hundert Kilometern. Ein nächstes Ziel könnte sein, mehr Einkehrmöglichkeiten für Wanderer und Velofahrerinnen zu schaffen. Zurzeit treffen sich die Radsportbegeisterten in ihren hautengen Dresses nach dem Aufstieg nach Roncapiano auf dem Dorfplatz und hängen an ihren Isostarflaschen.

Auch für die Produkte des Muggiotals gibt es eine Vereinigung. Der »Förderverein für die Produkte des Muggiotals« (Associazione per i prodotti della Valle di Muggio) hat die Marke »Qualitätsprodukte aus dem Muggiotal« (prodotti di qualità della Valle di Muggio) lanciert. »Die Marke garantiert, dass die Rohstoffe aus dem Tal stammen und ausschließlich dort verarbeitet werden. Insbesondere gibt es für jedes Produkt ein Reglement. Bislang wurden diejenigen für Frischkäse aus saurem und süßem Teig erarbeitet (formaggini a pasta acida bzw. formaggini alti und formaggini a pasta dolce bzw. formaggini bassi)«, ist im Internet auf der taleigenen Homepage nachzulesen. Ein weiteres innovatives Element zur Wiederbelebung des Tales bildet das »Museo etnografico della Valle di Muggio«, das ebenfalls Teil der Bestrebungen der Regione Valle di Muggio ist. Das Museo setzt sich nicht für die Errichtung eines zentralen Ausstellungsraumes ein, sondern sichert die Spuren der Vergangenheit, insbesondere der Bewirtschaftung im Tal. Unterwegs begegnet man immer wieder den Errungenschaften des Museums. Die Erhaltung und Inventarisierung der siebzig mehr oder weniger erhaltenen Nevere etwa, die Restaurierung von Brücken oder die Wiederbelebung der Mühle von Bruzella sind Teile der Aktivitäten der »Associazione Museo etnografico della Valle di Muggio«. So ist ein eigentliches Freilichtmuseum im Entstehen. »Unmittelbares Ziel ist in erster Linie die Fertigstellung des heute bereits in Etappen realisierten ›percorso museale‹, eines mit eigens entworfenen Piktogrammen signalisierten Rundgangs, der die Besucher mit ausgesuchten, für das wirtschaftliche Überleben des Tales wichtigen Bauten bekannt macht.«

All diese Aktivitäten machen das Muggiotal zu einem Vorzeigebeispiel eines durch Abwanderung bedrohten Tales, das sich selber erfolgreich geholfen hat. Die erfolgte Wiederbelebung hat natürlich auch ihren Preis. Die herausgeputzelten Dörfer, die geschlossenen Fensterläden der Wochenendhäuser sowie die mit High-Tech-Ausrüstung ausgestatteten Velosportler verdrängen die vielgepriesene »Romantik« des Zerfalls. Auch Gertrud Leutenegger ist an den Fuß des Monte Generoso zurückgekehrt, sie wohnt heute in Rovio.

Abtauchen in die Agglo Die Gemeinden am Ausgang des Tales sind zu eigentlichen Schlafstädten der Agglomeration von Chiasso und Mendrisio geworden. Bereits befinden wir uns auf dem Abstieg Richtung Mendrisio. Im »Grotto Balduana« lässt es sich gut rasten und dem Bocciaspiel zuschauen. Wer sich durch die fein gekleideten Sonntagsgäste abschrecken lässt, kann eine Viertelstunde weiter unten in der »Osteria Grassa« einkehren. Vor der Osteria tummeln sich Ferkel, Hühner und sonstiges Getier. Bevor der Weg endgültig in die Agglomeration von Mendrisio abtaucht, kommen wir an Ziegen, Kühen und Pferden vorbei und an einem Weinberg, dessen fruchtiger Duft im Herbst die Wandernden begleitet.

Am Ende von Gertrud Leuteneggers Roman entschwindet die Erinnerung und mit ihr die Meduse. *Schon trieb die Meduse dem Horizont zu, noch unterschied ich ihre verführerische Gestalt, als lohte dort, wo sie auf einem Wellenkamm ritt, für einen kurzen Augenblick das Meer. Dann entfesselte sich eine Regenböe über dem Strand, Wasser floss aus meinem Haar, vermischte sich mit dem Element. Ich warf die Plastiksandalen fort und tauchte ins Meer, Flut füllte mir den Mund, um wiederzugewinnen, was ich verlor.* Auch wenn aus dem vom Aussterben bedrohten Tal ein Vorbild für sinnvolle Wiederbelebung geworden ist, ging etwas verloren. Was bleibt, ist eine wunderschöne Landschaft, die heute glücklicherweise Lebens- und Erholungsraum bietet.

Literatur
GERTRUD LEUTENEGGER: Die Meduse, Suhrkamp: Frankfurt a. M. 1988
PAOLO CRIVELLI: La nevera e la lavorazione del latte nell'alta Valle di Muggio, 2. Auflage, Vacallo 1999 (hrsg. vom Museo etnografico Valle di Muggio)
SILVIA GHIRLANDA: Il mutamento del paesaggio culturale tradizionale nell'alta Valle di Muggio, Vacallo 1992 (hrsg. vom Museo etnografico Valle di Muggio)
Occhio & memoria. Imaggini e impressioni sulla Valle di Muggio, Mendrisio 1991 (Fotoband, u. a. mit den hier abgedruckten SW-Fotografien von Giovanni Luisoni)

LiteraTour-Info

Einstufung 📖 📖 📖
Gehzeiten 8 h (3½ h bis zum Rifugio mit Übernachtungsmöglichkeit)
Höhendifferenz Aufstieg 400 m, Abstieg 1770 m
Beste Jahreszeit April bis Oktober
Karten Landeskarte 1:25 000, Blätter Lugano 1353 und Mendrisio 1373
Grenzüberschreitende Wanderkarte 1:25 000 Monte Generoso / Valle di Muggio (vom Museo etnografico mitherausgegeben) mit Wanderwegen, Wanderzeiten, Nevere-Standorten, Routenvorschlägen und weiteren Informationen zum Valle di Muggio.

An-/Rückreise Bergbahn Capolago–Monte Generoso (Fahrplanfeld 636), Rückreise Richtung Lugano ab Mendrisio (Fahrplanfeld 600). Postautoanschluss von und nach Muggio ab Chiasso (Fahrplanfeld 639.11) sowie von Muggio nach Roncapiano via Scudellate (Fahrplanfeld 639.15).

Route *Abstieg:* Von der Bergstation der Monte-Generoso-Bahn (1601 m) Abstieg Richtung Alpe d'Orimento (1275 m), ausgeschildert ca. 20 m nach der Station. Nach Orimento den mittleren Weg über die Alp wählen. Durch Wald bis zur Straße, von da an ist das Rifugio Prabello (1200 m) ausgeschildert. Vom Rifugio zuerst dem Grat entlang, nach ca. 15 Min. erfolgt die Abzweigung nach Erbonne. In Erbonne gleich nach der Trattoria links über die Wiese in den Wald. Von da an sind Scudellate, Roncapiano und Muggiasca ausgeschildert. Ebenso die Fortsetzung Richtung Balduana und dort wiederum der Weg nach Mendrisio.

Essen und Schlafen Auf der italienischen Seite im Rifugio Prabello (0039-31 831 905), in Scudellate in der Osteria Manciana/Ostello (091-684 11 36). Am Weg nach Mendrisio, oberhalb von Cragno, liegen die Osterie Balduana (1100 m) und La Grassa (1030 m).

Information Ente Turistico del Mendrisiotto e Basso Ceresio, Via Angelo Maspoli 15, 6850 Mendrisio, Tel. 091-646 57 61, Fax 091-646 33 48, E-Mail etm@tinet.ch, Internet www.mendrisiotourism.ch
Informationen zum Muggiotal direkt unter www.valledimuggio.ch, unter anderem mit einer Karte und Bezugsadressen von Formaggini-Produzenten.

Tipps Die Landschaft als Museum. Das Konzept des Museo etnografico della Valle di Muggio (MEVM) ist bestechend einfach. Anders als Ballenberg, das bedrohte Bauten nicht am Originalstandort, sondern eben im »Reservat« eines Freilichtmuseums zeigt, versucht das MEVM wichtige Spuren der Vergangenheit an Ort zu schützen und zu restaurieren. Zum Bestand gehören neben der Mühle von Bruzella zahlreiche Nevere (Schneekeller), Roccoli (Vogelfangtürme), Brücken, Zisternen, Dörrhäuser oder Köhlerstätten. Regelmäßig werden thematische Exkursionen, Ausstellungen und andere kulturelle Veranstaltungen zur Volkskultur der Talschaft organisiert. Vertiefende Publikationen, beispielsweise zu den Nevere, bereiten wissenschaftliche Erkenntnisse für ein interessiertes Publikum auf. Auskünfte erteilen beim MEVM, c. p. 18, 6874 Castel San Pietro (Tel. 091-684 10 68), die Kuratoren Paolo Crivelli (091-648 26 10) und Silvia Ghirlanda (091-646 64 82).

Salute Francesco Chiesa (links) und Bundesrat Giuseppe Motta stoßen 1941 auf den 70. Geburtstag des Dichters an. Der Trinkspruch wirkt: Chiesa wird über 100.

Jürg Bischoff, ist Tessiner Korrespondent der »Neuen Zürcher Zeitung«. Er lebt in Bedigliora, im Malcantone.

LiteraTour 32: Sagno–Monte Bisbino

Die Dinge von oben sehen
Eine Wallfahrt mit Francesco Chiesa zur Madonna des Monte Bisbino

Wie schön ist es, die Dinge von oben her zu sehn! Nino, der 15-jährige Held von Francesco Chiesas Roman *Märzenwetter* (1925), betrachtet vom Kirchplatz von *Casteletto* aus die Schornsteine des Städtchens, wobei ihm unversehens dieser Satz *aus dem Mund kam. Sein Onkel, vom Ausspruch Ninos in seiner Zeitungslektüre unterbrochen, faltete die Zeitung zusammen und steckte sie in die Tasche. Dann stand er auf, legte mir eine Hand auf die Schulter und urteilte: »Bravo!«. Und während wir nach Hause gingen, hörte der Onkel nicht auf, zu wiederholen: »Jawohl, die Dinge von oben ... Dieser Bursch hat Talent ... die Dinge von oben sehen.«* Nino freut sich zwar über das Lob, versteht es aber nicht, und auch dem Erzähler scheint es unverständlich: *Einer jener Sätze, die ein Knabe absichtslos hinwirft, aber die Erwachsenen finden drin wer weiß was Wunderbares.*

Ninos spontaner Ausruf gilt der einfachen Lust, die wir empfinden, wenn wir die Dinge von oben betrachten; sein Onkel aber scheint diesem Vergnügen einen tieferen Sinn zu geben, den Nino nicht erfasst. Die Wanderung von Chiesas Geburtsort Sagno auf den Monte Bisbino bietet spektakuläre Gelegenheiten, die Dinge von oben zu sehen. Sie führt auf einen der südlichsten Ausläufer der Alpen und bietet deshalb immer wieder weite Ausblicke auf die Poebene und auf die Alpenkette. Gelegenheiten, uns zu fragen, was uns denn daran so fasziniert, die Welt von oben zu sehen. Ist es, dass wir uns da oben besonders klein oder besonders groß vorkommen? Ist es die Weite der Welt, die uns lockt, uns aufzumachen und sie zu erkunden? Ist es, dass uns das Weltgetriebe dort unten so unwichtig vorkommt und dies uns endlich mit der ersehnten Gelassenheit erfüllt?

Zwischen Vater- und Mutterland Francesco Chiesa wurde 1871 (»fünf Tage vor Proust«, wie Giovanni Orelli anmerkt) in Sagno geboren, einem kleinen Dorf, das oberhalb von Chiasso an den Abhang des nach Süden vorstoßenden Ausläufers des Monte Generoso geklebt ist. Heute hat Sagno etwas mehr als 200 Einwohner und blickt aus seiner Waldlichtung auf den Talboden zwischen Mendrisio und dem Comersee, in dem sich eine chaotische Agglomeration von Wohn- und Lagerhäusern, kleinen Fabriken, Einkaufszentren, Eisenbahngeleisen und Lastwagenabstellplätzen erstreckt. Geht man auf der linken Seite des kleinen Platzes unterhalb der Kirche nach unten und dann nach links, erreicht man das Geburtshaus Francesco Chiesas. Ein Vorgarten liegt zwischen dem Gässchen und dem Haus, dessen Eingang von zwei strengen dorischen Säulen eingerahmt wird. Die Sonnenuhr an der Fassade und die malerische Ausschmückung mehrerer Räume im Innern zeigen, dass Francesco in eine Künstlerfamilie hineingeboren wurde; Großvater, Vater und Bruder des Dichters waren Maler und haben mit ihrer Kunst dem bescheidenen Bürgerhaus das Gepräge eines kleinen Palazzo gegeben. Aus den Fenstern im ersten Stock des Hauses geht der Blick

Geburtshaus in Sagno *Die Katze ist verschwunden. Sonst hat sich seit den vierziger Jahren wenig verändert.*

über die wenigen Hügel am Alpenfuß und dann über die Ebene, die sich zum weiten, im Dunst gelösten Horizont erstreckt.

Chiesa starb 1973, über hundertjährig, in Lugano. Dazwischen liegt die Karriere eines Mannes, der ein begabter, wenn auch nicht sonderlich origineller Schriftsteller war, der aber aus dem Durchschnitt seiner kleinen, isolierten Heimat als Lehrer, Literat und Intellektueller herausragte. Nach den politischen Kämpfen, die das Tessin während des ganzen 19. Jahrhunderts absorbiert hatten, war Chiesa einer der Ersten, der auf die grundlegende Bedeutung von Literatur und Kunst zur Schaffung einer eigenständigen Identität für die italienische Schweiz hinwies. Die Botschaft an seine Schüler und seine Leser war die der Liebe und des Respekts für die italienische Sprache und für Italien, das kulturelle Mutterland des Tessins. Damit hatte er, vor allem zur Zeit des Faschismus, keinen leichten Stand. Während sein Freund Giuseppe Motta, schweizerischer Außenminister von 1920 bis 1940, den Seiltanz zwischen Anpassung und Widerstand im Zeitalter der aggressiven Diktaturen in Italien und Deutschland auf dem politischen Parkett vollbrachte, steuerte Chiesa als Tessiner Kulturpapst einen zweideutigen Kurs zwischen Liebe zum italienischen Mutterland und Treue zum Schweizer Vaterland. Mit seinem Werben um Verständnis für Italien fodete er die Antifaschisten heraus; mit seiner Weigerung, sich vor den Karren der faschistischen Kulturpropaganda spannen zu lassen, provozierte er die Ablehnung der Anpasser.

Die ersten Werke, die Chiesa veröffentlichte, waren Gedichte, deren Sprache und Ton von den beiden großen italienischen Dichtern des ausgehenden 19. Jahrhunderts, Giosuè Carducci und Gabriele d'Annunzio, geprägt waren. Von der ersten Gedichtesammlung »Preludio« (1897) über »La Cattedrale« (1903) und »La Reggia« (1904) bis hin zu »Calliope« (1907) meditiert Chiesa in seinen Gedichten vor allem über Geschichte, Kultur und Kunst der Menschheit. Nach dem Ersten Weltkrieg wendet sich Chiesa der erzählenden Prosa zu. Seine Heimat und die Erfahrungen seiner Kindheit und Jugend stehen im Mittelpunkt von »Racconti puerili« (»Geschichten aus der Jugendzeit«, 1920), »Tempo di marzo« (»Märzenwetter«, 1925) und »Racconti del mio orto« (1929), die als seine gelungensten Werke gelten. »Märzenwetter« ist ein Roman, der die kindlichen Abenteuer seines fünfzehnjährigen Helden verfolgt, während die beiden anderen Bücher Sammlungen von Kurzgeschichten sind. In allen drei Werken dreht sich die Ezählung um den Alltag von Bauern oder Kleinbürgern im Dorf oder in der Kleinstadt, um kleine Begebenheiten, aus denen kleine Einsichten gewonnen werden. Charakter und Handlungen der auftretenden Personen werden mit feiner, liebenswürdiger Ironie beschrieben, aber sie werden nicht von seelischer Entfremdung oder moralischem Unbehagen getrieben. Lesebuchliteratur, in der, wie Giovanni Orelli schreibt, »die Schatten Freuds und Marx' in keiner Ecke des Horizonts erscheinen«.

Die Madonna greift ein Das Jahr, in dem *Märzenwetter* spielt, wird zu Anfang des Buches als Jahr des Unheils bezeichnet, und in der Tat ereignen sich im Leben des Helden Nino und seiner Familie einige Unglücksfälle, die unangenehm, traurig, manchmal beänstigend oder verletzend sind. Das schlimmste Unglück, das Nino zustößt, ist das Feuer, das er auf einem seiner Streifzüge unbeabsichtigt an einen einsamen Schopf legt. Er wagt es nicht, die Untat seinen Eltern zu beichten, und nimmt in Kauf, dass der Landstreicher Celestino als Brandstifter verdächtigt und eingesperrt wird. Am Tag der Gerichtsverhandlung gegen Celestino, ohne aber deren Ausgang zu kennen, gesteht Nino schließlich seinem Vater, dass er der wahre Schuldige ist. Ninos Vater jedoch, der zu Celestinos Richtern gehört hatte, war einer Eingebung gefolgt und hatte die entscheidende Stimme für den Freispruch des Unschuldigen abgegeben. Er verzeiht auch seinem schuldigen Sohn und nimmt dessen Schuld auf sich, indem er den Besitzer des niedergebrannten Schopfes zu entschädigen verspricht. Der Vater hat eben eine neue Arbeit gefunden, die ihm erlauben wird, die nötige Summe aufzubringen. Gottvater hat alles zum Besten gewendet, alle haben Vergebung gefunden, es ist Weihnachten und das Buch ist zu Ende.

Auch in der Episode aus *Märzenwetter*, die uns auf unserer Wanderung auf den Monte Bisbino begleitet, wird ein scheinbar dramatischer Konflikt zwischen Justiz und Gerechtigkeit durch eine Intervention des Himmels so weit gemildert, dass sie wieder in der Idylle enden kann. Nino und seine Eltern brechen an einem Septembermorgen aus ihrem Dorf *Vico* zum Fest der Muttergottes auf den Montetoro auf. Doch während ihres Anstiegs begegnen sie Leuten, deren feindselige Haltung ihnen gegenüber Schlimmes ahnen lässt. Ninos Vater erzählt, dass er zufällig Zeuge geworden war, wie ein Mörder nach seiner Untat das Blut von seinen Händen wusch. Dank des Vaters Aussage wurde der Mörder überführt und zu zwanzig Jahren Zuchthaus verurteilt. Damit hat der Vater jedoch den Hass der schwer geprüften Familie des Schuldigen auf sich geladen, die nun auf Rache sinnt. Bei der Rast vor der letzten Steigung zur Kirche hinauf werden Ninos Eltern von einem Mann aus ihrem Dorf gewarnt, dass *auf der Schwelle der Kirche ein Schuft von einem Kerl steht, voll von Wein, dass ihm die Augen übergehen und er anfängt allerhand Reden loszulassen und das Messer herauszieht und schwört, dass heut der Tag ist, jemandem den Garaus zu machen, und dass das Blut in Strömen fließen muss ... und mit der Spitze des Stocks auf die geweihten Stufen klopft, grad dort, wo die Spur der Füße der Muttergottes ist...* Den drei Pilgern wird klar, *dass es der Rico war, der niederträchtige Strolch, von dem Giovanella sprach ... Und dass das Blut, welches in Strömen fließen sollte, das Blut des armen Vaters war...* Trotzdem will der Vater zur Kirche hinauf, während die Mutter ihn beschwört, umzukehren. Schließlich gibt der Vater nach, die Mutter betet einige Ave Maria und die Familie macht sich auf den Rückweg: *Wir gingen abwärts, ohne viel Worte zu machen, aber frei von Bitterkeit, die Seele voll von einer Rührung, die ich nicht auszudrücken wusste.*

Den Stierrücken hinauf Die Besteigung des Monte Bisbino, wie Chiesas *Montetoro* richtig heißt, wird heute den wenigsten jene unaussprechliche Rührung bescheren, die den Wallfahrer früherer Zeiten überkam. Die Ausblicke, die die Wanderung bietet, sind allerdings beeindruckend und deshalb lohnt es sich, für die Wanderung einen Tag auszuwählen, an dem der Nordwind bläst und den Smog vertreibt, der bei ruhigem Wetter fast undurchdringlich über der Ebene liegt. Wenn das Wetter ganz klar ist, heißt es, kann man vom Bisbino und seinen Nachbarbergen aus die goldene Madonnina glänzen sehen, die auf der Spitze des Doms von Mailand den Mittelpunkt der Lombardei bezeichnet. Der Weg auf den Bisbino beginnt hinter der Kirche, führt entlang einer kleinen Straße in den Wald und dann über große Pflastersteine den Berg hinauf. Bei drei großen Kreuzen erreicht man die Krete des Hügels zwischen dem Valle di Muggio im Westen und dem kleinen Valgreggio im Osten, das den Abhang des Bisbino gegen Cernobbio am Comersee entwässert. Der Weg führt durch den Wald über die Krete, auf der die Grenze zwischen der Schweiz und Italien verläuft. Eine Grenze, die zwar im Leben der Bewohner des Mendrisiotto eine wichtige Rolle spielt, in den Kindheitserinnerungen Chiesas, wie sie in *Tempo di marzo* dargestellt sind, mit keinem Wort erwähnt wird. Ninos Welt kannte keine Grenzen, so wenig wie der Ausblick aus den Fenstern von Chiesas Vaterhaus, und spiegelt wohl auch die menschliche und kulturelle Einheit, welche die italienische Schweiz und die Lombardei in Chiesas Überzeugung bilden. Chiesa hatte einen Weinberg, der zur einen Hälfte auf italienischem und zur anderen auf schweizerischem Territorium lag und aus dessen Ertrag der Dichter einen Wein kelterte, auf den er besonders stolz war. Wein, Bücher und andere kulturelle Erzeugnisse kennen keine politischen Grenzen.

Nach den »Tre Croci« ist der Weg weniger steil und der Kastanienwald beginnt sich in Lichtungen zu öffnen, die von oben den

Blick auf die Welt freigeben. Entweder nach Westen, über die Hügel des Varesotto, die Alpen bis hin zum Monte Rosa, oder nach Süden, auf die lombardische Ebene, wo man die Wolkenkratzer Mailands erkennen kann. Unmittelbar zu Füßen liegt Como, die alte Bischofsstadt und Rivalin Mailands, über der die von Juvarra gebaute Kuppel des Domes schwebt. Schließlich tritt man ganz ins Freie und wandert über eine Alp, von der aus der Blick über das kleine Valgreggio und die Abhänge des Bisbino schweift: *Schmucke Wiesenflecke; und in fast allen diesen Wiesen ein kleiner weißer Tupfen, ein Häuschen. Ganz hoch oben die Rücken der Hügel: sanft, reinlich, gewellt, eigens geschaffen, um die weite Himmelsluft und die große goldene Sonne im Triumph zu tragen.*

All diese schönen spannenden Dinge sah ich; und auch die endlose aschenfarbene Ebene, von Häusern getupft, die sich eben vor unseren Augen ausbreitete; und vor allem den Sattel von Montetoro mit seinem rosa und weißen Heiligtum, umlagert von einem Dunkel von Menschen, die ein- und aus- und rundum gingen. Ganz wie ein Riesenkuchen, den Ameisen überfallen.

Der Ausblick auf den Monte Bisbino ist nicht mehr derselbe, der sich Chiesa vor hundert Jahren bot. Heute steht auf der Bergkuppe ein für die südlichen Voralpen untypischer Tannenwald, der zu Anfang dieses Jahrhunderts angepflanzt wurde und die Kirche halb verdeckt. Um ihn zu erreichen, wandert man auf dem *Rückgrat des Bergs,* an der Wegkreuzung von Cavazza und der verlassenen Kaserne der Grenzwächter vorbei in Richtung Osten. Den Namen, den Chiesa dem Monte Bisbino gegeben hat, erklärt er mit seiner Form eines hingelagerten Stiers: *Montetoro (wie man von der Ebene aus leicht sehen kann) ist eine Art von großem hingekauertem Tier, die Schenkel nach der Seite von Vico hin und den Kopf, von dem schönen Heiligtum gekrönt, hoch und aufrecht am andern Ende, überm Tal von San Primo. Hat man die Mühe des ersten Anstiegs*

Monte Bisbino Anders als Ninos Vater können wir die Aussicht genießen. Der Blick geht über die Bucht von Como, am Ende des Sees, in die Weite der Lombardei.

hinter sich, dann geht man bequem den ganzen Rücken entlang und muss einzig Acht geben, die Höcker und die Grate zu vermeiden, die von Zeit zu Zeit aus diesem ruhenden Rücken hervorragen, genau wie bei einer Reihe von Wirbeln. So gelangt man, ohne es zu merken, bis zum Nacken des großen Tiers, wo der Anstieg wieder derart steil wird, dass es geradezu eine Gnade der Vorsehung ist, dass man eine gute Stunde hübsch gemächlich hat gehen können. Und hier machen die Leute gewöhnlich länger oder kürzer Halt, um Beine und Atem ruhen zu lassen; sie machen Halt, um emporzuschauen, zu sagen: Verwünscht, diese Kletterei!

Die zwei Madonnen Von hier aus müssen wir ohne unsere literarischen Begleiter weiterwandern, denn an dieser Stelle treffen Nino und seine Eltern auf den Bauern, der sie vor dem rachsüchtigen Pilger warnt, der nach dem Leben von Ninos Vater trachtet. Sie kehren um, ohne das Gnadenbild gesehen zu haben, von der Madonna auf Distanz vor der drohenden Gefahr gewarnt. Wer heute den »Stiernacken« des Bisbino hinaufsteigt, kommt zum Rand des Tannenwaldes und stößt dort auf den alten Grenzzaun. Durch eine Lücke betreten wir den Wald und erreichen nach kurzem Aufstieg die Spitze des Bisbino mit der Wallfahrtskirche. Seit dem 15. Jahrhundert steht die Kirche hoch über dem Comersee, wurde aber vor allem während der großen Pest bekannt, die die Lombardei ums Jahr 1630 heimsuchte und in einer berühmten Episode von Manzonis Meisterwerk »Die Verlobten« geschildert wird. Von Rovenna, am östlichen Abhang des Berges, und von Sagno an seinem Westhang wurden damals Bittgänge zur Madonna des Bisbino geschickt, um ihren Schutz vor der Pest zu erflehen. Andere Dörfer der Umgebung folgten dem Beispiel und laut der Überlieferung wurden all jene, die zum Bisbino pilgerten, von der Seuche verschont. Über dreihundert Jahre lang stiegen jährlich aus diesen Dörfern die Gläubigen auf den Bisbino, um den Schutz der dortigen Muttergottes zu erneuern. *Denn die Muttergottes von Montetoro gehört nicht uns in Vico allein, sondern gehört gleicherweise hundert andern Orten im Umkreis...* erklärt der Erzähler von *Märzenwetter*.

Auch wenn heute von Cernobbio am Comersee eine Straße auf den Berg hinaufführt, sind Rovenna, zu dessen Pfarrgemeinde das Heiligtum auf dem Bisbino gehört, und zwei oder drei Nachbardörfer die einzigen Orte, die noch immer an einem bestimmten Tag eine kollektive Wallfahrt auf den Bisbino durchführen. In Sagno ist der Brauch im Zweiten Weltkrieg endgültig zum Erliegen gekommen. Individuelle Pilger wallfahren aber auch heute noch zur Kirche des Bisbino, in der während des Sommers an jedem Sonntag ein Gottesdienst abgehalten wird. Ein Kuriosum des Wallfahrtsortes ist es, dass die Muttergottes in zwei Gnadenbildern erscheint: Das ältere ist ein Standbild aus weißem Marmor, Werk eines anonymen Künstlers des 15. oder 16. Jahrhunderts, das eine ätherische, von einem weichen Faltenwurf umgebene Madonna zeigt. Die thronende Madonna aus dem Anfang des 18. Jahrhunderts ist kleiner als die ursprüngliche Statue und aus farbig bemaltem Holz; sie wurde geschaffen, damit sie bei Prozessionen mitgetragen werden konnte. Während die Marmorstatue ein elegantes, aber kühles Bild der Muttergottes zeigt, entspricht die bunte Holzskulptur mit ihrem reichen Schmuck und den zu ihren Füßen dargestellten Engeln eher dem Volksgeschmack. Dass sich das Volk die Madonna in der Gestalt dieser Holzstatue vorstellte, zeigt auch die Stelle in *Tempo di marzo*, in welcher der Bauer, der Ninos Vater vor der Gefahr auf dem *Montetoro* warnt, auf die hölzerne Madonna anspielt: *...wär ich an Stelle der Muttergottes, so würde ich zwei solche Tröpfe von Engeln, die den Tag lang neben ihr sitzen auf einem Wolkenkissen und sich räkeln, ich würde, sag ich, zwei von denen schicken, mit dem Befehl, mindestens die größere Hälfte von den Halunken den Berg hinunterzurollen...*

Literatur
FRANCESCO CHIESA: Tempo di marzo, Treves: Milano 1925 (letzte Ausgabe: Edizioni del Cantonetto: Locarno 1971)
FRANCESCO CHIESA: Märzenwetter (deutsch von Herbert Steiner), Kürz: Küsnacht/Zürich 1982
FRANCESCO CHIESA: Vita e opere, Elvetica: Chiasso 1971 (mit Beiträgen von Piero Bianconi, Guido Calgari, Pietro Scanziani und Giuseppe Biscossa)
PIERRE CODIROLI: L'ombra del duce, Franco Angeli: Milano 1988

LiteraTour-Info

Einstufung 📖 📖 📖
Gehzeiten 4½ h (Aufstieg 2½ h, Abstieg 2 h)
Höhendifferenz 630 m
Beste Jahreszeit April bis Oktober
Karten Landeskarte 1:25 000, Blätter 1373 Mendrisio und 1374 Como; Wanderkarte 1:40 000 Mendrisiotto Basso Ceresio des regionalen Verkehrsbüros

An- und Rückreise Postautolinie Mendrisio–Sagno (Fahrplanfeld 637.35)
Route *Aufstieg:* Markierter Wanderweg ab Kirche Sagno. Entlang der geteerten Straße bis zum Parkplatz im Wald, nach links Aufstieg durch den Wald zu den Tre Croci, entlang des Bergrückens zum Kreuzweg von Cavazza (1162 m), nach rechts an der Grenzwachtkaserne vorbei und nach kurzem steilem Anstieg zum Waldrand (Grenzzaun); durch den Wald auf den Gipfel.
Abstieg: Gleicher Weg zurück oder ab Cavazza auf der Forststraße (holprig, gleichmäßige Steigung, ohne Aussicht, langweilig).
Variante Großwanderung ab Monte Bisbino über Bugone, Binate, Prabello, Alpe della Bolla nach Muggio (ca. 4½ h). Abstieg ab Cavazza nach Bruzella 1 h.
Essen In Sagno in der schönen Osteria Ul Furmighin (091-682 01 75, Dienstag geschlossen); auf dem Bisbino im Ristorante Vetta (0039 031 513 439), das von Mai bis September täglich und in den restlichen Monaten am Wochenende geöffnet ist.
Schlafen Die Osteria Ul Furmighin (091-682 01 75) in Sagno hat 6 Zimmer mit 13 Betten und ein Massenlager mit 25 Betten.
Information Ente Turistico del Mendrisiotto e Basso Ceresio, Via Angelo Maspoli 15, 6850 Mendrisio, Tel. 091-646 57 61, Fax 091-646 33 48, E-Mail etm@tinet.ch, Internet www.mendrisiotourism.ch
Tipps Die Kirche auf dem Bisbino ist nur an Sonntagen und Feiertagen (15. August und 8. September) von Mai bis September geöffnet. Wer das Innere der Kirche und die Gnadenbilder sehen will, muss die Wanderung also am Sonntag unternehmen. Francesco Chiesa ist im Familiengrab auf dem Friedhof von Sagno begraben.

Abstecher ins Muggiotal Zum Beispiel mit einer Wegschlaufe über den Poncione di Cabbio hinunter ins gleichnamige Dorf.

Hören, wer kommt Das Klappern der Zoccoli in den Gassen von Magliasina. Jaale kannte die Nonna in Ligornetto am Schritt.

Beat Allenbach

LiteraTour 33: Ligornetto–Chiasso

Einst klapperten die Zoccoli, jetzt drückt der Schuh
Jürg Schubigers »Haus der Nonna«
und die Schuhspur durchs Mendrisiotto

In der Gasse, die von der Pfarrkirche durch den Dorfkern von Ligornetto führt, fällt ein stattliches Tor auf, das den Blick auf einen von Häusern umsäumten Hof freigibt. Hinten rechts steht das Haus der Nonna, wo die kleine Jaale bei der Großmutter zwischen 1939 und 1942 aufwuchs. Die Dorfgasse und der Hof, der wie im Mendrisiotto üblich, den Zugang zu verschiedenen Häusern bildet, würde die ehemalige Bewohnerin sofort wiedererkennen. Die aneinander gebauten Häuser sind noch die gleichen, aber während seinerzeit die Menschen dicht beieinander lebten, stehen jetzt ganze Häuser leer. Und die Wirtschaft »Circolo operaio«, wo der Großvater nach der Messe jeweils mit den ältern Dorfgenossen ins Gespräch kam, ist längst geschlossen.

Joli Cedraschi, die älteste Tochter eines nach Zürich ausgewanderten Tessiners, verbrachte einen Teil ihrer Jugend im Heimatdorf ihres Vaters. Ihre Kindheitserinnerungen erzählte sie ihrem Ehemann Jürg Schubiger, der sie sorgfältig aufgeschrieben hat. Mit dem Untertitel *Eine Kindheit im Tessin* erschien ihr Buch erstmals 1980 (1996 vom Limmat Verlag in überarbeiteter Fassung neu aufgelegt).

Es enthält eine anschauliche und aufschlussreiche Beschreibung der Leute von Ligornetto, die es dem Leser erlaubt, teilzuhaben am harten, einfachen Leben jener Zeit, an der Arbeit der Bauern und Bäuerinnen, am Kirchgang, am Samstagabendspaziergang der jungen Frauen, an den Verwandtenbesuchen, am Marroni-Essen während der kalten Jahreszeit.

Vincenzo Vela – Patriot und Wohltäter Schon damals gab es im Dorf einen Kindergarten, der dank einer Schenkung des berühmten Bildhauers Vincenzo Vela Anfang des 20. Jahrhunderts gebaut werden konnte. Der populäre Künstler aus Ligornetto war gleichermaßen schweizerischer wie italienischer Patriot: Er meldete sich als Freiwilliger bei General Henri Dufour für den Sonderbundskrieg und eilte 1848 mit andern Tessinern den italienischen Patrioten zu Hilfe, um sie in ihrem Unabhängigkeitskampf gegen die österreichische Fremdherrschaft zu unterstützen. Seine teils überlebensgroßen Statuen von Freiheitskämpfern und Patrioten wie Spartakus, Giuseppe Garibaldi oder Camillo Cavour begründeten seine Anerkennung in Piemont, dem italienischen Kernland. Mit 47 Jahren gab der ruhmbedeckte Tessiner Bildhauer die Leitung der königlichen Kunstakademie in Turin ab und kehrte im Jahr 1867 nach Ligornetto zurück, wo er sich oberhalb des Dorfes einen imposanten Palazzo – gleichzeitig Wohnhaus, Atelier und Ausstellungsraum – bauen ließ. Vela mischte sich auch in die Politik ein, wurde mehrmals in die Gemeindeexekutive gewählt, schenkte Ligornetto eine Statue der Justitia, die an der Straßenkreuzung Richtung Stabio Wache hält, und war Gründungsmitglied der lokalen Sozialversicherungsgesellschaft der Arbeiter. Seine Villa schenkte Vela der Eidgenossenschaft, die sie, zum Museum umgestaltet, öffentlich zugänglich macht. Das von ihm gestiftete »Asilo«, den Kindergarten, besuchte auch die junge Jaale. In ihrem Buch erinnert sie sich: *Wenn*

Sergio und ich zum Asilo gingen, trug jeder von uns einen kleinen Korb mit einem Imbiss bei sich. Mein Korb war aus Stroh, verziert mit einer Mohn- und-Kornblumen-Stickerei. Wir aßen im Asilo zu Mittag. Eine der Schwestern kochte uns eine Suppe, die wir aus emaillierten Tellern löffelten. Dann nahmen wir ein Stück Brot und etwas Käse und Früchte aus unseren Körben. Nach dem Essen wurden die Brotreste eingesammelt. Sie kamen einige Tage später wieder auf den Tisch: in einer Brotsuppe, die wir pan cott nannten. Ich fand diese Brotsuppe abscheulich. Heute ist im ehemaligen Kindergarten die Gemeindeverwaltung untergebracht.

Sonntags war praktisch das ganze Dorf in der Pfarrkirche San Lorenzo versammelt. Im mächtigen, während des Barocks umgestalteten Bau täuscht die gekonnte Malerei von Cipriano Pelli aus Aranno eine Kuppel vor. Die Frühmesse besuchten die verheirateten Frauen, damit sie danach zum Kochen genügend Zeit hatten, während die Männer eher am späteren Gottesdienst mit der Predigt teilnahmen. Die Gepflogenheiten jener Zeit, denen sich praktisch alle Dorfbewohner unterordneten, schildert Joli Schubiger-Cedraschi mit wachem Sinn fürs Detail. Sie beschreibt, wie der Großvater, in Sonntagskleid und schwarzem Hut, vor dem Kirchgang von seiner Frau kritisch gemustert wurde, bevor diese ihm ein Zweifrankenstück zusteckte, das für den anschließenden Wirtschaftsbesuch und die ganze Woche reichen musste.

An jenem Sommertag, da ich Ligornetto besuche, ist nicht nur die Kirche leer. Ab und zu dröhnt ein Auto durch die engen Gassen, kaum ein Mensch ist zu Fuß unterwegs, und wenn eine Frau entgegenkommt, geht sie leise wie auf Gummisohlen. Früher war die Geräuschkulisse ganz anders, wie im *Haus der Nonna* nachzulesen ist.

Zoccoli für jede Gelegenheit Unsere Holzschuhe haben anders ausgesehen als die Zoccoli, die man im Tessin lange den Feriengästen als Reiseandenken anbietet. *Die Sohlen der »zocur« waren aus grob geschnitztem, weichem Holz. Der Fuß war von einem Band gehalten, das oben geschnürt wurde. Wie alle verheirateten Frauen trug die Nonna Zoccoli mit einem Band aus schwarzem Samt. Ledige Frauen und Kinder hatten solche mit roten Bändern; bei den Männern war das Band aus Leder und ohne Schnürung. Die Nonna besaß etwa zwölf Paar dieser Schuhe. In der Machart waren alle gleich, sie unterschieden sich nur dem Alter und dem Zustand nach. Beinahe jedes Paar war für einen besonderen Raum oder eine besondere Tätigkeit bestimmt. Wenn meine Großeltern ins Schlafzimmer traten, vertauschten sie ein staubiges Paar gegen ein sauberes, das vor der Tür bereitstand. Ein älteres Paar war für die Arbeit im Hühnerstall reserviert, ein anderes für den Garten und die Weinberge. (...) Die Zoccoli, die wir zur Abendandacht trugen, waren noch beinahe neu. Nach dem dritten Läuten der Glocke hörte ich das Klappern der Schritte auf der Gasse, die an unserem Haus vorbei zur Kirche führten. Die Schritte der Frauen klangen heller als die der Männer. Die neusten, schönsten Zoccoli trug die Nonna sonntags, wenn sie zur Messe ging, und dazu schwarze Socken.*

Inzwischen sind die Zoccoli aus dem Straßenbild von Ligornetto verschwunden, und im Tessin findet sich im 21. Jahrhundert kein Handwerker mehr, der sie herstellt. Die Tessiner Trachtenvereinigung hat schließlich im bündnerischen Misox einen Schreiner ausfindig gemacht, der für Trachten-, Musik- und Tanzgruppen auf Bestellung traditionelle Zoccoli anfertigt, und zwar nicht die Holzschuhe mit rotblauem Lederband, wie sie vor ein paar Jahrzehnten in der deutschen Schweiz populär waren. Diese waren, ebenso wie die Ticinella, das fröhliche Tessiner Mädchen in Tracht, eine Erfindung der Tourismusförderer der ersten Hälfte des 20. Jahrhunderts, betonen die Hüterinnen der Tessiner Tradition mit abschätzigem Unterton.

Handarbeit Der Holzschuhmacher saß rittlings auf der »capra« und bearbeitete den rohen Holzblock mit beiden Händen. Die fertigen Frauen-Zoccoli im Vordergrund hat der Fotograf ins Bild gerückt.

Die kommerzielle Herstellung der traditionellen Holzschuhe war eine vorübergehende Erscheinung. Noch Anfang des 20. Jahrhunderts sägten und schnitten offenbar viele Bauern die Zoccoli für ihre Familie selber, eine typische Winterarbeit. Doch damals zog bereits der »Zoccolaio« im südlichen Tessin von Dorf zu Dorf; mit seinem Werkzeug begab er sich zu den Familien, um an Ort und Stelle die Holzschuhe anzufertigen. Gleichzeitig begannen Handwerker Zoccoli herzustellen. Die Familie Donini beispielsweise gelangte kurz vor der Jahrhundertwende aus Italien ins Tessin. Angelo Donini fertigte in Locarno Holzschuhe an, die er auf den Märkten verkaufte oder mit dem Fuhrwerk in den Tessiner Bergtälern feilbot, erinnert sich dessen Enkel Edo Donini, der inzwischen selber Großvater ist und als Letzter im Tessin Zoccoli herstellte. In den 20er Jahren war Edos Vater von Locarno an den Luganersee gezogen und baute in Maroggia einen Handwerksbetrieb auf. Er kaufte im Winter Dutzende von Baumstämmen – vorwiegend Erlen –, und vor der Werkstatt stapelten sich im Frühjahr jeweils über 400 Tonnen Holz, das während des Jahres verarbeitet wurde. In den 30er Jahren beschäftigte der Zoccoli-Fabrikant rund 30 Arbeiter, praktisch alles Italiener, welche die Holzschuhe mit Säge, Beil und Messer von Hand herstellten. Damals gab es keine Absatzprobleme, denn die meisten Familien konnten sich Lederschuhe nicht leisten. Zu Beginn des Zweiten Weltkriegs kehrten die Arbeiter nach Italien zurück, und es blieb Donini keine andere Wahl, als einfache Maschinen einzusetzen: Bandsäge und Schleifmaschine. Als im Tessin auch immer mehr Frauen Schuhe anzogen, sprangen als Abnehmer Warenhäuser in die Lücke: auf der Alpennordseite waren Zoccoli Mode. Schließlich verkauften sie sich noch in Souvenirläden, und jetzt fehlt das typische Tessiner Produkt auch im Tessiner Heimatwerk, denn Mitte der 90er Jahre hat Edo Donini seine Werkstatt geschlossen.

Rien ne va plus Bally hat die Produktion in Stabio 1999 eingestellt. Die Aufnahme stammt aus besseren Produktionszeiten.

Bally kam – und ging Der Dorfkern von Ligornetto liegt hinter uns, und am Eingang von Stabio treffen wir auf ein breites, niedriges Fabrikgebäude, das bis im Frühjahr 1999 einen Bally-Filialbetrieb beherbergte. Das graue Gebäude steht leer, die Maschinen rattern jetzt in Caslano – in der inzwischen einzigen Bally-Produktionsstätte im Tessin. Einst fertigten in Stabio flinke Hände die Schuhe der Marke Savoy, lange Zeit ein Musterbeispiel des vom italienischen Design geprägten Schweizer Schuhs. Gegründet hatte das Unternehmen Rudolf Wiederkehr im Jahr 1947. Kaum zwanzig Jahre später gehörte Savoy zur Bally-Gruppe, doch die Firma in Stabio blieb während annähernd weiterer dreißig Jahre bis 1993 selbständig. Inzwischen hatte Bally in Caslano am Luganersee eine weitere Produktionsstätte in Grenznähe gekauft. Um die Produktionskosten zu senken, legte das Unternehmen die beiden Fabriken zusammen. Als nach dem Krieg im Tessin mehrere Schuhfabriken gegründet wurden, spielte Bally die Hauptrolle. Rund um Vigevano südöstlich von Mailand und im nahen Varese hat die Schuhindustrie im Unterschied zum Tessin eine große Tradition. Die in der Branche geschulten Arbeitskräfte aus der italienischen Nachbarschaft, kombiniert mit den im Vergleich zur übrigen Schweiz tieferen Tessiner Löhnen, bildeten den Humus für die junge Industrie, die auf geübte Arbeiterinnen und Arbeiter angewiesen war. So baute Bally dank dem erfahrenen italienischen Personal rasch seine Stützpunkte im Tessin auf: Zuerst, wenige Jahre nach Ende des Zweiten Weltkriegs, in Sorengo, wo etwa 90 Grenzgängerinnen und Grenzgänger Schuhe fertigten. Bald darauf folgte eine kleinere Fabrik in Faido in der Leventina, eine Außenstelle der Bally-Filiale von Altdorf, die in den neunziger Jahren den Betrieb einstellte. In den besten Zeiten arbeiteten über 600 Frauen und Männer für Bally im Tessin, 1999 waren es noch 250. Nach dem Verkauf des Traditionsunternehmens an die Finanzgesellschaft Texas Pacific Group wurde Ende 1999 die

Hälfte der Belegschaft entlassen. Optimisten sehen darin die Chance eines Neubeginns, wenn es tatsächlich gelänge, Entwicklung, Design, Marketing und Beschaffung in Caslano zu konzentrieren und damit über 100 neue Arbeitsplätze zu schaffen.

Die Tessiner Schuhindustrie konkurriert heute weniger mit Betrieben in Deutschland und Italien als mit den Produktionsstandorten Ungarn oder Indien, wo Bally ebenfalls produziert. Ruedi Amgwerd, Betriebsleiter der im Frühjahr 1999 geschlossenen Savoy-Schuhfabrik, sieht den Krebsgang der Tessiner Schuhindustrie nicht allein als Folge der Tiefstlöhne im Osten, seiner Ansicht nach spiegeln sich darin auch die Mängel des Bally-Managements. Der Schuh ist laut Amgwerd ein individuelles, lebendiges Produkt, keine Massenware. Es schmerzt deshalb den Kaufmann und gelernten Schuhmacher, dass niemand mehr vom Fach die Bally-Gruppe leite; zudem habe das Hin und Her im Erscheinungsbild von Bally viele Kunden und Mitarbeiter verunsichert und gleichzeitig Millionen gekostet. Amgwerd hat den Eindruck, die neuen Besitzer hätten Manager, welche die Branche kennten, er glaubt, für die Entwicklung von Qualitätsschuhen wieder Gesprächspartner zu finden.

Designed by Luisa Benelli Unsere Wanderung endet im Grenzort Chiasso, wo die erste Tessiner Schuhfabrik entstanden ist. Luisa Benelli, Miteigentümerin des gleichnamigen Unternehmens, berichtet von ihrem Großvater, Amos Benelli, der aus Italien ins Tessin gezogen war und im Jahr 1914 eine Schuhmacherwerkstätte eröffnete. Damen- und Herrenschuhe fertigte er nach Maß. Die Kunden kamen aus Mailand und sogar aus London. Die drei Söhne des Firmengründers vergrößerten den Familienbetrieb und errichteten nach dem Zweiten Weltkrieg in Chiasso, nahe der heutigen Autobahn, eine Fabrik. In den besten Zeiten beschäftigte die Benelli S.A. 90 Personen, fast ausschließlich Grenzgängerinnen und Grenzgän-

Klein, aber fein Das traditionsreiche Familienunternehmen Benelli SA in Chiasso hat in der Gegenwart Tritt gefasst.

ger. Damals wurden Benelli-Schuhe auch in Hongkong, Singapur und den Emiraten verkauft, doch infolge von Verlusten zog sich die Firma aus dem internationalen Geschäft fast ganz zurück. Während längerer Zeit konzentrierten sich die Schuhmacher in Chiasso auf Herrenschuhe, doch in den achtziger Jahren weiteten sie das Angebot auf Frauenschuhe aus. Luisa Benelli entwirft heute selber am hölzernen Modellschuh, lässt von einem Mitarbeiter ein Exemplar anfertigen, und wenn es in die Kollektion aufgenommen wird, trägt es den Stempel »designed by Luisa Benelli«. In den neunziger Jahren begann die Zusammenarbeit mit der Navyboot in Zürich, welche verschiedene Modelle mit stets dem gleichen Fußbett lancierte und mit Erfolg in der ganzen Schweiz sowie in der italienischen Nachbarschaft verkauft. Das erlaubt eine durchgehende Auslastung des Familienbetriebs, der für Luisa Benelli das Leben bedeutet. Auch deshalb scheinen die Zukunftsaussichten für die Schuhfabrik, die seit einiger Zeit rund 30, fast ausschließlich langjährige Mitarbeiterinnen und Mitarbeiter beschäftigt, nicht düster zu sein.

Außer Bally und Benelli gibt es im Südtessin noch zwei, drei Kleinstbetriebe, die Schuhe herstellen. Der ehemalige Bally-Direktor Paul Piller hat beispielsweise ein Unternehmen gegründet, das Hausschuhe und Spezialschuhe aus Naturleder für Leute anfertigt, die wegen empfindlicher Haut die üblichen Schuhe nicht vertragen. Für Spezial- und Qualitätsschuhe bleibt das Tessin ein günstiger Standort, denn für solche Produkte sind die Arbeitskosten verkraftbar, sofern Qualität, Design und Marketing stimmen.

Literatur
JÜRG SCHUBIGER: Das Haus der Nonna. Erzählt von Joli Schubiger-Cedraschi, Limmat Verlag: Zürich 1996 (1980)

LiteraTour-Info

Einstufung 📖 📖
Gehzeiten 3½ h
Höhendifferenz minim
Beste Jahreszeit ganzes Jahr
Karten Landeskarte 1:25 000, Blatt 1373 Mendrisio

An-/Rückreise Vom Bahnhof Mendrisio mit der grenzüberschreitenden Buslinie 23 (Mendrisio–Genestrerio–Varese) bis Ligornetto Posta (Fahrplanfeld 637.20). In Genestrerio kurze Busfahrt mit der Linie 17 Mendrisio–Genestrerio–Chiasso (Fahrplanfeld 637.25) bis Novazzano, Ponte Pobbia.

Route Von der Haltestelle Ligornetto Posta ist ein kurzer Streifzug durch den alten Dorfkern empfehlenswert, dann zurück zur Post und weiter Richtung Stabio. Nach der Schule zweigt rechts die Via Stramonte ab, die in einem Bogen Richtung Stabio führt. Der Kontrast zwischen dem strengen, auf kleinem Raum konzentrierten Dorfkern und dem wild wuchernden Außenquartier ist augenfällig. Hier wechseln sich Fabrikhallen, Maisfelder, Rebberge und Wohnhäuser ab. Wir sind mitten in einem fürs dichtbesiedelte Tessin typischen Siedlungsbrei. Unsere Straße endet auf einem Kehrplatz; ein Fußweg führt jedoch entlang großer Wohnblöcke weiter. Und wieder wandern wir auf einer asphaltierten Straße. Sie heißt ebenfalls Via Stramonte, endet jedoch in Stabio. Dort steht die ehemalige Bally-Fabrik. Hinter dem kleinen, markanten Hügel wandern wir durch das alte Stabio zur weiten Piazza Solza, überqueren die Durchgangsstraße. Ein Sträßlein führt am neuen Rapelli-Fleischverarbeitungswerk vorbei zum Laveggio-Bach. Ihm entlang geht es auf einem Fußweg nach Genestrerio. Wir sind inmitten einer natürlichen Landschaft, doch in einigen Jahren wird der Frieden hier gestört sein, denn der Kanton beabsichtigt, die richtungsgetrennte Verbindungsstraße von der Autobahn in Mendrisio zum Grenzposten Stabio-Gaggiolo fertigzustellen. In Genestrerio erreichen wir das Gemeindehaus am Dorfplatz und gehen am andern Ende des Gemeindehauses wieder dorfauswärts zur Kreuzung mit der Haltestelle des Postautos Mendrisio–Chiasso (Fahrplanfeld 637.25). Wir fahren bis Ponte Pobbia vor Chiasso, um viel befahrene Straßen ohne Trottoir zu vermeiden. Nahe der Haltestelle zweigt ein markierter Fußweg ab, der einem Bächlein folgt. Nach einer knappen Viertelstunde überqueren wir die Kantonsstraße und wandern entlang der Breggia und den Gleisen des Güterbahnhofs fast bis zum Bahnhof Chiasso im Grünen.

Variante In Ligornetto den Friedhof mit Josefskapelle und dem Grab von Vincenzo Vela außerhalb des Dorfs besuchen. Den Bus von Genestrerio bereits in Novazzano Paese verlassen und durch Weinberge zum Fußweg nach Chiasso hinuntersteigen.

Essen In Stabio im Grotto del Sole (091-647 45 44)

Schlafen Ideal bei müden Beinen und wunden Füßen im Viersterne-Kurhotel Terme in Stabio (091-647 15 64). Das Thermalbecken hat 34° Celsius.

Information Ente Turistico del Mendrisiotto e Basso Ceresio, Via Angelo Maspoli 15, 6850 Mendrisio, Tel. 091-646 57 61, Fax 091-646 33 48, E-Mail: etm@tinet.ch, Internet: www.mendrisiotourism.ch

Tipps In Ligornetto das Museo Vela besuchen, das nach einer Renovation voraussichtlich im Frühling 2000 wieder eröffnet wird (091-647 32 68). In Stabio vermittelt das Museo della civiltà contadina del Mendrisiotto, Via al Castello, Einblicke in das bäuerliche Leben von einst (091-647 14 18, geöffnet Dienstag, Donnerstag, Samstag und Sonntag jeweils von 14 bis 17 Uhr).

Ankunft mit dem Abendzug Grenzbahnhof Chiasso.

Andreas Heller, geboren 1957, ist Redaktor
beim NZZ-Folio und lebt in Teufen.

LiteraTour 34: Chiasso

Ausnahmsweise aussteigen

Mit Alberto Nessis »Abendzug« in die Stadt an der Grenze

Auf dem Weg nach Süden wird Chiasso von den meisten Reisenden schnöde rechts liegen gelassen. Noch einmal tanken in Coldrerio, dann weiter zum Zoll und nach Italien. Die Autobahn und mit ihr der Autofahrer schlagen einen Bogen um diese Stadt. Der Zug jedoch führt direkt ins Zentrum und diktiert dem Reisenden, sofern es sich um einen Bummler handelt, einen kurzen Zwischenhalt. Die Zöllner steigen zu, und wer aussteigt, kommt in der Regel nicht zum Vergnügen.

Auch der Protagonist in Alberto Nessis Erzählband *Abendzug* kehrt mit der Eisenbahn an den Ort seiner Kindheit zurück, nach Chiasso, ins Grenzgebiet, wo nichts mehr ist, wie es einmal war. Staunend zieht er durch die Straßen und Gassen und sucht nach den Spuren seiner Kindheit. Wo einst der Mohn blühte, verläuft heute die Autobahn. Noch gibt es aber Fragmente des Vergangenen. Erinnerungen tauchen auf und vermischen sich mit stillem Schmerz ob der Vergänglichkeit der Dinge und des Lebens. Die Heimat ist eine andere geworden, und doch ist es Nessis Heimat geblieben. »Die alten Realitäten bestehen nicht mehr«, sagt Alberto Nessi mit Jahrgang 1940. »Chiasso ist in meiner Erinnerung zwar noch immer der Ort, wo ich aufgewachsen bin, aber hier ist jetzt auch die Autobahn, und das lässt mich verstehen, dass wir immer nur provisorisch sind und dass die Dinge sich ändern.«

Arrivare Der Bahnhof wenigstens, in Granit gebaut, hat der Zeit getrotzt. In der Bahnhofshalle stehen zwei dralle Grazien aus Stein, die sich schwesterlich halten, zwei Mädchen, Italien und die Schweiz. Die Skulptur wurde 1932 von Margherita Oswald Toppi geschaffen, schwülstige Ästhetik, wie sie damals offenbar nicht nur in Italien gang und gäbe war. Nessis Heimkehrer wirft noch einen Blick auf das Fresko des Emigranten, dann taucht er ein, in den Ort seiner Kindheit, der ein anderer geworden ist.

Hier ist alles ungewiss. Der Zigaretten- und Schokoladeladen wird Reisebüro, Elektrogeschäft, im Schaufenster ein Wägelchen mit Spotlichtern, Computer und Schlüsselringen, die auf einen Pfiff reagieren. Das Land, auf dem ich meinem Großvater geholfen habe, die Erde um die Kartoffeln zu hacken, verwandelt sich in ein riesiges Loch: Ich gehe ans Fensterchen, das die Schutzbretter der Baustelle offen gelassen haben, und sehe Bergamasken und Süditaliener ein langes Fundament legen, so lang wie das Feld meines Großvaters; weiter hinten leitet einer die Arbeit von einem dreizehneinhalb Meter hohen Kran. Das größte Loch des Jahrhunderts: HIER ENTSTEHT DIE DIAMANTENBÖRSE. Eine große Börse voll glänzender Diamanten, und alle Bewohner des Städtchens werden mit einem kleinen Diamanten im Knopfloch herumlaufen.

So schreibt der Dichter in der 1989 publizierten Erzählung. Aber irgendwie ist dann doch alles etwas anders gekommen. Wer den Bahnhof verlässt, tritt auf keine Prachtstraße, sondern auf den ziemlich trostlosen Largo F. Chiesa. Die meisten Schaufenster gegenüber dem Bahnhof sind geräumt. »Affitasi«, »Vendesi«, zu vermieten, zu verkaufen steht auf Schildern geschrieben. Wohin man blickt, lottrige Fassaden. Ein junger Mann steht davor und schnorrt einen Franken »für den Zug nach Lugano«. Dann ist der Largo bereits wieder menschenleer. Statt im Zentrum der Stadt fühlt sich der Reisende in the middle of nowhere und möchte sich am liebsten wieder davonmachen. Doch warten wir wenigstens den nächsten Zug ab und folgen Nessis Heimkehrer ins Grenzgebiet, das zwar wenige touristische Sehenswürdigkeiten bereithält – der Kulturführer Schweiz widmet Chiasso gerade fünf Zeilen und erwähnt die Pfarrkirche San Vitale sowie die Lagerhallen (!) der Magazzini Generali S. A. –, gleichwohl aber ein Stück Tessiner Realität vor Augen führt, die für die Gegenwart der Südschweiz vielleicht typischer ist als das herausgeputzte Ascona oder das verträumte Bosco Gurin.

Corso San Gottardo Tauchen wir ein in die Betonunterführung, die zur Piazza Indipendenza führt. Hier thronen das Mövenpick, die Post und als mächtiger Klotz die Credit Suisse. Vom Platz zweigen die Via Alessandro Volta und die Via Emilio Bossi ab. Hier kommt auch der Corso San Gottardo vorbei, die Hauptstraße, die das Zentrum von Norden bis Süden zur Grenze durchzieht. Am Corso liegt alles, was Chiasso bedeutet. Eine Geschäfts- und Handelsstraße, die am strategisch günstigen Engpass, der Grenze, den Verkehr an Menschen und Waren über ihre Mühle laufen lässt. Er ist der Scheitel der Stadt, schnurgerade vom Anfang bis zum Ende, 1250 Meter lang.

Jede italienische Stadt hat ihren Corso. Er ist die Bühne des öffentlichen Lebens, Treffpunkt und Flaniermeile. In der Birreria Caffè Indipendenza trifft man sich zum Espresso. Auch Italiener kommen hierher, vor allem am Samstag, um einen Schweizer Lottozettel auszufüllen. An den Wänden hängen vergilbte Fotos aus der Zeit, als hier noch die Straßenbahn fuhr, die Passanten Hüte trugen und jede Menge Muße hatten. Heute ist alles etwas nüchterner und geschäftiger.

Auch Nessis Protagonist beginnt seinen Rundgang auf dem Corso. Er begegnet alten Bekannten, die gealtert sind. In einer Bar trifft er Edy, und die beiden setzen sich an ein Tischchen, um dem Umzug der Turner zuzuschauen. *Folkloregruppen ziehen vorbei, staatliche und religiöse Würdenträger, Turner in Weiß mit Füllhörnern voller Blumen, als Freiwillige der Freiheit verkleidete Alte mit blauen Uniformen, Flinten im Schulterriemen und Perücken. Alles wie früher.*

Hübsche kleine Jugendstilpaläste sind am Corso zu entdecken. Die markantesten Gebäude jedoch sind die Geldtempel, die Banken. *Hier ist das Gold nicht nur Gold, es ist menschliche Wärme,* schreibt Nessi, und auch für seinen Rückkehrer werden die Banken zu den auffälligsten Wegmarken auf seinem Rundgang durchs Zentrum von Chiasso.

Von Süden kommend, stoßen wir als erstes auf die Kantonalbank. Der alte Teil weist diskrete Vorsprünge und gewölbte Vergitterungen in Richtung Grenze auf – zur Verteidigung –, der neue Teil verlängert den geschmacklosen Rumpf im Bestreben nach vorsichtiger Tarnung. Dann die Weiß, ein wenig Leichenfeier in der Fassade mit den Grabnischen, die jedoch von Pflanzen und Bäumchen belebt werden – jedesmal, wenn die Serviertochter des Büffets sie sieht, denkt sie an die Tausenderscheine, die sie hinter jenen schwarzen Scheiben verloren hat. Die Kreditanstalt, Renaissancestil, kleine Loggia oben und Säulengang, die den Chronisten unserer Zeitung zu einem schönen Artikel inspiriert hat, weil dort der Gegensatz zwischen diesem modernen Haus und dem abgebröckelten Gebäude daneben zu sehen ist, das den Augen derer wenig würdig ist, die aus der nahen Republik kommen, um Geld auf der Bank zu verstecken oder Luxusartikel zu kaufen. Zumindest eine Rolex für fünftausend für den Boss. Die Finter in Aluminium, die goldfarbene Rohner, die große SBG, geschätzter Anlaufpunkt für alle sozialen Klassen, die BSI mit

Pause am Corso *Vom besonderen Charme des Stinknormalen.*

der roten, gen Himmel schießenden Lanze, die der Fackel der Helvetia auf dem gegenüberliegenden Gebäude Konkurrenz macht.

Einige Banken, die Nessi erwähnt, sucht man heute vergebens. Sie gingen pleite oder schlossen ihren Sitz, weil es heute nicht mehr unbedingt nötig ist, das Geld aus Italien bereits im Grenzort Chiasso abzufangen. Statt in Aktenköfferchen kommt das flüchtige Kapital mehr und mehr auf elektronischem Weg. Das Geld geht direkt auf die Finanzplätze der Welt. Und wenn einer dennoch sein Geld in der Nähe wissen möchte, wählt er heute eher das reizvollere Lugano mit den feineren Adressen. Andere Geldinstitute wie der Bankverein wurden wegfusioniert oder änderten ihren Namen. Die Kreditanstalt, die just in Chiasso mit einem handfesten Skandal für fette Schlagzeilen sorgte, heißt heute Credit Suisse und ist in ein noch größeres Gebäude umgezogen. Die SBG nennt sich heute global UBS und hat ihren Sitz nun etwas weiter oben an der Piazza Col. C. Bernasconi.

Der Corso öffnet sich hier zu einem Platz, den der Architekt Alberto Camenzind streng in eine, nun zumeist leere, baumbepflanzte Fußgängerzone und einen mauerbegrenzten Fahrkanal unterteilt hat, wo eine schlechte Botta-Imitation den Denner beherbergt, wo der falsche Klassizismus von S. Vitale der Straße Front bietet. Da steht das Gemeindehaus im lombardischen Stil und der riesige Wulst der größten Bank. Die Schalterhallen im Erdgeschoss sind mit erlesensten Materialien vollgestopft. An aufwendigen Marmorpilastern prangen Grünzeug und Goldmünzen. Der vom Architekten Alex Huber entworfene Bau will sich nicht einfügen, er imponiert.

Am Largo John F. Kennedy endet und beginnt der Corso. Hier ist bereits Peripherie, der Blick verliert sich in einem Wald von Ampeln und Verkehrssignalen, dicke Brummer brausen heran. Kein Ort für Fußgänger mehr, definitiv.

Autostrada Nun könnte man den Corso, wie es die Südländer zu tun pflegen, einfach wieder hinunter flanieren. Der Italiener würde nun noch einen der vielen Läden für Elektronikgeräte aufsuchen, wo es sich günstiger shoppen lässt als auf der anderen Seite der Grenze. Wir aber brauchen weder Handy noch Walkman. Wir biegen in die Via G. Pioda ein und kommen so zur Viale Ten. Col. Giuseppe Galli. Es ist dies eine Straße der Kindheit von Alberto Nessi. *Im Sommer ging man durch diese Straße, um in der Breggia baden zu gehen,* erzählt Alberto Nessi. *Gropen versteckten sich unter den Steinen oder kleine Forellen für jene mit den flinksten Händen. Auf dem Kiesbett, zwischen den glühend heißen Steinchen, glänzten die violetten Blätter des Seifenkrautes. Auf diesem zauberhaften Kiesbett fand ich eines Tages einen Stein mit dem Abdruck eines prähistorischen Blattes, einen Stein, der jahrelang mein Glücksbringer war.*

An derlei Funde ist hier, an der Via Galli, nicht mehr zu denken. Schon eher stößt man auf allerlei Zivilisationsmüll, der von in Richtung Süden brausenden Autofahrern aus dem Fenster geworfen wird. Die Autobahn schmiegt sich exakt an die Via Galli und markiert die Grenze der Stadt, die Breggia ist auf der andern Seite des Betonbandes, unerreichbar. Aber wer wollte dort schon baden? Der wilde Bach ist längst kanalisiert, ein »schmutziger Lumpen« entlang der Autobahn, auf dem ohne Unterbruch der Nord-Süd-Verkehr vorbeidonnert.

An der Stelle, wo jetzt ein großer Parkplatz ist, lag einmal der Garten von Alberto Nessis Großvater, jenes Stück Land, das er als *campagna* bezeichnete. Weiter unten das Haus, wo sein erster Primarschullehrer wohnte, der Lehrer Pipetta. Um jetzt noch Schönheiten zu entdecken, braucht man schon einen ziemlich scharfen Blick. Aber es gibt sie: üppige kleine Gemüsegärten zwischen den Wohnblöcken der Gastarbeiterfamilien, Hortensien und Kartoffelblüten. Dann wieder ein kleiner Palazzo im verspielten Jugendstil, der von längst verflossenem Reichtum zeugt. Keines dieser Objekte ist zwar in einem Kulturführer zu finden. Was Chiasso jedoch einzigartig macht, ist der schrille Mix von Neuem und Altem. Betonburgen neben Jugendstilhäusern, planlos hingepflanzt und ohne Rücksicht auf Gewachsenes. Neben der Tankstelle an der Via Volta entdecken wir die kleine Villa des Professore Gianella, Sitz einer Scuola Pianistica. An der auf den ersten Blick ziemlich unscheinbaren Via Emilio Bossi lugen zwischen Wohnblöcken veritable Paläste hervor, dem Zerfall geweiht, die Gärten bereits überwuchert.

Confine Über die Via degli Albricci gelangen wir nun bereits ins unmittelbare Grenzgebiet. Schon fast suspekt, wer heute, an der Blechlawine der Touristen und der Grenzgänger vorbei, die Zollstation zu Fuß überquert.

Ich gehe durch den Zoll und bin in einer andern Welt, schreibt Alberto Nessi. Schon als kleiner Junge ging er nach Ponte Chiasso hinüber, um Wein zu holen. Und schon damals bemerkte er die Unterschiede zweier Länder, die sich hier manifestieren: hier die nüchternen, neutralen, vorsichtigen Schweizer, dort die spontanen, ungestümen und lauten Italiener. Später kaufte er sich am Kiosk in Ponte Chiasso »La fiera letteraria« und sog den kulturellen Reichtum des Nachbarlandes in sich auf.

Vom Lastwagenparkplatz aus sieht man zuerst die übereinanderliegenden Häuser der fünfziger Jahre, die Würfel mit den Satteldächern, die mit der Zeit durch Bögen und Schmiedeisenarbeiten verschönert wurden, dann, mit Blick auf die Autobahn, die langgestreckten Häuserblöcke, die die Villa von Quarcino belagern, oben, in den Wäldern, flieht das Gespenst des Banditen Mattirolo seit mehr als hundert Jahren in die Berge, ergebnislos verfolgt von der Bürgerwehr. (...) Der helle Abend lädt in die Bar jenseits der Grenze ein. Hierher kommen Eisenbahner der SBB in Uniform und essen gemischten Salat, trinken Rotwein und plaudern auf Schwyzertütsch unter der Glyzine. Aber am Abend zuvor sind drei Last-

Grenzgänger Wer hier zu Fuß geht, fällt auf.

wagenfahrer aus der Innerschweiz gekommen, und als die große Flasche leer war, haben sie so lange mit den Italienern gestritten, bis sie die Carabinieri abgeholt haben.

Ponte Chiasso ist ein raues Pflaster. Geschäfte mit Vini Liquori begrüßen den Passanten, in einer Seitengasse ein Etablissement mit Erotic-Film, und das »Hotel Dogana« ist eine Absteige, die man wohl ebenfalls besser meidet. In der »Bar Fernicio« trinken wir einen ersten echt italienischen Espresso und verzehren ein akkurates Panino caldo. Der Barkeeper beklagt sich über den schleppenden Geschäftsgang und schimpft über die Albaner. Ponte Chiasso ist nicht mehr nur Umschlagplatz für Waren, sondern auch für Menschen, die von Schleppern herangeführt werden. Ponte Chiasso ist auch eine der meist frequentierten Flüchtlingsempfangsstellen der Schweiz.

Von dieser Realität weiß Alberto Nessis Rückkehrer noch nichts zu berichten.

»Chiasso ist ein symbolischer Ort«, sagt Alberto Nessi. »Im eigentlichen wie übertragenen Sinn war ich immer ein Grenzgänger.« Wie er als kleiner Bub das erste Mal die Grenze überschritt, sei ihm unvergesslich geblieben. »Später überschritt ich die Grenze zwischen Kindheit und Erwachsenendasein. Ich überschritt die Grenze zwischen Kunst und Realität, die Grenze zwischen alltäglicher und poetischer Sprache. Das Überschreiten von Grenzen ist der Motor meiner schriftstellerischen Arbeit.«

Zurück über die Grenze, dann sind es nur noch ein paar Schritte wieder hinauf zum Bahnhof. Vorbei am Jugenstilpalast des Speditionshauses Züst & Bachmeier. Ein Cisalpino donnert vorbei. Der nächste Zug aus Süden hält kurz an, die Zöllner steigen aus. Ein Mann wird abgeführt. Der Weg ins angebliche Paradies endet für ihn in Chiasso, das in Wirklichkeit ganz anders ist.

Literatur
Alberto Nessi: Abendzug, Limmat: Zürich 1991
Alberto Nessi: Mit zärtlichem Wahnsinn/Con tenera follia, Limmat: Zürich 1995
Alberto Nessi: Die Wohnwagenfrau, Limmat Verlag: Zürich 1998
Dieter Bachmann: Die letzte Straße: Chiasso, Corso San Gottardo, in: Tages-Anzeiger-Magazin, 8/1987, S. 6–11
Nicoletta Ossanna Cavadini: Chiasso fra Ottocento e Novecento. La costruzione di una forma urbana, Edizioni San Giorgio: Muzzano 1997
Alberto Nessi: Mendrisiotto: wo bitte geht's zur Autobahn, in: Tages-Anzeiger-Magazin, 41/1989, S. 38–48
Andrea Pizzardi: Aspetti della vita quotidiana di Chiasso tra le due guerre mondiali (1918–1939), Zürich 1992

LiteraTour-Info

Einstufung 📖 📖
Gehzeiten 1 h oder mehr
Beste Jahreszeit Juni (wenn Chiasso seinen Kultursommer »Festate«
veranstaltet)
Karten Stadtplan (erhältlich am Bahnhofkiosk oder beim Verkehrsbüro)

An-/Rückreise Mit dem Abendzug nach Chiasso (Fahrplanfeld 600)
Essen Essbeizen, die zum Alltag Chiassos gehören, sind die Birreria-Pizzeria
Torre an der Via Motta 28 (091-682 63 96), die Trattoria Della Zocca am
Corso San Gottardo 103 oder das altehrwürdige Grotto Linet an der Via
Sottopenz (091-683 08 74). Zwei ortsbekannte Bars sind Monferrato,
ebenfalls am Corso San Gottardo 15, und Indipendenza an der Via
Bossi 2.
Schlafen Mittendrin und günstig das Garni Centro am Corso San Gottardo 80
(091-683 44 02) und das Garni Piramide an der via ai Crotti 11
(091-682 16 50).
Information Ente Turistico del Mendrisiotto e Basso Ceresio, Via Angelo
Maspoli 15, 6850 Mendrisio, Tel. 091-646 57 61, Fax 091-646 33 48,
E-Mail: etm@tinet.ch, Internet: www.mendrisiotourism.ch
Das Verkehrsbüro verschickt auf Anfrage den umfassenden Stadtführer
»Chiasso – la guida«.
Tipps Im Februar findet in Chiasso ein Jazzfestival statt, im Juni das Kultur-
spektakel »Festate« (genaue Daten über das Verkehrsbüro erfragen
oder direkt bei den Veranstaltern: Jazzfestival, 091-682 22 20; Festate,
Tel. 091-682 85 05). »Festate« widmet sich der Multikulturalität in der
Grenzstadt, mit Worldmusic-Konzerten, Workshops, Podiumsgesprä-
chen, Theater, Film etc.

Stromabnehmer ausfahren Schriftsteller und Lokomotivführer Emilio Geiler im Führerstand einer »Krokodilslok«. Bald stehen wir unter Strom.

Beat Hächler

LiteraTour 35: Bellinzona–Zurigo

Marmor, Stein und Eisen bricht
Emilio Geilers Tunnelromanze für Heimkehrer:
»Gotthard-Express 41 verschüttet«

Nehmen Sie einen Intercity. Keinen dieser gestylten Zarthimmelblauhellgelben aus der SBB-Flotte, die von einer Bankenstadt (Milano) in die andere (Zürich) gleiten. Nehmen Sie einen richtigen Zug. Am besten einen Nachtzug. Lecce–Ostende zum Beispiel oder wenigstens Milano–Bruxelles, mit Koffern im Seitengang, Cucette, Schlafwagen, Speisewagen (sofern noch im Angebot), scheppernden Waggontüren und einer gehörigen Portion Polstermuff in den Sechserabteilen. Reisen Sie an einem Oster- oder Pfingstmontag, wenn auf der Autobahn die Autos im Stau stehen und die obere Leventina im Schein der roten Bremslichter zu einer einzigen hübschen Girlande wird. In Bellinzona fläzen Sie sich in einen abgeschabten Polstersessel (Fensterplatz, Fahrtrichtung), die Füße hochgelagert, etwas Brot und Salami und einen erdigen Roten aus der Leventina in Reichweite, das Handy abgeschaltet, den Walkman vergraben und die schönste aller Eisenbahnerromanzen vor sich: *Gotthard-Express 41 verschüttet* von Emilio Geiler (1900–1971) aus dem Jahre 1941. Damals verschlungen, heute vergessen.

    Gepäck verstaut? Die Türen schließen.

Remisieren Nach dem ersten Weichengeschaukel bei der Ausfahrt aus dem Bahnhof Bellinzona ziehen wir an den *Remisen* der Gotthardbahn vorbei. Emilio Geiler kannte sie als Lokführer wie seine Westentasche; der Autor des *Gotthard-Express* nimmt Sie und mich dort in Empfang: Eine nasskalte, stürmische Aprilnacht hüllt die *Remisen* in unfreundliches Dunkel. Lokomotivführer Merz, ein Deutschschweizer mit Dienstort Bellinzona, tritt eben seinen Nachtdienst an. Mit hochgeschlagenem Kragen betritt er die *Remise* der Elektroloks, in der zehn bis zwölf der *Riesen aus Stahl* auf die Kontrolle warten. Als Gehilfe ist Lokführer Merz diese Nacht Paolo Rossi zugeteilt, ein junger, aufgeweckter Tessiner, der die Lizenz zum Lokfahren schon in der Tasche hat. Rossi ist am Schmieren und Salben von Kolben und Bolzen, als Merz eintrifft. Unverzüglich machen sich die beiden daran, die Lok Schraube um Schraube, von oben bis unten zu überholen – oder wie das bei Emilio Geiler viel treffender heißt: zu *remisieren*. Re-mi-sie-ren. Welch ein Wort! Man riecht sie förmlich, die schmierigen Wollfäden und Öllappen, die hier in die Hand genommen werden, und die Petroleumfunzel, mit der die beiden Männer der Lok unter den Bauch zünden. Beim *Remisieren* wird kein Computer gecheckt, sondern das Juwel schweizerischer Maschinenfabrikation für die Bergfahrt auf der Mutter aller Bahnstrecken, der Gotthardlinie, vorbereitet. *Remisieren* ist mehr als eine Handlung, *Remisieren* ist eine Haltung. Zuverlässigkeit, Ordnungssinn, Pünktlichkeit, Exaktheit, Pflichtbewusstsein und Ernsthaftigkeit gehören zu diesem Begriff wie das Fett zum Beuger des Stromabnehmers. Ja, gäbe es für zuverlässige Schweizer (auf die Frauen kommen wir noch zu sprechen) eine typische Tätigkeit, es wäre das Remisieren einer Gotthardlok. Doch dazu fehlt uns jetzt die Zeit. Merz und Rossi haben inzwischen die Lok Nr. 993 auf Gleis 5 startklar gemacht. Zugführer Weber, ein Deutschschweizer, meldet Merz *den guten Befund der Bremsen, das Gewicht des Zuges*

Volle Kraft voraus Lokführer Merz und Gehilfe Rossi konzentriert unterwegs.

sowie die Anzahl der Achsen. Dreißig Achsen und dreihundertfünfzig Tonnen Zuggewicht. Das war die höchstzulässige Belastung für die Lokomotive. Die Mannen haben alles im Griff. Oder doch nicht?

Organisieren Aufmerksamen Lesern ist auf Seite 9 des Romans der Hinweis von Nachtreserveführer Ernst Meier, auch er ein Deutschschweizer, nicht entgangen, wonach *in der Grandiosa Steinschlag beobachtet worden ist.* Meier: *Zwei Wärter sind vor dem K.T.1* [*Kehrtunnel 1] aufgestellt. Pass auf, wenn du dort vorbeifährst.* Kontrollblick aus dem Fenster: Die Aprilnacht ist zappenduster. In Biasca, wo zu Dampfbahnzeiten der Lokwechsel stattfand und viele

Einfahrt in den K.T.1 Noch ist in der Biaschina alles in Ordnung.

Deutschschweizer Bähnler wohnten, legen wir uns mit Schwung in die Linkskurve und steuern unerbittlich dem K.T.1 zu, den wir unschwer als ersten Kehrtunnel in der Biaschina-Schlucht identifizieren (fragen Sie ungeniert Ihren Kondukteur). *Da tauchte ein grünes Doppellicht auf. »Offen« meldete der Gehilfe, und »Offen« bestätigte der Führer. Sonst wurde auf dem Führerstand kein Wort gewechselt. (...) In hohen Tönen sang die Lokomotive, eine Riesin aus Stahl und Kupfer, ihr Lied von Kraft und Arbeit. Mit kundiger Hand bändigte ein schwacher Mensch Tausende von Pferdestärken. Merz kannte seine 993. Sie war seine Freundin, die er gut behandelte. Und sie war dankbar dafür, tat willig ihre Pflicht. Sie war kein gefühlloses Untier, im Gegenteil; von ihrer Empfindlichkeit zeugten ihre außerordentlichen feinen, tausendfach verzweigten Nervenstränge, die Kupferleitungen, die die Befehle des Lokomotivführers aufnehmen und übertragen.* Jetzt heißt es Ruhe bewahren. Eben flitzt das Stationsschild von Giornico vorbei. Die Bahn folgt noch kurze 2,5 Kilometer dem rechten Ufer des jungen Ticino, dann geht es in die Rechtskurve über die Brücke und hinein in den Berg. *Plötzlich gab es einen schwachen Ruck. Der Strom blieb aus, und automatisch wurde die Lokomotive ausgeschaltet. (...) Merz versuchte, die Lokomotive wieder einzuschalten, doch ohne Erfolg. Er ließ den Zug auslaufen und stellte ihn, als er beinahe hielt, mit einer Bremsung, um zu verhindern, daß er infolge der Steigung zurückrollte.* Rossi und Weber stellen fest, was wir aus dem Titel schon wissen: Die Tunnelportale sind durch einen Bergsturz verschüttet, der Gotthard-Express im Berg eingeschlossen. Die Geschichte vom Leben im stecken gebliebenen Fahrstuhl kann also beginnen. Was nun folgt, ist eine vergnügliche Mischung von amerikanischem Katastrophenfilmplot und aufbauendem Herzenscharme einer »Gilberte de Courgenay«. Das Leben auf dem Planeten K.T.1, das wir als Zugpassagiere in rund 100 Sekunden Echtzeit hinter uns bringen, reproduziert sozusagen unter Laborbedingungen das Projekt Schweiz: die Lebensgemeinschaft im Zug ist arbeitsam, ordentlich, (weitgehend) diszipliniert, tolerant und multikulturell. Wenden wir uns einigen Sequenzen dieses Films zu. (Wenn jetzt eine Minibar vorbeikommt, schnappen Sie sich einen Schokoriegel.)

Überlebensmaßnahmen: *Der Chef des Speisewagens wusste aus Erfahrung, dass bei nagendem Hunger mancherlei Hemmungen schwinden. Nach seinen Berechnungen war es möglich, aus den Vorräten des Speisewagens den Leuten drei Tage hindurch je drei Rationen zu verabreichen, wenn sie auf einen Viertel der normalen Nahrungsmenge herabgesetzt wurden. Die Kinder sollten von Anfang an doppelte Rationen bekommen.* Auf ärztlichen Rat hin wird die Wa-

Essensausgabe *Für alle gibt's gleich viel. Die Kondukteure Olgiati und Kunz bei ihrem Tunnelpicknick.*

genladung Zigaretten, die im Gepäckwagen gefunden wird, in den Ernährungsplan aufgenommen. Nikotin bodigt bekanntlich den Hunger. Im Zug selber richten sich die Passagiere für einen längeren Aufenthalt ein. Die Sechserabteile werden wie Schrebergärten als Territorien gekennzeichnet. *Die Holländer hatten in großen Buchstaben an ihrem Wagen mit Kreide die Aufschrift »Villa Zuidersee« angebracht. Das Vorbild machte Schule, und bald trugen die meisten Wagen ihre Bezeichnungen. Es gab ein »Schwyzerhüsli«, eine »Casa Ticinese«, eine »Ile de France«, eine »Villa Wannsee« und andere mehr.* Im Speisewagen startet eine volkshochschulartige Bildungsoffensive. Oberleutnant Gallino, der mit seinen Mannen für die Sicherheit der Passagiere sorgt, referiert vor vielen Zuhörern über die

Geschichte der Schweiz. *Nach Gallino ergriff Zugführer Weber das Wort, der den Vortrag für die zahlreich erschienenen Engländer und Amerikaner in englischer Sprache wiederholte. Die italienischen und französischen Referate über dasselbe Thema hatten die beiden Kondukteure Olgiati und Kunz übernommen.* Derweil Paolo Rossi, der Tessiner Gehilfe, leere Weinflaschen in Blumenvasen umfunktioniert – gewissermaßen als Alltagsvariante von Schwertern zu Pflugscharen – und dabei die Hilfe von Fräulein Jeanne aus Paris (Abteil Ile de France) nicht ungern in Anspruch nimmt. *Einen Strauß nach dem anderen hielt Jeanne dem Führergehilfen zur Begutachtung hin und steckte ihn dann* [den Strauß] *in die bereitgehaltene Vase. Dabei fasste Rossi absichtlich die Flasche so weit oben, dass seine Hände Jeannes Finger berührten. Sie schaute auf seine Hände – sie waren stark, aber lang und schmal –, und sie deutete die leichte Berührung als ein schüchternes Werben von seiner Seite. Mademoiselle deutete richtig.*

Karisieren Unsere Echtzeitreise ist inzwischen im literarischen Urgestein von Hermann Burgers *Künstlicher Mutter* angelangt. Die Scheiben beschlagen sich, die Luft riecht nach Tunnel. Wir sind reif für die Schlüsselszene: Paolo und Jeanne haben sich im Maschinenraum der Lokomotive verabredet. *Sie knieten Schulter an Schulter in dem langen Raum zwischen zwei großen Motoren und schauten durch den geöffneten Deckel ins Innere eines Motors, wo es von glänzendem Kupfer und hellem Eisen nur so blinkte. Dazwischen leuchteten weiße Isolatoren. Wie ein elektrischer Strom rann es durch Rossis Körper, als er die Schulter des Mädchens spürte. Jeanne fühlte, dass der Mann neben ihr zitterte; sie wollte sich erheben, doch sie war wie gebannt; etwas zwang sie, reglos in ihrer Stellung zu bleiben. Verstohlen betrachtete sie Rossi von der Seite. Eine Locke seiner dichten, schwarzen Haare war ihm in die Stirne gefallen, und beim Reden* *glänzten seine starken, weißen Zähne.* Hatte nicht schon Humphrey Bogart in »The African Queen« ein bleckendes Lächeln entwaffnend eingesetzt? Nicht auszudenken, was filmhistorisch geschehen wäre, hätte Federico Fellini Emilio Geilers Tunnelgeschichte unter dem Titel »La Galleria« verfilmt. Eine Gotthardlok in Cinecittà. Marcello Mastroianni und Ingrid Bergman, kniend vor den gleißenden Isolatoren, im elektrisierenden Lichtbogen der Liebe. Sie im viel zu großen, geborgten Übergewand, er im Taumel der großen Gefühle und – ausnahmsweise – völlig neben den Schienen. Natürlich halten Paolos und Jeannes Isolatoren den fließenden Energien stand. Doch das Happy End naht wie das Licht am Ende des Tunnels.

Rangieren Kuppeln wir uns an dieser Stelle kurz vom Zug dieser treuherzigen Geschichte ab und wechseln den Schienenstrang. Rendez-vous im Bahnhofbuffet Lugano. »Sehen Sie, er war ein Träumer, ein Idealist. Er träumte von einer heilen Welt mit guten Menschen und er lebte mit dieser Illusion«, sagt Beta Steinegger, die zweitälteste Tochter, über ihren Vater heute und lächelt verständnisvoll. Emilio Geilers Leben ist in der Tat kurvenreicher als der Plot seiner Geschichten. Er wird als Sohn eines Deutschschweizer Lokomotivführers in Biasca geboren und wächst dort zweisprachig auf. Wie so viele Kinder von Deutschschweizer Bahnangestellten und Hoteliers besucht er zu Beginn des 20. Jahrhunderts die (später dem Sprachfrieden zuliebe aufgehobene) Deutschschweizer Schule in Bellinzona. Anschließend soll Emilio die italienischsprachige Handelsschule besuchen, wird jedoch – wegen mangelnder Sprachkenntnisse, wie es heißt – nicht zugelassen. »Mein Großvater, der, wie alle Geilers, ein überzeugter Sozi und vor allem ein ›Schnurri‹ war, soll einmal in einer Beiz über den freisinnigen Direktor der Handelsschule geschimpft haben, was sich vermutlich an meinem Vater gerächt hat.« Der Entscheid trifft den bildungshungrigen Emilio hart.

Emilio Geiler Lokomotivführer, Familienvater, Schriftsteller, Gewerkschafter, Journalist und Antialkoholaktivist.

Er muss eine Berufslehre anfangen. Emilio geht bei Brown Boveri in Baden in die Maschinenmechanikerlehre. 1918, während des Generalstreiks, pendelt der Achtzehnjährige als Gewerkschaftskurier zwischen Baden und Zürich. Zurück im Tessin beginnt er sein Leben für die Bahn. Als Mechaniker, Lokführer-Gehilfe und Lokführer. 1936 will Emilio Geiler als Freiwilliger in den Spanischen Bürgerkrieg, seine Frau hält ihn zurück. Später, in den Kriegsjahren, fährt er regelmäßig Güterzüge ins italienische Luino. »Er schmuggelte italienische Gewerkschaftsgelder in die Schweiz«, erinnert sich Beta Steinegger, »und erhielt anonyme Drohbriefe ins Haus.« Emilio Geiler engagiert sich in jenen Jahren in der Flüchtlingshilfe, in der Eisenbahnergewerkschaft und in der Antialkoholbewegung; für die Sozialdemokraten sitzt er während Jahren im Stadtrat von Bellinzona. In den schwierigen dreißiger Jahren wird Emilio Geiler Familienvater.

Die Töchter werden eigenwillig Alfa, Beta und Delta getauft (der Stammhalter Enrico wird erst als drittes Kind geboren). In dieser Zeit beginnt Emilio Geiler auch zu schreiben. Berufskollegen nennen Lokomotivführer Geiler »il maiacarta«, den Papierfresser. In jeder freien Minute, in der Dienstkantine oder irgendwo während einer Pause, sitzt er in einer Ecke, liest oder füllt die Rückseiten von Bahnrapportblöcken mit seinen Notizen. Seine Jeanne lässt er im *Gotthard-Express* aussprechen, was ihn selber ein Leben lang beschäftigt: *Jeanne hatte geglaubt, einen einfachen Arbeiter vor sich zu haben, als sie Rossi in seinem schmutzigen Überkleid kennen gelernt hatte. Nun saß ihr auf einmal ein zielbewusster Mann gegenüber, der über Kenntnisse verfügte, von denen sie keine Ahnung hatte.* Der überraschende Bucherfolg hellt das *schmutzige Überkleid* in den 40er und 50er Jahren kräftig auf. »Emilio Geiler ist nicht nur ein leidenschaftlicher Lokomotivführer«, lobt Peter Surava in seiner Rezension, »er kann noch dazu erzählen, und zwar so, dass mancher Berufsschriftsteller ihn beneiden könnte.« 1951 wird Emilio Geiler in Paris mit dem französischen »Prix Chatrian« für den *Gotthard-Express 41* ausgezeichnet; der Preis belohnt das international beste eisenbahnliterarische Werk des Jahres. Übersetzungen in verschiedene europäische Sprachen folgen. Nach Erscheinen des zweiten Buches, »Lokomotivführer Lombardi«, entstehen sogar Filmpläne, mit Heinrich Gretler in der Rolle des Lokführers. Das dritte und letzte Buch, »Echtes Falschgeld«, findet kaum mehr Leser, obwohl die fantastisch-haarsträubende Geschichte einer Unterwasser-Gelddruckerei im Ritom-See vielversprechend an eine Story von 007 anklingt. Heute sind Emilio Geilers Bücher allesamt vergriffen und auch vergessen. Leider.

Gratulieren Zurück in unserem Sechserabteil, das gerade unter dem Albis hindurch karjuckelt, lässt Emilio Geiler für das Grande

Finale seinen Paolo und die liebreizende Jeanne zum Pas de deux antreten. Paolo entwickelt einen improvisierten Morseapparat, mit dem es gelingt, zur Außenwelt Kontakt aufzunehmen. Jeanne, die das Morsealphabet beherrscht, ergänzt ihren technisch begabten Zukünftigen mit Kopf und Herz. Draußen rüstet inzwischen alles zum großen Empfang für den Moment der Befreiung. Verblüffend prophetisch, was Emilio Geiler an Massenmedien auffahren läßt. Die Boulevardpresse und ein frühreifer Prototyp von CNN haben in der *Grandiosa* ihre Zelte aufgeschlagen und versorgen die Weltöffentlichkeit pausenlos mit Stoff zum Hoffen, Bangen und Mitbetroffensein. Im Tunnelinnern – wen wundert's – liegen die Nerven blank. Aber Rossi & Co. haben die Sache im Griff. Schwarze Schafe unter den Passagieren, eine Gruppe von Kunst- und Schokoladedieben, werden gekonnt zur Strecke gebracht. Einen halben Tag vor der Befreiung aus dem K.T. 1 gelingt es den Rettungsmannschaften, durch ein 3-cm-Bohrloch ein gut schweizerisches Frühstücksbuffet in den Tunnel einzuführen. Es fließt dampfender Kakao; durch ein Rohr werden Butterröllchen und ein spezial gefertigtes Stangenbrot nachgeschoben. Das Café Complet führt die Geschichte ihrem perfekten Ende entgegen. Wie die Romanze zwischen Paolo und Jeanne ausgeht, bleibt natürlich mein Geheimnis. Beknien Sie Ihren Buchantiquar, er möge landesweit nach dem *Gotthard-Express* Ausschau halten. Einige Exemplare gibt es noch.

Literatur
EMILIO GEILER: Gotthard-Express 41 verschüttet, Albert Müller Verlag: Zürich 1941
EMILIO GEILER: Lokomotivführer Lombardi
EMILIO GEILER: Echtes Falschgeld, Casagrande: Bellinzona 1964
Bahnen, Seilbahnen, Schiffe. Offizielles Kursbuch der Schweizerischen Bundesbahnen (SBB), erscheint jährlich

LiteraTour-Info

Einstufung 📖
Fahrzeiten 2½ h (Bellinzona–Zürich)
Höhendifferenz 3 Tritte
Beste Jahreszeit Ostern, Pfingsten oder irgendwann
Karten Landeskarte 1:25 000, Blatt 1273 Biasca (mit dem Ausschnitt K.T.1)

An-/Rückreise Gotthard-Eisenbahnstrecke, im Minimum zwischen Bellinzona und Faido (Fahrplanfeld 600).
Essen Picknick im Sechserabteil oder Diner im Speisewagen. Reservation mindestens 24 h vor Abreise empfehlenswert. Eine aktuelle Übersicht über Speisewagen führenden Züge und die verschiedenen Reservationsstellen gibt das Offizielle Kursbuch, ganz hinten.
Schlafen Für den Schlafwagen ist die Schweiz zu schmal. Oder die Züge sind zu schnell. Nah am Text wäre eine Übernachtung in Lavorgo, wo die Medienhyänen alle Gasthäuser in Beschlag genommen haben. Die da wären: Albergo Defanti (091-865 14 34) und das Elvezia (091-865 11 20). Sinnigerweise ist Lavorgo ab Biasca nur noch mit dem Bahnersatzbus zu erreichen (Fahrplanfeld 625.09), als ob ein Bergsturz die Bahnlinie für immer verschüttet hätte.
Information Alles zu aktuellen Bahnangeboten, inklusive Fahrplan, im Internet unter www.sbb.ch
Tipps Im Verkehrshaus Luzern stehen drei Loksimulatoren. »Dabei werden Extremsituationen ohne Schaden an Mensch und Material live und 1:1 durchgespielt«, wie es im Werbematerial heißt. Wer schon lange gerne eine Gotthardlok gesteuert hätte, kann es also wagen. Der elektrisierende Blick auf die Isolatorengruppe gehört allerdings nicht zum Angebot. Auskünfte: Verkehrshaus Luzern, 0848 85 20 20.
Übrigens, die Tochter von Emilio Geiler, Beta Steinegger, schrieb ebenfalls ein Buch über die Situation des Eingeschlossenseins. Als Swissair-Stewardess erlebte sie 1970 die dramatische Entführung einer Swissair-Maschine durch ein palästinensisches Terrorkommando in die jordanische Wüste. Die Terroristen drohten, das Flugzeug mit allen Passagieren an Bord in die Luft zu sprengen. Das Buch »Heiße Himmel im September« erschien 1984 im Zytglogge-Verlag.

Einfahrt in Zurigo Der Loksimulator im Verkehrshaus Luzern macht's möglich.

Tessin-Lektüre Wer den Gang in Bibliotheken und Antiquariate nicht scheut, findet Lesestoff für Jahre. Viel Vergnügen!

Weiterlesen
Noch mehr Tessin-Literatur – eine Auswahlbibliografie

Wie wär's mit einer Ruderpartie nach Brissago, nachzulesen in Ernest Hemingways »In einem andern Land« (A Farewell to Arms)? Oder mit einem Ausflug in Giovanni Orellis langen Winter des tief verschneiten Bedrettotales? Oder ziehen Sie es vor, die Gotthard-Südrampe mit dem Fahrrad zu bezwingen wie die jugendlichen Helden in Klaus Schädelins »Mein Name ist Eugen«? Die Bücher, die den Spaziergängen und Wanderungen in den 35 Kapiteln zugrunde liegen, sind nur ein Ausschnitt aus der üppigen Tessin-Belletristik des ausgehenden 19. und 20. Jahrhunderts. Die folgende Zusammenstellung nennt einige weitere Titel: Herausragendes, Triviales und Vergessenes.

Die Bibliografie beschränkt sich mit wenigen, thematisch begründeten Ausnahmen auf Titel, die im Original oder in Übersetzung in deutscher Sprache erschienen sind. Als Orientierungshilfe sind die Bücher locker gruppiert. Auf eine streng alphabetische oder chronologische Reihenfolge wird verzichtet. Ein Großteil der Titel ist längst vergriffen. Deshalb werden am Schluss der Bibliografie Suchhilfen für Bibliotheken und Antiquariate genannt. Wichtige weiterführende Literatur, wie bestehende Textanthologien, Werke zur Literatur-, Sozial- und politischen Geschichte des Kantons Tessin sowie brauchbare Wander- und Ausflugsführer ergänzen die

Liste. Die bereits in den Kapiteln aufgeführte Sekundärliteratur wird nicht noch einmal wiederholt.

Die Authentischen

ARNALDO ALBERTI: Die Familie der Beatrice, Benziger: Zürich 1986
GIOVANNI ANASTASI: Wahlkampf in Castellazzo. Tessiner Novelle, Gute Schriften: Bern 1940
CATERINA BERETTA: Mein Ascona. Erinnerungen und Erlebnisse, Cosmos: Muri b. Bern 1983
SANDRO BERETTA: Die armen Seelen der Chiara, Limmat: Zürich 1988
PIERO BIANCONI: Kreuze und Kornleitern im Tessin, Zürich 1946
PIERO BIANCONI: Der Stammbaum, Suhrkamp: Frankfurt a. M. 1990 (ital. Originalausgabe 1970)
ELENA BONZANIGO: Serena Serodine. Der Weg nach Hause, Benziger: Einsiedeln 1945
AURELIO BULETTI: Vertraulichkeiten eines Strandverkäufers: Geschichten aus dem Tessin, Benziger: Zürich 1989
GUIDO CALGARI: Karge Erde. Novellen aus den Tälern der Leventina, Huber: Frauenfeld 1940
GUGLIELMO CANEVASCINI: Ein Dorf erwacht. Die Geschichte von Pietro, Paolo und Genossen, Büchergilde: Zürich 1944
ANGELO CASÉ: Die rote Piazza. Gedichte, orte: Zürich 1976
ANGELO CASÉ: Der Mantis. Ein Stimmungsbild aus dem Maggiatal, Locarno 1980
GIUSEPPE CAVAGNARI: Spazzacamino, Pedrazzini: Locarno 1892 (ital. Originalausgabe)
FRANCESCO CHIESA: Blätter unter der Asche in Tagen lodernder Flammen, Orell Füssli: Zürich 1915
FRANCESCO CHIESA: Bubengeschichten. Erzählungen aus der Jugendzeit eines Welschschweizers, Südbayer. Verlagsanstalt: München 1922
FRANCESCO CHIESA: Märzenwetter. Eine Erzählung aus dem Tessin, Kürz: Küsnacht 1982 (ital. Originalausgabe 1925)
FRANCESCO CHIESA: Sankt Amaryllis. Roman, Benziger: Einsiedeln/Köln 1939
FRANCESCO CHIESA: Villadorna, Scherz: Bern 1941
FRANCESCO CHIESA: Schicksal auf schmalen Wegen. Erzählungen, Benziger: Einsiedeln 1943
FRANCESCO CHIESA: Kalliope. Gedichte, Tschudy: St. Gallen 1959
VENERO DELUCCHI: Angst im Schatten. Ein Tessiner Roman, Eichen: Arbon 1954
ANNA FELDER: Umzug durch die Katzentür, Benziger: Zürich 1975
FEDERICO FILIPPINI: Herr Gott der armen Seelen, Huber: Frauenfeld 1991 (1945)
GIOVANNI LAINI: Die Leute von Falisca. Sechs ausgewählte Erzählungen, Olten 1944
GIOVANNI LAINI: Die Enterbten. Roman, Luzern 1945
PLINIO MARTINI: Il fondo del sacco (Nicht Anfang und nicht Ende), Classen: Zürich

1974
PLINIO MARTINI: Requiem für Zia Domenica, Classen: Zürich 1975
PLINIO MARTINI: Fest in Rima. Geschichten und Geschichtliches aus den Tessiner Tälern, Limmat: Zürich 1999 (Originalausgabe 1979)
ALBERTO NESSI: Terra matta, Limmat: Zürich 1983 (vergriffen)
ALBERTO NESSI: Abendzug, Limmat: Zürich 1991
ALBERTO NESSI: Mit zärtlichem Wahnsinn, Limmat: Zürich 1995
ALBERTO NESSI: Die Wohnwagenfrau, Limmat: Zürich 1998
ALBERTO NESSI: Fiori d'ombra, Limmat: Zürich 2000 (in Planung)
GIORGIO ORELLI: Rückspiel/Partita di Ritorno, Limmat: Zürich 1998
GIOVANNI ORELLI: Der lange Winter, Zürich 1966
GIOVANNI ORELLI: Ein Fest im Dorf, Zürich 1974
GIOVANNI ORELLI: Monopoly, Ammann: Zürich 1986
FABIO PUSTERLA: Gedichtband (in Planung bei Limmat Verlag Zürich 2001/2002)
JOLI SCHUBIGER: Das Haus der Nonna: eine Kindheit im Tessin, Limmat: Zürich 1996 (Originalausgabe 1980)
RINALDO SPADINO: Grüss Gott, Herr Doktor und andere Erzählungen, Terra Grischuna Buchverlag: Chur 1987
ORLANDO SPRENG: Rekrut Senzapace, Büchergilde Gutenberg: Zürich 1940
ORLANDO SPRENG: Il lago, Arti grafiche: Lugano 1952 (ital. Originalausgabe)
GIUSEPPE ZOPPI: Das Buch von der Alp, Benziger: Einsiedeln 1939 (Originalausgabe 1922)

Die Prominenten
RICCARDO BACCHELLI: Der Teufel auf dem Pontelungo, Manesse: Zürich 1972 (1927)
HUGO BALL: Die Flucht aus der Zeit, Stocker: Luzern 1946
EMMY BALL-HENNINGS: Geliebtes Tessin, Arche: Zürich 1976
WERNER BERGENGRUEN: Der Rittmeister und sein Tessin, Arche: Zürich 1963
JAKOB BÜHRER: Volk der Hirten, Olten 1914
JAKOB BÜHRER: De Füfer und s Weggli, Olten 1945
JAKOB BÜHRER: Gotthard, Zürich 1952
JAKOB BÜHRER: Yolandas Vermächtnis, Zürich 1957
JACOB BURCKHARDT: Von der Schönheit des Tessins, Arche: Zürich 1978
HERMANN BURGER: Die künstliche Mutter, S. Fischer: Frankfurt a. M. 1982
WALTER MATTHIAS DIGGELMANN: Ich und das Dorf, S. Fischer: Frankfurt 1972
WALTER MATTHIAS DIGGELMANN: Filippinis Garten, Benziger: Zürich 1978
HEINRICH FEDERER: Regina Lob. Aus den Papieren eines Arztes, Grote: Berlin 1925
ANTONIO FOGAZZARO: Entschwundene kleine Welt, Manesse: Zürich 1962 (ital. Originalausgabe 1896)
MAX FRISCH: Blätter aus dem Brotsack, Suhrkamp: Frankfurt a. M. 1986 (Originalausgabe 1940)
MAX FRISCH: Tagebuch 1966–71, Suhrkamp: Frankfurt a. M. 1972

Max Frisch: Montauk, Suhrkamp: Frankfurt a. M. 1975
Max Frisch: Der Mensch erscheint im Holozän, Suhrkamp: Frankfurt a. M. 1979
Friedrich Glauser: Erinnerungen von Emmy Ball-Hennings u. a., Limmat: Zürich 1996
Friedrich Glauser: Dada, Ascona und andere Erinnerungen, Arche: Zürich 1976
Claire Goll: Ich verzeihe keinem: eine chronique scandaleuse, Scherz: Bern 1994
Eveline Hasler: Sätzlinge. Gedichte, Nagel & Kimche: Zürich 2000
Gerhart Hauptmann: Till Eulenspiegel. Ein dramatischer Versuch, Leipzig 1927
Gerhart Hauptmann: Der Ketzer von Soana, Ullstein Taschenbuch 23942: Frankfurt a. M. 1996 (Originalausgabe 1918)
Gerhart Hauptmann: Mignon. »Stresa-Novelle«, Classen: Zürich 1949
Jakob Christoph Heer: Heinrichs Romfahrt, Huber: Frauenfeld 1918
Ernest Hemingway: In einem andern Land, Frankfurt 1975 (amerik. Originalausgabe 1929)
Hermann Hesse: Klein und Wagner. Novelle, Suhrkamp Taschenbuch 116: Frankfurt a. M. 1975 (Originalausgabe 1931)
Hermann Hesse: Klingsors letzter Sommer. Erzählung, Suhrkamp Taschenbuch 1195: Frankfurt a. M. 1985 (Originalausgabe 1920)
Hermann Hesse: Der Weltverbesserer / Doktor Knölges Ende, Suhrkamp Taschenbuch 1197: Frankfurt a. M. 1985 (Originalausgaben 1912/1910)
Hermann Hesse: Tessin. Betrachtungen, Gedichte, Aquarelle, Insel Taschenbuch 1494: Frankfurt a. M. 1993
Patricia Highsmith: Winter im Tessin, in: Dianne Dicks: Ticking along with the Swiss, Bergli Books: Basel 1998
Ricarda Huch: Michael Bakunin und die Anarchie, Suhrkamp Taschenbuch 1493: Frankfurt a.M. 1988 (originalausgabe 1923)
Kurt Hutterli: Bakunin am Lago Maggiore, Theaterstück, 1984
Erich Kästner: Briefe aus dem Tessin, Arche: Zürich 1977
Walter Kauer: Spätholz, rororo Taschenbuch: Reinbek 1981 (Originalausgabe 1976)
Cécile Lauber: Stumme Natur, Suhrkamp: Frankfurt a.M. 1990 (Originalausgabe 1930)
Gertrud Leutenegger: Die Meduse, Suhrkamp: Frankfurt a. M. 1988
Emil Ludwig: Tom und Silvester. Verserzählung, Rowohlt: Berlin 1928
Emil Ludwig: Geschenke des Lebens, Rowohlt: Berlin 1931
E. Y. Meyer: Ein Reisender in Sachen Umsturz, Suhrkamp: Frankfurt 1972
E. Y. Meyer: Die Rückfahrt, Suhrkamp: Frankfurt 1977
Jo Mihaly: Das Leben ist hart. Drei Geschichten aus dem Tessin, Tschudy: St. Gallen 1954
Felix Moeschlin: Wir durchbohren den Gotthard, 2 Bde., Büchergilde: Zürich 1947/49
Erich Mühsam: Ascona, Sanssouci: Locarno 1979 (1905/1930/1931)
Erich Mühsam: Die Hochstapler, Lustspiel in vier Aufzügen, Piper: München 1906

RICHARD SEEWALD: Gestehe, dass ich glücklich bin, Kürz: Küsnacht 1982 (Originalausgabe 1942)
IGNAZIO SILONE: Der Fuchs und die Kamelie, Kiepenheuer & Witsch: Köln 1960
WERNER VON DER SCHULENBURG: Artemis und Ruth. Eine Erzählung aus dem Tessin, Piper: München 1947
WERNER VON DER SCHULENBURG: Tre Fontane. Tessiner Roman, Franz Decker: Stuttgart 1961
WERNER VON DER SCHULENBURG: Briefe vom Roccolo. Eine Tessiner Novelle, Arche: Zürich 1958
CARL SPITTELER: Der Gotthard, Huber: Frauenfeld 1897
ALINE VALANGIN: Geschichten vom Tal. Tessiner Novellen, Girsberger: Zürich 1937
ALINE VALANGIN: Casa Conti, Hallwag: Bern 1944
ALINE VALANGIN: Brigida. Eine Chronik aus dem Tessin, Hallwag: Bern 1945
ALINE VALANGIN: Die Bargada. Eine Chronik, Büchergilde Gutenberg: Zürich 1944
ALINE VALANGIN: Die Silberflöte, Sisyphos: Zürich 1980
ALINE VALANGIN: Das Dorf an der Grenze, Limmat: Zürich 1982
ALINE VALANGIN: Stella und andere Tessiner Erzählungen, Limmat: Zürich 1992
LISA WENGER: Der Garten. Erzählungen aus dem Tessin, Gute Schriften: Basel 1942
LISA WENGER: Licht und Schatten in San Marto, Büchergilde: Zürich 1940
JOSEPH VIKTOR WIDMANN: Spaziergänge in den Alpen, Huber: Frauenfeld 1920
JOSEPH VIKTOR WIDMANN: Du schöne Welt, Huber: Frauenfeld 1921
JOSEPH VIKTOR WIDMANN: Jenseits des Gotthards, Huber: Frauenfeld 1921

Die Kriminellen
PETER ANDREAS: Tod im Tessin, Hestia: Bayreuth 1973
WERNER AUGSBURGER: Verräterische Rauchzeichen am Verbano. Schweizerischer Spionageroman, Verbandsdruckerei: Bern 1944
HANNES BINDER: Wachtmeister Studer im Tessin, Zytglogge: Bern 1996
COLIN FORBES: Lawinenexpress. Heyne Taschenbuch: Düsseldorf 1979 (engl. Originalausgabe 1977)
EMILIO GEILER: Echtes Falschgeld, Casagrande: Bellinzona 1964
KURT HUTTERLI: Baccalà: Kriminalgeschichten aus dem Tessin, Zytglogge: Bern 1989
HUGO PRATT: Corto Maltese – Die Schweizer, Edition ComicArt, Carlsen: Hamburg 1991
ADOLF SAAGER: Das Verschwörernest im Tessin. Kriminalroman, Orell Füssli: Zürich 1925
WERNER SCHMIDLI: Guntens stolzer Fall, Roman, Nagel & Kimche: Zürich 1989

Die Verliebten
EMILIO GEILER: Gotthard-Express 41 verschüttet, Albert Müller: Zürich 1942
HANS KADES: San Salvatore. Ein Ärzteroman, K. Desch: München 1946
MAX KRELL: Orangen in Ronco. Roman, Rowohlt: Berlin 1930

Paul Mathias: Die Matur-Reise. 14 Mädchen fahren in den Frühling. Roman, Bern 1942
Hans Morgenthaler: Woly, Sommer im Süden, Suhrkamp: Frankfurt a. M. 1990 (Originalausgabe 1924)
Esther Odermatt: Die gelbe Kette. Novelle, Rascher: Zürich 1919
Gustav Renker: Schicksal am Piz Orsalia. Berg- und Liebesroman, Zürich 1945
Franziska Reventlow: Gesammelte Werke, 4 Bde., Langen: Wien/München 1971–1980 (enthält u. a. »Der Geldkomplex«, Neuauflage der Gesamtausgabe von 1925)
Franziska Reventlow: Amouresken. Von Paul zu Pedro., Martus: 1994 (Originalausgabe 1912)
Hellmuth Unger: Die Schweizer Reise. Ein kleiner Roman für Liebende, Brunnen-Verlag: Berlin 1935
Hermann Weilenmann: Der Befreier. Grenzbesetzungsroman, Frauenfeld 1918
Ursula von Wiese: Neun in Ascona, Zürich 1933

Die Kinderfreundlichen

Niklaus Bolt: Der Eidgenosse von Cimabella. Jugendroman, F. Reinhardt: Basel 1939
Fritz Brunner: Das fröhliche Berghaus von Campell, Sauerländer: Aarau 1954
Fritz Brunner: Aufruhr in Brusada, Sauerländer: Aarau 1960
Alfred Donati: Kopf hoch, Julia. Ein fröhlicher Roman aus dem Landisommer, Schweizer Druck- und Verlagshaus: Zürich 1941
Gerti Egg: Mario und Baffo. Zwei Freunde im Tessin, Evang. Verlag: Zollikon 1947
Lukas Hartmann: Die fliegende Groma, Nagel & Kimche: Zürich 1998
Margrit Hauser: Angelica, das Mädchen aus Crino. Roman, Orell Füssli: Zürich 1940
Kurt Held: Der Trommler von Faido, Sauerländer: Aarau 1947
Kurt Held: Giuseppe und Maria, 4 Bde., Sauerländer: Aarau 1955–1958
Erich Kästner: Der kleine Mann und die kleine Miss, Atrium: Zürich 1967
Emil Ernst Ronner: Luigis grosse Tat. Eine Erzählung aus dem Tessin, Ensslin & Laiblin: Reutlingen 1933
Emil Ernst Ronner: Pietro von Brissago, Verlag der Evang. Gesellschaft: St. Gallen 1943
Klaus Schädelin: Mein Name ist Eugen, Theolog. Verlag: Zürich 1995 (Originalausgabe 1955)
Hans Schürch: Mit Vater sind es 6. Abenteuerliche Familien-Ferien-Erlebnisse im Tessin, Castel: Thalwil 1958
Johanna Spyri: Die Elfe von Intra, Ensslin & Laiblin: Reutlingen 1933
Lisa Tetzner: Reise nach Ostende. Jugendroman, Sauerländer: Aarau 1934
Lisa Tetzner: Die schwarzen Brüder, Sauerländer: Aarau 1997 (2 Bde., 1940/41, auch als Taschenbuch: Unionsverlag, UT 1011)

LISA TETZNER: Anselmo, eine Geschichte aus dem Tessin, Blaukreuz: Bern 1944
MANFRED WANKMÜLLER: Zwei Jungen retten das Tessin. Eine höchst aufregende Feriengeschichte, Hohenloher Druck- und Verlagshaus: Gerabronn 1977
URSULA VON WIESE: Die Geschichte von den Zoccoli, SJW-Heft 1356: Zürich 1976
MARIA WYSS: Castello di Ferro. Eine Erzählung für die Jugend, Orell Füssli: Zürich 1905
OTTO ZOLLER: Janpeter Bruns Abenteuer in den Tessiner und Graubündner Bergen, Orell Füssli: Zürich 1911

Die Unbekannten und Vergessenen

HERMANN AELLEN: Briefe an eine Tessinerin, Bergland: Bern/Leipzig 1930
HERMANN AELLEN: Die zu Luggarus, Schweizer Heimatkunst: Weinfelden 1918
HERMANN AELLEN: Die Lawine von Gurin. Tessiner Roman, Verlags-AG: Wien/Leipzig 1923
HERBERT R. ALBIEZ: Wilder Süden. Roman aus dem Tessin, Wado: Zürich 1979
EVELINE AMSTUTZ: Lydias Gäste, Ex Libris: Zürich 1977
EMIL BALMER: Sunneland. Tessinergeschichte, A. Francke: Bern 1937
MONICA BENTIVENI: Die Sonne in der Westentasche. Tessiner Dorfgeschichten, E. Salzer: Heilbronn 1985
MONICA BENTIVENI: Das zitronengelbe Haus. Neue Dorfgeschichten aus dem Tessin, E. Salzer: Heilbronn 1986
ARTHUR CARL BISEGGER: Morcoteser und andere Geschichten. Kurzgeschichten und Miniaturen, Baden Verlag: Baden 1984
GUNTER BÖHMER: Mann und Maus im Tessin, Offizin Dietschi: Olten 1943
EVELYN BRAUN: Die Schattenfängerin, Benziger: Zürich 1992
CHRISTINE BRÜCKNER: Ein Frühling im Tessin. Ullstein: Frankfurt a. M. 1995 (1960)
FRITZ BRUNNER: Die Kette zum Ferienglück, Comenius: Winterthur 1960
ARNOLD BURGAUER: Die Heimkehr. Eine Tessiner Erzählung, St. Gallen 1971
EDGAR CHAPPUIS: Zwischen Ceneri und Monte Generoso. Tessiner Geschichten, Pegasus: Bern 1938
HANS DOHRENBUSCH: Brissago 1944. Der kluge Dieb, 2 Spiele, Schaffende Jugend: Hannover 1952
MARIA DUTLI-RUTISHAUSER: Klänge aus dem Süden, Benziger: Einsiedeln 1932
ERNST ESCHMANN: Vincenzo. Der Aufstieg eines Bildhauers, Orell Füssli: Zürich 1941
ERNST ESCHMANN: Tessiner Episteln. Gedichte, H. Ellermann: Hamburg 1949
JAKOB FLACH: Minestra. Kulinarische Streifzüge, insel Taschenbuch 552: Frankfurt a. M. 1981 (Originalausgabe 1937)
WALTER FLEMMER: Steine, Wasser, Licht: Betrachtungen, Schneekluth: München 1985
OSCAR MAURUS FONTANA: Der Weg durch den Berg. Ein Gotthard-Roman, Zsolnay: Berlin 1936
LOUIS FÜRNBERG: Der Urlaub. Tessiner Novelle, Aufbau: Berlin (Ost) 1977 (Originalausgabe 1943)

MILLY GANZ: Regina Vonderach. Roman, Orell Füssli: Zürich 1945
LISE GAST: Die Reise nach Ascona, Ehrenwirth: München 1962
EMILIO GEILER: Lokomotivführer Lombardi. Erzählung aus dem Eisenbahnerleben, Albert Müller: Zürich 1944
THEO GLINZ: Diana. Eine Tessiner Novelle, Tschudy: St. Gallen 1937
OSKAR MARIA GRAF: Wir sind Gefangene, Desch: Wien/München/Basel 1965
FRITZ HELLER: Erzählung aus Lugano, Askanischer Verlag: Berlin 1923
JACOB HESS: Im Bergtalschatten. Graubündner und Tessiner Geschichten, Müller, Werder & Co.: Zürich 1935
OTTO HEUSCHELE: Dank an den Tessin, Tschudy: St. Gallen 1933
EDUARD VON DER HEYDT/WERNER VON RHEINBABEN: Monte Verità, Atlantis: Zürich 1958
ELSA M. HINZELMANN: Nur Mut, Gritli! Ein Buch für junge Menschen, Orell Füssli: Zürich 1943
ALBERTO HOLENSTEIN: Tessiner Geschichten, Zytglogge: Bern 1984
JOHANN JEGERLEHNER: Grenzwacht der Schweizer, Grote: Berlin 1915
RÖSY VON KÄNEL: Jahrmarkt des Lebens. Erzählung, Evang. Gesellschaft: St. Gallen 1933
RICHARD KATZ: Übern Gartenhag. Heitere Erfahrungen mit Pflanzen und Tieren, Schweizer Druck- und Verlagshaus: Rüschlikon 1961
RICHARD KATZ: Einsames Leben. Ein Buch von Hunden und Katzen, Erlenbach-Zürich 1936
JACOB KELLER: Sonnengarben. Bilder und Betrachtungen aus dem Tessin, Verlag A. Vogel: Winterthur 1922
OSKAR KELLER: Dialekttexte aus dem Sopraceneri Tessin, Niemeyer: Halle 1942
WALTER KELLER: Tessiner Sagen und Volksmärchen, Olms: Zürich 1981 (Originalausgabe 1940)
WALTER KLOEPFER: Luzifers Ende, Leipzig o. J.
BETTY KNOBEL: Alpensüdseite. Tessiner Miniaturen, Rotapfel: Zürich 1971
BETTY KNOBEL: Hier im Süden – neue Tessiner Miniaturen, Rotapfel: Zürich 1977
BETTY KNOBEL: Im Lande der Kamelien. Begegnungen, Rotapfel: Zürich 1980
DIETRICH KROPP: Monte Verità. Schauspiel in drei Akten, Ascona 1914
ARNOLD KÜBLER: Velodysse. Ein sportliches Epos. Diogenes Verlag: Zürich 1955
FELIX A. LANDMANN: Abenteuer Tessin, GS-Verlag: Basel 1988
WILHELM LEHMANN: Die Hochzeit der Aufrührer. Roman, S. Fischer: Berlin 1934
HANS JÖRG LEU: Dort, wo der Berg brennt. Tessiner Kurzgeschichten, Edizione Tiramisù: Novaggio 1997
CHARLOTTE LILIUS: Das gekreuzigte Dorf. Eine Erzählung aus dem Tessin, F. Reinhardt: Basel 1961
CURT AUGUST LÜCKENHAUS: Der Teufel und die Madonna. Roman, Xenien: Leipzig 1920
INGEBORG LUSCHER: Die Angst des Ikarus oder Hülsenfrüchte sind Schmetterlingsblütler, Sauerländer: Aarau 1982

INGEBORG LUSCHER: Der unerhörte Tourist. Laurence Pfautz, Sauerländer: Aarau 1985
MAJA MATTHEY: Tessiner Novellen, B. Beuttner: Leipzig 1906
MAJA MATTHEY: Die guten Willens sind. Tessiner Roman, A. Francke: Bern 1910
MAJA MATTHEY: Der Pfarrer von Villa. Tessiner Novelle, Huber: Frauenfeld 1918
MAJA MATTHEY: Im Atem der Sonne. Tessiner Novellen, E. Salzer: Heilbronn 1919
MAJA MATTHEY: Heilige und Menschen. Tessiner Novellen, A. Francke: Bern 1921
MAJA MATTHEY: Im Kampf für die Herrschaft, A. Francke: Bern 1924
RICHARD MATZIG: Fackeln, Trommeln und Schalmeien. Gedichtbuch, Morgarten: Zürich 1940
RICHARD MATZIG: Südwind. Skizzen und Miniaturen über Ascona, Zollikofer: St.Gallen 1941
RICHARD MATZIG: Der Tod in Tenero, Gute Schriften: Basel 1950
RICHARD MATZIG: Träume vom Magnolienbaum. Ein Tessiner Skizzenbuch, Origo: Zürich 1954
RICHARD MATZIG: Notturno. Eine neuzeitliche Harlekinade für die Marionetten von Ascona, Tschudy: St.Gallen 1964
RICHARD MATZIG: Unzerstörbare Liebe. 2 Novellen, Gute Schriften: Basel 1950
OFELIA MAZZONI: Eine Schauspielerin. Der Lebensabend der Eleonora Duse, Verbano: Locarno 1937
HERMANN MENZI: Du liebes Land, Schweizer Heimatkunst Verlag: Weinfelden 1930
ELSA MUSCHG: Piccolina. Erzählung, A. Francke: Bern 1947
DINAH NELKEN: Ich an Dich. Ein Roman in Briefen mit einer Geschichte und ihrer Moral für Liebende und solche, die es werden wollen, Hamburg 1951
WOLFGANG OPPENHEIMER: Das Refugium. Erinnerungen an Ascona, Universitas: München 1998
CHRISTIAN PAPPA: Furbiner Geschichten, Calven: Chur 1970
RITA PETER: Claudio im Tessin, Flamberg: Zürich 1973
JOSEPH PONTEN: Die luganesische Landschaft, Deutsch: Stuttgart 1926
JOHANN RUDOLF RAHN: Wanderungen im Tessin. Zur Erinnerung an den Grenzdienst der 5. Division im Tessin 1915/16, A. Bopp: Zürich 1917
JONNY RIEGER: Ein Balkon über dem Lago Maggiore, Scherz: Bern 2000 (Originalausgabe 1957)
TULLIO RIGHI: Fünf Partisanen. Erzählung, Büchergilde Gutenberg: Zürich 1944
ETTORE RIGOZZI: Garçon…! Der Roman eines Kellners, Zollikofer: St.Gallen 1941
FRIEDRICH EDGAR RÖHRICHT: Rätsel um Pylar. Roman, Deutsche Verlags-Anstalt: Stuttgart 1949
ADOLF SAAGER: Tessiner Geschichten, Salvatore: Lugano 1922
ADOLF SAAGER: Vincenzo Vela, Gute Schriften: Bern 1925
ADOLF SAAGER: Peonia. Tessiner Novellen, Salvatore: Lugano 1928
ADOLF SAAGER: Mosè Bertoni. Biografie, Gute Schriften: Bern 1941
HANS SCHMID: Spaziergänge im Tessin, Huber: Frauenfeld 1909

HANS SCHMID: Tessiner Sonnentage. Neue Spaziergänge, Huber: Frauenfeld 1923
ANNELIESE SCHMOLZ: Die Signorina. Roman, Berlin 1939
ADOLF SCHULTEN: Idyllen vom Lago Maggiore, Palm & Enke: Erlangen 1922
SINA SEMADINI-BEZZOLA: Tessiner Märchen, Classen: Zürich 1991
CARL JACQUES SENN: Die Gottesnot zu Luggarus. Historischer Roman aus der Gegenreformation, F. Reinhardt: Basel 1925
CARL JACQUES SENN: Frau Orsola Sempieri. Geschichten und Legenden aus dem Süden, Lüdin Verlag: Liestal 1930
ALEXANDER SPOERL: Kleiner Mann baut im Tessin, Piper: München 1963
VINICIO SALATI: Menschen, Zürich 1943
EDUARD STILGEBAUER: Himmelguckerli. Ein Schweizer Roman von Berg und Tal, P. Krauseneck: Rheinfelden 1930
SVEN STOLPE: Im Wartezimmer des Todes, Verlag Josef Knecht: Frankfurt 1958
EMIL SZITTYA: Das Kuriositätenkabinett, C. Zerling: Berlin 1979 (Reprint der Originalausgabe von 1923)
EMIL SZITTYA: KLAPS, Kiepenheuer-Verlag: Potsdam 1924
HANS TRÜMPY: Ferien im Tessin, Tschudi: Glarus 1943
WILHELM UMBRICHT: Die Sterne gehen ihren Weg, Schweizer Volksbuchgemeinde: Luzern 1951
KARL VOM RATH: Tessiner Kanzional. Gedichte, E. Schmidt: Berlin 1948
GEORG VON DER VRING: Station Marotta. Roman, C. Schünemann: Bremen 1931
KLAUS PETER WIELAND: Ponte oscuro, Hundt: Hattingen 1952
ERNST W. WIES: Geschichten vom Lago Maggiore, Bechtle: Esslingen 1991
MAX WOHLWEND: Das verwandelte Dorf. Volksspiel, Volksverlag: Elgg 1939
FRIEDRICH WRUBEL: Madonna del Sasso. Eine Erzählung aus dem Tessin, Benziger: Zürich 1894

Die Unsäglich-Schönen

HERMANN AELLEN: Rote und weisse Kamelien. Tessiner Novelletten, Schweizer Heimatkunst: Weinfelden 1926
ROSA BARTH: Erfüllte Sehnsucht. Erzählung aus dem Tessin, Philadelphia-Buchhandlung: Reutlingen 1948
VITTORE FRIGERIO: Was Gott verbunden. Roman einer Ehe, Rex: Luzern 1945
KATHRIN RÜEGG: Dies ist mein Tal, dies ist mein Dorf. Tessiner Tagebuch, Albert Müller: Rüschlikon 1975
KATHRIN RÜEGG: Kleine Welt im Tessin, Albert Müller: Rüschlikon 1976
KATHRIN RÜEGG: Mit herzlichen Tessiner Grüßen, Albert Müller: Rüschlikon 1977
KATHRIN RÜEGG: Nach jedem Winter kommt ein Sommer. Tessiner Tagebuch, Albert Müller: Rüschlikon 1978
KATHRIN RÜEGG: Von Lämmern und Leuten in Froda. Tessiner Tagebuch, Albert Müller: Rüschlikon 1979
KATHRIN RÜEGG: Mit meinen Augen. Tessiner Bild-Tagebuch, Albert Müller: Rüschlikon 1981

KATHRIN RÜEGG: Lauter schöne Jahreszeiten. Tessiner Bild-Tagebuch, Albert Müller: Rüschlikon 1983
KATHRIN RÜEGG: Vom Morgen bis zum Abend. Tessiner Tagebuch, Albert Müller: Rüschlikon 1986
KATHRIN RÜEGG: Begegnungen. Tessiner Tagebuch, Albert Müller: Rüschlikon 1989
VICTOR WITTNER: Alltag der Augen. Sonette, Morgarten: Zürich 1941
ERNST ZAHN: Tito. Erzählungen aus dem Tessin, F. Reinhardt: Basel 1921
ERNST ZAHN: Pietro, der Schmuggler, Deutsche Verlags-Anstalt: Stuttgart 1930
ERNST ZAHN: Die tausendjährige Strasse, Deutsche Verlags-Anstalt: Stuttgart 1939

Anthologien
JÜRG AMMANN/ANNA KURTH (HRSG.): Bergell, Puschlav, Tessin, Arche: Zürich 1999
GIOVANNI BONALUMI/RENATO MARTINONI/PIER VINCENZO MENGALDO (HRSG.): Cento anni di poesia nella Svizzera italiana, Armando Dadò editore: Locarno 1997
CARLO CASTELLI/ALICE VOLLENWEIDER (HRSG.): Südwind. Zeitgenössische Prosa, Lyrik und Essays aus der italienischen Schweiz, Zürich 1976
ALBERTO NESSI (HRSG.): Grenzraum. Texte aus der italienischen Schweiz, Zürich 1986
AMLETO PEDROLI: I maghi del nord. Scrittori tedeschi nella Svizzera italiana, Armando Dadò editore: Locarno 1992
ESTHER SCHEIDEGGER (HRSG.): Tessin. Ein Lesebuch, Arche: Zürich 1991
PIA TODOROVIC-STRÄHL/OTTAVIO LURATI (HRSG.): Märchen aus dem Tessin, Köln 1984

Kultur- und Literaturgeschichte (19./20. Jahrhundert)
PIERO BIANCONI: Barcheggio letterario sul Verbano, in: Elogio del Lago Maggiore. Testimonianze letterarie e grafiche di due secoli, Intra 1973, S. 17–110
ANNA COMI: Die Fremde ist Heimat geworden. Die italienische Schweiz in der deutschsprachigen Literatur des 20. Jahrhunderts, Marburg 1995
ALPHONS HÄMMERLE: Das Tessin im Spiegel seiner Literatur, in: Civitas, 9/10, 1991, S. 273–285
WALTER HUBER: Verlorene und wiedergewonnene Heimat. Von der Bedeutung der West- und Südschweiz in der neueren Deutschschweizer Literatur, St-Blaise 1985
THEO KNEUBÜHLER: Die Künstler und Schriftsteller und das Tessin (von 1900 bis zur Gegenwart), in: Harald Szeemann (Hrsg.): Monte Verità – Berg der Wahrheit. Lokale Anthropologie als Beitrag zur Wiederentdeckung einer neuzeitlichen sakralen Topographie, Electa Editrice: Milano 1978, S. 136–178
ROBERT LANDMANN: Monte Verità. Auf der Suche nach dem Paradies, Ullstein: Frankfurt a. M. 1979 (1930)
Lingua e letteratura italiana in Svizzera, Bellinzona 1989

GUIDO LOCARNINI: Die literarischen Beziehungen zwischen der italienischen und der deutschen Schweiz, Bern 1946

GIOVANNI ORELLI (HRSG.): Letteratura delle regioni d'Italia. Svizzera italiana, Brescia 1986

I poeti della Svizzera italiana nell'ultimo ventennio (1969–1989), Lausanne 1990

PETER P. RIESTERER: Streifzüge durch das Tessin, pendo-verlag: Zürich 1990

SANTINO ROSETTI: Das Tessin im deutschen Schrifttum, Olten 1947

ESTHER SCHEIDEGGER: Das Tessin, Schöffling: Frankfurt a. M. 1998

FABIO SOLDINI: Negli Svizzeri. Immagini della Svizzera e degli svizzeri nella letteratura italiana dell'Ottocento e Novecento, Locarno 1991

HARALD SZEEMANN (HRSG.): Monte Verità – Berg der Wahrheit. Lokale Anthropologie als Beitrag zur Wiederentdeckung einer neuzeitlichen sakralen Topografie, Electa Editrice: Milano 1978

Geschichte des Kantons Tessin (19./20. Jahrhundert)

BEAT ALLENBACH: Tessin – Bilder eines Lebensraums, Werd Verlag: Zürich 1999

ROBERTO BIANCHI: Il Ticino politico contemporaneo 1921–1975, Armando Dadò editore: Locarno 1989

RAFFAELLO CESCHI: Ottocento ticinese, Armando Dadò editore: Locarno 1986

RAFFAELLO CESCHI (HRSG.): Storia del Cantone Ticino, 2 Bde., Stato del Cantone Ticino: Bellinzona 1998

ANDREA GHIRINGHELLI: Il Ticino della transizione 1889–1922, Armando Dadò editore: Locarno 1988

REMIGIO RATTI/RAFFAELLO CESCHI/SANDRO BIANCONI: Tessin: eine offene Region, Helbing & Lichtenhahn: Basel 1993

Kunst- und Architekturführer

BERNHARD ANDERES: Kunstführer Kanton Tessin (hrsg. von der Gesellschaft für schweizerische Kunstgeschichte), Büchler: Zürich 1977

GIOVANNI BIANCONI: Costruzioni contadine ticinesi, Locarno 1982

PETER DISCH: Neuere Architektur im Tessin 1980-1995, mit einer Zusammenfassung der Jahre 1930–1980, Edizioni ADV: Lugano 1996

VIRGILIO GILARDONI: I monumenti d'arte e di storia del Canton Ticino, 3 Bde., Basel 1972/1979/1983

MAX GSCHWEND/SANDRO BIANCONI: Die Bauernhäuser des Kantons Tessin, Bd. 1 (Der Hausbau), Basel 1976

GISELA LOOSE: Kunst und Landschaft zwischen Gotthard und Campagna Adorna, Dumont: Köln 1986

Ergänzende Ausflugs- und Wanderführer

DANIEL ANKER: Gipfelziele im Tessin, Bruckmann: München 1993
DANIEL ANKER: Radtouren im Tessin, Bruckmann: München 1997
RENATO ARMELLONI: Alpi Lepontine. Sempione – Formazza – Vigezzo. Guida dei monti d'Italia, Club alpino italiano/Touring Club italiano, Milano 1986
URSULA BAUER/JÜRG FRISCHKNECHT: Grenzschlängeln, Rotpunktverlag: Zürich 1997 (3. Auflage)
GIUSEPPE BRENNA: Tessiner Alpen 1. Vom Gridone zum Sankt Gotthard, SAC: Bern 1992
GIUSEPPE BRENNA: Tessiner Alpen 2. Von der Cristallina zum Sassariente, SAC: Bern 1992
GIUSEPPE BRENNA: Tessiner Alpen 3. Von der Piora zum Pizzo Claro, SAC: Bern 1996
GIUSEPPE BRENNA: Misoxer Alpen 4. Vom Zapporthorn zum Pizzo della Molera – Vom Pizzo Tambo zum Passo San Jorio, SAC: Bern 1999 (dt. in Vorbereitung, ital. erhältlich)
GIUSEPPE BRENNA: Tessiner Voralpen 5. Vom Passo San Jorio zum Monte Generoso, SAC: Bern 1997 (dt. in Vorbereitung, ital. erhältlich)
ALDO UND NORA CATTANEO: Storie e sentieri di Val Bavona, Armando Dadò editore: Locarno 1998
PLINIO GROSSI: Va sentiero, Bellinzona 1987
PLINIO GROSSI: Passeggiate nel Ticino, Edizioni San Giorgio: Lugano 1990 (3. Auflage)
Guida a grotti e osterie del Ticino e Mesolcina. Tessiner Grotto-Führer mit Misox, Tipografia Offset Stazione: Locarno 1996
LUIGI LAVIZZARI: Escursioni nel Cantone Ticino, Armando Dadò editore: Locarno 1988 (Originalausgabe von 1863)
ELY RIVA: Berge in Blumen. Flora des Tessins und des Misox, Salvioni: Bellinzona 1998
BARBARA SCHAEFER: Tessin, Dumont: Köln 1999
CLAUS SCHWEITZER: 20 x 20 TopTips Tessin, AT Verlag: Aarau 1997
DOMINIK SIEGRIST: Winterspuren. Mit Tourenski, Snowboard und zu Fuß unterwegs in bedrohter Landschaft. Rotpunktverlag: Zürich 1999
Teresio Valsesia: La storia camminata. 25 escursioni in Ticino, Edizione Giornale del Popolo: Lugano 1998

Suchhilfen Bücher

Buchhandel Einen raschen Überblick, welche Bücher lieferbar sind und welche nicht, gibt das »Verzeichnis der lieferbaren Bücher« des deutschen Buchhandels. Abrufbar unter www.vlb.de.

Bibliotheken Von Amtes wegen für Tessinliteratur zuständig ist die Schweizerische Landesbibliothek, Hallwylstr. 15, 3003 Bern, Tel. 031-322 89 35. Der Katalog der Landesbibliothek ist unter www.snl.ch online abrufbar. Bücher ab Jahrgang 1951 und jünger sind in der Regel für die Heimausleihe freigegeben. Sie werden auf Wunsch per Post zugestellt. Diese Dienstleistung ist für Inlandkunden gratis (Stand: April 2000).

Eine Übersicht über alle online-Kataloge von Schweizer Bibliotheken gibt www.switch.ch/libraries.

Buchantiquariate Die Bestände zahlreicher Buchantiquariate im deutschsprachigen Raum sind auf dem Internet online mit einer zentralen Suchmaschine abrufbar: www.zvab.com.

Im Tessin gehört die Libreria della Rondine, Piazza San Pietro, CH-6612 Ascona, Tel. 091-791 22 80, zu den bestdotierten Buchantiquariaten mit deutschsprachiger Tessinliteratur. Für das heute von Ferdinand Loidl geführte Haus gilt: grosse Auswahl zu stolzen Preisen.

Reise-Infos aktuell
Fahrpläne von Bus-, Bahn- und Schiffsverbindungen (inkl. Preisangaben) siehe unter www.sbb.ch. Die Angaben in den Kapiteln beziehen sich auf die Fahrplanfelder der offiziellen Kursbücher für Bus und Bahn.
Filmfestival Locarno www.pardo.ch
Museumsöffnungszeiten und andere exakte Infos mehr sind über www.ticinoinfo.ch rasch zu finden. Eine weitere Internetplattform, die fast bei allen Tessinfragen weiterhilft, ist: www.tinet.ch.
Ticino Turismo, Postfach 1441, CH-6501 Bellinzona, Tel. 091-825 70 56, Fax 091-825 36 14, informiert und dokumentiert umfassend bei Fragen zu Hütten-, Gruppen- und Hotelunterkünften, Museumsangeboten, Veranstaltungen oder organisierten Ausflügen. Erste Informationen mit direkten Links zu den regionalen Verkehrsbüros können unter www.tourism-ticino.ch direkt abgerufen werden.
Wetter Wer es ganz genau wissen möchte, wird bei der Schweizerischen Meteorologischen Anstalt fündig: www.meteosuisse.ch.
Zeitungen Die Tessiner Tageszeitungen mit aktuellen Veranstaltungshinweisen sind im Internet abrufbar. Corriere del Ticino: www.cdt.ch, Giornale del Popolo: www.gdp.ch, La Regione: www.laregione.ch.

Bildnachweis

Vorwort 12: Illustrazione Ticinese, 23/5. Juni 1937, S. 3.

LiteraTour 1 18: Carl Spitteler 1919 im Strandbad Weggis, aus: Fritz Schaub: Carl Spitteler in Luzern, Maihof Verlag: Luzern 1995, S. 132; 21: Bahnwaggon der Gotthardbahn um 1900, aus: E. Brusoni: Von Luzern nach Mailand. Beschreibender Reiseführer, Bellinzona 1901, S. 57; 25: Zugdurchfahrt beim Dazio Grande, 40er Jahre, Foto: Foto-Service SBB, Bern; 29: Fortunat Anhorn, Malans.

LiteraTour 2 30: Guido Calgari an einem Radrennen in den 30er Jahren, aus: Fiorenza Calgari Intra: Guido Calgari – un uomo e il suo paese, Armando Dadò editore: Locarno 1990, o.S.; 35: Nebelspalter, 37/10. September 1942, S. 7; 37/43/45: Beat Hächler, Bern.

LiteraTour 3 46/53: E. Jung, August 1945; Archivio Prezzolini, Biblioteca Cantonale Lugano; 49: Schweizerische Landesbibliothek, Bern; 55: Jo Locatelli, Purasca; 59: Beat Hächler, Bern.

LiteraTour 4 60/73: Beat Hächler, Bern; 63: Plinio Martini, Ende 60er Jahre, aus: Ilario Domenighetti: Plinio Martini – i giorni, le opere, Edizioni Cenobio: Lugano 1987, S. 29; 64: Käseträgerinnen auf Sológna, aus: Federico Balli / Giuseppe Martini: Valle Bavona – il passato che rivive, Armando Dadò editore: Locarno 1996, S. 199; 69: Privatbesitz Alessandro Martini, Villars-sur-Glâne.

LiteraTour 5 76: Buchumschlag 1946; 79/81: Archiv Daniel Anker, Bern; 85: Daniel Anker, Bern; 91: Beat Hächler, Bern.

LiteraTour 6 94: Peter Kamber: Geschichte zweier Leben, Limmat: Zürich 1990, S. 120; 98: Piero Bianconi: Comologno im Onsernonetal, Bern 1972, S. 94; 105: Daniel Anker, Bern.

LiteraTour 7 108/111/116: Fernand Rausser, Bolligen, 1981 veröffentlicht im Fotoband »Fünf Orte im Leben von Max Frisch«; 113: Theo Frey, aus: Markus Britschgi (Hrsg.): Armand Schulthess 1901–1972, Diopter Verlag: Luzern 1996, S. 92; 121: Beat Hächler, Bern.

LiteraTour 8 122/125: Jakob Flach: Ascona gestern und heute, Zürich 1971, S. 16; 126: Ferien-Journal Ascona, 221/1981; Sanatorium Monte Verità, Prospekt ca. 1906; 129/131: Giò Rezzonico: Antologia di cronaca del Monte Verità, Locarno 1992, S. 88/51; 138: Deutsches Literaturarchiv, Marbach; 133: Beat Hächler, Bern.

LiteraTour 9 140/143/148 oben: Ascona – das Dorado der Bohème, in: Sie+Er, 39/24.9.1932; 145: Turicum, Juni-Juli 1993, S. 13; 148 unten: Nachlass Jakob Flach, Schweizerisches Literaturarchiv, Bern; 153: Beat Hächler, Bern.

LiteraTour 10 154/462: Privatbesitz Rotraud Binswanger, Bern; 156: Carl Selig-Archiv, Zürich; 160: Dominique Strebel, Zürich; 165: Daniel Anker, Bern.

LiteraTour 11 166: Rémy Steinegger, Vaglio; 169: Beat Hächler, Bern; 172: Beat Allenbach, Torricella.

LiteraTour 12 178–191: Beat Hächler, Bern.

LiteraTour 13 192: Marco d'Anna, Lugano; 196: Illustrazione Ticinese, 14/9. April 1932, S. 19; 200 oben: Illustrazione Ticinese, 14/9. April 1932, S. 19; 200 unten: Guglielmo Canevascini: Autobiografia, Lugano/Bellinzona 1986, S.34; 203: Almanacco Ticinese, 1973.

LiteraTour 14 206: Das Märchen und Lisa Tetzner. Ein Lebensbild, Aarau 1966, S. 33; 211: Daguerrotypie von Baron Louis Adolphe Humbert de Molard, in: Storia del Cantone Ticino. L'Ottocento, S. 213; 216: Schweizerische Landesbibliothek, Bern; 221: Albert Tanner, Bern.

LiteraTour 15 222: Le forze idriche della Verzasca dalla presa di Corippo 1908 alla diga di Contra 1966, S. 83/77; 224/231: Piero Bianconi: Ticino ieri e oggi, Armando Dadò editore: Locarno 1982, S. 110; 233: Daniel Anker, Bern.
LiteraTour 16 238–246: Dona De Carli, Locarno.
LiteraTour 17 250: Archiv Beat Hächler, Bern; 253: Archiv Charles Linsmayer, Zürich; 256: Michele Fazioli / Orio Galli: Manifesti sul Ticino: Armando Dadò editore: Locarno 1991, S. 93–95; 261: Daniel Anker, Bern.
LiteraTour 18 262: Privatbesitz Giorgio Orelli, Bellinzona; 267/269: Giosanna Crivelli, Montagnola; 270: Ulrich Suter, Schongau.
LiteraTour 19 274–283: Werner Schmidli, Vorlass in der Universitätsbibliothek Basel.
LiteraTour 20 288: Danilo Baratti/Patrizia Candolfi: L'arca di Mosè. Biografia epistolare di Mosè Bertoni (1857–1929), Casagrande: Bellinzona 1994, Abb. 26; 290/294: Ely Riva, Origlio;
LiteraTour 21 302: Otto Walliser: Bilder aus dem Tessin. Erinnerungen an die Grenzbesetzung 1915, Solothurn 1915, S. 24; 305/308: Bundesarchiv Bern; 311: Daniel Anker, Bern; 313: Kathrin Däniker, Bern.
LiteraTour 22 316/326: Felice Filippini: Herr Gott der armen Seelen, Huber: Frauenfeld 1991, S. 241/221; 321: Illustrazione Ticinese, 30. Mai 1942.
LiteraTour 23 330: Danilo Baratti, Soragno; 338: Michele Fazioli/Orio Galli: Manifesti sul Ticino: Armando Dadò editore: Locarno 1991, S. 166; 340: Daniel Anker, Bern.
LiteraTour 24 344: Archiv Beat Hächler, Bern; 347/354: Yvonne Böhler, Zürich; 351: Beat Hächler, Bern.
LiteraTour 25 360: Archiv Charles Linsmayer, Zürich; 362/373: Giosanna Crivelli, Montagnola; 365: Giuseppina Ortelli Taroni: Il Ceresio e la sua gente, Lugano 1989, S. 32; 368: Beat Allenbach, Torricella.
LiteraTour 26 374: Romano Amerio: Introduzione alla Valsolda, Lugano 1970, S. 272; 377: Jürg Oehninger, Aarau; 381: Daniel Anker, Bern.
LiteraTour 27 384–397: Beat Hächler, Bern.
LiteraTour 28 398/405: Martin Hesse, Schweizerisches Literaturarchiv, Bern (mit freundlicher Genehmigung von Sibylle Siegenthaler-Hesse, Bottmingen); 402/411: Ulrich Weber, Muri b. Bern.
LiteraTour 29 412/417: Sie+Er, 34/1969; 419: Archivio della Società e della Bandella Tremonese, Guido Santinelli; 423: Daniel Anker, Bern.
LiteraTour 30 424/430/431: Nachlass Margarete Hauptmann, Staatsbibliothek zu Berlin, Preussischer Kulturbesitz; 429: Kladderadatsch 1905; 435: Giovanni Luisoni, Morbio Superiore; 439: Thomas Achermann, Ostermundigen.
LiteraTour 31 442/445: Giovanni Luisoni, Morbio Superiore; 445/449: Museo etnografico della Valle di Muggio, Castel San Pietro.
LiteraTour 32 454/457: Gino Pedroli (mit freundlicher Genehmigung von Ares Pedroli, Mendrisio); 463: Giovanni Luisoni, Morbio Superiore; 467: Daniel Anker, Bern.
LiteraTour 33 468: André Beerli: Unbekannte Schweiz. Tessin, Bern o. J., S. 193; 473: Piero Bianconi: Ticino com'era, Armando Dadò editore: Locarno 1982, S. 41; 475 unten: Fotoarchiv Bally, Schönenwerd; 475 oben/478: Beat Allenbach, Torricella.
LiteraTour 34 482–491: Giosanna Crivelli, Montagnola.
LiteraTour 35 494/503: Privatbesitz Beta Steinegger, Lugano; 497/498/500: Foto-Service SBB, Bern; 507: Werbematerial SBB.
Weiterlesen 508: Beat Hächler, Bern.

Silvia Müller, Sabine Reichen

Der andere Hotelführer

Umweltfreundlich logieren
in der Schweiz

Ca. 250 Seiten, Broschur
Zürich 2000
CHF 38.–/DEM 39,–
ISBN 3-85869-195-X

Sie kochen mit Biogemüse vom Nachbarhof, heizen mit Solarenergie und sind für Leute ohne Auto gut erreichbar.
Vorgestellt werden 40 Hotels in der ganzen Schweiz, ausgewählt aufgrund eines unabhängigen Ökoratings: vom topmodernen Konferenzhotel über die unkomplizierte Familienherberge bis zu der einfachen Genossenschaftsbeiz.

Ein Führer für Umweltbewusste, die auf Genuss und Komfort nicht verzichten wollen.

Rotpunktverlag.

Ursula Bauer, Jürg Frischknecht

Antipasti und alte Wege

Valle Maira – Wandern
im andern Piemont

304 Seiten, Broschur
2. Aufl., Zürich 2000
CHF 38.–/DEM 39,–
ISBN 3-85869-175-5

Das neue Buch von Ursula Bauer und Jürg Frischknecht stellt das abgelegene Valle Maira im südlichen Piemont, an der Grenze zu den französischen Alpen, vor.

Enthalten sind alle nötigen Informationen zu den verschiedenen Wanderetappen des Mairawegs; dazu wird jeweils eine Geschichte serviert. Klein-aber-fein-Adressen mit ihrer regionalen Küche runden die Ferien kulinarisch ab.

»Mehr als ein Wanderführer – eine Fundgrube!«   Tages-Anzeiger

Rotpunktverlag.

«Noch eine Bemerkung zu meinen Wurzeln: Nach Tessinertum bis zum Überdruss und der Rückkehr zur Bauern- und Dialektrhetorik – die meiner Meinung nach nichts anderes sind als die Ablehnung der Gegenwart, der tröstende Versuch, die Alte Heimat hinter der Zerfallenden Heimat zu finden –, nach all dem glaube ich, dass es normal ist, sich von einer Heimat, die sich immer mehr in sich zurückzieht, zu lösen. Ich aber bleibe hier verwurzelt, versuche, mich umzuschauen. Ein Interviewer aus der Deutschschweiz fragte mich einmal, warum ich das Tessin liebe. In jenem Moment konnte ich ihm nicht antworten. Es ist, wie wenn man einen fragt, warum er Locken habe. Es ist ein natürliches Phänomen.»
Alberto Nessi

Bücher zum Thema aus dem Limmat Verlag

Beretta, Sandro Die armen Seelen de Chiara. Erzählungen

Martini, Plinio Fest in Rima. Geschichten und Geschichtliches aus den Tessiner Tälern

Nessi, Alberto Die Wohnwagenfrau. Roman

Nessi, Alberto Mit zärtlichem Wahnsinn / Con tenera follia. Ausgewählte Gedichte Italienisch/Deutsch

Nessi, Alberto Abendzug. Erzählung

Nessi, Alberto Terra matta. Drei Erzählungen

Orelli, Giorgio Rückspiel / Partita di ritorno. Gedichte Italienisch/Deutsch

Schubiger, Jürg Haus der Nonna. Aus einer Kindheit im Tessin

Valangin, Aline Dorf an der Grenze. Roman

Valangin, Aline Stella. Tessiner Erzählungen

Kamber, Peter Geschichte zweier Leben – Wladimir Rosenbaum und Aline Valangin

Weitere Werke in Vorbereitung von Giorgio Orelli, Alberto Nessi, Plinio Martini und Fabio Pusterla …

Erhältlich in jeder Buchhandlung.
Verlangen Sie den Verlagsprospekt:
Limmat Verlag, Rieterstr. 18, 8059 Zürich
Telefon 01 281 14 00, Telefax 281 14 40
www.limmatverlag.ch